DEUTSCH ZUSAMMEN

A COMMUNICATIVE COURSE IN GERMAN

THIRD EDITION

FRANK E. DONAHUE
UNIVERSITY OF TEXAS, AUSTIN

JOHANNA WATZINGER-THARP
UNIVERSITY OF UTAH

Pearson
Custom
Publishing

PEARSON CUSTOM PUBLISHING
75 Arlington Street, Ste. 300, Boston, MA 02116
A Pearson Education Company

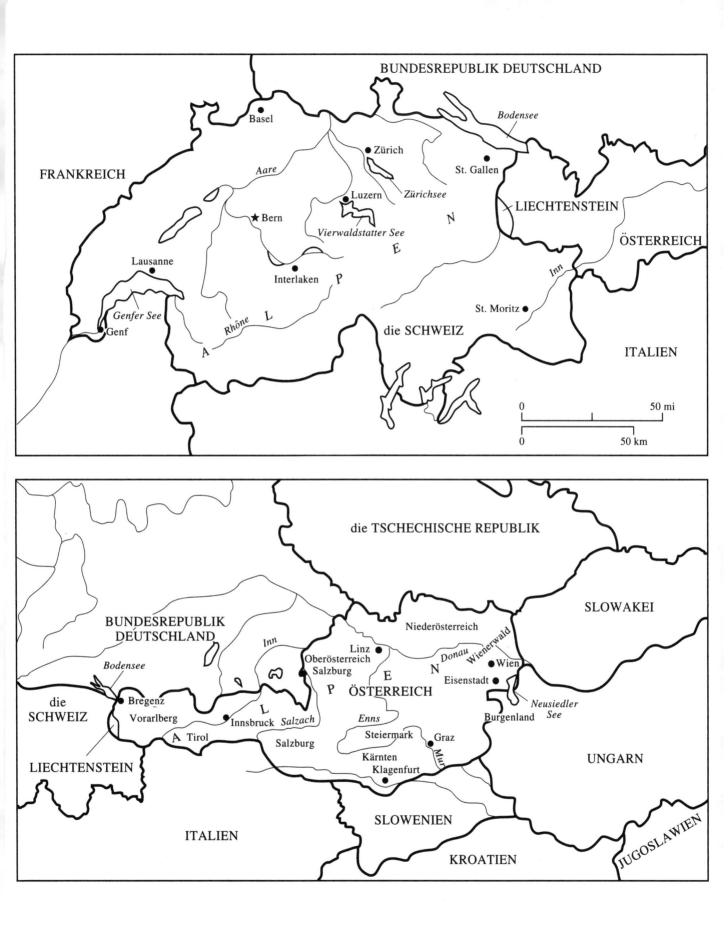

P R E F A C E
. . . .

The two texts (in-class textbook and companion tutorial) and tapes that comprise the functionally communicative and proficiency-oriented third edition of the **Deutsch zusammen** program have been designed for the beginning student of German. Since 1986, they have been used successfully by several thousand students and more than a hundred teachers from beginning TAs to professors with more than thirty years of experience at The University of Texas at Austin and at The University of Utah. More than one hundred colleges and universities have used these materials with beginning students. Many students who have used **Deutsch zusammen** have been motivated to continue their study of German beyond required courses because they have learned to speak, write, and comprehend German with good fluency and solid accuracy.

This third edition continues the philosophy presented in the first and second editions. Based on feedback from instructors using **Deutsch zusammen**, chapters have been revised and streamlined for easier day-to-day planning, vocabulary is now presented more evenly throughout the chapter, the introduction of familiar forms (**du, ihr,** etc.) as well as the simple past have been moved up several chapters, exercises in both the textbook and the companion tutorial class textbook have been thoroughly revised and somewhat differently organized and sequenced, and cultural information has been updated.

To the Student
Functional Goals

Using the **Deutsch zusammen** materials conscientiously will help you learn to speak German that is both reasonably fluent, spontaneous, and accurate, both grammatically and culturally, and easily understood by a native speaker of German. You will learn to initiate and sustain simple conversations that center on topics and experiences with which you are already familiar, such as your family and friends, your life as a student, your free time activities, daily routines, etc., as well as deal with typical situations encountered by tourists: getting through an airport, traveling by train, getting a room at a hotel, ordering meals, shopping, etc. These involve the ability to ask and answer questions, make requests, give commands, provide explanations, express attitudes, narrate in the present, future, and past, and speculate about the future and the past. You will also learn to comprehend spoken German and read a variety of texts with good to excellent comprehension.

Developing skill in writing will involve answering written questions, filling out forms, and writing personal narratives, short compositions, and short essays.

In the first half of the program, the listening, speaking, and writing skills receive primary attention. Reading attains increasingly greater prominence in the second half and ultimately becomes the central focus at the end of the book. Intelligent treatment of authentic, adult-level reading texts requires that these other three skills be developed sufficiently for meaningful discussion of the texts in German.

Vocabulary

A broad vocabulary is perhaps the single most important element necessary for you to communicate effectively in German. In the early chapters a main focus is the development of a large, broad vocabulary that will enable you to access and discuss a wide variety of topics. The vocabulary you will learn in **Deutsch zusammen** will enable you to talk about yourself in breadth and in some depth, and to ask the kinds of questions that will enable you to sustain a conversation with a native speaker. (Much simple conversation consists of asking and answering questions in turn-taking fashion.) In addition to enabling you to communicate simply about these topical areas, an extensive vocabulary will help you develop good reading proficiency, especially where comprehending texts involves a certain measure of intelligent contextual guessing.

Cultural Accuracy

It is not enough that you have a broad vocabulary and solid grammatical foundation. The German you speak must also be culturally accurate. This means that you become aware of the customs and values of native speakers of German, as well as the linguistic features of the language that reflect those values. In the early chapters of **Deutsch zusammen**, you will learn the formal language forms that are necessary for polite communication with adult speakers of German, i.e., with the kinds of people you would deal with as a tourist in Germany, Austria, or Switzerland. After you have mastered these forms, and after you have gotten to know your own classmates quite well, you will learn the informal language forms that you would use with members of the family, close friends, children, or with German university students. Treating these social aspects separately will simplify many things for you in the beginning, make this social distinction more indelible, and help you avoid mixing the forms or using them inappropriately. There are also numerous pedagogical advantages to this approach as well that your instructor will appreciate immediately.

Cultural notes can be found at appropriate points in the class textbook. Much additional cultural information is contained in the dialogs, readings, and authentic texts. Your instructor will also further acquaint you with the customs of the German-speaking world.

Grammatical Accuracy

Of course, learning to use a language well also entails mastering the grammatical system of the language and being able to use it confidently and accurately. This involves learning the different forms of words (morphology) and their placement in constructing sentences (syntax) and longer discourse. In the first half of **Deutsch zusammen** you will learn the most essential elements of the language needed to effect simple, direct, personal communication. Through careful pruning of paradigms and conjugations you will have fewer forms to "juggle" at the beginning, and this will make it much easier for you not only to use German accurately, but to begin thinking in German and speaking spontaneously. As a result, you will acquire much language power in a very short time. In the second half of **Deutsch zusammen**, you will build on that foundation and learn the balance of the essential conversational grammar and vocabulary necessary to deal successfully with most basic survival situations. You will also learn the more sophisticated grammatical features of the language that are particularly important for comprehending written and spoken German.

Discussions of grammar in the tutorial have been written so that a student who has never studied a foreign language before or who is not confident about grammatical terminology will not be handicapped or intimidated. Since the goal of the **Deutsch zusammen** program is to help you learn to *use* German to communicate, grammar explanations have been kept as simple as possible, but as complete as needed, for the goals of the moment.

Home Study and the Communicative Classroom

The material in the **Deutsch zusammen** program will give you an opportunity to *master* the language as you learn it. The tutorial is designed to function primarily outside of class. At home before coming to class, you will read assigned sections, complete exercises, and correct them with the help of the answer key provided in the back of the book. You will also normally write more personalized answers to questions that you will hand in to your instructor for correction and feedback.

Class time is ideally to be used for as much meaningful conversational practice as possible, not grammar talk and grammar drilling. The in-class textbook contains a concise summary of the material presented in the tutorial so that instant reviewing before class will be easy. It contains additional exercises consisting primarily of free, situational, and more guided communication activities. Some grammar exercises are presented in the textbook sections for post-conversational reinforcement and refinement. These will be done in class when your teacher feels the class needs more focused practice with forms or word order. All of the exercises will enable you and your teacher to focus primarily on meaningful conversational language in the classroom.

We hope you will find these materials easy to use and effective in learning to speak and write German well. We invite you to communicate with us directly or through your teacher about the features of the book and workbook that you think are effective as well as any suggestions for improving the materials in the future.

> **Viel Glück!**
> (Good Luck!)
> F.E.D.
> J.W-T.

To the Instructor

Organization of *Deutsch zusammen*

The **Deutsch zusammen** program has four rather distinct phases that coordinate the vocabulary, grammar, and cultural information as well as the dialogs, stories, readings, and activities that lead to functional, communicative language use.

Kapitel 1–3: Breaking the Ice and Getting Started

Here students will learn to talk about themselves and the classroom environment and to use conventional greetings and courtesy expressions. More specifically, they will learn to identify and describe persons, places, things, and activities; to ask and answer simple questions; to formulate commands and requests; to express likes and dislikes; to discuss the weather; to name and describe items of clothing; to count and comprehend numbers; to spell and to comprehend words that are spelled.

Kapitel 4–11: Relating Personal Experiences

Students build on gains made in the first three chapters by learning to discuss their families and other important persons in their lives; to describe their basic daily and academic routines, free time activities, and family celebrations; to tell time and ask for the time; to emphasize information; to express their attitudes about activities; to express measure (time, distance, speed, length, width, height, area, weights of liquids and solids, etc.); to indicate a future activity and to speculate about the present or future; to provide reasons for their actions; to state their opinions and beliefs, to narrate chronologically and with good elementary style in the present, future, and past; to use informal language forms with their classmates; and to indicate the persons to whom they say, write, send, give, and lend things.

Kapitel 12–15: Getting Along in the German-speaking World

The focus shifts in Part Three to the survival situations students might encounter in traveling to Germany, Austria, or Switzerland. These scenarios involve discussing one's physical well-being and illnesses; expressing a variety of physical and emotional reactions; dealing with invitations; naming destinations and locations in and outside of a city; describing an apartment and its furnishings in detail; placing objects in a room; asking for and giving directions; expressing opinions; discussing two non-simultaneous past events; speculating about the past; and comparing two or more persons, things, or activities.

Kapitel 16–17: Reading Literary, Historical, and Political Texts

In these last two chapters, the shift to reading is central, with postwar and current Germany the two main focal points. Students work with a range of biographical, historical, and literary texts as well as texts by Wolfgang Borchert, Peter Sichrovsky, and Gabriele Eckart.

Components of *Deutsch zusammen*

The Companion Tutorial

The Companion Tutorial is both a textbook and workbook in its own right, designed for use out of class to prepare students for communicative activities in class the next day. In effect, it "drives" the textbook. There are seventeen **Kapitel** (chapters), each broken into smaller **Teile** (units). Generally, one **Teil** comprises a typical homework assignment. (Your instructor may, however, opt to spend more than one day on a **Teil**.) Each **Teil** begins with a presentation of new material. New vocabulary is clustered into topical groupings with English equivalents to maximize logical word associations. Vocabulary that has already been learned will sometimes be used to establish a new topical grouping. New grammatical features are introduced either by contrasting them with a parallel English construction and/or by contrasting them with a previously learned German construction. New material is related to previously learned or already known material at all times, thus guaranteeing intrinsic review and recycling of old material as well as firmer anchoring of the new material.

Woven into the presentation of new material are several types of exercises that gradually lead the student to free, creative language production wherein ultimately the student determines the message and then produces the vocabulary and grammar necessary to formulate it accurately.

Following the presentation of a particular point of grammar or vocabulary cluster, one or more practice exercises (**Üben wir.**) challenge students to produce correct vocabulary or language forms or modify sentences according to specific instructions. Here the focus is on formal, mechanical accuracy. Students refer to the answer key in the back of the homework textbook and correct any errors they may have made. Following this more mechanical stage, the students complete one or more contextualized guided communication exercises (**Im Kontext**) in which students must respond communicatively according to directions. The net result is that students produce specified or highly predictable messages but with some freedom of choice with respect to vocabulary and grammatical structures. Students check their sentences with the answer key and make any necessary corrections.

At the end of each **Teil** is a concept check (**Kontrolle**) in which the students fill in blanks with key words that determine whether they have comprehended the key principles introduced. Students can check their accuracy by referring to the answer key. The last exercise the student completes is a free communication exercise (**Sie sind dran!**) in which students answer general or personal questions. Since students are creating at this point, there are no answers in the answer key for these. Students hand in this exercise to the teacher who can monitor both communicative and formal accuracy and then address any mistakes common to the class. In later chapters, students are referred to dialogs and readings in the class text as part of their preparation for class.

As a result of work in the tutorial, students progress from a presentation of new material to practice with morphology and syntax to communicating in both rather predictable and in creative ways. They are, if they have used the homework textbook conscientiously, thoroughly prepared to use the target material in class the next day. The class text is designed to pick up where the homework text leaves off. It challenges students to use the vocabulary and grammar in still more novel ways. Generally, students can leave the tutorial at home unless the teacher directs otherwise.

The **Index** contains listings and page numbers for grammatical terms, function words, and vocabulary topics for quick reference.

The Textbook

The textbook is designed to complement the companion tutorial and solidify gains made with it prior to class. Each of the seventeen **Kapitel** are divided into **Teile** that correspond exactly to the **Teile** in the homework textbook.

Each **Kapitel** opens with an **Überblick**, or overview, of the chapter. In outline style, it signals the chapter themes (**Themen**), vocabulary (**Vokabular**), cultural highlights (**Landeskunde**), communicative functions (**Funktionen**), and grammatical topics (**Grammatik**). Each chapter contains 5-6 **Teile,** or sections.

All **Teile** follow a similar progression. Each **Teil** opens with a **Merke** section containing example sentences that highlight the key grammatical and functional principles students have learned. Since the significance of these sentences is immediately apparent to students who have prepared properly, they serve as a flash review before class. Teachers may wish to refer to the **Merke** section overtly in class if student accuracy during communication activities indicates there is a need to explain or review the key principles. The **Merke** section obviates the need for teachers to fill up the blackboard with example sentences, saving both class time and board space.

Following the **Merke** section is the **Vokabular** section, which represents vocabulary previously introduced in the companion tutorial. The vocabulary is presented without English equivalents, which are unnecessary for students who have prepared properly for class. The section serves as a reference pool of words that students may access as needed when their recall is faulty, but without becoming a crutch for students who do not prepare as expected.

The next section is entitled **Sprechen wir!**, and as the name implies, contains various stimuli for getting students to speak in general terms about the topical theme. The section **Und Sie?** challenges students to talk about themselves freely, using the target topical vocabulary and new grammatical structures.

In several **Teile** of each chapter are sections called **Sprachmodelle**, for which students listen to recorded German language selections or read texts and complete one or more comprehension tasks as well as some personalized applications.

Sections entitled **Zum Thema** are a combination of cultural notes and reading selections related to the topical theme of the **Teil** and **Kapitel**.

The section **Deutsch zusammen** consists of activities that students engage in as **Partnerarbeiten** or **Gruppenarbeiten** with two or more other students. These activities are student-centered and student-controlled and consist of problem-solving tasks, personalized questions, and indirect questions.

The last section, **Genau!**, functions as a quick grammar review exercise that can be accessed at any time by the instructor when he or she feels that grammatical accuracy needs improvement.

The instructor may elect to do the exercises in any sequence desired, thus allowing the instructor to exercise individual judgement with respect to the perceived needs of the students.

At the end of the chapter, students will find a review and synthesis section, **Alles zusammen**. Functional goals of the chapter are reiterated before students complete a personalized review (**Wiederholung**) of the main chapter topics and language functions. In several chapters the **Alles zusammen** section also challenges students to work intensively with a situational dialogue or conversation related to the chapter themes, master the vocabulary, become fully familiar with the plot and chronology, and as a group render a third-person narrative (**Nacherzählung**) about the events. This pedagogically powerful activity involves listening and reading comprehension and speaking and paraphrasing, and truly allows students to demonstrate their language power. If the instructor wishes, students can render the **Nacherzählung** in writing, thus accessing the fourth skill.

The final section of each chapter relists the topical chapter students are expected to be able to use actively (**Aktives Vokabular**). The format of the vocabulary presentation in the **Teile** of each chapter is maintained in order to help students access it more easily.

Upon completion of the chapter, every student who has worked conscientiously with the materials should be able to demonstrate mastery: fluent, accurate communicative control of German for the topics and functions presented and practiced throughout the chapter.

Preceding the main chapters in the textbook is a four-part pre-chapter that presents a range of expressions that are very simple to use or comprehend and which will faciltate using German to the maximum right from the first day of instruction. The four parts present greetings, polite wishes, courtesy expressions, or manners, and useful classroom expressions. The latter part will enable the teacher to use German effectively to manage the class in German right from the beginning. The instructor may elect to assign one or more sections a day during the first two chapters until students are comfortable with the expressions. The expressions are on the cassette tape so students can listen to them at home.

A complete **Aussprache** (pronunciation) section is located at the front of the textbook prior to **Kapitel Eins** (Chapter One). This section is intended to be covered gradually but concurrently with the first three chapters. Explanations for making the German vowel and consonant sounds are non-technical and simple enough for beginning students with no prior linguistic training. All pronunciation exercises are on the cassette tape.

The **Appendix** at the back of the textbook contains full paradigmatic conjugations and declensions as well as groupings of key function words and idiomatic expressions targeted for active control.

A **German-English Vocabulary** is located at the end of the textbook. It contains those vocabulary items students are expected to be able to use actively. It is arranged alphabetically and contains all of the important components of each item. Additionally, a number indicates the chapter in which each item first appears.

The **Index** contains listings and page numbers for grammatical terms, function words, and vocabulary topics for quick reference.

Instructor's Manual

The Instructor's Manual contains information about the philosophy and approach behind **Deutsch zusammen** and the contributing influences of past and current methodologies and movements as well as sections designed to help instructors, especially beginning teachers, understand and use the materials effectively. It also contains suggestions for using **Deutsch zusammen** on semester and quarter-based schedules.

Test Packet

A test packet on diskette that will contain a full range of tests, including oral exams will be available to instructors. Instructors may use the tests as is or easily modify them to suit their own pedagogical aims.

Audio Tapes

Recordings of the pre-chapter on Functional Expressions, the **Aussprache** section and the **Sprachmodelle** of each chapter are available for use in the language laboratory and in cassette form for use by students out of class.

Acknowledgements

The authors wish to thank Ernst Schrader, formerly of Macmillan Publishing, for his editorial expertise, guidance, and advice in the early stages of this work and the editors at Pearson for their enthusiastic support in getting the third edition to press. We would also like to thank the instructors and students in the Department of Germanic Studies at The University of Texas at Austin and the Department of Languages and Literatures at The University of Utah for their comments and suggestions over the years for improving these materials. We especially wish to thank the loyal users and supporters of **Deutsch zusammen** for their support and encouragement. In particular we wish to acknowledge the valued, critical contributions of the following colleagues.

Brent Adamson, The University of Texas at Austin

Bernd Conrad, Northern Arizona University

Maria Egbert, Ossietzky Universität, Oldenburg, Germany

Peter Kästner-Wells, The University of Northern Colorado

Jay Kunz, Mississippi State University

Glenn Levine, Purdue University

Hiram Maxim, The University of Texas at Austin

Grant McAllister, The University of Utah

Linda Moehle-Vieregge, The Pennsylvania State University

Alene Moyer, Georgetown University

Ann-Marie Paul, The University of Utah

Tina Schreiber, The University of Utah

Ingo Stöhr, Kilgore College

Louise Stöhr, The University of Texas at Austin

Joseph Sullivan, The University of Texas at Austin

Marilya Veteto-Conrad, Northern Arizona University

CONTENTS

DEUTSCH ZUSAMMAN
INHALTSVERZEICHNIS

Kapitel Eins

Wer und was ist im Klassenzimmer?

Themen

Dinge und Personen im Klassenzimmer

Funktionen
Sprechen

Identifying and describing yourself, other persons, and things in your immediate environment

Asking questions and responding positively or negatively

Counting, and comprehending numbers

Greeting people and taking leave from them; using basic courtesy expressions

Hören

Recognizing words

Comprehending numbers

Schreiben

Listing items

Vokabular

The classroom: persons and things

Occupations and nationalities

Adjectives: describing people and things; colors, shapes and sizes, substances

Cardinal numbers

Kulturelles

German-speaking countries; the German language

School types, **Schüler** and **Studenten**

The spelling reform

Language and gender

Grammatik

Definite and indefinite articles
Question words **wer, was, wie, wie viele**
Negation with **nicht** and **kein**
The verb **sein** (*to be*)
Word order in statements and questions

Kapitel Zwei

Was machen wir im Klassenzimmer und zu Hause?

Themen

Aktivitäten an der Universität und zu Hause

Funktionen
Sprechen

Asking and answering questions with adverbial expressions
Formulating statements, requests and commands, and suggestions
Talking about your likes and dislikes

Hören

Preparing for listening; anticipating content
Listening for specific information

Lesen

Getting information from an ad
Guessing the meaning of words from the context

Schreiben

Making a list
Forming simple sentences

Vokabular

Basic verbs
Adverbial expressions
Question words (w-words)

Kulturelles

Social customs regarding time in Germany
Two famous writers

Grammatik

Present tense of statal and active verbs; regular verbs; irregular verbs
Direct commands; indirect (colloquial) commands
Verbs with -**d**, -**t**, or -**n**-stems; verbs with separable prefixes
Order of adverbs in a sentence (time, manner, place)

Kapitel Drei

Wetter und Kleidung

Themen

Wetter, Kleidung; Rechtschreibung und Buchstabieren

Funktionen
Sprechen

Describing and talking about the weather
Identifying and describing clothing and people
Indicating possession
Spelling

Hören

Listening selectively

Lesen

Introduction: dealing with authentic (unedited) texts
Identifying and using cognates for comprehension
Using the context to guess
Getting information from a map

Schreiben

Avoiding repetition by using pronouns

Lesen

Dealing with authentic texts
Looking for cognates

Vokabular

Review adjectives to describe people and things
Basic colors, shapes and sizes, substances
People, common names
Weather and clothing
Das Alfabet

Kulturelles

Weather in the German-speaking countries
Regional clothing items

Grammatik

Nominative case: definite article/**der**-words; indefinite article and **ein**-words;
    der-words as pronouns
Personal and possessive pronouns; question words
Verbs: **haben**, **werden**, impersonal verbs
Word order: statements, questions, and commands

Kapitel Vier

Familien- und Studentenleben

Themen

Familie, Freunde und Unileben beschreiben

Funktionen
Sprechen

Describing and discussing home and familiy
Planning and discussing basic daily activities
Asking and answering new types of questions

Schreiben

Organizing thoughts and ideas
Stating events in chronological order

Vokabular

Review people and common names
Family, friends, neighbors, pets
Doing things/having things at home and in the classroom

Kulturelles

Family relations
Wohngemeinschaften
Public transportation

Grammatik

Accusative case: definite article/**der**-words
                  Indefinite article/**ein**-words
                  personal and possessive pronouns
Word order: objects and time adverbs

Kapitel Fünf

Zukunft

Themen

Zukunftspläne, Berufe; Träume für die Zukunft

Funktionen
Sprechen

Speculating and talking about the future
Expressing attitudes

Lesen

Reading maps and charts

Schreiben

Putting together an organized list

Vokabular

Modal verbs: **müssen, wollen, können, sollen, dürfen, möchten**
Occupations
Foods and drinks

Kulturelles

Rules and regulations
Marking gender
Meals and organic foods
Cafés

Grammatik

Future with **werden** + infinitive
Würden + infinitive
Modal verbs + infinitive verbs

Kapitel Sechs

Ferien und Urlaub

Themen

Zeit, Gewichte, Maße, Jahreszeiten; Ferien, Reisen

Funktionen
Sprechen

Asking for and telling time
Talking about the frequency and the duration of events
Stating dates and times of events

Hören

Comprehending numbers: dates and times

Lesen

Scanning for specific information
Using pictures and cues

Schreiben

Adding variety with different word order
Placing events in a time frame

Vokabular

Review numbers
Clock time, days, parts of days, months, seasons
Measurements: distances and weights

Kulturelles

Similarities and differences in holidays
Cities in Germany and Austria; rivers, lakes and the sea in and around Germany

Kapitel Acht

Sport, Spaß und Spiel

Themen

Aktivitäten für drinnen und draußen; Sport und Wettkampf

Funktionen
Sprechen

Discussing plans for activities
Elaborating
Developing an argument
Stating a reason

Hören

Listening for the time and sequence of events

Schreiben

Writing a short paragraph and using connectors
Adding variety:compound and complex sentences

Vokabular

Indoor and outdoor sports and related activities; competitive sports
Fitness and health
The verbs **wissen** and **kennen**
Verbs to introduce an opinion: **sagen, denken, meinen, glauben, finden**

Kulturelles

Sports in the German-Speaking countries and Europe
"König" Fußball
Wandern

Grammatik

Du and **ihr**-forms of all verb types and informal commands
Informal pronouns and possessive adjectives
Coordinate word order and coordinating conjunctions;
    und, aber, sondern, oder, denn; (weil)
Dependent (subordinate) word order and subordinating conjunctions:
    wenn, ob, dass, W-Fragen, weil

Kapitel Neun

Kindheit und Jugend

Themen

Erfahrungen von Kindheit, Jugend und Vergangenheit

Funktionen
Sprechen

Connecting and sequencing present and past events
Relating past events
Indicating the relative length of an event using **erst** and **schon**

Hören

Supplementing missing elements
Listening for the sequence of events

Schreiben

Using cohesive devices
Marking different time frames

Lesen

Identifying text types
Looking for cues in longer texts (dates, locations, names)
Identifying the sequence of events
Identifying the "speaker" in a text with multiple voices

Vokabular

Review time expressions
Past time expressions
Words associated with childhood and youth

Kulturelles

Closing times for stores
University studies
Remembering the past, dealing with the past

Grammatik

Idiomatic present: implied past and continuous present
Simple past: **haben, sein, werden**; modal verbs;
                   high frequency verbs: **geben, kommen, gehen, sehen, laufen**

Kapitel Zehn

Erinnerungen und Erzählen

Themen

Von gestern berichten; von früher erzählen

Funktionen
Sprechen

Talking about past experiences; narrating past events
Connecting and sequencing present and past events
Commenting and elaborating on an event

Hören

Supplementing missing elements
Listening for the sequence of events

Schreiben

Using cohesive devices
Marking different time frames
Writing a **Lebenslauf** (paragraph)

Lesen

Identifying specific information in authentic texts

Vokabular

Review time expressions
Past time expressions
Words associated with childhood and youth

Kulturelles

Remembering the past

Grammatik

Conversational past (present perfect)
Participles of regular, irregular, and mixed verbs

Kapitel Elf

Traditionen, Geschenke, Glückwünsche

Themen

Traditionen an Feiertagen; Anlässe für Glückwünsche und Geschenke

Funktionen
Sprechen

Expressing for or to whom you do, say, or write things
Describing and discussing gift-giving traditions
Comparing and contrasting

Schreiben

Narrating with attention to style
Giving a message to someone

Lesen

Reading intensively: recipe
Identifying text organization and style
Understanding dialog structure in a text

Vokabular

Verbs of giving, saying, sending, and showing
Things given, said, sent, and shown and their receivers
Items associated with holidays and holiday traditions

Kulturelles

Flowers and flower shops
Phone etiquette
Holidays and holiday traditions
Minorities and diversity

Grammatik

Review of accusative case
Dative case of the definite article and **der**- words and the indefinite article and
    ein- words; personal and reflexive pronouns; w-words and weak nouns
Word order of direct and indirect objects; negation with indirect objects
Infinitive phrases

Kapitel Zwölf

Zu Hause und in der Stadt

Themen

Häuser, Wohnungen und Zimmer; Geschäfte und Gebäude

Funktionen
Sprechen

Asking for and giving directions
Formulating specific questions
Asking for clarification
Describing in detail

Hören

Following directions

Schreiben

Putting together directions and instructions
Constructing a paragraph from notes
Taking notes

Vokabular

Items around the house
Locations and destinations in the city

Kulturelles

Houses and apartments in Germany
German cities: stores, structures, transportation
Some prominent cities
Differences and similarities between German and American cities and city life

Grammatik

Review: word order with adverbs of time, manner, place
Verbs with dative objects; dative of ownership; dative reflexive constructions
Dative prepositions; two-way prepositions
Da- and **wo-**compounds

Kapitel Dreizehn

(In Deutschland) zu Hause

Themen

Wohnungseinrichtung; Gewässer und Gebirge; Kommunizieren

Funktionen
Sprechen

Asking for information and directions
Expressing emotions and reactions
Describing in more detail

Hören

Following directions

Schreiben

Writing a formal letter to request something
Summarizing

Lesen

Following detailed descriptions and signs

Vokabular

Items around the house (review and expansion)
Verb pairs (setzen/sitzen, legen/liegen, stellen/stehen, hängen/hängen)

Kulturelles

Eating and drinking customs
Lakes, rivers, and mountain ranges in the German-speaking countries
Der Bodensee
German Immigrants in America
English words in current German usage
Traditions related to weddings

Grammatik

Two-way prepositions
Genitive case and alternative constructions
Genitive prepositions: (**an**)**statt, trotz, während, wegen, innerhalb, außerhalb**

Kapitel Vierzehn:

(Leute in) Deutschland und Europa kennenlernen

Themen

Länder und Kontinente; Ein- und Auswandern; Kommunikation und Sprache

Funktionen
Sprechen

Expressing emotions and reactions
Describing in more detail
Asking for information and directions

Hören

Following directions

Schreiben

Writing a formal letter/request
Summarizing information

Lesen

Following detailed descriptions and signs
Using travel ads
Gathering geographical facts

Vokabular

Countries and continents
Items related to travel to countries and cities; items related to survival situations
  and texts
Idiomatic phrases: verbs + prepositions; adjectives + prepositions

Kulturelles

The European Union and the Euro currency
German Immigrants in America
Immigrant experiences
Die Schweiz

Grammatik

Review: prepositions (dative and two-way); accusative, dative cases
Genitive case and alternative constructions
Genitive prepositions: (an)statt, trotz, während, wegen, innerhalb, außerhalb
Relative clauses

Kapitel Fünfzehn

Beschreiben und Vergleichen

Themen

Dinge und Personen beschreiben und vergleichen; Literatur lesen

Funktionen
Sprechen

Comparing things and people
Describing things and people in more detail
Using the different past tense forms to narrate events in the past

Schreiben

Describing things in detail
Integrating another person's point of view
Writing brief paragraphs using appropriate verb forms

Lesen

Increasing reading speed
Ordering information chronologially
Looking for cues for point of view, emotion, attitudes
Recognizing different past tense verb forms

Vokabular

Review of adjectives; comparatives and superlatives
Selected items from the readings
Review of verbs and participles

Kulturelles

Post-war experiences

Grammatik

Adjective endings after nouns (unpreceded) and after **ein-** and **der**-words
Comparatives and superlatives
Review of the past tenses (conversational past; simple past of modals; high
frequency verbs)
The written past (preterite verb forms)

Kapitel Sechzehn

Geschichte und Erzählung

Themen

Biografien von bekannten Personen; Politik und Geschichte; DDR und BRD

Funktionen
Sprechen

Sustaining speech in the past (paragraphs)
Connecting and sequencing past events

Schreiben

Writing a cohesive paragraph
Describing past events more formally

Lesen

Distinguishing between personal and literary texts
Looking for the narrator's voice

Vokabular

Review past time expressions
Terms related to Germany's recent history
Selected vocabulary from readings

Kulturelles

History from 1945 to the present
Postwar experiences
From the founding of the German Democratic Republic through unification
The Wende (1989 to present)

Grammatik

Preterite (simple past) forms of separable and inseparable prefix verbs
The historical present
Past perfect forms
Subordinating conjunctions (expansion)
Past subjunctive

Kapitel Siebzehn:

Gespräche zwischen Generationen

Themen

Deutschlands Vergangenheit und Vergangenheitsbewältigung; Gespräche, Sprache, Sprachstile

Funktionen
Sprechen

Comparing
Engaging in discussions
Relaying what somebody else has said

Hören

Recognizing different types of quotes
Differentiating between different styles (formal and informal)

Schreiben

Taking notes
Integrating another person's point of view

Lesen

Increasing reading speed
Ordering information chronologially
Looking for cues for point of view, emotion, attitudes

Vokabular

Selected items from the readings
Items related to the media

Kulturelles

Sprachstil in Nachrichtensendungen
Presse und Medien
Deutsche Vergangenheit und Generationskonflikte

Grammatik

Passive voice: with **werden** and alternate forms
Review subjunctive with **würde**
Subjunctive for indirect speech

FUNCTIONAL EXPRESSIONS

The following short sections contain various expressions that you can use or learn to comprehend to facilitate interaction between you, the other students in the class, and the instructor. In all likelihood you will learn one or more sections a day during the first few chapters until you are quite familiar with them. You can hear the expressions in boldface on the tape.

I. Greetings

Knowing standard greetings is important to get someone's attention in a friendly way or initiate a conversation.

When meeting people:

The following formal greetings, also on the tape for **Teil 1,1,** may all be used to say *hello* at various times of the day:

Guten Morgen! ......Good morning!
Guten Tag! ....Good Day!
Guten Abend! ....Good evening!

The following informal greetings may also be used with relatives, good friends, and acquaintances to say *hello*:

Hallo! ....Hi!		**Morgen!** ......(Good) Morning!
Hallo, wie geht's? ....Hi! How's it going?		**Tag!** ....(Good) Day!
Gut/Nicht so gut ....Fine/Not so good.		**Abend!** ....(Good) Evening!

In southern Germany and Austria one often hears: **Grüß Gott!** or **Servus!**

Suggestion: Begin using these forms of greetings when you enter your German classroom and when you meet members of your class on or off campus.

When taking leave

When taking leave from someone, the following formal expressions are commonly used:

Auf Wiedersehen!........Goodbye!   **Auf Wiederschauen!**......Goodbye!

These may be reduced simply to:

Wiedersehen!.....Bye! or **Wiederschauen!**.....Bye!

At the end of the evening or social event one often says:

Gute Nacht!.....Good night!

At the end of the school or work week one often says:

Schönes Wochenende!.....Have a nice weekend.

At the end of the semester or before a mid-semester break one often says:

Schöne Ferien!.....Have a nice break/vacation.

The following informal expressions are often used with relatives and good friends:

Tschüss! ....So long!   **Bis bald!** ....See you soon!

Ade! ....Farewell! (Adieu) **Bis später!** ....Till later!

Mach's gut! ....Take care!   **Bis morgen!** ....Till tomorrow!

In southern Germany and Austria one also hears: **Servus!**

II. Giving Holiday Greetings and Best Wishes

Alles Gute! ....All the best!

Herzlichen Glückwunsch!. ....Best wishes!

Herzlichen Glückwunsch zum Geburtstag
or **Alles Gute zum Geburtstag!**.............................Happy Birthday!

Frohe Weihnachten! ...Merry Christmas!   **Frohe Ostern!** ....Happy Easter!

Gutes Neues Jahr! ......Happy New Year!   **Frohes Fest!** ....Happy Celebration!

III. Manners

Basic to getting things done smoothly is knowledge of the *please-thank you-you're welcome* fomula.

Bitte! ....Please!

Danke! ....Thanks!

Bitte! ....You're welcome!

The addition of the word **schön** is used to make the sequence more formal or to intensify feeling:

Bitte schön! ....Please!

Danke schön! ....Thank you very much.

Bitte schön! ....You're very welcome.

Sometimes you will need to excuse yourself, e.g., when you pass in front of someone or bump into someone by accident, or perhaps you will need to get the attention of someone who is distracted or not aware of you. Any of these expressions have the effect of: *Excuse me, please*:

Entschuldigen Sie, bitte.	**Verzeihung!**
Entschuldigung!	**Pardon!**

IV. Useful Classroom Expressions

To ask you to repeat something your instructor will often say one of the following.

Wiederholen Sie!...................................Repeat!

Wiederholen Sie das, bitte. ....Repeat that please.

Sagen Sie das noch einmal, bitte...........Say that again please.

Noch einmal! or: **Noch 'mal!** ....Once again!

Wie bitte? ....How's that please?

Getting to know each other

In the first few days of the semester you and your instructor will spend some time getting to know each other and the other students in the class. This is how you can find out someone's name:

Wer sind Sie?.......................................Who are you?

Wie heißen Sie bitte? ....literally: How are you called?

Wie ist Ihr Name? ....literally: How is your name?

You may use any of the following to let someone know who you are. A student named Peter would answer:

Ich bin Peter..................**Ich heiße Peter** ....**Mein Name ist Peter.**

You can answer in the same ways by substituting your own name for Peter's.

Getting others to cooperate with you

When asking you and the other students to modify the way you answer in class, especially when the class responds in unison, your instructor will probably use one or more of these commands. Of course, you may also request the same from your instructor. Familiarize yourself with these now.

You want someone to speak more loudly: **Sprechen Sie *lauter*, bitte.**

You want someone to speak more quietly: **Sprechen Sie *leiser*, bitte.**

You want someone to speak more slowly: **Sprechen Sie *langsamer*, bitte.**

You want someone to speak more quickly: **Sprechen Sie *schneller*, bitte.**

You want someone to speak more clearly: **Sprechen Sie *deutlicher*, bitte.**

Here are some additional commands and requests you are likely to hear from your instructor.

Lesen Sie, bitte............................Read please.

Lesen Sie zusammen, bitte. ....Read together please (i.e., in a group).

Stehen Sie auf. ....Stand up.

Setzen Sie sich. ....Sit down.

Gehen Sie an die Tafel. ....Go to the board.

Nehmen Sie ein Stück Papier.......Take a piece of paper.

Schreiben Sie. ....Write!

Schreiben Sie an die Tafel. ....Write on the board.

Schreiben Sie in das Heft. ....Write in the notebook.

Schreiben Sie auf das Papier. ....Write on [the] paper.

Öffnen Sie das Buch. or: Machen Sie das Buch auf. ......Open the book.

Schließen Sie das Buch. or: Machen Sie das Buch zu. ....Close the book.

Machen Sie es schnell. ....Do it quickly.

Machen wir jetzt eine Pause. ......Let's take a break now.

Machen wir eine Pause von fünf Minuten............Let's take a five-minute break.

When you need assistance

The following expressions will enable you to express some basic problems or needs.

You need help: **Helfen Sie mir, bitte.**

You have a question: **Ich habe eine Frage.**

You want to find out what something (xxx) means: **Was bedeutet xxx, bitte?**

You want to know the German word (xxx): **Wie sagt man xxx?**

You don't understand something: **Ich verstehe das nicht.**

You lost the page: **Auf welcher Seite, bitte?** or **Wo sind wir, bitte?**

You want something repeated: **Wiederholen Sie das, bitte. Or: Wie bitte?**

Words of encouragement

Your instructor will give you feedback from time to time on your performance and will likely use several of these expressions.

Das ist gut. ....That's good.

Das ist fantastisch! ....That's fantastic!

Das ist wirklich gut! ....That's really good!

Das ist großartig!..............That's great!

Das ist (nicht) sehr gut. ....That's (not) very good.

Das ist klasse!....................That's super!

Das ist prima!....................That's first-rate!

Das ist toll!......................That's really great!

Das ist ausgezeichnet!.......That's excellent!

Das ist wunderbar!...........That's wonderful!

Das geht. ....That works; That's OK; You can do that.
(Literally: That goes.)

Das geht nicht. ....That doesn't work; That's not OK; You can't do that.

AUSSPRACHE

German pronunciation is not difficult for speakers of American English to learn. You not need not be a linguist, nor do you need to know phonetic terminology or the international phonetic alphabet in order to acquire a high degree of phonetic accuracy. Many consonant and vowel sounds are common to both German and English. Where differences exist between the languages, learning the correct German pronunciation will hinge on your being able to hear the target sound clearly and knowing what to do with your speech articulators (tongue, lips, teeth, etc.) in order to produce the sounds authentically. Helpful hints on pronouncing sounds avoid the use of technical jargon that is unnecessary for the beginning student of German.

The written language is an orthographic representation of the spoken language, i.e., letters and combinations of letters represent a sound or combination of sounds. You will soon notice that German spelling and pronunciation are quite regular compared to English. You will not have problems of inconsistency with German vowels and consonants as is often the case in English. For example, compare the irregular pronunciation of *ou* in the following English words: *though, through, thought, drought, slough.*

For some students, if not most, linking the German sounds with printed letters will be the biggest challenge, not the production of the sounds themselves. Since the approach used in **Deutsch zusammen** involves reading and writing German as well as hearing and speaking it right from the beginning, the pronunciation section is organized orthographically to help you learn to make the right associations between letters and the sounds they represent.

We have purposely avoided using specialized linguistic terminology in disussing the sounds of German because most students are totally unfamiliar with it and because for many beginning students such jargon only obfuscates matters. Generally, each time a German sound is introduced a brief, simple, non-technical description of its production is provided. Sometimes the description will consist of a simple comparison with a similar English sound. At other times, advice on how to make the sound easily will be offered. Listen carefully to the models provided by the tape for this section and to additional tips from your instructor.

Part I: vowels

Introduction

The pronunciation of some German vowels differs considerably from the pronunciation of English vowels, particularly of American English vowels. The main distinctions are vowel purity, vowel length, muscular tension, and lip-rounding.

Vowel pureness

Single German vowels are pure; they do not glide into another vowel or semi-vowel sound. Most English vowels do glide into a second sound and are, therefore, not pure. Examples: pay = pa^{ee}; see = se^y; fly = fli^{ee}; go = go^w. Glides are caused for the most part by movement of the tongue, lips, or jaw during the pronunciation of the vowel sound. In learning to pronounce pure German vowels keep your tongue, lips, and/or jaw from moving for the duration of the vowel sound.

Diphthongs

Diphthongs are combinations of two different vowel sounds. There are three diphthongs in German, and they are represented orthographically as follows: **au, äu, eu, ei, ai, ay,** and **ey.**

Vowel length

German stressed vowels may be considered "long" or "short" generally in much the same way we think of musical notes as being long or short. To keep things simple, think of a long vowel as a whole note and a short vowel as a half note. Determining whether a vowel is long or short is easy:

1. If a vowel is followed by two or more consonants, it is short. Examples: **bitten, kommen, Mutter**
2. Otherwise, it is long.
   - If a vowel is followed by a single consonant and another vowel, it is long. Examples: **sagen, Vater**
   - If a vowel is followed by an **h,** it is long, and the **h** is silent. Examples: **fahren, nehmen, Sohn**
   - If a vowel is doubled, the resultant sound is long. Example: **Staat, Boot, Meer**
   - All diphthongs (combinations of different vowels) are long. Examples: **biegen, reisen, laufen**

Another way to look at it is to say: *a stressed vowel will usually be long unless followed by two or more consonants.* There are some exceptions to this rule of thumb, but it will help you in the beginning.

Tension

Generally speaking, pronouncing German takes more muscular energy in the mouth, lips, tongue, throat, and neck than does pronouncing English, especially for most long German vowels. Getting your speech articulators to do different things will take some concentration and effort in the beginning, but in time these new articulatory movements and positions will seem quite natural.

Lip-rounding

To make certain vowel sounds accurately you will need to round and pucker your lips. Lip-rounding and puckering is absolutely necessary for the correct, normal, and natural pronunciation of some German vowels. Because English vowels are not as rounded or puckered, you may feel awkward making these sounds at first. This is understandable. In time, however, the newness and strangeness will wear off, and you will feel at home with these new vowel sounds.

Umlauts

The umlaut is a symbol consisting of two dots placed over a vowel. The umlaut signifies a shift in sound away from the same un-umlauted vowel. For example, an **ä** sounds different from a plain **a**, an **ö** sounds different from plain **o**, and a **ü** sounds different from a plain **u**. The only umlauted vowels in German are: **ä, ö,** and **ü,** and they may be long or short.

Übung 1

long a

The German long **a** is similar to the *a*-sound in the English *father*. The mouth opens and the jaw drops.

> da, baden, gaben, haben, fragen, sagen, jagen, raten, kamen, lasen, Dame, Frage, Hase, Wagen, Magen, Nase, Tafel, Paar, Staat, Zahn, fahren, Gefahr, Tag

short a

The German short **a** is similar to the sound of the first *o* in the English *cotton*. The jaw does not drop as low as for the long **a**. Try to make the German short **a** as clipped (short) as possible.

> backen, Ball, fallen, hacken, hassen, machen, Pfanne, Ratte, Katze, Mappe, Masse, Tante, satt, Sack, wann, backt, hasst, Macht, Kamm, kann, Mann

contrast: long a vs. short a

> Stahl...Stall, Kahn...kann, Haare...harre, Wahn...wann, mahn...Mann, fahl...Fall, Staat...Stadt, lasen...lassen, sagen...Sacken, raten...Ratten, Maße...Masse

Übung 2

long e

The German long **e** is a pure vowel similar to, but not exactly like, the *a* in the English *gate*. It is made by placing the tip of the tongue against the lower teeth and arching the tongue slightly. The lips should spread apart and you should feel the corners of the mouth tighten up a bit. During the duration of the long **e** sound, do not allow the tongue or jaw to move, or a glide will result, and the purity of the sound will be lost.

Regen, Seele, Nebel, reden, stehen, fehlen, geben, lesen, der, den, dem, wer, wen, wem

short e

The German short **e** is similar to the English short *e* in *bet*.

Bett, denn, wenn, nett, Netz, wessen, Hessen, besser, Wetter, Neffe, Kette, retten, setzen, kennen

contrast: long e vs. short e

wen...wenn, den...denn, Heer...Herr, Wesen...wessen, reden...retten, stehlen...stellen

Übung 3

short e

Herr, Fell, Pelz, Sperre, Stelle, Wende, Betten, Messing, rennen, Kenntnis, Rettung

short ä

The short **ä** sounds just like the short **e**.

Bäche, Mächte, Dächer, Fächer, lächeln, Bäckerei, Säckchen, Wächter, fällt, gefällt, wäscht

contrast: short e vs. short ä

(The contrast here is orthographic, not phonetic)

Wende...Wände, kennen...kämmen, Wetter...Blätter

Übung 4

long e

Besen, wegen, nehmen, Rede, Regen, Nebel, nebelig, Seele, Fehler, Meer, Teer, geht, Weg

long ä

There are two acceptable ways to pronounce the long **ä**, and the differences are regional. In southern Germany, the long **ä** is pronounced as a "short e held for two beats." In northern Germany, many speakers equate the long **ä** with the long **e**. Learn whichever pronunciation is easier or more natural for you.

nähen, Zähne, Mädchen, Jäger, Käthe, läse, nähme, Säge, trägt, fährt, gähnt, erwähnt

contrast long e vs. long ä

legen...lägen, lesen...läsen, geben...gäben, sehen...sähen

Übung 5

unstressed final e

The unstressed final **e** is similar to, but not the same as, the short **e**. It is technically a neutralized vowel (a schwa). You will neutralize it automatically when speaking, but for now, while practicing in isolation, pronounce it as a short **e**. This will help you make an accurate distinction with the unstressed -**er** in the very next section.

eine, meine, rote, weiße, Wunde, Liebe, esse, lese, zeige, bitte, fahre, spreche, spiele, mache

unstressed final er

The unstressed final **er** is similar to the English unstressed final *er* in *bitter* except that the **r** is virtually silent. In effect, it sounds something like *"uh."* Try to keep the front part of your tongue from arching up and back as it does for an American *r*. Keep the tongue level or flat behind your lower front teeth.

leider, bitter, Fahrer, Spitzer, lieber, guter, Sommer, Winter, Messer, Spieler, Sprecher, Kutter

Übung 6

long i or ie

The German long **i** and the monophthong (pure, single sound) **ie** sound identical. The sound is made by placing the tip of the tongue behind the lower teeth and arching the front of the tongue high and forward. This position is similar to the tongue position called for in making the long **e**, except that more upper and forward positioning are necessary. The lips should be spread and you should feel the corners of your mouth spread outward (toward your ears) and your cheeks tighten. Do not allow the tongue and jaw to move during the production of this sound, or a glide will result, and the purity of the vowel will be lost.

ihn, ihm, ließ, sieht, Sie, wie, nie, Kiel, fiel, Kilo, Kino, Titel, Liter, Dienstag, Miete, wieder

short i

The German short **i** is similar to the English short *i* in *pit*.

binden, finden, hinter, Linden, sitzen, bitte, Tinte, Minderheit, Mitternacht, in, Kind

contrast: long i or ie vs. short i

ihnen...innen, bieten...bitten, mieten...mitten, Stil...still, liest...List, ihn...in, ihm...im, Lied...litt

Übung 7

long i or ie

mieten, liefern, liegen, ließen, Biene, Linie, bedienen, empfiehlt, sieht, sie, wie, gib

long ü

The long ü requires the same high-forward tongue position as for the long i. What makes the long ü different from the long i is lip-rounding. Practice making the change from long i to long ü by saying the long i sound and then rounding your lips into a tight pucker. The sound you ultimately produce is a long German ü. Remember that the tight puckering is crucial to the correct production of this sound. You may feel awkward at first making this sound, since tight puckering is not a feature of English vowels. Be assured, however, that this is perfectly natural in German. Failure to round and pucker the lips will result in an English or American accent, which is, naturally, to be avoided.

Bühne, Hühner, müde, Mühle, bemühte, Tüte, Züge, Brüder, Prüfung, Grüße, kühn, früh

contrast: long i or ie vs. long ü

vier...für, liegen...lügen, Ziege...Züge, Biene...Bühne, Stile...Stühle, Kiel...kühl, Miete...mühte

Übung 8

short i

billig, bitten, bisschen, finden, Lippen, Tinte, Kinder, Kirche, kitzelig, Ding, Film, Licht, litt

short ü

The short ü is identical to the short i except that the lips are rounded and puckered. Since the short ü is clipped, the amount of tension, lip-rounding, and puckering is not as strong as with the long ü.

müsste, küsste, Büsche, Brücke, drücken, pflücken, Rücken, Lücke, Mücke, zurück, dünn

contrast: short i vs. short ü

misst...müsst, Kisten...Küsten, Gericht...Gerücht, missen...müssen, Kissen...küssen

Übung 9

long ü

Bücher, Tücher, Güter, Brüder, Hüte, Füße, Züge, Lüge, müde, Mühle, Bühne fühlen, führen, Türen, Prüfung, Frühling, Zürich, Lüneburg, Blümchen, kühl, kühn, früh, trüb

short ü

Brücke, Mücke, Hütte, wüsste, Müller, Füller, füllen, bücken, rücken, Rücken, zurück, dünn

contrast: long ü vs. short ü

Mühle...Müller, fühle...Fülle, Düne...dünne, Wüste...wüsste, Füßen...Füssen, rügen...Rücken

---

Übung 10

long u

The German long **u** is similar to to the *oo* in the English *boot*. The lips are rounded and slightly puckered. Since the long **u** is a pure vowel, do not allow the lips to migrate to a tighter pucker during the production of the sound, or else a glide will result.

buchen, duzen, suchen, Blume, Bluse, Bruder, Jude, Juni, Jura, gut, Hut, tut, Zug, zu, Fuß, du

short u

The German short **u** is similar to the short *u* in the English *put*.

summen, gucken, Truppen, Bulle, Busse, Kutte, Russe, Suppe, Futter, Kutter, Mutter, Zucker, Rundfunk, Kuckuck, Russland, dumm, stumm, rund, Funk, Kuss, Null, muss, musst, Rum, zum

contrast: long u vs. short u

Fuß...Fluss, Mus...muss, Mut...Mutter, spuken...spucken, sucht...Sucht, du...dumm

---

Übung 11

long u

spuken, duzen, suchen, Bluse, Fuß, Mus, Mut, du, sucht

long ü

lügen, Hüter, Bücher, Führer, Kühe, Züge, Füße, müde, Prüfung, Frühling, kühl, Tür

contrast: long u vs. long ü

Zug...Züge, Fuß...Füße, Hut...Hüte, Buch...Bücher, Tuch...Tücher, Huhn...Hühner, guter...Güter

Übung 12

short u

gebunden, empfunden, gefunden, verschwunden, gezwungen, gesungen, gesunken, Muster, Schulter, Hunger, Wunde, durfte, Muskeln, muss, Nuss, dumm, Durst, gemusst

short ü

ausfüllen, bürsten, München, Hündin, Schlüssel, Münze, wüsste, kürzer, jünger, dünn

contrast: short u vs. short ü

wussten...wüssten, mussten...müssten, kurzer...kürzer, durfte...dürfte, Mutter...Mütter

Übung 13

short y

The short y is identical to the short ü.

Physik, Dynastie, Mythologie, Syntax

long y

The long y is identical to the long ü.

Lyrik, Mythos, Mythe

Note: When the y is stressed, it is long. When unstressed, it is short.

Übung 14

long o

The German long o is similar to the oa in the English *boat*, except that the German long o is pure. If you pronounce the English *boat* with a Jamaican English accent, you will have a pure long o.

toben, Boden, drohen, Drogen, Mode, Krone, Zone, Tod, Brot, Boot, Zoo

short o

There is no English sound exactly like the German short o, but you can learn to make it accurately by saying the English *cup* with rounded lips.

donnern, gebrochen, gewonnen, Tonne, Sonne, toll, Zoll, Bonn, fromm, kroch, Loch

contrast: long o vs. short o

wohne...Wonne, Sohle...solle, Ofen...offen, oder...Otter, Sohn...Sonne, Bohne...Bonn

Übung 15

long e

sehen, gehen, lesen, heben, leben, neben, bestehen, fehlen, nehmen, Nebel, Regen, Leder

long ö

The German long ö is made the same way as the German long e, except that the lips are rounded and puckered. Practice making the long e and then modifying the sound by rounding and puckering your lips. The end result is the long ö. Remember that the lip-rounding and puckering are crucial to the correct pronunciation of the long ö. You may feel strange at first making this sound, but remember that the necessary lip-rounding and puckering is normal and natural for native speakers of German.

mögen, Brötchen, größer, Köder, Möbel, Söhne, Töne, Flöhe, flöge, Flöte, Föhn, blöd

contrast: long e vs. long ö

sehne...Söhne, lesen...lösen, legen...lögen, beten...böten, heben...höben, redlich...rötlich.

Übung 16

long o

zogen, Bohnen, Foto, Fotoapparat, Hof, Bahnhof, Motor, Motoren, Tod, tot, Sohn, Lohn

long ö

lösen, hören, mögen, töten, Brötchen, Lösung, Manöver, Flöhe, Höfe, Söhne, Föhn

contrast: long o vs. long ö

Ofen...Öfen, Bogen...Bögen, Stoß...Stöße, Not...Nöte, Hof...Höfe, Sohn...Söhne, Ton...Töne

Übung 17

short e

wetten, wessen, dessen, retten, stecken, stellen, Wetter, Retter, kennt, Bett, denn, wenn, Herr

short ö

The short ö is identical to the short e, except that the short ö requires lip-rounding and slight puckering.

öffnen, löschen, können, Götter, östlich, Stöcke, könnte, möchte, schlösse, geöffnet

contrast: short e vs. short ö

helle...Hölle, westlich...östlich, stecken...Stöcken

Übung 18

short ö

können, Löcher, Töchter, Töpfe, Zöpfe, Köpfe, Knöpfe, Köche, flösse, möchte, Mönche, Mönch

short ü

müssen, küssen, Rücken, pflücken, kürzer, Schüsse, Sünde, müsste, Stücke, wüsste, dünn

contrast: short ö vs. short ü

Röcken...Rücken, schösse...Schüsse, Stöcke...Stücke, Hölle...Hülle

Übung 19

ei

The diphthong sound represented by **ei** sounds quite similar to the English *eye*.
reiten, reisen, eine, keine, meine, seine, Beile, Pfeile, ein, eins, dein, fein, Teil, Stein

ie

The vowel cluster **ie** is the same sound as the long **i**.
dienen, fliegen, liegen, mieten, riefen, Biene, sieht, vier, die, sie, wie, nie

contrast: ei vs. ie

scheiden...geschieden, Scheiben...schieben, zeige...Ziege, Feile...viele,
steigen...stiegen, Zeit...zieht, leider...Lieder, deinen...dienen, meine...Miene

Note: Should you ever become confused about the pronunciation or orthography (spelling) of **ei** or **ie**, remember the words **Sie** and **ein**, two words you know how to pronounce and spell accurately. Compare the problem word to these two, and you will find the solution immediately.

Übung 20

The sounds of **ai**, **ay**, and **ey** are identical to the sound of **ei**.

ai

Mai, Bai, Mais, Maid, Kai, Maier, Haifisch

ay

Bayern, bayrisch, Mayer, Haydn

ey

Meyer, Geysir, Frey

Übung 21 au

The diphthong sound represented by **au** is similar to the *ou* in the English *house*.

kauen, Mauser, Aue, Aula, auch, braun, rauh, Bau, Tau, Laus, Haus, Maus

---

Übung 22 eu

The diphthong sound represented by **eu** is similar to the *oy* in the English *boy*. Caution: Keep jaw movement to the minimum!

beugen, Feuer, teuer, Beule, Eule, heute, Leute, Deutsch, neu, treu, Heu, Zeug

äu

The diphthong sound represented by **äu** is identical to the sound of **eu**.

Häuser, Läuse, Mäuse, Säure, Bräuche, Säule

Übung 23 glottal stop

The term *stop* refers to the complete stopping of the air flow during pronunciation. Normally, the lips or tongue are responsible for stopping the flow of air. The *glottis* is the space between the vocal chords. When the vocal chords close, the glottis is closed, and the result is a *glottal stop*. When the vocal chords open to release the build-up of air behind it, a kind of "click" in the throat can be heard. Try saying *Uh-oh!* in a whisper several times. You should hear two clicks quite clearly. Each click is a glottal stop. Glottal stops are frequent and important in the accurate pronunciation of German. Words or stressed syllables that begin with a vowel will always involve a glottal stop. The net effect is that German has a staccato or "choppy" quality at times that is missing in American English.

Es ist alt...Es ist aber alt...Es ist aber ein Omnibus...Es ist aber ein alter Omnibus...Es ist aber veraltet.

Es ist immer etwas anderes!

Er aß Austern...Ich aber aß alles übrige.

alles andere...alle anderen Uhren...ein alter Affe...der erste Akt

Eine alte Eule saß unter einer alten Ulme in Oberammergau (über Unterammergau).

Übung 24   anti-neutralization

In American English, unstressed vowels are usually neutralized. For example, most Americans pronounce *America* as "Uh-merr-uh-kuh." The speaker of German, who does not neutralize unstressed vowels, pronounces *Amerika* as "Ah-may-ree-kah." In learning not to neutralize unstressed vowels in the following exercise, listen to the model carefully and note the pronunciation of the unstressed syllable(s) for each word. The unstressed vowels that ought not be neutralized are underlined for the sake of clarity.

dynamisch, symmetrisch, Kolumbus, elektrisch, Lokomotive, Amerika, Amerikaner, Amerikanisierung, sentimental, entomologisch, aquamarin, Kalifornien, Colorado, Apparat, Affidavit, atmosphärisch, algebraisch, aromatisch, demokratisch, Demokratie, alkoholisch, akademisch, automatisch, Philosophie, philosophisch, Philosoph.

Part II: consonants

Introduction

Consonant sounds in German present few real difficulties to the speaker of English. While there are some English consonant sounds that are not found in German, there are only a few German consonant sounds that can be said to be completely lacking in English, most notably, the two **ch**-sounds. The German **r** and **l** are pronounced very differently from their English counterparts, and the **ß** is the only new letter or character to be learned. Both German and English have voiced and voiceless consonants, with devoicing of certain final consonants (**b, d, g,** and **s**) in German a major characteristic difference. There are some consonant clusters in German that are not found in English, but they present no real obstacle since their component sounds are found in English. Lastly, German consonants are rarely silent as they often are in English. These special characteristics will be treated as each individual sound is introduced.

There are really only two major challenges for you in learning German consonants. The first is to learn to use familiar sounds in new environments, e.g., making a **ts**-sound at the beginning of certain words. The second is to correlate German spelling with German pronunciation. It is in this latter area that English spelling interference is likely to be encountered, but it is usually only a temporary source of distraction and normally overcome after a few weeks' exposure to printed German.

Übung 25   h

When an **h** precedes a vowel at the beginning of a word, it is aspirated, i.e., it can be heard.

haben, hacken, heben, Hessen, hinken, hissen, heißen, hoben, Heide, Hüte, Hut

When an **h** follows a vowel, it is silent. Its effect is to lengthen or "stretch" the vowel it follows.

sehen, drehen, mähen, empfehlen, dreht, mäht, sieht, empfiehlt, dreh, mäh, weh, sieh

Übung 26   m

The German **m** is identical to the English *m*.

machen, malen, Mappe, messen, misst, Mode, müde, Hemmungen, klemmen, Sommer, einem, ihm, im, Lamm, Damm, zum, wem, dem

n

The German n is identical to the English *n*.

Name, Nadel, neben, nennen, nun, nie, nicht, nach, noch, Männer, kennen, uns, in, an, tun, Ton

ng

The spelling **ng** represents a single sound that is exactly like the *ng* in the English word *singer* but *unlike* the *ng* in the English *hunger*.

singen, hängen, lange, länger, Ringe, Sänger, Hunger, Finger, England, Englisch, Engländer, Handlung, Siedlung, Entwicklung, Sendung, Prüfung, lang, Ring, hing, Ding

Übung 27   k

The **k**-sound in German is identical to the *k*-sound in English. It may be spelled as a single **k**, **ck**, or the rare **kk**. Sometimes a **c** may be pronounced as a **k**-sound.

Couch, König, kennen, Keller, kann, Kunst, backen, Decke, lecker, Lack, Glück, Sack

back ch

The back **ch**-sound is essentially the sound one makes when one clears the upper back of the mouth prior to expectorating. It sounds rather harsh and guttural to some, and it is voiceless. It differs clearly from the **k**-sound! When pronouncing the German back **ch**, ease off on the the amount of air exhaled. You don't need much to make the sound properly.

lachen, machen, brauchen, tauchen, kochen, gebrochen, suchen, buchen, achtzig, achtzehn, Bach, Dach, acht, Nacht, auch, Bauch, Loch, doch, noch, Tuch, Buch, Bucht, Sucht, Zucht

front ch

The front **ch**-sound is, essentially, a strongly exaggerated aspirated **h**-sound that differs quite clearly from both the **k**-sound and the back **ch**-sound. To learn to approximate the front **ch**-sound clearly, say "Huge Hughie" several times, hitting the *h* in both words as hard as you can. You should feel the air ricocheting off the roof of your mouth and exiting the mouth without hitting the teeth.

Milch, durch, Furcht, Mönch, Mächte, Nächte, Löcher, Bücher, Tücher, mancher, Männchen, München, solcher, welcher, bisschen, Mädchen, Märchen, Liebchen, Hündchen, Städtchen

contrast: k vs. back ch

pauken...brauchen, Laken...lachen, Akt...acht, nackt...Nacht, Lack...lach

contrast: k vs. front ch

Bäcker...Becher, lecker...Löcher, Brücke...Brüche, nickt...nicht, siegt...Sicht

contrast: back ch vs. front ch

Tuch...Tücher, Buch...Bücher, Loch...Löcher, Brauch...Bräuche, Bruch...Brüche

-ig

The **g** in the suffix (endig) **-ig** is normally pronounced as a front **ch**-sound, with the result that -ig sounds exactly like **ich**:

Honig, windig, nebelig, fleißig, durstig, hungrig, auswendig, gesellig, ruhig, heftig

Note: In some areas, the **-ig** suffix is pronounced as -ik rather than **ich**. Another variant is **-isch**.

chs

The German consonant cluster **chs** sounds like the English *ks*.

Sachsen, wachsen, wechseln, Büchse, sechs, Luchs, Lachs, Wachs, Fuchs

---

Übung 28   voiced b

When a **b** precedes a vowel or comes between vowels, it is voiced and sounds like the *b* in the English *but*.

initial: Becher, Buch, binden, bleiben, besuchen, beantworten, beobachten, Busch

medial: geben, lieben, sieben, loben, üben, schieben, reiben, aber, Knabe, Schübe

voiceless b

When a **b** is at the end of a word or stressed syllable or before a final **t**, it is voiceless and sounds like a **p**.

final: gib, lieb, heb, hob, Lob, liebt, lebt, hebt, abwischen, abfahren, abnehmen

---

Übung 29   voiced d

When a **d** precedes a vowel, it is voiced and sounds like the *d* in the English *dodo*.

initial: Dienstag, Donnerstag, Decke, Dame, Ding, dumm, dein, Dom, drei, Deich

medial: baden, Süden, meiden, laden, Boden, Lieder, leider, Mode, Förderungen

voiceless d

When a **d** is at the end of a word or stressed syllable or before a final **t**, it is voiceless and sounds like a **t**.

final: Lied, Leid, Bad, Süd, Rad, Kleid, Hemd, seid, Neid, Tod, Held, bald, Mord, Schmidt, verwandt

Übung 30   voiced g

When a **g** precedes a vowel, it is voiced and sounds like the *g* in the English *goggles*.

initial: golden, gießen, Garten, geben, gehen, gegangen, ging, Gott, grün, gelb

medial: sagen, fragen, legen, pflegen, zeigen, lügen, fliegen, geflogen, Tage, Züge

voiceless g

When a **g** is at the end of a word or stressed syllable or before a final **t,** it is voiceless and sounds like a **k.**

final: Tag, mag, lag, flog, bog, zog, Flug, Burg, Berg, Teig, liegt, fliegt, zeigt, lügt

Übung 31   voiced s

When an **s** precedes a vowel, it is voiced and sounds like the *z* in the English *zinger*.

initial: Sie, Samen, suchen, sagen, sieben, sicher, Soße, Säge, sieht, seht, Sekt

medial: lesen, lösen, Rasen, blasen, gelesen, Käse, Läuse, Mäuse, Häuser, Nase, Fasan

voiceless s

When an **s** is at the end of a word or stressed syllable or before a final **t,** it is voiceless and sounds like the *s* in the English *sit*.

final: dieses, jenes, jedes, Mus, Haus, Maus, Laus, Glas, es, das, liest, Last, fast, Faust

ss

A doubled s (ss) is written when an s-sound follows a short vowel. The **ss** is voiceless.

Klasse, Nässe, Rosse, Schlösser, Busse, Nüsse, wissen, messen, gegossen, geschlossen

ß

The symbol ß (pronounced **ess-tsett**) is used when an s-sound follows a long vowel or diphthong. The ß is always voiceless and is identical in sound to ss.

heißen, beißen, große, Straße, Buße, Maße, dreißig, Maß, Fuß, Stoß

contrast: ß vs. ss

große...Rosse, Straße...Rasse, Buße...Busse, Maße...Masse

Übung 32

p

The German **p** is identical to the English *p*.

Papier, Palast, Panzer, Partei, Pause, perfekt, Polizei, Problem, Pappe, Lippen, Schnaps, knapp

pf

Both the **p** and the **f** are pronounced in the **pf** consonant cluster.

pflügen, pflegen, Pfeffer, Pfarrer, Pfeife, Pflug, hüpfen, Köpfe, Napf, Kopf, Topf

ps

Both the **p** and the **s** are pronounced in the **ps** consonant cluster.

Psalter, Pseudonym, Psychologie, Psychologe, Psychiater, psychisch, Psalm

Übung 33

gn

Both the **g** (hard) and the **n** are pronounced in the **gn** consonant cluster.

Gnade, gnädig, Gneis, Gnostik, Gnu, Gnom

kn

Both the **k** and the **n** are pronounced in the **kn** consonant cluster.

kneten, knallen, Knochen, Knabe, Knackwurst, Knut, Knick, Knopf, Knecht, Knie, knapp

Übung 34

z

The German **z** is always voiceless and sounds like **ts**. The **ts**-sound is occasionally heard in English in medial position (*pizza*) and quite often in final position (*hats, bits, pots, puts, Pete's*). It is rare in initial position (*tsetse fly, Tsar*). Because it is so rare in English in initial position, the first line of the following exercise is particularly important.

initial: ziehen, zeigen, zählen, Zigaretten, Zähne, Zirkus, Zoo, Zeit, zehn, Zahn, Zeug, zu, Zug

medial: nützen, duzen, sitzen, setzen, geizig, witzig, Wurzel, Kanzel, Kreuzung, Herzen, Mozart

final: Salz, Pelz, Stolz, Malz, Kranz, Pfalz, Platz, Besitz

zw

The **zw** consonant cluster is pronounced like **tsv**.

zwischen, Zwielicht, zwanzig, zweiundzwanzig, Zweck, zwei, zwo, zwölf, Zwang

c

In a few words beginning with a **c**, especially those from classical languages, the **c** is pronounced as **ts**.

Cäsar, Celsius, Cicero

Übung 35

sp

The consonant cluster **sp** is pronounced **shp** when it precedes a vowel or an **r.**

spielen, spuken, spucken, Spule, Spinne, spät, später, spätestens, Spezialität, Spion, Sport, Spaß

When **sp** does not precede a stressed vowel, it sounds like the *sp* in the English *whisper* :

lispeln, haspeln, Kaspar, Knospe, disparat, desperat, Wispel, Wespe, dispensieren

spr

The consonant cluster **spr** sounds like *shpr* when it precedes a stressed vowel:

springen, spritzen, sprechen, Sprache, Sprudel, Sprengstoff, Sprössling, Spree, spricht

st

The German consonant cluster **st** is pronounced like *sht* when it precedes a stressed vowel.

stinken, steigen, stehlen, stehen, starten, Stück, Stock, still, Staat, staatlich, Stadt, Station, stur

When **st** does not precede the stressed vowel, it sounds like the *st* in the English word *first* :

Instrument, Meister, Oberst, äußerst, spätestens, besten, erst, zuerst, Fest, höchst, liest, lest

str

The German consonant cluster **str** is pronounced *shtr* when it precedes a stressed vowel.

streichen, streuen, Streusel, Strudel, Straße, Strafe, Strophe, Strand, Strom, streng, stramm

sch

The German consonant cluster **sch** is always pronounced like the English *sh*.

schminken, schieben, duschen, waschen, wischen, Schule, schon, schön, Busch, Tisch

schw

The German consonant cluster **schw** is pronounced like *shv* when it precedes a vowel.

schwer, Schwein, Schwur, Schwaben, schwäbisch, schwätzen, Schwanz, schwänzen, schwitzen, Schweiß, schwach, Schweden, schwanger, Schwester, schwimmen

---

Übung 36 — sk

The German consonant cluster **sk** is identical to the English *sk*.

Skandinavien, Skorpion, Skelett, Skepsis, Sklave, Skrupel, Skat, Muskeln

---

Übung 37 — foreign g

Foreign words, especially those from French, often have a **g** that sounds like a voiced *sh*.

Genevieve, genieren, Genre, Genie, Gelee, Ingenieur

Übung 38 — f

The German **f** is identical to the English *f*.

finden, fallen, fliegen, Funde, fünf, fünfzig, fünfundfünfzig, fort, fix, fertig, Flug

ph

The **ph** cluster is pronounced as an **f**-sound.

Pharmakologie, Phonetik, Philosophie, Philosoph, Physik

Germanic voiceless v

A Germanic **v** is always voiceless and sounds like **f**.

verliebt, verdorben, Vater, viel, vier, vierzehn, vierzig, voll, Volk, Volkswagen, von

---

Übung 39 — foreign voiced v

The letter **v** in a foreign word, especially words from Romance languages, is voiced and sounds like an English *v*.

Universität, Manöver, Version, Vitamin, Vokabel, Vanille, Vakzin, Villa, Vase, Volt

w

A German **w** is voiced and sounds like an English *v*.

wann, wo, wohin, woher, wer, warum, wie, wieviel, wieso, Wein, Wien, waschen, Wand, Löwe, jawohl

qu

The **qu** cluster sounds like **kv**.

Qualifikation, qualifizieren, Quantität, Qualität, Quadrat, Quelle, Quatsch, Quittung, quer, Quiz

Übung 40   l

In pronouncing the German l, concentrate on placing the front part of the tongue (about 1/4 of the tongue, not just the tip) on the hard ridge (alveolar ridge) directly behind the upper front teeth. You will hear the difference in the German l compared to the "throatier" English *l* especially in medial and final positions.

    initial: Leid, leider, Lieder, länger, lösen, Lücke

    medial: billig, fällig, fühlen, spülen, Welle, melden, schmelzen

    final: Bild, bald, wild, Geld, Spalt, viel, Stuhl, Mal, Fall, toll, still, hell

Contrast: English l vs. German l

    million...Million, billion...Billion, ball...Ball, bald...bald, fall...Fall, fell...Fell, built...Bild, Willy...Willi

Übung 41   r

In pronouncing the American *r*, the front of the tongue arches up and begins to roll over and point to the rear of the mouth. This is known as a retroflex *r*.

    The standard German **r**, on the other hand, is made by arching the back of the tongue and keeping the front of the tongue low. Air coming out of the throat into the mouth ideally sets the uvula vibrating. (The uvula is a small flap of skin at the rear of the mouth.) A simple way for you to approach making the German uvular **r** is to make a back **ch**-sound (at the back of the mouth) and adding your voice. You do not have to exhale strongly to get the uvula flapping or vibrating.

    initial: rief, reif, Rest, Rom, Raum, Brot, Bruder, breit, braun, drei, frei, frisch, grau, trinken, Krieg

    medial: sparen, Waren, fahren, Bären, Toren, Türen, Uhren, starten, Warnung, lernen, warnen

final r

When an **r** is at the end of a word the degree of tension in the back of the throat diminishes, and it sounds as if the **r** itself had disappeared. (Think of how Northeasterners in the U.S. pronounce the final *r* in: *car, far, park, her, father, mother, sister, brother,* etc.)

    fährt, Start, bohrt, führt, wird, hart, dort, Bär, vier, Tür, Uhr, Tier, hier, Natur, Vater, Mutter, Kinder

Übung 42   j

The German **j** is very similar in sound to the English *y* in *yo-yo.*

    jagen, Jäger, jodeln, Jugend, ja, jawohl, Jagd, Jacht, jung, Jahr, Jürgen, Jochen

Übung 43   t

The German **t** is identical to the English *t.*

    toben, Tabak, Taktik, Tempo, Text, Titel, Tag, Tat, taub, betäubt, Teil, Tür

th

In the **th** cluster the **h** is silent. The net effect is that **th** sounds just like a **t**.

Thermometer, Theater, Thema, Thunfisch, Thailand, Thomas, Beethoven

German Family Names

Pronouncing someone's name correctly is important if the good will of that person is valued. Indeed, a person may feel insulted if his or her name is "mutilated." In another vein, mispronouncing the name of a famous German may not reflect favorably on you. The list of names that follow will enable you to gain familiarity with some of the more commonly encountered names.

Ackermann, Andersch, Arens, Arndt, Auden, Auerbach, Adenauer

Bach, Bartsch, Bauer, Baumgarten, Becher, Becker, Behrens, Bender, Berger, Bischof, Böll, Brahms, Brecht, Brinkmann, Büchner, Bürger, Busch

Camin, Celan, Claudius, Cramer

Dachmann, Daimler, Daumer, Dessau, Diener, Döblin, Drechsler, Dürrenmatt

Ebbinghaus, Ecker, Eich, Eichler, Eichendorff, Einstein, Engels, Enderstein

Faller, Faßbinder, Fechter, Fernhäuser, Feuerbach, Fichte, Fischer, Fleischmann, Förster, Francke, Frankfurter, Frey, Frisch, Fried, Fuchs

Gartmann, Grasmüller, Grötzner, Geiger, Geisler, Glaser, Goethe, Görres, Grimm

Haas, Hagedorn, Hardenberg, Harms, Hartung, Hauptmann, Hauser, Hausmann, Heim, Hertz, Herzog, Heym, Hoffmann, Hofmann, Holtzmann, Humboldt, Hummer

Immelmann, Immermann

Jäger, Jaeger, Jost, Jahn, Jung

Kafka, Kaiser, Kästner, Kaufmann, Keck, Keller, Keune, Kleist, Klinger, Klein, Klostermann, Koch, Koenig, Kolb, Konrad, Koopmann, Kopp, Korngiebel, Kramer, Kraske, Kreuzer, Kruse, Kühn, Kohl

Lange, Lederer, Lehmann, Lenz, Lichtenberg, Lindner, Lohenstein, Löwenstein

Mahler, Mahlstedt, Mann, Marx, Maier, Mayer, Meyer, Mollenauer, Möllendorf, Morgenstern, Morgenthaler

Neubauer, Neuber, Neumann, Neurer, Niederreder, Nietzsche, Nodop, Noering

Oeser, Oester, von Ohlen, Opitz

Paar, Paasche, Pauler, Pfister, Pförtner, Planck, Priem, Prinz

Raabe, Rabben, Radner, Ranke, Renken, Richter, Rilke, Ritter, Rosenfeld, Roth

Sachs, Schatz, Scholtz, Scherer, Schiller, Schirmer, Schlegel, Schmidt, Schnabel, Schneider, Schroeder, Schultheiß, Schulz, Schweneker, Seyler, Sindermann, Sommerfeld, Steiglitz, Stieglitz, Stein, Steiner, Steinbrenner, Steinmetz, Stifter, Strauß

Taucher, Tessmer, Thiel, Tieck, Tischler, Toller

Wagner, Waldenrath, Waldmeister, Wassermann, Weber, Wechsler, Weigl, Weise, Weiß, Wernecke, Werth, Weydt, Wolf, Wulf

Zech, Zeppler, Ziegler, Zimmermann, Zinn, Zollinger, Zuckmayer, Zweig

German, Swiss, and Austrian Cities

Suffixes and prefixes

It is also important to learn the proper pronunctiation of German, Swiss, and Austrian cities. Since many of the cities use suffixes and prefixes, a brief note on their meanings might prove helpful.

A town that ends in the suffix **-burg** was originally a fortress town or built in the shadow of a fortified castle. (Consider that Pittsburgh evolved from Fort Pitt.)

Cities ending in **-berg** are usually situated on, at the base of, or in the vicinity of a mountain or hill.

The suffix **-dorf** means *village.* However, many of these "villages" are now very large cities.

The suffix **-stadt** means *city.*

The suffixes **-furt** and **-furth** indicate that a town or city is near a river crossing. This is equivalent to the English suffix *-ford.*

The suffix **-bronn** indicates that the town was built near a spring or well.

The suffix **-gart** is short for **Garten** *(garden).*

The word **Bad** or the suffix **-baden** indicates that the town is built near mineral wells that are or were used for bathing and medicinal treatments.

The suffix **-haven** indicates the town has or had a prominent harbor.

Aachen, Aschaffenburg, Augsburg, Aurich

Basel, Bayreuth, Berchtesgaden, Berlin, Bern, Bielefeld, Bochum, Bonn, Braunschweig, Bremen, Bremerhaven, Breslau, Bregenz

Celle, Cloppenburg, Coburg, Cochem, Cottbus

Darmstadt, Diepholz, Dinkelsbühl, Dortmund, Dresden, Duisburg, Düsseldorf

Emden, Erfurt, Essen, Eisenstadt

Frankfurt, Freiburg, Füssen

Garmisch-Partenkirchen, Genf, Gera, Gießen, Göppingen, Göttingen, Graz

Halle, Hamburg, Hammeln, Hannover, Heidelberg, Heilbronn

Ingolstadt, Innsbruck, Interlaken

Jever

Karlsruhe, Kassel, Kiel, Köln, Koblenz, Klagenfurth

Lausanne, Luzern, Leer, Leipzig, Lindau, Linz, Lübeck, Ludwigshafen, Lüneburg

Magdeburg, Mainz, Mannheim, Marburg, Minden, München, Münster, Meißen

Nürnberg, Nördlingen, Neubrandenburg

Offenbach, Oldenburg, Osnabrück

Paderborn, Potsdam

Regensburg, Rostock, Rothenburg, Rüdesheim

Saarbrücken, Salzburg, Schwäbisch-Hall, Schweinfurth, Stuttgart, Suhl, Schwerin, St. Gallen, St. Moritz

Tecklenburg, Trier, Tübingen

Ulm

Wiesbaden, Wien, Wilhelmshaven, Wolfsburg, Würzburg, Weimar
Zürich, Bad Zwischenahn

DEUTSCH
ZUSAMMEN
· ·

KAPITEL EINS

Wer und was ist im Klassenzimmer?

Überblick

Thema

Dinge und Personen im Klassenzimmer

Funktionen

Sprechen

Identifying and describing yourself, other persons, and things in your immediate environment

Asking questions and responding positively or negatively

Counting, and comprehending numbers

Greeting people and taking leave from them; using basic courtesy expressions

Hören

Recognizing words

Comprehending numbers

Schreiben

Listing items

Vokabular

The classroom: persons and things

Occupations and nationalities

Adjectives: describing people and things; colors, shapes and sizes, substances

Cardinal numbers

Kulturelles

German-speaking countries; the German language

School types, **Schüler** and **Studenten**

The spelling reform

Language and gender

Grammatik

Definite and indefinite articles

Question words **wer, was, wie, wie viele**

Negation with **nicht** and **kein**

The verb **sein** (to be)

Word order in statements and questions

TEIL 1,1

Im Klassenzimmer

*Go first to **Teil 1,1** in your tutorial.*

> **Merke**
>
> **Nouns and gender**
> <u>masculine</u>   **der** Mann, **der** Kuli
> <u>feminine</u>   **die** Frau, **die** Kreide
> <u>neuter</u>   **das** Fenster, **das** Papier
>
> **Naming**
> Das **ist** der Lehrer. Das **ist** die Assistentin.
> Das **ist** das Klassenzimmer.
>
> **Statal verb: sein**
> ich **bin**   wir **sind**
>   Sie **sind**
> er/sie/es **ist**   sie **sind**

Vokabular: das Klassenzimmer

die Klasse.....das Zimmer.....das Klassenzimme.....das Ding

der Boden	die Wand	das Fenster	der Student	die Studentin
der Papierkorb	die Tafel	das Licht	der Lehrer	die Lehrerin
der Stuhl	die Ecke	das Buch	der Professor	die Professorin
der Tisch	die Decke	das Heft	der Assistent	die Assistentin
der Schreibtisch	die Lampe	das Papier		die Person
der Bleistift	die Tür	das Bild		
der Kugelschreiber (der Kuli)	die Kreide	das Schild		
der Wischer	die Uhr	das Poster		
der Computer	die Leinwand			
der Fernseher				
der Projektor				
der OHP				
der Lautsprecher				

Sprechen wir!

Was passt zusammen?

die Tafel	<u>der Wischer</u>	der Stuhl	_____
die Uhr	_____	der Professor	_____
die Tafel	_____	die Tür	_____
der Fernseher	_____	die Wand	_____
die Decke	_____	das Licht	_____
die Studentin	_____	der OHP	_____

Zum Thema: Wo spricht man Deutsch?

German is spoken in a number of different countries in Europe and in many other places around the world. The three major German speaking countries are the Federal Republic of Germany (FRG), Austria, and Switzerland. We also find German speakers in Liechtenstein, and in parts of Italy, France, Denmark, and a number of Eastern European countries.

The Federal Republic of Germany lies in the center of Europe in a territory of 357,000 km². Although this makes it in size comparable to just the state of Oregon, the population is much more dense: about 79 million people now live in the **FRG**.

Before the unification of the two Germanys, West Germany combined 11 states. Germany now consists of 16 states, called **Länder**. Note that the German cognate **Staat** (long a) for English *state* does not refer to the individual states but to the whole nation as a system or institution. Note also that to many it sounds confusingly similar to **Stadt** (with a short a), which means city.

The 16 **Länder** or **Bundesländer** are Baden-Württemberg, Bayern, Berlin, Bremen, Hamburg, Hessen, Mecklenburg-Vorpommern, Niedersachsen, Nordrhein-Westfalen, Rheinland-Pfalz, Saarland, Sachsen, Sachsen-Anhalt, Schleswig-Holstein, and Thüringen.

Austria (**Österreich**), which like Switzerland is a neutral country, consists of nine provinces in a territory of about 83,850 km². The capital, **Wien**, is situated in the province of **Niederösterreich.**

6,6 million people live in Switzerland, of which about half a million live in the capital, **Zürich**. In the 23 **Kantone** (*cantons*) four different languages are spoken: German (in 19 of the 23 cantons), Italian, French, and Rhaeto-Romanic.

The tiny country **Liechtenstein** lies between Switzerland and Austria and the capital is Vaduz. A population of only about 20,000 people lives on a territory of 157 km².

Look at the maps in the front and back to find the places mentioned above.

Währungen	
Deutschland	1 DM = 100 Pfennig
Österreich	1 Schilling (ÖS) = 100 Groschen
Schweiz/Liechtenstein	1 Franken (SFr) = 100 Rappen
Europa	der Euro

Die Euro-Banknoten

Und Sie?

Teacher points to various items or people in the classroom. Students identify them.

Example: Teacher points to the door.   Student responds: **Das ist die Tür.**

Teacher points to a student.   Student responds: **Das ist der Student.**

Deutsch zusammen

Pair off with another student and take turns pointing to things in the classroom. One student points to an object. The other student identifies and names it:

Das ist _____.

Genau!

A. Give the definite article for each noun.

Beispiel: Heft → **das** Heft

Wand	Fenster	Boden	Lehrerin	Heft
Student	Boden	Licht	Computer	Kuli
Tür	Leinwand	Projektor	Poster	Klasse

B. Form a sentence from the parts.

Beispiel: Das/ist/Lampe → Das ist **die** Lampe.

1. Das/ist/Fenster
2. Das/ist/Wand
3. Das/ist/Bild

4. Das/ist/Assistent
5. Das/ist/Professorin
6. Das/ist/Studentin

TEIL 1,2

Sind Sie Deutsche oder Amerikanerin?

*Go first to **Teil 1,2** in your tutorial.*

Merke

Ja/nein Fragen
Das ist die Lehrerin? Ja, das ist die Lehrerin.
Ist das der Tisch?
  Ja, das ist der Tisch.
Ist das die Kreide?
  Nein, das ist **nicht** die Kreide.

W-Fragen: Wer? Was?
Was ist das? Das ist die Tafel.
Wer ist das? Das ist der Student.

Vokabular: Nationalitäten und Berufe

Amerikaner/in	Deutscher/Deutsche	Student/in	Chef/in
Kanadier/in	Österreicher/in	Lehrer/in	Kellner/in
Mexikaner/in	Schweizer/in	Professor/in	Verkäufer/in
	Engländer/in	Assistent/in	Arzt/Ärztin
		Sekretär/in	Anwalt/Anwältin

Sprechen wir!

Your instructor will point to objects and persons in the classroom and ask, for example:

Ist das die Tafel? Answer affirmatively or negatively as required.

Was sind die Personen?
Look at each drawing and name the profession or the nationality of the person.

Guten Morgen/Abend/Tag! Gute Nacht! Auf Wiedersehen/Wiederseh'n!
Hallo! Hi! Tag! Tschüss! Servus! Ciao!
Wie geht's? Danke, gut. Danke, nicht gut. Tschüss, Servus, Ciao.

Sprachnotiz

Greetings and leave-takings are often accompanied by a handshake in German-speaking countries. Asking **wie geht's?**, the equivalent to English **how are you?**, is more of an inquiry than a greeting. You will hear answers such as: **Danke, gut.**, or **Es geht.**, or **Nicht so gut!**

Dialog

The primary purpose of a dialog is to present vocabulary and structure in context to practice pronunciation and sentence stress and melody. If a dialog contains unfamiliar items, try to apply two strategies. First, many words in German are cognates. Cognates are words that look and sound similar to English and also have equivalent meanings, for example *neu, Name, hier.*

The second strategy is to use the context. Context refers to what is around the word. It also refers to the general situation in which a conversation takes place. This means that you can use knowledge about situations that you already have to help you comprehend conversations and texts in German. The following question taps into the knowledge you might bring to a task.

Vor dem Dialog: What are typical questions people ask each other when they first meet?

Your teacher will first model the dialog and then assign roles to students for reading with the entire class or in pair work.

(Herr Braun is meeting Frau Stein, a new person in the office.)

Herr Braun:	Guten Morgen! Ich bin Roland Braun.
Frau Stein:	Tag, Herr Braun. Mein Name ist Angelika Stein.
Herr Braun:	Sie sind Frau Krauses Assistentin, nicht wahr?
Frau Stein:	Ja, ich bin neu hier. . .
Herr Braun:	Sie sind nicht aus Berlin, oder?
Frau Stein:	No, äh, ich meine, nein. Ich bin aus Montreal.
Herr Braun:	Aah, Sie sind Kanadierin.

(Frau Dorn is sitting down next to a student, Heike Behrens, at a lecture.)

Frau Dorn:	Entschuldigung, ist hier frei?
Heike Behrens:	Ja, bitte.
Frau Dorn:	Danke sehr. Äh, ich heiße Susanne Dorn. Und Sie sind . . . ?
Heike Behrens:	Heike Behrens. Ich bin Studentin. Und Sie?
Frau Dorn:	Ja, ich bin Professorin in Minneapolis. Woher kommen Sie, Frau Behrens?
Heike Behrens:	Ich bin hier aus Stuttgart. Und Sie? Sind Sie Deutsche oder Amerikanerin?
Frau Dorn:	Ich bin Amerikanerin, aus Minnesota. Aber mein Vater ist Deutscher.

There are some new expressions in these conversations. Use their context to guess what they mean.

woher   aus Berlin/Montreal/Stuttgart   Entschuldigung   aber   nicht wahr?

> **Sprachnotiz**
>
> In many European countries including Germany, Austria, and Switzerland, initial interaction between people who don't know each other well is more formal than in the US. People typically use last names when addressing one another (**Frau Behrens, Herr Braun**). A person's title, for example **Frau Professor Dorn**, is used in written address, for example on a letter, but also in conversations when a certain level of formality is appropriate.

Und Sie?

Wer sind Sie? Sind Sie Amerikaner/in? Deutscher oder Deutsche? Was sind Sie? Sind Sie Kellner/in? Sekretär/in? Sind Sie Student/in?

Deutsch zusammen

Partnerarbeit. Pair off with another student and find out the other person's name, nationality, and occupation. Take notes and be prepared to introduce the person to your class.

Partnerarbeit. "Neue Identität:"

Your instructor will distribute "identity cards" that give you a new name, origin, and profession. Using the information on the card, introduce yourselves to one another by re-enacting the dialog you just read.

Genau!

A. Answer the following questions affirmatively:

Beispiel: Ist das die Tafel? Ja, das ist die Tafel.

1. Ist das der Professor?
2. Ist das der Amerikaner?
3. Ist das die Assistentin?
4. Ist das die Studentin?

B. Answer the following questions negatively:

Beispiel: Ist das das Licht? → Nein, das ist **nicht** das Licht.

1. Ist das die Wand?
2. Ist das das Buch?
3. Ist das der Sekretär?
4. Ist das die Assistentin?
5. Ist das die Leinwand?
6. Ist das der Projektor?

C. Formulate questions to match the answers:

Beispiel: Ja, das ist die Assistentin. → Ist das die Assistentin?

1. Ja, das ist der Kugelschreiber.
2. Ja, das ist das Schild.
3. Nein, das ist nicht das Heft.
4. Ja, das ist der Fernseher.
5. Nein, das ist nicht die Studentin.
6. Nein, das ist nicht der Tisch.

D. Form sentences from the parts. Supply whatever else is needed.

Beispiel: er/sein/Professor → Er ist Professor.
sein/er Professor → Ist er Professor?

1. ich/sein/Amerikaner
2. sein/Sie/Student
3. wir/sein/Sekretärinnen
4. sie/sein/Lehrerin

5. sein/sie/Assistenten
6. ich/sein/Studentin
7. sein/Sie/aus Berlin
8. ich/sein/Schweizerin

TEIL 1,3

Was ist aus Holz?

*Go first to **Teil 1,3** in your tutorial.*

> **Merke**
>
> **Dinge beschreiben**
> Der Tisch ist **braun**.
> Der Stuhl ist **nicht braun**.
> Die Tafel ist **sehr alt**.
> Der OHP ist **nicht sehr alt**.
>
> **W-Fragen: Wie?**
> **Wie** ist der Tisch?
> Der Tisch ist groß, braun und aus Holz.

Vokabular: Farben

rot	grün	rosa	weiß	hell	golden	bunt
blau	orange	lila	schwarz	dunkel	silbern	einfarbig
gelb	braun	violett	grau	dunkelrot		

Formen

groß...klein	schmal/eng...breit	rund...eckig	dreieckig
lang...kurz	gerade...krumm	rechteckig	viereckig

Gegenteile

an...aus	alt...neu	einfach...schwierig	gut...schlecht	hell...dunkel	interessant...langweilig
auf...zu	ganz...kaputt	leicht...schwer	richtig...falsch	teuer...billig	sauber...schmutzig

Materialien

aus Holz	aus Gummi	aus Plastik	aus Beton	aus Metall	aus Silber
aus Pappe	aus Leder	aus Nylon	aus Stein	aus Glas	aus Gold
aus Papier					aus Kupfer

Sprechen wir!

Describing objects. State, first, what the product in the ad is, and then what it is made of.

Beach-Volleyball
verschiedene Farben

9.⁹⁸

69.⁵⁰

Gästebett
190 × 80 cm
mit Federkernmatratze,
Gestell: anthrazit

mit Lattenrost **79.50**

Innenausbau
Vordächer
Fenster
Türen

BARTZ
FENSTERTECHNIK

Jägerplatz 21 · Halle
Tel./Fax (03 45) 3 88 11 93

Echtholz-
Garderoben-
ständer
ca. **180** cm,
mahagonifarben

19.⁹⁵

Was ist das? _____. Es ist aus _____.

Richtig oder falsch? State if the the descriptions below the drawings correctly identify them; if not, provide the correct one.

Beispiel: Ja, das Buch ist aus Pappe.
Nein, der Stuhl ist nicht aus Leder. Der Stuhl ist aus Metall.

Die Tafel ist aus Glas.
Der Tisch ist aus Holz.

Die Wand ist aus Beton.
Das Buch ist aus Metall.

Die Tür ist rund.
Der Papierkorb ist aus Gummi.

Fragen. Was ist _____?
Name items in the classroom that match the descriptions below.

Was ist schwarz?	Was ist blau?	Was ist groß?	Was ist aus Glas?
Was ist weiß?	Was ist grau?	Was ist breit?	Was ist aus Holz?
Was ist gelb?	Was ist silbern?	Was ist rund?	Was ist aus Plastik?
Was ist braun?	Was ist golden?	Was ist eckig?	Was ist aus Gummi?

Deutsch zusammen

Partnerarbeit. One student points to an object in class and identifies it. The other student describes it as fully as possible. Then switch roles.

Gruppenarbeit. One student describes an object in the classroom. Two others identify the object from the description. Switch roles until each person in the group has described two objects.

Genau!

A. Restate the following sentences in the negative.

1. Das Klassenzimmer ist klein.
2. Die Tafel ist grün.
3. Der Boden ist sehr sauber.
4. Ist der Stuhl aus Metall?
5. Ist der Tisch sehr schmutzig?
6. Die Tür ist schmal.

B. Formulate questions with *wie* to match the following answers.

1. Der Fernseher ist viereckig.
2. Die Leinwand ist weiß.
3. Die Wand ist gelb.
4. Das Fenster ist aus Glas.
5. Die Kreide ist klein.
6. Der Projektor ist neu.

TEIL 1,4

Wie sind Sie?

Go first to **Teil 1,4** *in your tutorial.*

Merke

Personen beschreiben
Susanne ist **lustig**. Dieter ist **nicht lustig**.
Der Student ist **sehr arm**. Der Professor ist **nicht sehr arm**.
Wie ist Daniela? Sie ist klein, schüchtern und intelligent.

Dinge nennen
Das ist **ein** Projektor. Das ist **eine** Leinwand.
Ist das **eine** Studentin? Nein, das ist **keine** Studentin.
Das ist die Assistentin.

Avoiding repetition: pronouns

Das ist **der** Tisch.	**Er** ist braun und aus Holz.
Das ist **die** Tafel.	**Sie** ist breit und schwarz.
Das ist **das** Buch.	**Es** ist neu.
Das sind **die** Bilder.	**Sie** sind sehr schön.
Das ist Sandra.	**Sie** ist gesellig und positiv.
Das ist Gerhard.	**Er** ist humorvoll und aktiv.
Das sind Susi und Franz.	**Sie** sind verheiratet.

Vokabular: Personen beschreiben

alt...jung	aktiv...träge...müde	hungrig...durstig
groß...klein	stark...schwach	gesund...krank
dick...dünn	schön...hässlich	tot...lebendig
schlank...vollschlank	hübsch...hässlich	

ledig...verheiratet	schüchtern...gesellig	froh...traurig...böse
reich...arm	freundlich...unfreundlich	glücklich...lustig...deprimiert
intelligent...dumm	positiv...negativ	launisch...gleichmütig
fleißig...faul	humorvoll...zynisch	zufrieden...unzufrieden
		liberal...konservativ
		idealistisch...realistisch
		sympathisch...unsympathisch

Sprechen wir!

Fragen. Wie sind diese Personen?

Herr Zorn

Karin

Frau Mies

Anton

Herr Boss

Roland

froh
positiv
negativ
krank
traurig
böse
glücklich
dünn
zufrieden

Situation. A friend describes mutual acquaintances, but you have the opposite opinion.

Beispiel: Sandra ist schüchtern.   Nein! Sandra ist nicht schüchtern! Sie ist gesellig.

1. Marco ist launisch.
2. Gabriela ist fleißig.
3. Christoph ist sehr negativ.
4. Karin ist sehr humorvoll.
5. Annette ist vollschlank.
6. Joachim ist träge.
7. Sergei ist alt.
8. Karoline ist unzufrieden.
9. Andi ist sehr lustig.

Partnerarbeit. One student identifies three persons or things in the classroom. The other student describes that person or the thing using pronouns. Then switch roles.

Beispiel: One Student points to the blackboard and says: Das ist **die Tafel.**

   The other student continues: **Sie** ist schwarz und rechteckig. Or: **Sie** ist grün.

Sprachmodell: Susanne und Klaus

Courtesy of Photo Researchers.
Copyright © MCMXCI Urlike Welsch.

Courtesy of Beryl Goldberg.
Copyright © 1986 Beryl Goldberg.

Listen to Susanne and Klaus describe themselves.

First listening. Mark the adjectives that you hear.

Susanne:

1. verheiratet ____
2. liberal ____
3. traurig ____
4. froh ____
5. fröhlich ____

6. negativ ____
7. emanzipiert ____
8. faul ____
9. aktiv ____
10. stark ____

Klaus:

1. arm ___
2. fröhlich ___
3. traurig ___
4. glücklich ___
5. verheiratet ___

6. ledig ___
7. liberal ___
8. launisch ___
9. schüchtern ___
10. gesellig ___

Second listening. Complete as best you can the sentences below.

Susanne: Ich bin auch sportlich _____.
Klaus: Ich bin natürlich arm, _____.

Fragen.

Beschreiben Sie Susanne und Klaus. Wie ist Susanne? Wie ist Klaus?

Und wie sind *Sie*? Sind Sie wie Klaus oder wie Susanne?

Und Sie?

Wie sind Sie?

Sind Sie positiv oder negativ?

Sind Sie schüchtern oder gesellig?

Sind Sie fleißig oder faul?

Sind Sie aggressiv?

Sind Sie diszipliniert?

Sind Sie tolerant?

Und jetzt?

Sind Sie glücklich oder deprimiert?

Sind Sie krank oder gesund?

Sind Sie fröhlich oder traurig?

Sind Sie hungrig?

Sind Sie böse?

Sind Sie müde?

Deutsch zusammen

Partnerarbeit. Select five attributes from below and match each with a well-known person.

Follow this model: Katherine Hepburn ist elegant.

1.   Wer ist humorvoll? 7.   Wer ist klein?

2.   Wer ist stark? 8.   Wer ist pessimistisch?

3. Wer ist schwach?   9. Wer ist reich?

4. Wer ist emanzipiert?   10. Wer ist liberal?

5. Wer ist elegant?   11. Wer ist konservativ?

6. Wer ist dick?   12. Wer ist schön?

Gruppenarbeit. Form groups of three people. Each student in the group names a person in class or a celebrity and challenges the other students to describe that person as accurately as possible.

Genau!

A. Replace the definite article with an indefinite article to make the statements more general.

Beispiel: Das ist der Stuhl → Das ist **ein** Stuhl.

1. Das ist der Tisch.   5. Das ist die Klasse.

2. Das ist das Fenster.   6. Das ist die Studentin.

3. Das ist die Tafel.   7. Das ist der Assistent.

4. Das ist der Papierkorb.   8. Das ist die Professorin.

B. Respond to the following questions negatively.

Beispiel: Ist das ein Fenster? Nein, das ist **kein** Fenster.

1. Ist das ein Heft?   4. Ist das ein Fernseher?

2. Ist das eine Leinwand?   5. Ist das eine Tür?

3. Ist das ein Student?   6. Ist das ein Papierkorb?

C. Replace each noun with the correct pronoun substitute.

Beispiel: Der Papierkorb ist aus Plastik → **Er** ist aus Plastik.

1. Die Tür ist aus Holz.
2. Das Fenster ist schmutzig.
3. Der Tisch ist sauber.
4. Der Bleistift ist gelb.
5. Die Tafel ist schwarz.
6. Die Studenten sind lustig.
7. Eine Studentin ist krank.
8. Ein Student ist müde.
9. Die Assistentin ist nett.
10. Der Lehrer ist Österreicher.

TEIL 1,5

Wie viele Personen sind im Klassenzimmer?

Go first to Teil 1,5 in your tutorial.

Merke

Plural
der Student	**die Studenten**
die Lehrerin	**die Lehrerinnen**
der Professor und die Professorin	**die Professoren**
	(die Professorinnen)

Identifying: Plural
Das sind **die Studenten**. Das sind **nicht** die Studenten.
Das sind **Fenster**. Das sind **keine** Fenster.
Das sind **drei Bücher**.

W-Fragen: Wie viele?
Wie viele Studenten sind hier? **Zehn Studenten** sind hier.
Wie viele Stühle sind im Klassenzimmer? **Zwanzig**.

Vokabular: Zahlen

0	null						
1	eins	11	elf	21	einundzwanzig	40	vierzig
2	zwei	12	zwölf	22	zweiundzwanzig	50	fünfzig
3	drei	11	dreizehn	23	dreiundzwanzig	60	sechzig
4	vier	14	vierzehn	24	vierundzwanzig	70	siebzig
5	fünf	15	fünfzehn	25	fünfundzwanzig	80	achtzig
6	sechs	16	sechzehn	26	sechsundzwanzig	90	neunzig
7	sieben	17	siebzehn	27	siebenundzwanzig	100	(ein)hundert
8	acht	18	achtzehn	28	achtundzwanzig	200	zweihundert
9	neun	19	neunzehn	29	neunundzwanzig	1 000	(ein)tausend
10	zehn	20	zwanzig	30	dreißig	2 001	zweitausendeins

Kleine Mathematik

+ *"plus"*, *"und"*   – *"minus"*   : *"geteilt durch"*   × *"mal"*   = *"ist"*

zwei **plus** drei ist fünf; zehn **minus** drei ist sieben; acht **geteilt durch** zwei ist vier; drei **mal** drei ist neun

Vokabular-Recycling: Plural

Das Klassenzimmer: Dinge

der Boden, ¨-	die Klasse, -n	das Zimmer, -
der Papierkorb, ¨-e	die Wand, ¨-e	das Klassenzimmer, -
der Stuhl, ¨-e	die Ecke, -n	das Ding, -e
der Tisch, -e	die Decke, -n	das Fenster, -
der Schreibtisch	die Tür, -en	das Licht, -er
der Bleistift, -e	die Tafel, -n	das Buch, ¨-er
der Kugelschreiber, -	die Kreide	das Heft, -e
der Kuli, -s	die Leinwand, ¨-e	das Papier, -e
der Wischer, -	die Uhr, -en	das Bild, -er
der Computer, -		das Poster, -
der Fernseher, -		
der Projektor, -en		
der OHP, -s		
der Lautsprecher, -		

Personen

der Student, -en	die Studentin, -nen
der Lehrer, -	die Lehrerin, -nen
der Professor, -en	die Professorin, -nen
der Assistent, -en	die Assistentin, -nen
die Person, -en	

Nationalitäten

der Amerikaner, -	die Amerikanerin, -nen
der Kanadier, -	die Kanadierin, -nen
der Mexikaner, -	die Mexikanerin, -nen
der Deutsche, -n	die Deutsche, -n
der Österreicher, -	die Österreicherin, -nen
der Schweizer, -	die Schweizerin, -nen
der Engländer, -	die Engländerin, -nen

Berufe

der Sekretär, -e	die Sekretärin, **-nen**
der Chef, -s	die Chefin, **-nen**
der Kellner, -	die Kellnerin, **-nen**
der Verkäufer, -	die Verkäuferin, **-nen**
der Arzt, ¨-e	die Ärztin, **-nen**
der Anwalt, ¨-e	die Anwältin, **-nen**

Sprechen wir!

Read these numbers aloud.

3   11   18   22   37   51   69   72   80   92
101   210   251   502   609   998   1001

Your instructor will read several series of numbers to you. Write down the numbers you hear.

Situation. An instructor realizes her class didn't bring anything! She asks the whole class and some individual students about specific items. Form questions following the model.

Beispiel: Stifte → Haben Sie **keine** Stifte?
 Papier   Deutschbücher   Heft   Kulis   Bücher   Uhr   Bleistift

Hören. Singular oder Plural? Look at each pair, then listen to your instructor give the singular or plural form of the noun and circle the one you hear.

Studentin/Studentinnen	Tür/Türen	Lampe/Lampen	Person/Personen
Assistentin/Assistentinnen	Professor/Professoren	Stuhl/Stühle	Wand/Wände
Deutsche/Deutschen	Tisch/Tische	Boden/Böden	Buch/Bücher

Und Sie?

Wie viele Fenster und Türen sind im Klassenzimmer? Wie viele Bilder? Wie viele Lampen? Wie viele Tische oder Schreibtische? Wie viele Stühle? Wie viele Computer oder Fernseher sind im Klassenzimmer? Wie viele Projektoren oder OHPs?

Wie viele Personen sind im Klassenzimmer? Wie viele Studenten/innen? Wie viele Assistenten/innen? Wie viele Lehrer/innen?

Deutsch zusammen

Partnerarbeit. You have called the tourist office in Berlin to inquire about hotel rooms. You get several phone numbers for hotels over the phone.

One student picks three hotels from the list below and reads their name and the phone number in German, the other student writes down the information.

„Haus Königssee" 8 91 73 81
Hotel-Pension im Grünewald, Nähe Ku'damm
Zi.-Tel., Bad-Zi., Parkplatz — B 33, Winklerstraße 7

Hotel Alpina, M. Pittack-Opel
 Berlin 33, Trabener Straße 3.   8 91 35 17, 8 91 68 90
Hotel Belvedere, M. Pittack-Opel
 Berlin 33 (Greuenwald), Seebergsteig 4.   8 26 18 77
Hotel Diana, M. Pittack-Opel
 Berlin 33, Wernerstraße 14 a.   8 26 10 77
Hotel Hagen, 33, Hagenstr. 50.   8 26 11 09
Hotel Haus Bismarck, Inh. Sabine Lehmann   8 91 70 81
 33, Bismarckallee 3. Nahe Kurfürstendamm.
Hotel Luftbrücken-Betriebe, 31, Mansfelder Str. 39.   86 01 68
Hotel Sylvia, 33, Warnemünder Str. 19.   8 23 30 71

Hotel-Pension am Bundesplatz
Inh. F.u.F. Meißner, Berlin 31
Bundesallee 56, Ecke Hildegardstr.   **8 53 57 70**

Hotel-Pension Schewerda.   8 53 44 19
Paulsborn s. Eintragung unt. Fersthaus Paulsborn.
Pension CD, 31, Detmolder Str. 67.   8 53 48 49
Pension am Elsterplatz, 33, Pióner Str. 25.   ◯ 8 26, 28, 80
Pension Güntzel, 31, Güntzelstr. 62.   8 54 13 50
Pension Stelke, Rüdesheimer Platz 7.   8 21 77 32
 Inh. Irene Seidel, B 33 (Wilmdf.), Rüdesheimer Pl. 7.
Pension Villa Grunewald, Inh. S. Sato,
 Berlin 33, Hagenplatz 5.   ◯ 8 26 16 20
Pensione Italia,   8 32 61 43
 Berlin 33, Ciayallee 146.

Zum Thema: Schultypen

In Germany there are essentially two major educational paths: the vocational and the academic. Most young children follow the standard educational sequence beginning with voluntary attendance in a **Kindergarten**. At age six, students attend the mandatory **Grundschule** (*elementary school*), where they remain until the end of the fourth grade. After that, three school types are available: **Hauptschule**, **Realschule**, and **Gymnasium**.

After graduating from the **Hauptschule** at age 15 or 16, students typically begin an apprenticeship in a vocational field while continuing to study at a **Berufsschule** (*vocational school*). This student apprentice, known as a **Lehrling** or "**Azubi**" (short for **Auszubildende/r**) works part-time and attends classes one or more days a week, absorbing theoretical training and on-the-job skills simultaneously. Training of this type can prepare one for "white collar" positions in social work, clerical jobs, technical careers in industry, and the health professions (medical, chemical, pharmaceutical, mechanical), as well as for "blue collar" positions as carpenters, electricians, auto mechanics, and in various other fields calling for skilled craftsmen. It is now almost impossible to start a vocational career without completing the **Hauptschule** with a **Hauptschulabschluss**.

Students who go to the **Realschule** remain there until the successful completion of the tenth grade when they obtain what is called the **Mittlere Reife**. They may then continue their training at a specialized technical school that is close to the university level (**Fachhochschule**) or start a medium level administrative or business career.

Students who are selected for academic training that will lead to university study and a professional career enter the **Gymnasium** in the fifth grade. They remain there until successful completion of the twelfth or thirteenth grade, at which time they are awarded the **Abitur**. Because admission to the university is restricted in certain fields, a condition known as **Numerus Clausus**, students prepare for the **Abitur** with great vigor. Recently, scarcity of positions for university graduates has prompted students with the **Abitur** to enter other fields for which **Mittlere Reife** or **Hauptschulabschluss** have typically been sufficient.

Students at primary and secondary levels are called **Schüler**, not **Studenten**. The term **Student** is only used for those studying at a university or university-level educational institution.

Fragen.

1. What are the different types of secondary schools in Germany?
2. How many years do students attend the different schools in Germany?
3. Name the degree for each of the described secondary schools in the FRG.
4. What is the difference between **Schüler** and **Studenten**?
5. What are the differences between the American and the German schoolsystem?

Genau!

A. Indicate the plural of the following.

Beispiel: die Decke → die Decken

1. die Klasse	4. das Zimmer	7. das Ding	10. die Wand
2. das Fenster	5. die Tafel	8. das Licht	11. der Stuhl
3. das Buch	6. der Tisch	9. die Ecke	12. das Heft

B. Change the following sentences to the plural.

Beispiel: Die **Tafel ist** grün → Die **Tafeln sind** grün.

1. Der Tisch ist lang.
2. Die Wand ist schmutzig.
3. Der Stuhl ist braun.
4. Der Student ist intelligent.
5. Die Studentin ist Österreicherin.
6. Die Sekretärin ist Deutsche.

C. Negate the following sentences using **nicht** or **kein**.

Beispiel: Das sind Lehrer → Das sind **keine** Lehrer.
Das sind die Türen → Das sind **nicht** die Türen.

1. Das sind die Bücher.
3. Das sind Österreicher.
5. Das sind Bilder.
2. Das sind Fenster.
4. Das sind Schweizer.
6. Das sind die Amerikaner.

A l l e s   z u s a m m e n

As a result of what you have learned in chapter one you should be able to:

1. identify and describe yourself, other persons, and things in your immediate environment;
2. ask questions and respond positively or negatively;
3. count and comprehend numbers from 1-1000;
4. use greetings and basic courtesy expressions;
5. make a written list of items;
6. describe the main features of the German school system and be familiar with some basic terms associated with it: **Schüler/Studenten, Grundschule, Hauptschule, Realschule, Gymnasium, Abitur, Mittlere Reife.**

A. *Fragen.*

1. Wer sind Sie und woher kommen Sie?
2. Sind Sie Deutscher/Deutsche?
3. Sind Sie verheiratet oder ledig?
4. Wie ist das Klassenzimmer? Welche Dinge sind im Klassenzimmer? Wie sind sie?
5. Wer ist der Deutschlehrer/die Deutschlehrerin?
6. Wie viele Studenten/innen sind im Deutschkurs?
7. Beschreiben Sie eine Person im Klassenzimmer.
8. Wie sind Sie?

B. *Kulturelles.*

List the different secondary schools in Germany, the degrees granted, and the number of years students attend school.

Who attends what? Schüler: _____   Studenten: _____

C. Count quickly from 0-100, and in 100-s to 1000. Listen to someone give numbers and write down what you hear.

D. Describe various celebrities.

E. First make a written list of what you see in your classroom (objects and people).
Add one description for each item or person you list.

Aktives Vokabular

Im Klassenzimmer

die Klasse, -n	class
das Zimmer, -	room
das Klassenzimmer, -	classroom
das Ding, -e	thing
der Boden, ¨-	floor
der Stuhl, ¨-e	chair
der Tisch, -e	table
der Schreibtisch, -e	desk
der Papierkorb, ¨-e	waste basket
der Bleistift, -e	pencil
der Kugelschreiber, -	ballpoint pen
(der Kuli, -s)	
der Wischer, -	board eraser
der Computer, -	computer
der Fernseher, -	TV set
der Projektor, -en	projector
der OHP, -s	overhead projector
der Lautsprecher, -	speaker
die Tafel, -n	blackboard
die Wand, ¨-e	wall
die Ecke, -n	corner
die Decke, -n	ceiling
die Tür, -en	door
die Kreide	chalk
die Leinwand, ¨-e	projection screen
die Uhr, -en	clock
das Fenster, -	window
das Licht, -er	light
das Buch, ¨-er	book
das Heft, -e	notebook
das Papier, -e	paper
das Bild, -er	picture
das Poster, -	poster

Personen   *People*

die Person, -en	person
der Student, -en/die Studentin, -nen	student

der Assistent, -en/die Assistentin, -nen	assistant
der Professor, -en/die Professorin, -nen	professor
der Lehrer, -/die Lehrerin, -nen	teacher

Nationalitäten   *Nationalities*

der Amerikaner, -/die Amerikanerin, -nen	American
der Kanadier, -/die Kanadierin, -nen	Canadian
der Mexikaner, -/die Mexikanerin, -nen	Mexican
der Deutsche, -n/die Deutsche, -n	German
der Österreicher, -/die Österreicherin, -nen	Austrian
der Schweizer, -die Schweizerin, -nen	Swiss
der Engländer, -/die Engländerin, -nen	British

Berufe   *Professions*

der Sekretär, -e/die Sekretärin, -nen	secretary
der Chef, -s/die Chefin, -nen	boss
der Kellner, -/die Kellnerin, -nen	waitperson
der Verkäufer, -/die Verkäuferin, -nen	salesperson
der Arzt, ¨-e/die Ärztin, -nen	doctor
der Anwalt, ¨-e/die Anwältin, -nen	lawyer

Describing things: adjectives

Farben   *Colors*

rot	red
blau	blue
gelb	yellow
grün	green
orange	orange
braun	brown
rosa	pink
lila	purple
violett	violet
weiß	white
schwarz	black
grau	grey
golden	gold
silbern	silver
einfarbig	one colored
bunt	colorful

Formen   *Shapes*

lang...kurz   long...short

groß...klein   tall...small/big...large
gerade...krumm   straight...crooked
rund...eckig   round...cornered/angular
schmal/eng...breit   narrow...wide

dreieckig   triangular
rechteckig   rectangular
viereckig   square

Gegenteile   *Opposites*

an...aus   on...off
auf...zu   open...closed

richtig...falsch   right...wrong
leicht...schwer   light...heavy
teuer...billig   expensive...cheap
interessant...langweilig   interesting...boring

alt...neu   old...new
ganz...kaputt   working...broken
gut...schlecht   good...bad
einfach...schwierig   easy...difficult
sauber...schmutzig   clean...dirty
hell...dunkel   light...dark

Materialien   *Materials*

aus Holz   (made of) wood
aus Pappe   cardboard
aus Papier   paper

aus Gummi   rubber
aus Leder   leather
aus Plastik   plastic
aus Nylon   nylon

aus Beton   concrete
aus Stein   stone
aus Metall   metal
aus Glas   glass

aus Silber   silver
aus Gold   gold
aus Kupfer   copper

Leute   *People*

physical attributes
alt...jung   old...young
groß...klein   tall/big...short/small
dick...dünn   thick/fat...thin/skinny
schlank...vollschlank   slim...plump
aktiv...träge...müde   energetic...lethargic...tired

stark...schwach	strong...weak
hübsch...hässlich	pretty/cute...ugly

schön...hässlich	beatiful/handsome...ugly
hungrig...durstig	hungry...thirsty
gesund...krank	healthy...sick
tot...lebendig	dead...alive

non-physical attibutes

ledig...verheiratet	single...married
reich...arm	rich...poor
intelligent...dumm	intelligent...dumb
fleißig...faul	hard-working...lazy
schüchtern...gesellig	shy...outgoing/sociable
freundlich...unfreundlich	friendly...unfriendly
positiv...negativ	positive....negative
humorvoll...zynisch	humorous...cynical

froh...traurig...böse	happy...sad...angry
glücklich...lustig...deprimiert	happy...jolly...depressed
launisch...gleichmütig	moody....steady/stable
zufrieden...unzufrieden	content/satisfied...discontent/dissatisfied
liberal...konservativ	liberal...conservative
idealistisch...realistisch	idealistic...realistic
sympathisch...unsympathisch	likable...unlikable

Making statements: verbs

sein	to be
das ist	this/that is
das sind	these/those are

Asking questions: w-words

wer	who
was	what
wie	how
wie viel	how much
wie viele	how many

Asking/answering negatively

nicht	not
kein Haus	no house
keine Assistentin	no assistant (f.)
keine Studenten	no students

KAPITEL ZWEI

Was machen wir im Klassenzimmer und zu Hause?

Überblick

Thema

Aktivitäten an der Universität und zu Hause

Funktionen

Sprechen

Asking and answering questions with adverbial expressions

Formulating statements, requests and commands, and suggestions

Talking about your likes and dislikes

Hören

Preparing for listening; anticipating content

Listening for specific information

Lesen

Getting information from an ad

Guessing the meaning of words from the context

Schreiben

Making a list

Forming simple sentences

Vokabular

Basic verbs

Adverbial expressions

Question words (w-words)

Kulturelles

Social customs regarding time in Germany

Two famous writers

Grammatik

Present tense of statal and active verbs; regular verbs; irregular verbs

Direct commands; indirect (colloquial) commands

Verbs with -d, -t, or -n-stems; verbs with separable prefixes

Order of adverbs in a sentence (time, manner, place)

TEIL 2,1

Was machen wir?

Go first to **Teil 2,1** *in your tutorial.*

Merke

Review: sein

ich bin	wir sind
	Sie sind
er/sie/es ist	sie sind

Active Verbs: machen = mach + **en**

Verb forms: present tense

ich studiere	wir studieren
	Sie studieren
er/sie/es studiert	sie studieren

-d and -t stems
Hans **findet** das Buch. Karin **antwortet** nicht.

-n stems
Heike **wohnt** in Bremen. Hans **lernt** Englisch.

Vokabular: Was machen wir?

sagen	sehen	wohnen	öffnen	kommen
sprechen	hören	arbeiten	schließen	gehen
wiederholen		schlafen		laufen
lesen	zeigen...auf		kaufen	fahren
schreiben		tragen	verkaufen	
beschreiben	zählen		kosten	sitzen
	studieren	waschen		stehen
verstehen	lernen		suchen	
fragen		bringen	finden	bleiben
antworten	machen	nehmen		warten

Sprechen wir!

Was machen die Personen?

1.

2.

Sprachnotiz

Remember to use **lernen** for what you do regularly (do exercises, prepare for a test, read) as a student in school or at a university. The word **studieren** is used exclusively to refer to being a student at a university, as in **ich studiere in Düsseldorf**.

Zum Thema: Klassiker lesen

Johann Wolfgang von Goethe was born in Frankfurt on August twenty-eighth, 1749, and he was raised by well-educated parents in a wealthy household. From 1771–1775 Goethe practiced law, but in 1774 his first novel, **Die Leiden des jungen Werther** (*The Sorrows of the young Werther*), brought him his first taste of literary success. By the time he was twenty-six, he had achieved fame and had become the best friend of the Count of Saxony-Weimar. Weimar, through Goethe's presence, became a literary center and is still renowned to this day as a haven for writers. Goethe began work on his greatest work, **Faust**, in 1790, and continued working on it until his death in Weimar forty-two years later on March 22, 1832.

Goethe and Johann Christoph Friedrich Schiller are considered the two great **Klassiker** of German Literature. Friedrich Schiller, junior to Goethe by ten years, was born in Marbach on the Neckar River on November 10, 1759. In contrast to Goethe, Schiller was born into a poor family, the son of a soldier. He was sent to the **Karlsschule**, a very demanding military academy. It was here, in this atmosphere of oppressive military discipline, that he began writing his **Freiheitsdrama** (liberation play), **Die Räuber** (*The Robbers*). It premiered in 1781, in Mannheim, and made him a celebrated author. But Schiller, then an army doctor in Stuttgart, deserted his post and fled to Stuttgart to pursue his literary career, thereby willingly sacrificing the financial security of his military station. Ten years later, with the assistance of his friend, Goethe, he became a professor at the University of Jena. He died on December 16, 1827.

Courtesy of Library of Congress.

Sprechen wir!

Show your comprehension of the following commands.

Zeigen Sie auf das Buch.
Nehmen Sie das Buch.
Bringen Sie das Buch.
Zeigen Sie auf die Tafel.
Zeigen Sie auf die Kreide.

Öffnen Sie das Fenster.
Schließen Sie das Fenster.
Zeigen Sie auf die Tür.
Öffnen Sie die Tür.
Schließen Sie die Tür.

Nehmen Sie ein Stück Kreide.
Schreiben Sie Ihren Namen
   an die Tafel.
Nehmen Sie den Wischer.
Wischen Sie die Tafel.

Situation. You are trying to leave, and your colleague is not ready. Ask him:

1. what he's doing
2. what he's writing
3. if he's staying here or coming
4. what he's looking for

Situation. On your way to class you talk to another student. Find out if she

1. is learning German
2. works *and* studies
3. if she lives here in _____ (your town)
4. understands the instructor (female)

Deutsch zusammen

Partnerarbeit. Machen Sie ein Interview. Fragen Sie Ihren Partner/Ihre Partnerin …

1. Lernen Sie Deutsch oder Spanisch?
2. *Verstehen* Sie Deutsch? Gut? Alles?
3. *Sprechen* Sie auch Deutsch?
4. Wohnen Sie in _____ oder an der Uni?
5. Studieren Sie Philosophie oder Chemie oder . . . ?
6. Arbeiten Sie auch?

Partnerarbeit. One student is the teacher, the other a student. The teacher asks the student if he/she

1. understands that
2. is tired
3. sees it
4. hears it
5. works hard
6. sleeps well

Genau!

A. Form questions and statements with the sentence parts.

Beispiel: das/sein/das Schild → Das ist das Schild.

1. die Bilder/sein/schön
2. wie sein/die Stühle
3. das/sein/die Wand
4. Herr Rösner/sein/Professor
5. sein/die Studenten/Amerikaner
6. Maria/sein/Mexikanerin

B. Restate the sentences. Use one of the new subjects in parentheses for each new sentence.

Beispiel: Hans kommt nicht. (sie [pl.], ich) Sie kommen nicht. Ich komme nicht.

1. Der Lehrer schließt die Tür. (der Student, die Assistentin)
2. Wir lernen Englisch. (ich, er, sie [pl.])
3. Der Lehrer wiederholt das. (die Studenten, ich)
4. Der Student sucht das Buch. (ich, wir, sie [pl.])
5. Er findet das nicht. (wir, die Studenten, Paul)

TEIL 2,2

Lesen Sie gern?

*Go first to **Teil 2,2** in your tutorial.*

Merke

Irregular verbs

sprechen (**i**) → spricht	tragen (**ä**) → trägt
essen (**i**) → isst	fahren (**ä**) → fährt
nehmen → nimmt	schlafen (**ä**) → schläft
sehen (**ie**) → sieht	waschen (**ä**) → wäscht
lesen (**ie**) → liest	laufen (**äu**) → läuft

Vokabular: Was machen wir noch?

bringen	kommen	gehen	lesen	machen
mit•bringen	mit•kommen	mit•gehen	mit•lesen	mit•machen
zurück•bringen	an•kommen	weg•gehen	vor•lesen	vor•machen
	zurück•kommen			an•machen
nehmen	vorbei•kommen		sprechen	aus•machen
mit•nehmen		stehen	mit•sprechen	auf•machen
weg•nehmen		auf•stehen		zu•machen
zurück•nehmen				

Sprechen wir!

Situation. You are the instructor today. Tell your students to:

1. bring the books along
2. take it away
3. read along
4. read it out loud
5. stand up
6. turn the light on
7. turn off the light
8. open the window
9. close the door

Situation. You just met Gerda and Peter Still in a café in Aachen. They have told you about their son who wants to go to the United States. Find out if he

1. is a student
2. speaks English
3. drives a car or walks
4. reads books
5. writes a lot

Und Sie?

Sprechen Sie Spanisch? Englisch? Deutsch? Was sehen Sie hier im Klassenzimmer? Was lesen Sie? Schlafen Sie gut oder nicht so gut? Laufen Sie oft? Fahren Sie Auto? Was machen Sie zu Hause auf und zu? Was nehmen Sie zur Uni mit?

Was machen die Studenten und Studentinnen im Deutschunterricht? Was macht der Lehrer/die Lehrerin im Deutschunterricht?

Es ist zu dunkel im Klassenzimmer. Was machen Sie? Es ist zu warm. Was machen Sie? Es ist zu laut. Was macht der Lehrer/die Lehrerin?

Deutsch zusammen

Partnerarbeit. Put yourselves in the following situation and respond with the appropriate commands. Write the commands down and be prepared to read them to the class.

You are at your office in Bonn. What would you tell a colleague (Frau Graf or Herr Kling) in the following situations:

1. It's too cold and drafty here.
2. It's too dark to read.
3. There's too much noise outside this room.
4. The thing she/he just bought is defective.
5. You didn't catch what she/he said.
6. You can't hear her/him well.
7. You don't want her/him to come too late.
8. She/he is not supposed to leave this spot.

Genau!

Replace the subjects in the sentences with the ones in parentheses. Make all necessary changes.

Beispiel: Wir lesen Bücher. (die Studentinnen, ich, er)
     Die Studentinnen lesen Bücher. Ich lese Bücher. Er liest Bücher.

1. Die Studenten sprechen Deutsch. (ich, er, die Lehrerin)
2. Sie tragen die Bücher und Hefte. (ich, Gerd, Fred und Tina)
3. Sie lesen das Buch. (wir, der Student, Annette)
4. Die Lehrerin nimmt die Hefte. (wir, er, Sie, Heidi)
5. Die Studenten schlafen nicht. (ich, wir, er)
6. Die Studenten laufen viel. (die Studentin, ich, wir)
7. Sie fahren das Auto. (wir, Sven, Sie)
8. Ich wasche das Auto. (Sabine, wir, Hans)

TEIL 2,3

Bleiben Sie heute an der Uni?

*Go first to **Teil 2,3** in your tutorial.*

Merke

Adjectives and adverbs
Wie sind die Studenten? Die Studenten sind **nett**.
Wie arbeiten sie? Sie **arbeiten** und **lernen fleißig**.
Was machen Sie **jetzt**? Sie lernen **jetzt** Deutsch.

Intensification
Sie spricht **sehr laut**. Der Lehrer spricht **zu schnell**.
Maria liest **so gut**.

Negation
Sie spricht **nicht sehr laut**.
Der Lehrer spricht **nicht zu schnell**.
Maria liest **nicht so gut**.

Time, manner, place
Michael kommt <u>**heute**</u> <u>**nach**</u> <u>**Hause**</u>.
Wir gehen <u>**später**</u> <u>**zusammen**</u> <u>**zur**</u> <u>**Uni**</u>.
Ich gehe <u>**später**</u> zur Uni.

Vokabular: Adverbs of time

jetzt	heute	noch
bald	morgen	noch nicht
	tagsüber	lange
immer		
oft	früh	dieses Semester
manchmal	früher	dieses Jahr
selten	spät	nächstes Semester
nie	später	nächstes Jahr

Adverbs of manner

viel/wenig
schnell/schneller
langsam/langsamer
laut/lauter
leise/leiser
gut/besser
schlecht/schlechter
allein/zusammen
mit dem Bus/mit dem Zug
mit der U-Bahn
gern/nicht gern

Adverbs of place

hier/her/hierher
da/dort
da drüben/dort drüben
dahin/dorthin

links/nach links
rechts/nach rechts

nach Hause/zu Hause
zur Uni/an der Uni
ins/im/aus dem Klassenzimmer
zum/im Kurs
zur/bei der Arbeit

nach Deutschland
nach Berlin
in Deutschland
in München
aus Deutschland
aus Rostock

Sprechen wir!

Wortpuzzle. Form sentences by logically combining words from the four columns.

Die Lehrerin	spricht	besser	zu Hause
Die Studenten	fahren	schnell	im Klassenzimmer
Frau Bernhard	lernt	bald	zur Arbeit
Professor Ernst	ist	gern	bei der Arbeit
Gabi und Silke	sitzen	früh	nach Berlin
Anton	geht	laut	an der Uni

Add logical elements in the blanks.

Peter fährt _____ zur Uni.

Annette läuft _____ zur Arbeit. Es ist spät.

Ich studiere nächstes Semester _____. Dieses Semester bin ich in Berlin.

Und Sie?

Im Klassenzimmer: Was sehen Sie dort drüben? Wie heißt die Person links von Ihnen? Und rechts von Ihnen? Spricht der Lehrer/die Lehrerin schnell oder langsam?

Gehen Sie früh zur Uni? Oder später? Sind Sie tagsüber an der Uni? zu Hause? Manchmal bei der Arbeit? Immer an der Uni? Wie kommen Sie zur Uni? Was machen Sie später?

Lernen Sie allein? Zusammen mit anderen Studenten?

Lesen Sie gern? Lesen Sie schnell oder langsam? Was machen Sie gern? Was machen Sie nicht so gern?

Sprachmodell

Listening to a foreign language, especially if someone other than your teacher is speaking, is quite challenging. Some strategies will help you. First, listen *for specific information* rather than trying to understand everything. The activities that go with the listening will guide you in doing this. As before, make use of what you know about the context. In the following listening text, young Germans describe themselves. Think about what you would say about yourself if asked to provide an oral biography.

A. *Brainstorming before listening:* What kinds of things would you address if you described yourself? What are some concerns that young people might have?

What are some adjectives you have learned already that describe people's appearances and personality traits?

Now listen to how three young Germans, Birgit, Sigrid, and Ralf, describe themselves. Remember to listen for specific information.

B. *First listening:* Look over the chart for each person and then circle only what you hear about their school or profession (**Schultyp, Beruf**) and residence (**Wohnort**).

C. *Second listening:* Listen for the other information (**Berufswunsch, andere Personen, Charakteristiken, usw.**). Circle the items you hear for each person.

Courtesy of Beryl Goldberg Photography. Copyright © 1998 Beryl Goldberg

Name	Schultyp	Wohnort	Berufswunsch	Eigenheiten
Birgit	Hauptschule	Köln	Lehrerin	deprimiert
	Realschule	Dresden	Journalistin	melancholisch
	Gymnasium	Zürich	Köchin	ernst
			Schriftstellerin	humorvoll

Name	Beruf	Wohnort	andere Personen	Wie sind die Eltern?
Sigrid	Kindergärterin	Hamburg	Freundin	progressiv
	Buchhändlerin	Rostock	Freund	sympathisch
	Verkäuferin	Hannover	Oma und Opa	konservativ
			Eltern	ernst

Name	Schultyp	Wohnort	Pläne für die Zukunft
Ralf	Hauptschule	Graz	Studium
	Realschule	Saarbrücken	Arbeit
	Gymnasium	Frankfurt	Amerikareise
		Celle	Militärdienst

Und Sie?

Was machen Sie? Arbeiten oder studieren Sie? Oder machen Sie beides?
Sind Sie wie Birgit? Wie Sigrid? Oder mehr wie Ralf? Beschreiben Sie, wie Sie sind.

A. *Situation.* Imagine that you are talking to Sigrid. Ask her

1. if she works during the day
2. where she works
3. if she likes to work there
4. if she lives alone
5. if she will talk to (= **mit**) Peter
6. if she is going home soon

B. Now ask Ralf

1. where he is from
2. what he is doing now
3. if he'll finish (**machen**) the **Abitur** soon
4. if he works hard
5. if he likes to study
6. if he'll perhaps travel (go) to America

Deutsch zusammen

Formen Sie Zweiergruppen. Schreiben Sie zusammen eine "Mini-Biographie."
Besprechen Sie zuerst, welche Kategorien Sie haben wollen, z.B. Alter, Schultyp,
Wohnort, Familie, Charakteristiken, Beruf oder Berufswunsch.

Genau!

A. Add an intensifier (**sehr, so, zu**) to each of the following sentences.

1. Ralf lernt fleißig.
2. Siggi ist zufrieden.
3. Birgit ist deprimiert.
4. Siggi arbeitet früh.
5. Die Eltern sind konservativ.
6. Ralf ist arm.

B. Answer each of the following questions negatively. (Use **nein** or **nicht** in your answers.)

1. Gehen Sie nach Hause?
2. Kommt Peter später?
3. Kommt Hans jetzt?
4. Bleibt Siggi hier?
5. Ist Ralf zu Hause?
6. Fährt Birgit zur Uni?

C. Create a statement or question for each of the following adverbial expressions.

1. jetzt
2. morgen
3. zu Hause
4. schnell
5. zur Uni
6. im Restaurant
7. hier
8. links
9. dorthin
10. zu Hause
11. nach Amerika
12. in Wien

TEIL 2,4

Wo lernen Sie Deutsch?

*Go first to **Teil 2,4** in your tutorial.*

> ### Merke
>
> **W-Fragen**
> **Woher** kommt Frau Smith?
>   Sie kommt aus Los Angeles.
> **Wo** arbeitet sie? An der Uni.
> **Wie** ist Frau Smith?
>   Frau Smith ist freundlich und aktiv.

Vokabular: W-worte

wer	wo	wie	wann	warum
was	wohin	wie viel	wie oft	wieso
	woher	wie viele	wie lange	

Sprechen wir!

Situation. A friend tells you about her new roommate who is not at all what she expected! Form logical follow-up questions with the w-words indicated in parentheses.

"Svenja kommt nicht aus Deutschland." (woher)

"Jedes Wochenende fährt sie weg!" (wohin)

"Sie arbeitet viel und ist immer müde." (wo)

"Und sie steht nie früh auf." (wie lange)

"Und Thomas (Svenjas Freund) ist immer hier. Das nervt!" (wer, wie)

Und Sie?

Wer sind Sie? Woher kommen Sie? Wo wohnen Sie jetzt? Wo arbeiten Sie? Was studieren Sie? Wie viel lernen Sie? Lernen Sie viel? Selten? Oft? Immer? Wie lange? Spät oder nicht so spät? Wie lernen Sie? Allein oder nicht allein? Was studieren Sie?

Gehen Sie heute früh oder spät nach Hause? Essen Sie immer zu Hause? Wie oft essen Sie im Restaurant? Oft? Manchmal? Selten? Nie?

Wie lange schlafen Sie? Wann stehen Sie auf? Um acht? Neun? Zehn?

Sprachmodell: Birgit, Sigrid und Ralf

Choose one of the three people (Birgit, Sigrid, Ralf) that you listened to before, and answer the questions. Read over the questions before you listen.

Birgit

1. Woher kommt Birgit?
2. Warum ist Birgit manchmal deprimiert? Was ist ein Problem für junge Leute?
3. Was macht Birgit vielleicht später?
4. Wo arbeitet sie bestimmt *nicht*?

Sigrid

1. Wie alt ist sie?
2. Wo wohnt sie?
3. Wie beschreibt sie Peter?
4. Wie beschreibt sie ihre Eltern?

Ralf

1. Woher kommt Ralf?
2. Wie alt ist er?
3. Wohin fährt er vielleicht im Sommer?
4. Geht er zum Militär?

Deutsch zusammen

A. You are an examiner at the driver's license bureau and are getting some information from a testee. Ask him: his *name, address,* and *age.*

B. You run into an acquaintance in front of the café near the university. You want to know:

1. where she is coming from
2. what she is doing here
3. where she is going

C. You are tutoring a student who has serious problems with a class. Find out:

1. why he does not understand that
3. who the instructor is and where the instructor is from
2. when he studies
4. how much he sleeps

Genau!

A. Change each of the following statements into a **ja/nein Frage** by reversing the order of the subject and verb.

Beispiel: Sie ist Lehrerin.   **Ist sie** Lehrerin?

1. Er ist Student.
2. Sie ist Schülerin.
3. Sie sind jung.
4. Sie arbeitet nicht.
5. Er lernt fleißig.
6. Sie wohnen in Deutschland.

B. Generate a logical question for each question word. Use as many different verbs as possible.

1. wer	4. wie	7. wo	10. wann
2. was	5. wie viel	8. wohin	11. wieso
3. wie	6. wie viele	9. woher	12. warum

TEIL 2,5

Alle mitmachen, bitte.

*Go first to **Teil 2,5** in your tutorial.*

Merke

Commands
Machen Sie mit. **Bleiben Sie** hier.
Jetzt **mitmachen**, bitte.

Commands with sein
Seien Sie ruhig! **Seien Sie** nicht zu optimistisch!

Requests
Bitte kommen Sie her. Kommen Sie **bitte** her. Kommen Sie her, **bitte**.

Suggestions
Gehen wir jetzt. **Bleiben wir** hier. **Seien wir** nicht zu böse.

Vokabular: Studium und Universität

die Universität, -en   das Studienfach, ¨-er   das Semester   das Seminar, -e

die Uni, -s   studieren   das Sommersemester   die Vorlesung, -en

                das Studium, Studien   das Wintersemester

Studienfächer

Anglistik	Mathematik	Ökonomie	Medizin
Germanistik	Informatik	Betriebswirtschaft (BWL)	Jura
Romanistik	Physik	Volkswirtschaft (VWL)	Kunst
Pädagogik	Chemie	Politik/Sozialwissenschaften	Philosophie
Sprachwissenschaft	Biologie	Geschichte	Architektur

Sprechen wir!

Was studiert man?

Interesse für Sprachen (Englisch, Deutsch): _____ Pflanzen und Tiere:_____ Malen: _____

Schule: _____ Historisches:_____ Kant und Nietzsche: _____ Einstein: _____

Finanzen und Banken: _____ Politik: _____ Bauen: _____ Computer: _____

Courtesy of Photoresearchers. Copyright © 1985 Ulrike Welsch

Und Sie?

Was studieren Sie? Welche Kurse haben Sie jetzt? Welche sind Seminare? Wie viele Studenten sind im Seminar? Welche sind Vorlesungen? Wie viele StudentInnen sind da?

Und Ihre Freunde? Was studieren sie? Welche Studien fächer sind populär? Welche finden Sie interessant?

Zum Thema: Semester an der Uni

German and also Austrian universities operate on a two-semester system, and each semester lasts for around four months. Typically, **Wintersemester** classes start in October, and the **Sommersemester** begins in early March. Only few classes are offered between them.

KARL-FRANZENS-UNIVERSITÄT GRAZ

Verzeichnis

der

Lehrveranstaltungen

Sommersemester 2000

Welche Universität? Welches Semester?

Was bedeutet wohl:

"Verzeichnis der Lehrveranstaltungen"

Ein anderes Wort für
Lehrveranstaltung?

Sprachmodell

A. *Vor dem Lesen.* Was braucht man für alle Unikurse?
    Wo kauft man das? (Suchen Sie das Wort im Text.)

B. *Aufgabe.* Suchen Sie im Text drei Kategorien für Bücher und Literatur.

1. Für das Studium: _____

2. Andere Bücher (nicht für Studium oder Arbeit): _____. Geben Sie ein Beispiel.

3. Diese Bücher kosten nicht so viel und sind klein: _____

UNIBUCH DAUSIEN

Wir führen ständig am Lager

- Fachliteratur für das Studium
- Steuer, Recht und Wirtschaft
- Kunst
- Philosophie
- Politik
- Sprachwissenschaften
- Reise- und Landkarten

dazu ein ausgewähltes Sortiment schöngeistiger Literatur und Taschenbücher. Wir besorgen jedes Buch aus dem In- und Ausland.

Ihre Buchhandlung in Halle
Universitätsring 9-10
Telefon 28397

C. *Aufgabe.* Andere Informationen im Text:

Wo ist die Buchhandlung (Stadt und Straße)? Wie heißt sie? Was ist die Telefonnummer? Für welche Studienfächer gibt es Bücher hier?
    Gibt es <u>nur</u> Bücher hier? Was gibt es noch?

D. *Fragen.* Wie heißt Ihre Buchhandlung? Kaufen Sie Bücher für Ihre Kurse oder leihen Sie sie aus? Kaufen Sie neue oder gebrauchte Bücher? Welche Fachliteratur ist besonders teuer? Was kaufen Sie noch (nicht Fachliteratur)?

Sprechen wir!

A. You and a friend are trying to improve your work habits. Suggest that the two of you

1. come home earlier and stay at home sometimes
2. speak German together
3. study alone
4. buy the book today
5. read it now or do that soon
6. be optimistic

B. The German instructor is telling the students what to do and to bring. The students don't get it the first time around, and the instructor repeats her instructions as more direct commands.

Beispiel: One student reads: *Die Bücher bringen, bitte!* Another student says: *Wie bitte?* The first one repeats: *Bringen Sie bitte die Bücher!*

1. Die Übungen machen, bitte!
2. Lauter sprechen!
3. Deutlicher schreiben!

4. Alles wiederholen, bitte!
5. Die Hefte immer bringen!
6. Deutsch lernen, bitte!

Deutsch zusammen

Form a group with two other students and take three minutes to come up with suggestions for things you could do together. You may use the text above as a model and to get ideas. Write down at least three suggestions and be prepared to present them to the class.

Genau!

A. Change the intonation of the following **ja/nein Fragen** to that of commands.

1. Kommen Sie?
2. Gehen Sie jetzt nicht nach Hause?
3. Bleiben Sie hier?

4. Lernen Sie später?
5. Arbeiten Sie nicht so oft?
6. Schlafen Sie?

B. Soften these commands to form a request.

1. Lesen Sie das jetzt!
2. Wiederholen Sie das jetzt!
3. Machen Sie das jetzt!
4. Zählen Sie schneller!
5. Antworten Sie deutlicher!

6. Sagen Sie das laut!
7. Schließen Sie die Tür!
8. Öffnen Sie das Fenster!
9. Bleiben Sie da!
10. Kommen Sie hierher!

C. Formulate a polite suggestion that will get others to join you in.

1. studying German at home
2. speaking German now
3. review it together

4. washing the car
5. working later
6. eating soon

A l l e s   z u s a m m e n

As a result of what you have learned in chapter two you should be able to:
1. use the verbs presented in this chapter to comprehend and make statements, ask and answer questions, and formulate commands and requests;
2. express some things you like to do, and some things you don't like to do;
3. use basic adverbs of time, manner, and place;
4. negate adverbial expressions with **nicht**.

A. *Fragen.*

1. Wie heißen Sie?
2. Wie alt sind Sie?
3. Was studieren Sie?
4. Was machen Sie gern?
5. Was machen Sie nicht gern?
6. Verstehen Sie Deutsch?
7. Sprechen Sie Französisch?
8. Wo sind Sie jetzt?
9. Wohin gehen Sie später?
10. Was machen Sie zu Hause an oder aus?
11. Was machen Sie auf oder zu?
12. Wer spricht im Klassenzimmer?
13. Wer liest mit?

B. Formulate ten questions to get basic information from a person.

C. Make suggestions to friends while you are at home and while you are out.

D. Give ten different commands to a person in the classroom.

E. *Kulturelles.* Name some German university subjects and give some information about the two German **Klassiker**, Johann Wolfgang von Goethe and Friedrich Schiller.

Aktives Vokabular

Regular verbs

arbeiten	to work
antworten	to answer
bleiben	to stay
bringen	to bring
finden	to find
fragen	to ask
gehen	to go
hören	to hear
kaufen	to buy
kommen	to come
kosten	to cost
lernen	to study, to learn
machen	to do, to make
öffnen	to open
sagen	to say
schließen	to close
schreiben	to write
sitzen	to sit
stehen	to stand
studieren	to study (at the university)
suchen	to look for (something), to search
verkaufen	to sell
verstehen	to understand, to comprehend
warten	to wait
wiederholen	to repeat
wohnen	to live, to reside
zählen	to count
zeigen...auf	to point to

Irregular verbs

essen (**i**)	to eat
fahren (**ä**)	to drive, to ride
laufen (**äu**)	to walk, to run
lesen (**ie**)	to read
nehmen (**nimmt**)	to take
schlafen (**ä**)	to sleep
sehen (**ie**)	to see
sprechen (**i**)	to speak
tragen (**ä**)	to carry
waschen (**ä**)	to wash

Verbs with separable prefixes

bringen	to bring
mit•bringen	to bring along
zurück•bringen	to bring back
nehmen	to take
mit•nehmen	to take along
weg•nehmen	to take away
zurück•nehmen	to take back
kommen	to come
mit•kommen	to come along
an•kommen	to arrive
zurück•kommen	to come back, to return
vorbei•kommen	to come by
gehen	to go
mit•gehen	to go along
weg•gehen	to go away
sprechen	to talk
mit•sprechen	to talk along
lesen	to read
mit•lesen	to read along
vor•lesen	to read aloud
stehen	to stand
auf•stehen	to stand up, to get up
machen	to do
mit•machen	to participate
vor•machen	to demonstrate, to show
an•machen	to turn on
aus•machen	to turn off
auf•machen	to open
zu•machen	to close

Adverbs of time

jetzt	now
bald	soon
immer	always
oft	often
manchmal	sometimes
selten	rarely, seldom
nie	never
heute	today
morgen	tomorrow
tagsüber	during the day
früh/früher	early/earlier
spät/später	late/later
noch/noch nicht	still/not yet
lange	for a long time
dieses Semester/ dieses Jahr	this semester/ this year
nächstes Semester/ nächstes Jahr	next semester/next year

Adverbs of manner

viel/wenig	much/little
schnell/schneller	fast/faster
langsam/langsamer	slow(ly)/slower (more slowly)
laut/lauter	loud(ly)/louder (more loudly)
leise/leiser	quiet(ly)/quieter (more quietly)
gut/besser	good (well)/better
schlecht/schlechter	bad(ly)/worse
allein/zusammen	alone/together
gern/nicht gern	like to/don't like to
mit dem Bus/ mit dem Zug	by bus/by train
mit der U-Bahn	by subway

Adverbs of place

hier/her/hierher	here/(to) here
da/dort	there
da drüben/dort drüben	over there
dorthin	(to) there
links/nach links	left/to the left
rechts/nach rechts	right/to the right
nach Hause/zu Hause	home/at home
zur Uni/an der Uni	to the university/ at the university
ins/im/aus dem Klassenzimmer	to/in the/ out of the classroom
in den/im Kurs	to/in class
zur/bei der Arbeit	to/at work
nach Deutschland/ nach Berlin	to Germany/ to Berlin
in Deutschland/ in München	in Germany/ in Munich
aus Deutschland/ aus Rostock	from Germany/ from Rostock

W-words

wer	who
was	what
wo	where
wohin	where (to)
woher	where (from)
wie	how
wie oft	how often
wie lange	how long
wie viel	how much
wie viele	how many
wann	when
warum/wieso (coll.)	why

Studium und Universität

die Universität, -en/die Uni, -s	university
das Studium, Studien	studies
das Studienfach, ¨-er	subject (of studies)
studieren	to study (at a university)
das Semester, -	semester
das Sommersemester	summer semester
das Wintersemester	winter semester
das Seminar, -e	seminar
die Vorlesung, -en	lecture

das Studienfach, ¨-er

die Anglistik	English
Germanistik	German
Romanistik	Romance Languages
Pädagogik	Pedagogy
Sprachwissenschaft	Linguistics

Mathematik	Mathematics
Informatik	Computer Science
Physik	Physics
Chemie	Chemistry
Biologie	Biology
Ökonomie	Economics
Betriebswirtschaft (BWL)	Business
Volkswirtschaft (VWL)	Economics
Politik/Sozialwissenschaften	Political Science
Geschichte	History
Medizin	Medical Science
Jura	Law
Kunst	Art
Philosophie	Philosophy
Architektur	Architecture

KAPITEL DREI

Wetter und Kleidung

Überblick

Themen

Wetter, Kleidung; Rechtschreibung und Buchstabieren

Funktionen

Sprechen

Describing and talking about the weather

Identifying and describing clothing and people

Indicating possession

Spelling

Hören

Listening selectively

Lesen

Introduction: dealing with authentic (unedited) texts

Identifying and using cognates for comprehension

Using the context to guess

Getting information from a map

Schreiben

Avoiding repetition by using pronouns

Lesen

Dealing with authentic texts

Looking for cognates

Vokabular

Review adjectives to describe people and things

Basic colors, shapes and sizes, substances

People, common names

Weather and clothing

Das Alphabet

Kulturelles

Weather in the German-Speaking countries

Regional clothing items

Grammatik

Nominative case: definite article/**der**-words; indefinite article and **ein**-words; **der**-words as pronouns

Personal and possessive pronouns; question words

Verbs: **haben, werden,** impersonal verbs

Word order: statements, questions, and commands

TEIL 3,1

Wie ist das Wetter heute?

Go first to Teil 3,1 in your tutorial.

Merke

Using the verb *werden*

ich **werde**	wir **werden**
	Sie **werden**
er/sie/es **wird**	sie **werden**

Es **wird** bald kühl und trocken.

Using the verb *haben*

ich **habe**	wir **haben**
	Sie **haben**
er/sie/es **hat**	sie **haben**

Berlin **hat** jetzt eine Hitzewelle.

Vokabular: das Wetter

das Wetter	das Gewitter	die Kaltfront	im Winter
der Himmel	der Regen	die Kältewelle	im Frühling
die Luft	der Schnee	die Warmfront	im Sommer
	das Eis	die Hitzewelle	im Herbst
	der Nebel		

schön	kalt	windig	klar	nieseln
schlecht	kühl	stürmisch	sonnig	regnen
schrecklich	warm	heftig	bewölkt	schneien
draußen	heiß	trocken	wolkig	hageln
	schwül	feucht	neb(e)lig	donnern
		nass	regnerisch	blitzen
				frieren
				passieren

Sprechen wir!

Situation. You are talking on the telephone to a friend who is on vacation. You want to know: what the weather's like today; if it is warm and humid now; if it's raining; if it's getting cool.

Fragen. First, glance at the map to answer the first question. Then, look for more specific information to respond to the items in 2.

1. Generelle Information (Trend). Ist das Wetter in Deutschland schön oder schlecht?

2. Details.

   Das Wetter: Write down all adjectives that you see in the section "das Wetter."

   Das Wetter: Temperaturen (Tag):   Temperaturen (Nacht):

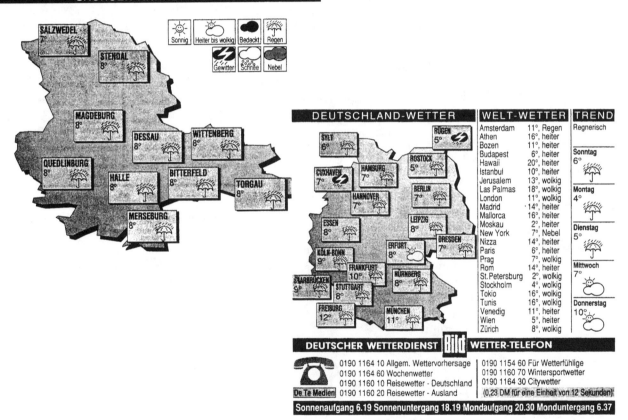

DAS WETTER

Von der Nordsee kommt kühle und feuchte Meeresluft nach Deutschland. Heute ist es in allen Bundesländern bewölkt und regnerisch. Die Tageshöchsttemperaturen liegen bei 5 bis 12 Grad, nachts um 3 Grad. Stürmische Winde aus südwestlichen Richtungen.

BIO-WETTER

Mäßige Belastungen für Herz und Kreislauf. Migräne- und Rheumaschmerzen stören das Wohlbefinden. Leichter Kältestreß.

Gesundheitstip Schlampige Hygiene verursacht häufig Lebensmittelvergiftungen. Achten Sie deshalb beim Einkauf unbedingt auf das Ablaufdatum der Lebensmittel.

Trend: Das Wetter wird besser am:

Deutschlandwetter: Wo gibt es Gewitter?

Welt-Wetter: Wo ist das Wetter warm? Wo ist es kühl? Kalt? Was ist ein Synonym für *heiter*?

Zum Thema: Das Wetter

Although Germany lies at the same latitude as the northern reaches of Canada, its climate is kept rather mild by the Gulf Stream that warms western Europe. In many respects, the climate is similar to that of New England. It has four distinct seasons, with the transitions between seasons slow and gradual. Because of the rather mild temperatures, violent storms like those found in the U.S. are rather rare. Flooding and drought are not serious concerns to Germans as much as they are here. Summer is shorter in Germany, but summer days are noticeably longer than in America. Summer temperatures there rarely rise above 85°F and are typically in the mid seventies or cooler. Winter temperatures can get as cold as they do here in the States, but they are usually in the 25°F to 35°F range. Days are shorter, and nights longer than in the U.S.

On the whole it rains more in Germany than in the U.S. except perhaps for Washington State and Oregon. Extended periods without sunshine are not uncommon. The damp weather is especially troublesome in winter, when temperatures hover around the freezing mark. Ice on road surfaces is a major cause of auto accidents, as is dense fog. Often, drivers have foglights on their vehicles—sometimes as many as four in the front, and a red foglight in the rear, and they are real necessities! Because of the rainy, damp climate, many Germans prize sunshine and make the most of the outdoors whenever possible. When the sun shines, sitting on the balcony or patio, picnics and barbecuing in the backyard (**grillen**) or countryside, visits to outdoor cafes, going for walks in the park or forest, and bicycle riding become instantly popular. Most Germans take their annual vacations in July and August, and many families head to Southern Europe or other warm, even tropical destinations.

Und Sie?

Wie ist das Wetter heute? Wie ist der Himmel jetzt? Wie ist der Himmel, wenn das Wetter schlecht ist? Schneit es heute? Hagelt es heute? Friert es heute?

Wie ist das Wetter (typisch!) im Winter? Im Sommer? Im Frühling? Im Herbst?

Wie ist das Wetter in New Orleans? In Arizona? In San Francisco? In Alaska? Beschreiben Sie das Wetter in Deutschland.

Kommt bald eine Kaltfront? Eine Warmfront? Haben wir jetzt eine Hitzewelle oder eine Kältewelle? Wie wird das Wetter, wenn eine Kaltfront kommt? Und wie, wenn eine Warmfront kommt?

Was passiert, wenn wir ein Gewitter haben? Regnet es nur? Donnert es nur? Blitzt es nur?

Sind die Gewitter heftig, wo Sie wohnen? Ist es oft sonnig oder wolkig?

Ist das Wetter oft schwül? Ist es nebelig? Ist es regnerisch, wo Sie wohnen?

Deutsch zusammen

Gruppenarbeit. Work in groups of three. Develop a three-day weather forecast. Describe what today's weather is like and indicate what change is foreseen. One of you should take notes. Another, consulting the notes, will present the report orally to the class.

Partnerarbeit. Find a partner. Find out where that person is from and what the weather is like in that state or country. Take notes on what you hear. Switch roles and after no more than two minutes be prepared to present your summaries to the class.

Sprachmodell: Das Wetter auf Sylt

A. *Vorbereitung fürs Lesen.* Vocabulary and getting the gist.

Look for familiar weather terms in the text. Determine if the weather Brigitte describes is good or bad.

Brigitte writes her friends from her vacation on the island of Sylt in Northern Germany.

Courtesy of German Information Council, NY, R. Norde Niederoden.

Sylt, 15. August

Hallo, Karin und Peter!
Na, wie geht's? Sylt ist echt schön, aber das Wetter ist schrecklich. Ist es in München auch so schlecht wie hier? Es ist meistens nebelig und bewölkt. Es regnet oft und wir haben viele Gewitter. Es ist auch ganz schön kalt und wir haben gar keine Sonne. Hoffentlich wird's bald besser. Wir haben doch jetzt Sommer!! Mensch, vielleicht fahre ich doch in den Süden.

Tschüss, Brigitte

Karin und Peter König

Feldgasse 32

München

B. *Aufgaben.* Richtig oder Falsch?

1. Brigitte findet Sylt gar nicht schön. Richtig ____ Falsch ____
2. Das Wetter ist schlecht. Richtig ____ Falsch ____
3. Brigitte ist in München und ihre Freunde sind in Sylt. Richtig ____ Falsch ____
4. Brigitte schreibt, es ist warm. Richtig ____ Falsch ____
5. Es regnet oft. Richtig ____ Falsch ____
6. Morgen wird es besser. Richtig ____ Falsch ____

Partnerarbeit: With a colleague write a brief postcard from a vacation destination to a friend or family member. Follow the model above, but use other kinds of weather related vocabulary.

Zum Thema: Norddeutschland

About 30 km off the West coast of the northernmost state in Germany, **Schleswig-Holstein**, lie the North Frisian Islands of **Sylt**, **Amrum**, and **Föhr**. The area where these islands rise out of the North Sea (**Nordsee**), which is part of the Atlantic Ocean, is called the **Wattenmeer** (*shallow tidal flats*), and it is marked by strong tides. Germans often choose the north Frisian islands as holiday destinations, although the climate is rather cool and windy, and the sea too rough for swimming. On the beach, people often sit in a **Strandkorb**, a particular chair that protects the beachgoers from the wind.

Sprachmodell: Sylt und Föhr

A. *Vorbereitung fürs Lesen.*

   1. Getting the main idea. To whom might these descriptions be addressed? Look at a map to locate the two places Sylt and Föhr.

WENNINGSTEDT/ INSEL SYLT

Sylt, größte und bekannteste der nordfriesischen Inseln, bietet viele Möglichkeiten für sportliche und unterhaltsame Ferien. Den unverwechselbaren Charme eines lebendigen und liebenswerten Familien-Badeortes zwischen Heide und Dünen hat immer noch Wenningstedt. Hier geht es etwas ruhiger zu als im nur 3 km entfernten, turbulenten Westerland. 3 km lang ist der weiße Sandstrand. Strandabschnitt für FKK-Anhänger. Radeln, Reiten, Surfen, Tennis, Segeln. Heide- und Wattwandern. Kurmittelhaus.

WYK/INSEL FÖHR

Nur 11 km vom Festland entfernt liegt Föhr mit seinem milden Klima. Föhr das ist Licht, Luft Sonne, Baden im Meer, der lange, weiße Sandstrand. Bummeln über Kopfsteinpflaster durch schmale Gassen. Schmucke Fassaden und Giebel entdecken. In Boutiquen und Antiquitätenläden stöbern. Radeln und wandern. Auf der Wyker Promenade dem Kurkonzert lauschen. Große Auswahl für viel oder wenig Bewegung wie Reiten, Wattwanderungen zur Nachbarinsel Amrum, Golf, Kegeln, Tennis, Minigolf, Windsurfen, Angeln, spazieren auf Wyks 5 km langer Strandpromenade.

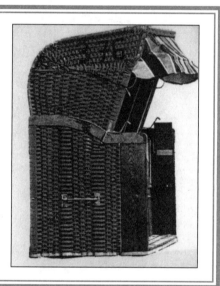

---

   2. Brainstorming. What kinds of activities might people engage in in these locations?

B. *Aufgaben.* Look for words in each text that describe various activities:

Radeln, . . .

Match the German words with the correct English ones. Look for cognates and use the context of the words when you can.

Düne	ocean
Insel	sun
Meer	air
Strand	mainland
Luft	beach
Sonne	dune
Festland	island

Read both texts one more time and try to find some specific information for each.

1. Sylt: Wie heißen **die zwei Städte** auf Sylt? Was ist **die Distanz** zwischen den zwei Städten?
2. Föhr: Wie ist **das Klima** auf Föhr? **Wie viele Kilometer** sind es von Föhr zum Festland?

Genau!

Form sentences from these fragments. Add articles where needed.

Beispiel: Es/hageln/heute → Es hagelt heute.
          Himmel/sein/heute/dunkel → Der Himmel ist heute dunkel.

1. wie/sein/Wetter/draußen?
2. Wetter/sein/heute/schlecht
3. es/regnen/heftig
4. es/sein/jetzt/bewölkt
5. es/sein/nicht/klar
6. es/werden/jetzt/windig
7. es/schneien/morgen?
8. sein/es/heute/nebelig?
9. frieren/es/morgen?
10. werden/morgen/sehr/kalt?

TEIL 3,2

Typisch deutsch!

*Go first to **Teil 3,2** in your tutorial.*

> ### Merke
>
> **Modifying**
> Es ist heute **sehr kalt** und **ziemlich bewölkt**.
> Es ist heute **furchtbar schwül** und es regnet **bestimmt**.
>
> **Der-words**
> **Dieser Professor** ist freundlich.
> **Jede Assistentin** belegt Pädagogik. **Jedes Bild** hier ist schön.
> **Welche Kellnerin** ist langsam? **Welcher** Kellner ist freundlich?
>
> **primary endings**   r   e   s   e

Vokabular: Modifiers

sehr	ein bisschen	vielleicht	und	nur
ziemlich	etwas	(sehr) wahrscheinlich	aber	auch
schön	wirklich	bestimmt	oder	
furchtbar				

Himmelsrichtungen: Nord, Süd, Ost, West

der Norden	der Süden	der Osten	der Westen
aus dem/im Norden	aus dem/im Süden	aus dem/im Osten	aus dem/im Westen
der Nordosten	der Südwesten		

Sprechen wir!

Worte im Kontext verstehen. Glance over the nursery rhyme and determine what its "subject" is. Then read it more carefully and answer the questions below.

> *Im Osten geht die Sonne auf,*
> *im Süden ist ihr Mittagslauf,*
> *im Westen wird sie untergeh'n,*
> *im Norden ist sie nie zu seh'n.*

Was bedeutet **geht auf** (**aufgehen**) in this context? Und was bedeutet **untergeh'n** (**untergehen**)? Was macht die Sonne im Süden? Und im Norden?

Fragen. Use modifiers in your answers.

Ist es heiß in Phoenix? Ist es heiß in Seattle?

Ist es im Winter kalt in Boston? Gibt es viel Schnee in Washington, D.C.?

Schneit es in Colorado im Winter?

Regnet und hagelt es in Texas im Frühling?

Gibt es in Oklahoma Gewitter?

Ist es nebelig in San Francisco?

Fragen. Answer the questions logically (positively or negatively).

1. Sind alle Studenten fleißig?
2. Ist jeder Student hier intelligent?
3. Ist jedes Mädchen hier sympathisch?
4. Sind alle Professoren diplomatisch?
5. Ist jeder Bleistift aus Holz?
6. Sind alle Kulis aus Plastik?
7. Sind alle Fenster hier schmutzig?
8. Sind alle Bücher im Klassenzimmer neu?

Deutsch zusammen

Partnerarbeit. One student points to something in the classroom, and the other describes it. Begin your description with a form of **dies-**.

Beispiel: One students points to the blackboard. The other says: **Diese Tafel ist schwarz.**

Fragen. Find something or someone in the classroom, observe at least one quality of the object or person you see, and ask a question that begins with a form of **welch-**. The other students will try to identify the person or thing.

Beispiele:

A. You see that one of the windows in class is open. You ask another student: **Welches Fenster** ist auf? The student looks and points to the window and says: **Dieses Fenster** ist auf.

B. You observe that one of the students in class is blond. You ask:

Welcher Student ist blond? Another students points to the student and says:
Dieser Student ist blond. Or: (*Student's name*) ist blond. Or: **Er** ist blond.

Sprachmodell

A. *Vor dem Hören*. Discuss the preparatory questions before you listen to the two paragraphs.

Brainstorming.

1. What characteristics do you associate with Germans and Americans? Write down some adjectives for these characteristics (German or English).

2. Do you have some personal experience that confirms or contradicts these stereotypes?

B. *First listening*. Which two "groups" are described?

C. *Second listening*. Circle the adjectives you hear.

unkonventionell	katholisch	traurig	flexibel	müde
fröhlich	einsam	gesellig	sportlich	dünn
schlank	jung	negativ	faul	dick
elegant	freundlich	ordentlich	oberflächlich	

freundlich	fleißig	hässlich	sauber	pünktlich
schön	negativ	aktiv	sarkastisch	ordentlich
hübsch	tolerant	höflich		intelligent

D. *Fragen.*

1. Wie sind die Amerikaner? Was denken **Sie**?
2. Wie sind die Deutschen? Was denken **Sie**?
3. Wie sind die Mexikaner, die Engländer, die Schweizer, usw.?
4. Welche Stereotypen gibt es?

Genau!

A. Replace the definite article in each sentence with the cued **der**-words.

Beispiel: Der Herr ist klein. (dies-) → **Dieser** Herr ist klein.

1. Der Amerikaner ist nett.
   (dies-, welch-)
2. Die Deutsche ist blond.
   (dies-, jed-, welch-)
3. Die Österreicher sind sportlich.
   (dies-, all-)
4. Das Buch ist sehr teuer.
   (dies-, jed-, welch-)
5. Die Stifte sind aus Holz.
   (dies-, all-, welch-)
6. Das Heft ist weiß.
   (dies-, welch-)

TEIL 3,3

Kleider machen Leute

Go first to Teil 3,3 in your tutorial.

> **Merke**
>
> **Compound nouns**
> das Leder + **der** Schuh
> = **der** Leder<u>schuh</u>
> der Sommer + **das** Kleid
> = **das** Sommer<u>kleid</u>

Vokabular: Kleidung

die Kleidung	die Damenkleidung
die Wäsche	die Herrenkleidung
der Hut, ¨-e	das Hemd, -en/das Oberhemd
der Regenhut	das Unterhemd
die Mütze, -n	das T-Shirt, -s
die Sportmütze	
die Hose, -n	die Bluse, -n
die Unterhose	der Rock, ¨-e
die kurze Hose/die Shorts (pl.)	das Kleid, -er
die Jeans (sing. or pl.)	das Sommerkleid, -er
	der Büstenhalter, - (der BH, -s)
die Badehose, -n	der Badeanzug, -e
	der Bikini, -s
die Socke-, n	das Kostüm, -e
die Strümpfe (pl.)	der Anzug, ¨-e
die Nylonstrümpfe	der Hosenanzug
	der Trainingsanzug
der Gürtel, -	die Weste, -n
der Schuh, -e	die Krawatte, -n (der Schlips, -e)
die Lederschuhe (pl.)	
die Turnschuhe (pl.)	der Mantel, ¨-
der Handschuh, -e	der Wintermantel
der Stiefel, -	der Regenmantel
die Lederstiefel (pl.)	der Anorak, -s
die Gummistiefel (pl.)	der Schal, -s/-e
die Sandale, -n	

die Brille, -n

die Sonnenbrille

der (Regen)schirm, -e

der Rucksack, ¨-e

die Tasche, -n

die Handtasche

die Jacke, -n

die Strickjacke

das Jacket, -s

der Blazer, -

der Pullover, -/der Pulli, -s

das Sweatshirt, -s

Courtesy of Photo Researchers. Copyright © 1983 Urlike Welsch.

Courtesy of Photo Researchers. Copyright © 1983 Herve Donnezan.

Schmuck

der Schmuck

die Kette, -n

das Armband, ¨-er

die (Armband)uhr, -en

der Ring, -e

der Ohrring, -e

Sprechen wir!

Welche Kleidung ist Damenkleidung?

Welche Kleidung ist Herrenkleidung?

Welche Kleidung ist Sportkleidung?

Welche Kleidung ist Winterkleidung?

Welche Kleidung ist Sommerkleidung?

Welche Kleidung ist für kühles Wetter?

Welche Kleidung ist für regnerisches Wetter?

Welche Kleidung ist für das Wochenende?

Welche Kleidung ist für Theater oder Konzert?

Welche Dinge sind Schmuck?

Zum Thema: Regenkleidung und Trachten

Clothing in Germany is dictated to a degree by the damp, rainy climate. High-quality winter clothing and woolen suits are common, and raingear is an absolute necessity. Especially noticeable to Americans is the short yellow **Segeljacke** (*sailing jacket*) worn especially in Northern Germany. Often a particular traditional costume (**Tracht**) is associated with a region. The Bavarian **Dirndl** is an example of such a **Tracht**.

Sprachmodell: Katalog

A. Look at the ads and determine what the German terms are for *size, price, order number,* and *quantity.*

size _____ price _____ order number _____ quantity _____

Look now at one item of the catalog below and identify its size, the number you use to place the order, and the price.

---

④ Herren-Oberhemd von »Toni Dress«. Modisch weiter Schnitt, Knopfleiste, 1 Brusttasche. Angenehm weiche, leicht angerauhte Qualität aus reiner Baumwolle. Deutsche Produktion

11055/2 blau	11056/2 grün
11057/2 rosenholz	

Halsw.: 37, 38, 39, 40, 41,
42, 43, 44, 45, 46   DM **59,90**

Krawatten. Material: Echt Leder

⑤ 11072/2 rot	11073/2 marine
11074/2 beige	11075/2 grau
11076/2 schwarz ·	11077/2 weiß
11078/2 gelb	11079/2 stahlblau
11080/2 kornblau	11081/2 grün
	DM **21,90**

⑥ Strickkrawatten. Material: 100% Viskose
11082/2 marine   11083/2 rot   11084/2 royal
11085/2 grün   11086/2 lila   DM **24,95**

Material: 100% Polyester

⑦	11087/2 braun	DM **22,95**
⑧	11088/2 blau-grün	DM **19,95**
⑨	11089/2 marine	DM **24,95**
⑩	11090/2 grau-rot	DM **17,95**
⑪	11091/2 beige-braun	DM **17,95**
⑫	11092/2 bordeaux	DM **22,95**
⑬	11093/2 marine-bordeaux	DM **24,95**
⑭	11094/2 grau-grün	DM **24,95**
⑮	11095/2 flieder-marine	DM **24,95**
⑯	11096/2 blau	DM **19,95**
⑰	11097/2 grün-grau	DM **19,95**
⑱	11098/2 grau-rot	DM **22,95**

---

④ Sportliches Poloshirt mit Stickereiemblem, farbharmonisch abgestimmt, ideal zum Kombinieren! Reine Baumwolle, waschbar
04411/2

Gr.: 36/38, 40/42	DM **29,95**
Gr.: 44/46	DM **33,—**
Gr.: 48	DM **36,—**

⑤ Royalblauer Pulli mit rasantem Panthermotiv und Paillettenstickerei. Kuschelweich aus 80% Polyacryl, 20% Polyamid. Handwäsche
04412/2

Gr.: 36/38, 40/42	DM **79,90**
Gr.: 44/46	DM **89,90**
Gr.: 48	DM **99,—**

⑥ Kastanienbraune Fancycordhose, schön schmal und doch bequem, mit kleinen, eingelegten Bundfälten sowie saloppen Taschen. Reine Baumwolle, waschbar
04413/2

Gr.: 36, 38, 40	DM **59,90**
Gr.: 42, 44, 46	DM **67,—**
Gr.: 48	DM **74,—**

⑨ Sportiver Ledergürtel, Schwarz mit Braun, ca. 8 cm breit, altmessingfarbene 2-Dorn-Schließe
01879/2
Gr.: 70, 80, 90 cm   DM **39,95**

⑩ Gürtel aus braunem Synthetik, ca. 4 cm breit, altmessingfarbene Schließe
01880/2
Gr.: 70, 80, 90, 100 cm   DM **19,95**

B. *Partnerarbeit.* Pick an item from the catalogue excerpt above. Name the item of clothing. How is it described? What is it made of? What sizes and colors does it come in?

Deutsche und amerikanische Größen									
								Schuhe	
Hemden		Anzüge		Damenkleider		Damen		Herren	
USA	BRD	USA	BRD	USA	BRD	USA	BRD	USA	BRD
14	36	36	46	8	36	6	36	8	41
14,5	37	38	48	10	38	6,5	37	8,5	41,5
18	45	48	58	14	42	10	42	12	46

Und Sie?

Point to and name the articles of clothing that you have on right now.

Use this formula for now:

Das ist das Hemd, das ist der Gürtel, das ist die Hose, das sind die Socken und das sind die Schuhe.

Name any pieces of jewelry, raingear, or seasonal clothing that you have with you.

Deutsch zusammen

Partnerarbeit. Pick two of the situations below. Take turns naming the appropriate clothing items. Take notes if necessary and be prepared to tell your class which items you would wear for which particular situation.

Jobinterview:

Theaterbesuch:

Sport:

Uni:

in Mexiko (Karibik):

Genau!

A. Determine the gender of the following compound nouns.

Beispiel: Winterkleidung → **die** Winterkleidung

Ohrring   Lederstiefel (sing.)   Armband   Sonnenbrille   Trainingsanzug
Regenschirm   Regenmantel   Armbanduhr   Jacket   Handschuh

TEIL: 3,4

Wessen Jacke ist das? Das ist meine.

Go first to Teil 3,4 in your tutorial.

<table>
<tr><td colspan="5">**Merke**</td></tr>
<tr><td>Agreement with:
nominative:</td><td><u>masculine</u>
mein
sein/ihr
Ihr
unser</td><td><u>feminine</u>
meine
seine/ihre
Ihre
unsere</td><td><u>neuter</u>
mein
sein/ihr
Ihr
unser</td><td><u>plural</u>
meine
seine/ihre
Ihre
unsere</td></tr>
</table>

Possessive pronouns
Masculine: **Mein Bruder** wohnt zu Hause. Wo wohnt **Ihrer**?
Feminine: Das ist **ihre Jacke**, nicht **meine**.
Neuter: **Mein Buch** ist hier, und **sein(e)s** liegt da drüben.

Wessen
Wessen Jacke ist das? **Inges**? Nein, das ist nicht **ihre**.

primary endings r/- e s/- e

Vokabular: Kleidung beschreiben

groß	lang	modisch/schick/aktuell	
klein	kurz	schlampig	
langärmelig	hell	gestreift	einfarbig
kurzärmelig	dunkel	kariert	vielfarbig
	hellblau...dunkelrot	punktiert	bunt
aus Wolle	aus Leder	aus Nylon	
aus Baumwolle	aus Gummi	aus Gold/Silber	

Leute

der Mensch, -en	jemand	der Mann, ̈-er	die Frau, -en	das Kind, -er
die Person, -en	niemand	der Herr, -en	die Dame, -n	das Kleinkind, -er
die Leute (pl.)	jeder	der Junge, -n	das Fräulein, -s	das Baby, -s
kennen		der Freund, -e	das Mädchen, -	der Säugling, -e
			die Freundin, -nen	

Zum Thema: Herr, Frau, Fräulein

When addressing someone formally, Germans use **Herr** or **Frau** before the last name. **Herr** is used for both young and old men, whenever respect or social distance is called for. Traditionally, **Fräulein** has been used for young, unmarried women, and **Frau** for both married women, and middle-aged and older single women. However, this has changed. **Fräulein** is not used any longer and using the title **Frau** approximates the American practice of using *Ms.* instead of *Miss* or *Mrs.*

Sprechen wir!

Welche Kleidung ist oft aus Wolle? Aus Baumwolle? Aus Leder? Aus Gummi? Aus Nylon? Aus Gold?

Was ist Kleidung für Herren? Für Damen? Für Kinder? Für Teenager? Welche Farben sind typisch für Babykleidung?

Form groups of four.
Find items around the four of you and discuss in a similar manner who it belongs to.

Beispiel: One student points to a backpack and asks: **Wessen Rucksack ist das?**
Another student answers: **Das ist _____.**
If it does belong to that person, he/she will say: **Ja, das ist meiner.**
If not, the student says: **Nein, das ist nicht meiner, das ist _____.**

Und Sie?

Wie ist Ihre Kleidung? Bunt? Einfarbig? Modisch und aktuell? Wie ist Ihre Jacke? Einfarbig oder bunt? Beschreiben Sie ihr Hemd, Ihre Bluse oder Ihr T-Shirt. Wie sind Ihre Schuhe?

Describe your own or someone else's clothing using **mein, sein** and **ihr**.

Beispiel: The instructor points to a jacket next to a male student and asks: Wessen Jacke ist das? You answer: Das ist **seine Jacke**. Or: Das ist **seine**. **Sie** ist blau.

Deutsch zusammen

Partnerarbeit. Put yourselves in the following situation:

The two of you are roommates, and you had a party at your house last night. This morning you discover a number of things people left behind.

First make a list of German names, male and female. Then, one of you asks the questions below. The other indicates whom the items belong using this or a similar model: **Hmm, ich glaube, das ist Jochens.**

Switch roles after the first four items.

1. whose jacket that is
2. whose watch that is
3. whose bracelet that is
4. whose umbrella that is
5. whose sweater that is
6. whose rainjacket that is
7. whose sunglasses these are
8. whose purse that is

Genau!

A. Replace each indefinite article with the cued possessive adjective and name.

Beispiel: Das ist eine Brille. (mein, ihr, Karola) →
Das ist **meine** Brille. Das ist **ihre** Brille. Das ist **Karolas** Brille.

1. Das ist ein Hut. (mein, sein, Udo)
2. Das ist eine Mütze. (ihr, Inge)
3. Das ist eine Brille. (Ihr, sein)
4. Das sind Jeans. (sein, Ihr, mein, Bärbel)
5. Ist das eine Bluse? (mein, Inge)
6. Ist das ein Rock? (Ihr, Frauke)
7. Sind das Ohrringe. (mein, Ihr, unser, Anne)
8. Ist das ein Anzug? (sein, Herr Kühne)

B. Answer each question with the information in parentheses. Replace the subject with a pronoun.

Beispiel: Wie ist die Dame? (freundlich) → **Sie** ist freundlich.

1. Wann kommen die Leute? (heute)
2. Wie ist die Frau? (jung)
3. Wie alt ist der Mann? (32)
4. Wie heißt das Mädchen? (Bärbel)
5. Wo ist der Junge? (in Wien)
6. Kommt die Familie aus Österreich? (aus Deutschland)

TEIL 3,5

Das Alfabet

*Go first to **Teil 3,5** in your tutorial.*

Merke

Das Alphabet

a	ah	h	hah	o	oh	v	fau	ä	ah-Umlaut
b	beh	i	ie	p	peh	w	weh	ö	oh-Umlaut
c	tseh	j	jott	q	kuh	x	icks	ü	uh-Umlaut
d	deh	k	kah	r	er	y	üpsilon		
e	eh	l	ell	s	ess	z	tsett		
f	eff	m	emm	t	teh	ss	Doppel-s		
g	geh	n	enn	u	uh	ß	ess-tsett		

Pestalozzi? Wie schreibt **man** das? P-e-s-t-a-l-o-z-z-i.

Sprechen wir!

Wie schreibt man das?

Im Klassenzimmer:	Kreide Stuhl Tisch Tafel Kreide Wischer Fenster
Nationalitäten:	Kanadierin Amerikaner Schweizer Mexikanerin Europäer Deutscher
Verben:	sagen sprechen findet liest schreiben zählen schläft öffnet nimmt
Berufe:	Professorin Lehrer Student Sekretärin ÄrztInnen Anwalt

Deutsch zusammen

Partnerarbeit. Select a name from the list of German names below and spell it to your partner. Switch after three names.

Mädchennamen

Angela	Christa	Eva	Hannelore	Julia	Petra	Sabine
Annette	Claudia	Elke	Helga	Karola	Paula	Susanne
Bärbel	Cornelia	Franziska	Irmtraut	Katrin	Rosi	Ursula
Birgit	Dagmar	Gisela	Ines	Monika	Renate	Ulrike

Jungennamen

Alexander	Christoph	Franz	Hans	Karl	Martin	Stefan
Andreas	Dieter	Fritz	Helmut	Klaus	Max	Uwe
Bernd	Erich	Gerhard	Jochen	Konrad	Peter	Wolfgang
Bruno	Eugen	Georg	Jürgen	Lutz	Rolf	Walter

Zum Thema: Die Rechtschreibreform

For many years before the so-called **Rechtschreibreform** of German orthography spelling reform had been a somewhat contentious issue with one side strongly encouraging a change, and the other insisting on the maintenance of a long tradition. However, almost everybody acknowledged that the capitalization of nouns and other words, the co-existence of ss and ß, and other complex, sometimes arbitrary spelling rules presented a challenge not only to learners of German (native and non-native alike) but also to school teachers, writers, and publishers. In 1996, after several conferences on the issue, representatives of the German-speaking countries signed an agreement in Vienna that revised the German spelling system. Its main goal was to simplify and systematize German spelling conventions by eliminating idiosyncracies and exceptions to the common rules. To make the transition from the old to the new system as painless as possible, use of the old system was accepted until 1998, and will only be considered outdated rather than outright wrong until the year 2005.

As one might expect, the spelling reform has been embraced by many, but is also strongly opposed by others. In fact, several famous writers refused to acknowledge the reform when it was ratified in 1996 and vowed to continue using the old system.

For students of German like you the spelling reform means that you might encounter different spellings for the same word. In this book we will adhere to the new system, but not change any spellings in the authentic texts and realia we use. While we encourage students to use the new system, old spellings are of course acceptable, much like they are in the German-speaking countries.

Some examples of changes in spelling:

alte Schreibung	neue Schreibung
ss and ß	
küssen - Kuß	küssen - Kuss
lassen - läßt	lassen - lässt
Groß- und Kleinschreibung	
heute mittag	heute Mittag
heute abend	heute Abend
radfahren	Rad fahren
auto fahren	Auto fahren
Compounds	
Ballettruppe (Ballet + Truppe)	Balletttruppe
Schiffahrt (Schiff + Farht)	Schifffahrt

Deutsch zusammen

Partnerarbeit. Together look at the message Andrea Schultheiß is leaving on the answering machine at her dentist's office. One student repeats the same message but with a different name and a different phone number. The other student writes down the name and the number. Then switch. Take no more than five minutes and be prepared to read the new messages to the class.

Doktor Ritter listens to his answering machine, and discovers the following message:

"Guten Tag, Doktor Ritter. Hier spricht Andrea Schultheiß. Ich buchstabiere: S-c-h-u-l-t-h-e-i-ß. Haben Sie morgen vielleicht einen Termin frei? Rufen Sie mich doch bitte an! Meine Telefonnumer ist 44629. Vielen Dank und auf Wiederhör'n!"

Genau!

Spell the following names of cities.

München	Dresden	Coburg	Rostock	Salzburg	Würzburg	Celle
Lausanne	Eisenach	Mainz	Potsdam	Berlin	Saarbrücken	Wien
Zürich	Göttingen	Breslau	Basel	Frankfurt	Aschaffenburg	Gera

Alles zusammen

As a result of what you have learned in chapter three you should be able to:

1. talk about the weather in some detail;
2. name, identify, and describe articles of clothing;
3. indicate ownership with names and possessive adjectives;
4. elicit information about the owner of an object;
5. ask and answer impersonal questions as well as personal ones;
6. spell accurately any word you have learned but especially your name; comprehend names and words that are spelled to you.

A. *Fragen.*

1. Wie ist das Wetter heute?
2. Regnet es heute vielleicht?
3. Wird es bald kalt?
4. Haben wir jetzt ein Gewitter?
5. Woher kommen Sie? Wie ist das Wetter da?
6. Wie ist das Wetter in Deutschland?

B. Identify and describe what you are wearing today .

Beispiel: **Das sind die Shorts. Sie sind blau.**

C. Wie ist das Wetter in Deutschland? Welche Kleidung braucht man?

D. Recite the alphabet and spell your name and the city and street you live in.

E. Listen to someone spell a name or a word and write it down.

Aktives Vokabular

das Wetter	weather	trocken	dry
der Himmel	sky	feucht	damp
die Luft	air	nass	wet
die Kaltfront	cold front	klar	clear
die Kältewelle	cold wave, cold period	sonnig	sunny
die Warmfront	warm front	bewölkt	cloudy
die Hitzewelle	heat wave, hot spell	wolkig	partly cloudy
		neb(e)lig	foggy
das Gewitter	thunderstorm	regnerisch	rainy
der Regen	rain		
der Schnee	snow	sehr	very
das Eis	ice	ziemlich	rather, pretty
der Nebel	fog	schön	nice (modifier)
regnen	to rain	ein bisschen/etwas	a little [bit]
nieseln	to drizzle	vielleicht	perhaps, maybe
hageln	to hail	wahrscheinlich	probably
donnern	to thunder	sehr wahrscheinlich	most likely
blitzen	to flash (lightning)	bestimmt	definitely
schneien	to snow	wirklich	really
frieren	to freeze	furchtbar	terrible, terribly
passieren	to happen		
		nur	only
im Winter	in the winter	und	and
im Frühling	in the spring	aber	but
im Sommer	in the summer	oder	or
im Herbst	in the fall	auch	also
schön	nice, beautiful		
schlecht	bad, poor		
schrecklich	terrible, awful		
draußen	outside, outdoors		

Himmelsrichtungen: Nord, Süd, Ost, West

kalt	cold	der Norden	the North
kühl	cool	aus dem/im Norden	from/in the North
warm	warm	der Nordosten	the Northeast
heiß	hot	der Süden	the South
schwül	humid, muggy	aus dem/im Süden	from//in the South
windig	windy	der Südwesten	the Southwest
stürmisch	stormy	der Osten	the East
heftig	violent(ly)	aus dem/im Osten	from/in the East
		der Westen	the West
		aus dem/im Westen	from/in the West

Kleidung

die Kleidung	clothing
die Wäsche	laundry
die Damenkleidung	women's clothing
die Herrenkleidung	men's clothing
das Hemd, -en/das Oberhemd	shirt
das Unterhemd	undershirt
das T-Shirt, -s	t-shirt
die Hose, -n	pants
die Unterhose	underpants
die kurze Hose/die Shorts (pl.)	shorts
die Badehose, -n	swimming trunks
die Jeans (sing. or pl.)	jeans
die Bluse, -n	blouse
der Rock, ¨-e	skirt
das Kleid, -er	dress
der Büstenhalter (der BH)	bra
der Badeanzug, -e	swimming suit
der Bikini	two-piece swimming suit
das Kostüm, -e	women's suit
der Anzug, ¨-e	men's suit
der Hosenanzug	pants suit (women)
der Trainingsanzug	warm-up suit
die Weste, -n	vest
die Krawatte, -n (der Schlips, -e)	tie
die Socken (pl.)	socks
die Strümpfe (pl.)	socks, stockings
die Nylonstrümpfe	nylon stockings
der Mantel, ¨-	coat
der Wintermantel	winter coat
der Regenmantel	rain coat
der Anorak, -s	parka, windbreaker
der Schal, -s/-e	scarf

die Jacke, -n	jacket
die Strickjacke	cardigan
das Jacket, -s	sport coat (men)
der Blazer, -	blazer (women
der Pullover, -/der Pulli, -s	pullover, sweater
das Sweatshirt, -s	sweatshirt
der Hut, ¨-e	hat
die Mütze, -n	cap, wool hat
die Sportmüze, -n	sport hat
der Gürtel, -	belt
der Schuh, -e	shoe
die Lederschuhe (pl.)	leather shoes
die Turnschuhe (pl.)	tennis shoes
der Handschuh, -e	glove
der Stiefel, -	boot
die Lederstiefel (pl.)	leather boot
die Gummistiefel (pl.)	rubber boots
die Sandale, -n	sandal
die Brille, -n (sing.)	glasses
die Sonnenbrille, -n	sun glasses
der (Regen)schirm, -e	umbrella
der Rucksack, ¨-e	backpack
die Tasche, -n	bag
die Handtasche, -n	purse, handbag

Schmuck

der Schmuck	jewelry
die Kette, -n	necklace
der Ring, -e	ring
der Ohrring, -e	ear ring
das Armband, ¨-er	bracelet
die (Armband)uhr, -en	wrist watch

Kleidung beschreiben

groß	large
klein	small
lang	long
kurz	short

langärmelig	long sleeved
kurzärmelig	short sleeved
modisch/schick/aktuell	stylish/chic/current
schlampig	sloppy
hell	light
dunkel	dark
hellblau...dunkelrot	light blue...dark red
gestreift	striped
kariert	plaid, checked
punktiert	polka dotted
bunt	colorful, multi-colored
aus Wolle	(made of) wool
aus Baumwolle	cotton
aus Leder	leather
aus Gummi	rubber
aus Nylon	nylon
aus Gold/Silber	gold/silver

Leute

der Mensch, -en	human being
die Person, -en	person
die Leute (pl.)	people
kennen	to know well, to be familiar with
jemand	somebody, someone
niemand	nobody, no one
jeder	everybody, everyone
der Mann, ¨-er	man
der Herr, -en	gentleman
der Junge, -n	boy
der Freund, -e	friend (m)
die Frau, -en	woman
die Dame, -n	lady
das Fräulein, -s	young lady
das Mädchen, -	girl
die Freundin, -nen	friend (f)
das Kind, -er	child
das Kleinkind	toddler
das Baby, -s	baby
der Säugling	infant

KAPITEL VIER

Familien- und Studentenleben

Überblick

Themen

Familie, Freunde und Unileben beschreiben

Funktionen

Sprechen

Describing and discussing home and family

Planning and discussing basic daily activities

Asking and answering new types of questions

Schreiben

Organizing thoughts and ideas

Stating events in chronological order

Vokabular

Review people and common names

Family, friends, neighbors, pets

Doing things/having things at home and in the classroom

Kulturelles

Family relations

Wohngemeinschaften

Public transportation

Grammatik

Accusative case:
definite article/**der**- words
indefinite article/**ein**- words
personal and possessive pronouns

Word order: objects and time adverbs

TEIL 4,1

Familie und Verwandte

*Go first to **Teil 4,1** in your tutorial.*

Merke

Accusative case: transitive and intransitive verbs
Transitive: treffen, kennen, haben
→ **direct object possible**
Ich habe **zwei Schwestern**. Ich kenne **Ihren Vater**.

Intransitive: kommen, bleiben, mitgehen
→ **no direct object**
Sie kommt später. Er bleibt hier. Wir gehen mit.

Indefinite objects: ein
Masculine: Haben Sie **einen Bruder**?
Feminine: Frau Kern hat **eine Schwester**.
Neuter: Hat Herr Dehler **ein Enkelkind**?
Plural: Haben die Langs **Kinder**?
Negation
Herr Dehler hat **keine Enkel**.

Accusative case: possessive adjectives
masculine object: Ich rufe **meinen Vater** an.
feminine object: Britta trifft **ihre Schwester**.
neuter object: Anno füttert **sein Kind**.
plural object: Besuchen wir **unsere Eltern**!
Negation
Wir sehen unsere Eltern **nicht**.

Wen and **was**
Wen treffen Sie da und **was** machen Sie?

Vokabular: die Familie

die Familie, -n . . . das Familienmitglied, -er
die Eltern: der Vater, ¨- (Papa, Papi, Vati) und die Mutter, ¨- (Mama, Mami, Mutti)

das Kind, -er	die Stiefeltern	die Schwiegereltern
der Sohn, ¨-e	der Stiefvater	der Schwiegervater
die Tochter, ¨-	die Stiefmutter	die Schwiegermutter
der Bruder, ¨-	der Stiefsohn	der Schwager, -
die Schwester, -n	die Stieftochter	die Schwägerin, -nen
die Geschwister (pl.)	der Stiefbruder	der (Ehe)mann, ¨-er
	die Stiefschwester	die (Ehe)frau, en
		der/die Partner/in, -nen

verheiratet
ledig/allein stehend

die Verwandten

die Großeltern	das Enkelkind, -er	der Onkel, -; der Patenonkel
der Großvater (Opa)	der Enkel, -	die Tante, -n; die Patentante
die Großmutter (Oma)	die Enkelin, -nen	der Neffe, -n; die Nichte
mütterlicherseits/väterlicherseits		der Vetter, -n; der Cousin, -s
kennen...besuchen...treffen (i)...anrufen		die Cousine, -n
...fotografieren		

Sprechen wir!

Complete the pairs with a matching vocabulary item.

Tante _____	Bruder _____	Mutti _____
Großvater _____	Schwager _____	Cousin _____
Neffe _____	Enkel _____	Stiefmutter _____
Sohn _____	Oma _____	Patentante _____

Sehen Sie sich den Stammbaum an und beschreiben Sie, wie die Leute verwandt sind.

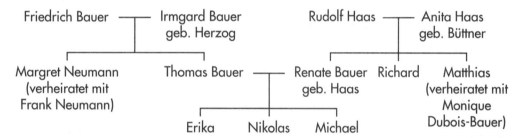

Courtesy of Peter Menzel Photography. Copyright © MCMXXXVI

Und Sie?

Wie heißen Ihre Eltern? (Ihr Vater? Ihre Mutter?) Wie alt sind sie? Wo wohnen sie jetzt? Haben Sie Geschwister? Wie viele? Wie heißen sie? Wie alt sind sie? Sind sie auch Studenten?

Sind Sie verheiratet? Wenn ja, wie heißt Ihr Mann oder Ihre Frau? Haben Sie Kinder? Wenn ja, wie alt sind sie?

Haben Sie Großeltern? Wo wohnen Ihre Großeltern? Wie alt sind sie? Wie sind sie?

Wo wohnen Ihre Verwandten? Haben Sie Nichten und Neffen? Wie viele? Sind sie alt oder jung? Wie viele Cousins und Cousinen haben Sie?

Zum Thema: Familie und Verwandte

Relationships in a German family are often quite close. Especially in villages, several generations may live in the same house, and many of one's blood relatives will live in the same town (**Stadt/Ort/Dorf**) or county (**Landkreis**). Should someone live some distance away, the other family members will often visit on weekends or holidays. Godparents are often active in the affairs of the family, and usually maintain some kind of special relationship with the godchild. Close friends of the family are often called aunt (**Tante**) and uncle (**Onkel**), even though there is no blood relationship. Advice from such an "uncle" is usually not resented and may even be sought. (This is the etymology of the term "Dutch uncle.")

Sprachmodell: Ulis Verwandte

A. *Vorbereitung fürs Hören.*

   Brainstorming. Name events that may lead to family reunions.

B. *Aufgaben.*

   1. *First listening.* Circle the family terms that you hear.

Familie   Patentante   Verwandte   Geschwister   Schwester   Bruder
Mutter   Vater   Onkel   Oma   Opa   Großeltern
Neffe   Cousine   Eltern   Tante   Cousin

   2. *Second listening.* When you hear a proper name, put it next to the family term it belongs to.

Schwester _____   Tante _____   Onkel _____   Cousin _____   Cousine _____

   3. *Third listening.* Listen for the following three pieces of information.
      a. Ulis Vater und Onkel Johann reden nur über _____.
      b. Ulis Großeltern verstehen _____ ganz gut.
      c. Uli, Roland und Brigitte hören _____ und quatschen über _____ und _____.

C. *Fragen.*

1. Wie findet Uli seine Familie und Verwandten?

2. Was meint Uli, wenn er das Wort "toll" benutzt? Ist das sehr gut, ziemlich gut, schlecht?

3. Was sind Synonyme (informell) für *sprechen*? (Look at the tasks for the third listening.)

D. *Partnerarbeit.* From the information in the text, draw a tree of Ulis family.

Genau!

A. Place a logical direct object next to the *transitive* verbs.

1. kaufen	_____	2. lesen	_____
3. bringen	_____	4. schreiben	_____
5. sehen	_____	6. hören	_____
7. waschen	_____	8. öffnen	_____
9. tragen	_____	10. schließen	_____

B. Circle the verbs you guess are *intransitive* in German, i.e., the verbs that do not take an accusative object. Remember that we are not including those objects that follow prepositions such as *für* or *mit*.

arbeiten, fahren (!), lesen, sitzen, verstehen, stehen, wohnen, finden, suchen, bleiben, warten

TEIL 4,2

Hat er ein Haustier?

Go first to Teil 4,2 in your tutorial.

> ### Merke
>
> **Accusative case: definite article** and **der-words**
> Ich sehe **den Nachbarn**, **die Nachbarin** und **das Kind**.
> Kennen Sie **die Nachbarn**?
> **Welche Nachbarn** treffen Sie oft? Kennen Sie **alle Nachbarn**?
>
> **Negating direct objects with nicht**
> Nein, ich kenne diese Nachbarin **nicht**.
>
> **Was für?**
> **Was für** Nachbarn haben Sie? **Was für einen** Hund hat Max?
>
> **N-nouns**: **Neffe, Nachbar, Zimmerkollege**
> Ich habe einen **Neffen** und meine Nichte.
>
> **Word order: object and adverb**
> Ich kaufe **vielleicht einen Hund**.
> Margret hat **jetzt eine Katze**.
> Ich versorge **oft das Pferd**. Ich versorge **die Schlange nie**!

Vokabular: Nachbarn und Kollegen

der Nachbar, -n	der Zimmerkollege, -n	der (Arbeits)kollege, -n	der Chef
die Nachbarin, -nen	die Zimmerkollegin, -nen	die (Arbeits)kollegin, -nen	die Chefin, -nen

Haustiere

das Tier, -e	der Hund, -e	der Kater, -	der Hamster, -	das Pferd, -
das Haustier	die Hündin, -nen	die Katze, -n	das Kaninchen, -	die Kuh, ¨-
füttern	der Dackel, -	der Vogel, ¨-	die Schlange, -n	das Schwein, -e
versorgen	der Schäferhund	der Fisch, -e	die Schildkröte, -n	das Frettchen, -

Sprechen wir!

Welche Tiere sehen Sie hier?

Welche Haustiere haben viele Leute? Welche Haustiere haben nicht so viele Leute (aber ein paar!) Welche Haustiere haben Kinder oft? Was hat man, wenn man eine kleine Wohnung hat? Welche Tiere hat man im Garten? Welche Tiere sind draußen? Welche drinnen?

Und Sie?

Haben Sie Nachbarn? Wie sind Ihre Nachbarn? Haben Sie Zimmerkollegen oder wohnen Sie allein? Wie heißen sie? Wie sind sie und was machen sie?

Haben Sie einen Job? Was für Arbeitskollegen haben Sie? Was für einen Chef oder was für eine Chefin haben Sie?

Haben Sie ein Haustier? Wenn ja, beschreiben Sie es.

Deutsch zusammen

Partnerarbeit. Pick one of the situations below. Ask your partner what he or she will wear and write the information down. After two or three minutes switch roles. Be prepared to report what you found out to the whole class.

Beispiel: Uni → Ich trage die Jeans, das T-Shirt und die Turnschuhe.

Situationen: Essen im Restaurant (sehr elegant!)   Haus sauber machen
Ski fahren in den Alpen   Sport (draußen)
Interview für einen Job   In Hawaii

Zum Thema: Haustiere

Many Germans keep dogs as pets, even in very small apartments. Restaurant guests are sometimes permitted to bring their dogs inside if the dogs are very well trained and behaved, a practice rarely tolerated in the U.S. Children often keep a **Hamster**, a **Meerschweinchen** (guinea pig), or some kind of **Vogel** in a cage in their rooms.

Genau!

Substitute the nouns in parentheses for the direct object in each sentence.

1. Füttern Sie bitte die Katze. (Hund, Kater, Kaninchen, Vogel)
2. Besuchen Sie die Großmutter? (Onkel, Neffe, Nichte, Schwiegervater)
3. Rufen Sie die Eltern an? (Tante, Enkel, Patenonkel, Schwiegereltern)
4. Frau Winter kauft eine Bluse. (Hut, Schuhe, Kette, Mantel)
5. Herr Winter trägt eine Krawatte. (Jacket, Hemd, Gürtel, Lederschuhe)
6. Die Tochter braucht ein Kleid. (Sandalen, Blazer, Schmuck)
7. Der Sohn trägt eine Jacke. (Anorak, Pulli, Schal, Mütze)

TEIL 4,3

Sprechen Sie eine Fremdsprache?

*Go first to **Teil 4,3** in your tutorial.*

Merke

Accusative case: pronoun substitution

Masculine:	Macht er **den Test**? Ja, er macht **ihn** morgen.
Feminine:	Verstehen Sie **die Grammatik**? Ja, sie erklärt **sie** gut.
Neuter:	Besprechen wir **das Problem**? Nein, wir vergessen **es**!
Plural:	Und **unsere Fragen**? Die Lehrerin beantwortet **sie** bestimmt.

Indefinite pronouns as objects
Wir besprechen **viel**. Wir vergessen **nichts**. Die Lehrerin erklärt **alles**.

Primary sounds

	masculine	feminine	neuter	plural
Nominative	r /-	e	s /-	e
Accusative	n	e	s /-	e

Vokabular: Im Klassenzimmer sprechen

sagen	besprechen (i)	sprechen (i)
die Antwort, -en	das Problem, -e	die Sprache, -n
vergessen (vergisst)	die Grammatik	die Fremdsprache
erklären	die Lösung, -en	die Zweitsprache
bedeuten	reden	die Muttersprache

buchstabieren	fragen	(ganz) richtig/falsch
der Name, -n	die Frage, -n	genau/genau richtig
das Wort, -e/¨-er	verstehen	wiederholen
der Satz, ¨-e	beantworten	noch einmal
		versuchen

Hausaufgaben und Prüfungen machen

machen	lernen	die Aufgabe, -en	die Klausur, -en
bestehen	auswendig lernen	die Hausaufgabe	das Examen, -
mogeln		die Übung, -n	der Test, -s
		das Vokabular	die Prüfung, -en

Fehler machen

der Fehler, -	verbessern	aus•radieren	speichern
	korrigieren	durch•streichen	löschen

etwas ausfüllen

aus•füllen	das Formular, -e	der Fragebogen, ¨-	das Blatt, ¨-er

Sprachnotiz: studieren vs lernen

Remember that **studieren** is used to state that you are a student at a university or to mention what you study, as in **ich studiere** in Jena, **ich studiere Jura**. When you refer to the regular activity of studying, i.e., reading, preparing for a test and so on, you use **lernen**, as in **ich lerne viel**.

Sprechen wir!

Was machen die Studenten im Deutschkurs? Was bespricht man oft im Deutschkurs? Was macht der Lehrer/die Lehrerin? Was wiederholt man oft im Deutschkurs? Was macht man, wenn man etwas nicht gut versteht?

Was wischt man hier im Klassenzimmer? Was sehen Sie im Klassenzimmer?

Was schreibt man oft, wenn man Hausaufgaben hat? Was macht man, wenn man eine Frage falsch beantwortet? Was lernt man auswendig? Was füllt man aus? Was macht man, wenn man etwas falsch schreibt?

Was haben Sie jetzt an? Was tragen Sie jetzt? Welche Kleidung waschen Sie bald?

Situation. The teacher tries to find out how her students are doing in class. She asks if they

1. understand the questions   2. maybe forget words   3. discuss the grammar

    Now she tells them to

4. spell this word   5. answer all the questions   6. explain every sentence   7. try again

Und Sie?

Welche Universität besuchen Sie? Welche Kurse finden Sie dieses Semester toll und welche nicht so toll? Welches Buch haben Sie heute mit? Welche Leute sehen Sie hier im Klassenzimmer? Welchen Studenten kennen Sie gut? Welche Person hören Sie jetzt?

   Was sprechen Sie im Deutschkurs? Was verstehen Sie? Was verstehen Sie nicht? Welche Worte buchstabieren Sie? Was besprechen Sie? Probleme? die Grammatik? die Sprache?

   Was ist Ihre Muttersprache? Was ist Deutsch für Sie?

Sprachmodell: Anmeldung

A. *Vorbereitung fürs Lesen.*

   1. Getting the main idea. What kind of form do you think this is?
      a. deposit slip   b. hotel registration   c. car registration
   2. What kinds of information does one usually supply on such a form?

ANMELDEKARTE bitte mit **BLOCKSCHRIFT** ausfüllen! Danke.	MARITIM Hotel · Würzburg	Anreise: _____ Abreise: _____		
Herr Frau Frl.	Name	Vorname	geb.	Nationalität
PLZ	Wohnort	Straße	Nr.	
Beruf	Firma	KFZ-Nr.	Ausweis-Nr./	
Wird vom Personal ausgefüllt **Zahlungsweise** ☐ **Kreditkarte.** ☐ **Bar** ☐ **à cto**		Unterschrift/signature		
Zi.-Nr.:	Pax	Preis	Arr.	Sig.

B. *Aufgaben.*

Partnerarbeit. Find the German equivalents on this form for the following words:

first and second name; residence; zip code; profession; arrival and departure; capital letters; payment method

Now fill out the form together. You may take on a new identity, if you wish, or simply give the information for one of you.

Zum Thema: Prüfungen

Students in German universities and in schools on the whole take fewer tests than American students. Thus, when a test is given, it is more likely to be a comprehensive measure of the students' knowledge or skill. The effect is that tests tend to "count" a lot more than the more regularly scheduled tests here. Of course, when tests are very important, students get nervous and high-strung, and cheating on exams becomes a reality.

Cheating in Germany (**abschreiben**, or **mogeln**) is viewed differently than in the United States. Students "help" each other do as well as they can in order to "beat the system"—the school. Students do not turn in cheaters. Quite the contrary. They will often protect the cheater from being detected. Penalties for cheating are often mild, and sometimes the classroom teacher only gives a verbal warning. In many school systems in Germany it is against the school law (**Schulgesetz**) to fail a student who is discovered cheating. The test is simply "not graded." Americans who have taught in German schools have found the problem of cheating to be particularly vexing. No doubt many Germans who have taught or studied in the U.S. have found the American perspective equally intriguing.

Genau!

A. Replace the definite article in each sentence with the correct forms of the cued der-words. Make any necessary changes.

Beispiel: Lesen Sie den Brief? (dies-, jed-, all-) →
    Lesen Sie **diesen** Brief? Lesen Sie **jeden** Brief? Lesen Sie **alle** Briefe?

1. Kennen Sie den Lehrer?
   (dies-, jed-)

2. Kaufen Sie das Buch?
   (dies-, jed-, all-)

3. Fragen Sie die Assistentin?
   (dies-, all-)

4. Bringen Sie das Kostüm?
   (dies-, welch-)

5. Tragen Sie den Ring?
   (dies-, jed-)

6. Waschen Sie die Kleider?
   (dies-, all-)

B. Answer each question according to the model and replace the noun objects in each sentence with the appropriate pronoun.

Beispiel: Kaufen Sie dieses Kleid? → Ja, ich brauche es.

1. Kaufen Sie diesen Hut?

2. dieses Jacket?

3. oder den Anzug?

4. Bringen Sie den Mantel mit?

5. den Schal?

6. die Handschuhe?

C. Replace the noun objects in each sentence with the nouns cued in parentheses. Make any necessary changes.

    1. Wir studieren Deutsch. (Englisch, Mathematik, Biologie, Chemie, Physik)

    2. Der Lehrer wiederholt das Wort. (Frage, Antwort, Satz, Sätze, Fragen)

    3. Er erklärt die Antwort. (Frage, Grammatik, Wort, Roman, Test, Formular)

    4. Karin streicht das Wort durch. (Satz, Fehler, Antwort)

TEIL 4,4

Was haben Sie zu Hause?

Go first to **Teil 4,4** *in your tutorial.*

Merke

Articles as pronouns
Ich suche die Zeitung. Haben Sie **die**?
Ich kaufe morgen einen CD-Player. Haben Sie **einen**?

Accusative case: personal pronouns

ich...**mich**	wir ...**uns**
Sie...**Sie**	
er...**ihn**/sie...**sie**/es...**es**	sie...**sie**

Reflexive pronouns
Es ist spät. **Ich** ziehe **mich** schnell an.
Das Kind zieht **sich** aus. Es ist müde.

Vokabular: Zu Hause

lesen (ie)	die Zeitung, -n	das Wort, -e/¨-er	der Brief, -e
abonnieren	die Zeitschrift, -en	der Satz, ¨-e	die Postkarte, -en
schreiben	die Illustrierte, -en	der Absatz	das/die Email
tippen	das Taschenbuch, ¨-er	der Aufsatz	die/das
schicken	der Roman, -e	die Arbeit, -en	
	das Gedicht, -e	die Anleitung, -en	

an- und ausmachen

öffnen/schließen	das Gerät, -e	das Radio, -s	die Heizung, -en
an•/aus•machen	der Fernseher, -	die Stereoanlage, -n	die Klimaanlage, -n
auf•/zu•machen	der Videorecorder, -	der CD-Player, -/Spieler, -	der Ventilator, -en
fern•sehen	das Videogerät, -e	der Kassettenrecorder, -	das Licht
	der Computer, -	der Walkman, -s	das Fenster, -
			die Tür, -en

mitnehmen und mitbringen

nehmen (nimmt)   mit•nehmen   bringen   mit•bringen

                        weg•nehmen   zurück•bringen

Sprechen wir!

Sagen Sie zuerst, was für ein Gerät Sie sehen.

Finden Sie dann eine Information (z. B. Charakteristik, Preis, Marke, Modell).

Fragen. Was öffnet man oft im Klassenzimmer? Was macht man zu Hause auf oder zu? Was macht man zu Hause an oder aus? Was macht man an, wenn es sehr warm ist? Was macht man an, wenn es kalt ist?

Und Sie?

Was lesen Sie gern? Abonnieren Sie eine Zeitschrift oder eine Zeitung? Welche?

Schreiben Sie nach Hause? Briefe oder Postkarten oder E-Mail?

Welche Geräte haben Sie zu Hause? Hören Sie oft Musik? Im Radio? Haben Sie andere Geräte zu Hause? Welche? Sind sie neu oder alt? Was haben Sie nicht? Was brauchen Sie zu Hause?

Sprachmodell: Zimmerkollegen

Two roommates describe what they like and dislike about each other and their situation.

1. *Vorbereitung.*
   Make a list of things that may cause problems between roommates.
   Make a list of advantages of having roommates.

2. *First listening.* Listen for the two positive things that Kerstin mentions.
   Was findet Kerstin **prima**?

3. *Second listening.* Listen for the two things that bother Kerstin:
   Was sind **Probleme** für Kerstin?

4. *Third listening*. Listen for Nicola's description of Kerstin. Circle the adjectives you hear.

unordentlich	laut	ordentlich	schlampig	diszipliniert
ernst	nett	sauer	humorvoll	schüchtern

5. *Fragen*.

1. Was findet Kerstin gut? Was nicht so gut?
2. Wie beschreibt Nicola ihre Zimmerkollegin?
3. Wohnen Sie allein oder haben Sie Zimmerkollegen? Was ist gut? Was ist nicht gut? Welche Probleme gibt es?

Zum Thema: Wohnen

Young people in Germany, mostly students, but also non-students, sometimes form **Wohngemeinschaften**, i.e., they share living spaces. To live in a student dormitory is not as common as it is in the US, and students will often rent out a room in a house, an arrangement called **in Untermiete wohnen**. **Wohngemeinschaften** consist of three or four, sometimes more people, and the term **Gemeinschaft** suggests cooperation and common sharing of chores and duties.

Courtesy of Photo Researchers. Copyright © MCMXCI Urlike Welsch.

Genau!

A. Replace the noun objects in each sentence with the nouns cued in parentheses. Make any necessary changes.

1. Nicola und Kerstin haben einen Videorecorder. (Fernseher, Radio, CD-Player)
2. Nicolas Zimmer hat eine Heizung. (Klimaanlage, Lampe, Fenster)
3. Kerstin hat ein Radio. (Stereoanlage, Walkman)

B. Answer the following questions by giving the information indicated in parentheses.

Beispiel: Wen treffen Sie heute? (einen Kollegen) → Ich treffe heute einen Kollegen.
Schreiben Sie eine Arbeit? (jetzt) → Ja, wir schreiben jetzt eine Arbeit.

1. Wann lesen Sie die Zeitung? (jetzt)
2. Wann machen Sie Hausaufgaben? (tagsüber)
3. Wen besuchen Sie morgen? (die Großeltern)
4. Schreiben Sie Briefe? (manchmal)
5. Wen treffen Sie oft? (meinen Freund)

TEIL 4,5

Suchen Sie Ihre Schlüssel?

Go *first* to *Teil 4,5 in your tutorial.*

Merke

Indefinite pronouns as adjectives
etwas, viel, wenig, ein bisschen, viele, mehrere, einige
Bekommen Sie **viel Post**? Haben Studenten **wenig Geld**?
Dagmar hat **viele Schlüssel** und **mehrere Kreditkarten**.

Numbers as adjectives
Nicola hat **einen** Führerschein und **zwei** Ausweise im Portemonnaie.

Word order: direct objects and adverbs
Wann schickt Gerd die Postkarte? Er schickt die Postkarte **morgen**.
Was bekommt Anne oft von zu Hause? Sie bekommt oft **Geld**.

Vokabular: schicken

schicken/etwas nach Hause schicken	die Post	das Paket, -e	das Geld
etwas von zu Hause bekommen	die Postkarte, -n	das Päckchen, -	der Scheck, -s
abschicken			die Rechnung

verlieren, suchen und finden, tragen

verlieren	der Schlüssel, -	das Portmonee -s	die Tasche, -n
suchen	der Hausschlüssel	die Geldbörse, -n	die Brieftasche
finden	der Autoschlüssel	der Ausweis, -e	die Handtasche
lassen (lässt)	der Führerschein, -e	die Kreditkarte, -n	die Aktentasche
		das Scheckheft, -e	die Mappe, -n
		der Handy, -s	die Schulmappe
			der Rucksack, ¨-e

Verkehrsmittel

fahren (ä)	der Wagen, -	nehmen (nimmt)	das Motorrad, ¨-er
zu Fuß gehen/laufen	das Auto, -s	der Bus, -se	das Mofa, -s
zur Uni	das (Fahr)rad, ¨-er	der Zug, ¨-e (die Bahn, -en)	der Roller, -
		die Straßenbahn	
		die U-Bahn	

Sprechen wir!

Situation. You are talking to prospective roommates and interview them about their possessions and habits. Formulate appropriate questions to find out if the person . . .

1. has a TV, a stereo, a car or a bike
2. takes the bus sometimes or mostly drives a car
3. needs air conditioning
4. often looks for his/her keys
5. sometimes loses his/her wallet or purse

Zum Thema: Auto, Bus, Straßenbahn

Although Germans do drive a lot (and many, very fast!), people use public transportation extensively, in particular in cities where narrow streets and limited parking make getting around in a car a real challenge. Germans extensively use the **Bus**, the **Straßenbahn**, or the **U-Bahn** to get from residential to shopping areas, and to go to work, school, or the university. Many people, young and old, ride their bicycles throughout most of the year.

Und Sie?

Was schicken Sie manchmal nach Hause? Was bekommen Sie oft von zu Hause? Was verlieren Sie oft? Was machen Sie, wenn Sie etwas verlieren? Was passiert hoffentlich, wenn Sie es lange suchen?

Wie kommen Sie zur Universität? Nehmen Sie den Bus? Fahren Sie Auto oder Rad? Gehen Sie zu Fuß? Wie kommen Sie zur Uni, wenn es regnet?

Was bringen Sie zur Uni mit? Haben Sie eine Tasche oder einen Rucksack? Was ist darin?

Deutsch zusammen

Partnerarbeit. Work with a partner and find out what kind of transportation he or she uses, e.g. a car, bicycle, motorcycle. Try to get a short description of one of the vehicles and take notes. After no more than three minutes be prepared to tell your classmates what you found out.

Genau!

A. Replace the object in each sentence with the nouns in parentheses. Make any necessary changes.

1. Nicola sucht ihr Portmonee. (Zeitung, Buch, Handtasche, Ausweis)
2. Kerstin findet die Tasche. (Rucksack, Kreditkarte, Schlüssel, Aktentasche)
3. Kerstin schickt eine Postkarte. (Brief, Päckchen)
4. Nicola fährt Auto. (Mofa, Fahrrad)
5. Kerstin nimmt die U-Bahn. (Bus, Straßenbahn, Nicolas Auto)

B. Restate the following sentences in the negative using *nicht* or *kein*.

Beispiel: Sie nimmt den Ausweis mit. → Sie nimmt den Ausweis **nicht** mit.
Er hat einen Führerschein. → Er hat **keinen** Führerschein.

1. Kerstin schreibt einen Brief.
2. Werner schickt das Päckchen.
3. Susi kauft Postkarten.
4. Andrea sieht jeden Film.
5. Gerd liest die Zeitung.
6. Andreas braucht Geld.
7. Nicola vergisst ihre Kreditkarte.
8. Rudi hat alle Schlüssel.

Alles zusammen

As a result of what you have learned in **Kapitel Vier** you should be able to discuss, orally and in writing:

1. things you do at the university: verbal activities in class; dealing with problems in class; studying and learning; reading and writing things; doing homework and other assignments; making improvements to your work; filling out forms.
2. things you do at home: opening and closing things; turning things on and off; watching and listening to things; writing and mailing things; losing and finding things; getting to the university and back home.
3. things you do for yourself: wearing and taking care of clothing.

Fragen.

1. Beschreiben Sie Ihre Familie und Ihre Verwandten.
2. Haben Sie ein Haustier? Beschreiben Sie es.
3. Was kaufen Sie bald?
4. Was tragen Sie heute?

5. Was machen Sie oft auf oder zu?
6. Was vergessen Sie oft?
7. Was schicken Sie oft nach Hause?
8. Was verlieren Sie oft? Was machen Sie dann?
9. Was lesen Sie jeden Tag?
10. Was schreiben Sie jetzt?

11. Was ist Ihre Muttersprache? Was ist Deutsch für Sie?
12. Was bringen Sie oft zur Uni mit?
13. Wie kommen Sie zur Uni?

Aktives Vokabular

die Familie

die Familie	family
das Familienmitglied, -er	family member
die Eltern	parents
der Vater, ¨-(Papa, Papi, Vati)	father (pop, daddy, dad)
die Mutter, ¨- (Mama, Mami, Mutti)	mother (mama, mommy, mom)
das Kind, -er	child
der Sohn, ¨-e	son
die Tochter, ¨-	daughter
der Bruder, ¨-	brother
die Schwester, -n	sister
die Geschwister (pl.)	siblings
die Stiefeltern	stepparents
der Stiefvater	stepfather
die Stiefmutter	stepmother
der Stiefsohn	stepson
die Stieftochter	stepdaughther
der Stiefbruder	stepbrother
die Stiefschwester	stepsister
die Schwiegereltern	parents-in-law
der Schwiegervater	father-in-law
die Schwiegermutter	mother-in-law
der Schwager, -	brother-in-law
die Schwägerin, -nen	sister-in-law
allein stehend	single
ledig	single, not married
verheiratet	married
der (Ehe)mann, ¨-er	husband
die (Ehe)frau, -en	wife
der/die Partner, -/in, -nen	partner

die Verwandten   *relatives*

die Großeltern	grandparents
der Großvater (Opa)	grandfather (granddad)
die Großmutter (Oma)	grandmother (grandma)
das Enkelkind, -er	grandchild
der Enkel, -	grandson
die Enkelin, -nen	granddaughter
der Onkel, -	uncle
der Patenonkel	godfather

die Tante, -n	aunt
die Patentante	godmother
der Neffe, -n	nephew
die Nichte, -n	niece
der Vetter, -n; der Cousin, -s	cousin (m.)
die Cousine, -n	cousin (f.)
mütterlicherseits	maternal, on the mother's side
väterlicherseits	paternal, on the father's side

Nachbarn und Kollegen

der Nachbar, -n	neighbor (m.)
die Nachbarin, -nen	neighbor (f.)
der Zimmerkollege, -n	roommate (m.)
die Zimmerkollegin, -nen	rommate (f.)
der Arbeitskollege, -n	colleague (m.)
die Arbeitskollegin, -nen	colleague (f.)
der Chef, -s	boss, superior (m.)
die Chefin, -nen	boss, superior (f.)
kennen	to know well, to be familiar with
besuchen	to visit
treffen (i)	to meet (by arrangement or by accident)
an•rufen	to call on the phone
fotografieren	to photgraph, take pictures of

Haustiere

das Tier, -e	animal
das Haustier	pet, domestic animal
der Hund, -e	dog (generic or m.)
die Hündin, -nen	dog (f.)
der Dackel, -	dachshund
der Schäferhund	German shepherd
der Kater, -	tomcat
die Katze, -n	cat (generic or f.)
der Hamster, -	hamster
die Schlange, -n	snake
die Schildkrote, -n	turtle
das Kaninchen, -	rabbit
der Vogel, ¨-	bird
der Fisch, -e	fish

das Pferd, -e	horse
die Kuh, ¨-	cow
das Schwein, -e	pig
das Frettchen, -	guinea pig
fütlein	to feed
versorgen	to take care of

Im Klassenzimmer sprechen

sagen	to say, tell
die Antwort, -en	answer
vergessen (vergisst)	to forget
erklären	to explain
bedeuten	to mean
sprechen (i)	to speak
besprechen (i)	to discuss
das Problem, -e	problem
die Grammatik	grammar
reden	to talk, converse, chat
die Sprache, -n	language
die Fremdsprache	foreign language
die Zweitsprache	second language
die Muttersprache	mother tongue
buchstabieren	to spell
das Wort, -e/¨-er	word
der Name, -n	name
wiederholen	to repeat, review
fragen	to ask
die Frage, -n	question
verstehen	to understand
beantworten	to answer (a question)
richtig	right, correct(ly)
falsch	wrong, incorrect(ly)
genau/genau richtig	exactly, exactly right
noch einmal	one more time, again
versuchen	to try

Zu Hause lesen und schreiben

lesen (ie)	to read
abonnieren	to subscribe
schreiben	to write
tippen	to type
schicken	to send, to mail

die Zeitung, -n	newspaper, daily, weekly
die Zeitschrift, -en	magazine
die Illustrierte, -n	illustrated magazine
das Taschenbuch, ¨-er	paperback
der Roman, -e	novel
das Gedicht, -e	poem
der Satz, ¨-e	sentence
der Absatz, ¨-e	paragraph
die Arbeit, -en	report, term paper
die Anleitung, -en	instructions
der Brief, -e	letter
die Postkarte, -en	postcard
die/das E-mail	e-mail

Hausaufgaben und Prüfungen machen

machen	to do (also: to take)
bestehen	to pass
mogeln	to cheat
studieren	to study at a college
lernen	to study with a book, learn
auswendig lernen	to memorize
die Aufgabe, -en	assignment, task
die Hausaufgabe	homework assignment
die Übung, -n	exercise
das Vokabular	vocabulary
die Klausur, -en	test, exam
der Test, -s	test, exam, quiz
das Examen, -	comprehensive exam
die Prüfung, -en	qualifying exam (also comprehensive exam)

Fehler machen

der Fehler, -	mistake
verbessern	to improve, to correct
korrigieren	to check, to correct
aus•radieren	to erase
durch•streichen	to cross out
speichern	to save
löschen	to delete (computer)

etwas ausfüllen

aus•füllen	to fill out
das Formular, -e	(official) form
der Fragebogen, ¨-	questionnaire

das Blatt, ¨-er	piece of paper

Zu Hause

An- und aus•machen

öffnen/auf•machen	to open
schließen/zu•machen	to close
an•machen	to turn on
aus•machen	to turn off
die Tür, -en	door
das Fenster, -	window
das Licht	light
das Gerät, -e	appliance
der Fernseher, -	TV
der Videorecorder-/ das Videogerät	VCR
fern•sehen	to watch TV
der Computer, -	computer
das Radio, -s	radio
die Stereoanlage, -n	stereo
der CD-Player, -/Spieler, -	CD player
der Kassettenrecorder, -	tape player
der Walkman, -s	walkman tape player
die Heizung	heater, heating system
die Klimaanlage	air conditioner
der Ventilator, -en	fan

nehmen und mitbringen

nehmen (nimmt)	to take
weg•nehmen	to take away
mit•nehmen	to take along
bringen	to bring, to take
mit•bringen	to bring along

etwas schicken

schicken	to send
etwas nach Hause schicken	to send s.th. home
etwas von zu Hause bekommen	to get s.th. from home
abschicken	to send off/out
die Post	mail
die Postkarte, -n	postcard
das Paket, -e	package
das Päckchen, -	small package
das Geld	money

der Scheck, -s	check
die Rechnung, -en	bill

verlieren, suchen und finden, tragen

verlieren	to lose
suchen	to look for, search for
finden	to find
lassen (lässt)	to leave

der Schlüssel, -	key
der Hausschlüssel	house key
der Autoschlüssel	car key
das Portmonee, -s	wallet
die Geldbörse, -n	wallet, purse
der Ausweis, -e	ID card
der Führerschein, -e	driver's license
die Kreditkarte, -n	credit card
das Scheckheft	checkbook

die Tasche, -n	pocket, bag
die Brieftasche	wallet
die Handtasche	woman's purse
der Handy, -s	cell phone
die Aktentasche	briefcase
die Mappe, -n	briefcase (soft leather)
die Schulmappe	school bag
der Rucksack, ¨-e	backpack

Verkehrsmittel

fahren (ä)	to drive, to ride
zu Fuß gehen/ laufen	to walk, to go by foot
zur Uni	to the university

der Wagen, -	car
das Auto, -s	automobile, car
das (Fahr)rad, ¨-er	bicycle, bike
das Motorrad	motorcycle
das Mofa, -s	mofa
der Roller, -	skooter

nehmen	to take (here: to ride)
der Bus, -se	bus
die Straßenbahn	street car, trolley
die U-Bahn	subway
der Zug, ¨-e (die Bahn, -en)	train

KAPITEL FÜNF

Zukunft

<u>Überblick</u>

Themen

Zukunftspläne, Berufe; Träume für die
Zukunft

Funktionen

Sprechen

Speculating and talking about the future

Expressing attitudes

Lesen

Reading maps and charts

Schreiben

Putting together an organized list

Vokabular

Modal verbs: **müssen, wollen, können,
sollen, dürfen, möchten**

Occupations

Food and Drink

Kulturelles

Rules and regulations

Marking gender

Meals and organic foods

Cafés

Grammatik

Future with **werden** + infinitive

Würden + infinitive

Modal verbs + infinitive

TEIL 5,1

Zukunftspläne

*Go first to **Teil 5,1** in your tutorial.*

Merke

Future: werden + infinitive

Was **werden** Sie später **machen**?
Ich **werde** im Krankenhaus **arbeiten**.

Negation
Ich **werde nicht** arbeiten.
Ich **werde kein Geld** verdienen.

Using werden as main verb
Susanne studiert Medizin. Sie **wird** Ärztin.

Vokabular: Zukunftspläne

die Zukunft	der Abschluss, ¨-e	die Bewerbung, -en
der Plan, ¨-e	das Zertifikat, -e	s. bewerben um (+ acc.)
der Zukunftsplan	der Lebenslauf, ¨-e	das Vorstellungsgespräch, -e
Pläne machen	die Referenz, -en	s. vorstellen
planen	das Empfehlungsschreiben	

Berufe

der Beruf, -e	der Hausmann/die Hausfrau	das Einkommen
von Beruf	der/die Rentner, -/in, -nen	die Bezahlung
die Karriere, -en	der/die Pensionär, -/in, -nen	der Lohn, ¨-e
(er)lernen	im Ruhestand	das Gehalt, ¨-er
der Job, -s	der/die Auszubildende, (Azubi, -s)	verdienen
selbständig	der/die Angestellte, -n	
Was sind Sie von Beruf?	der Chef/in Chef, -s/in, -nen	

Uni und Schule   Medizin   Stadt und Staat

Uni und Schule	Medizin	Stadt und Staat
Student/in; Schüler/in	Arzt/Ärztin	Polizist/in
Lehrer/in; Lehrassistent/in	Zahnarzt/Zahnärztin	Soldat
Professor/in	Augenarzt/Augenärztin	Pilot/in
Forscher/in	Krankenpfleger/Krankenschwester	Beamter/Beamtin
Wissenschaftler/in	Apotheker/in	Politiker/in
Computerprogrammierer/in	Optiker/in	

Papier und Bild

Journalist/in
Schriftsteller/in
Fotograf/in
Architekt/in
Designer/in
Grafiker/in
Ingenieur/in

Finanz und Wirtschaft

Rechtsanwalt/Rechtsanwältin
Bankier/Bankfrau
Geschäftsmann/frau/leute
Manager/in
Sekretär/in

Handwerk und Service

Handwerker/in
Bäcker/in
Fleischer/Metzger/in
Maurer
Bauarbeiter
Elektriker/in
Klempner/in
Mechaniker/in
Lastwagenfahrer/in
Lokführer/in

Tischler/in; Schreiner/in
Schuhmacher/in
Bauer/Bäuerin
Gärtner/in

Koch/Köchin
Kellner/in

Kauf und Verkauf

Kunsthändler/in
Juwelier/in
Immobilienmakler/in
Autohändler/in
Versicherungsagent/in
Verkäufer/in
Vertreter/in

Courtesy of Photo Researchers. Copyright © MCMXCI Urlike Welsch.

Sprechen wir!

Berufe raten		
Wer macht was?		
Bauer	diese Person hat Pferde und Kühe	_____
Elektrikerin	diese Person repariert Autos	_____
Gärtner	hier kauft man Brot und Brötchen	_____
Bankier	diese Person arbeitet nicht mehr	_____
Bäcker	diese Person hilft Kranken	_____
Autohändler	er arbeitet zu Hause	_____
Rentner	diese Person schreibt Bücher	_____
Politikerin	meine Schuhe sind kaputt!	_____
Ärztin	diese Person hat mein Geld	_____
Mechanikerin	er pflanzt schöne Rosen und Tulpen	_____
Hausmann	er schreibt, tippt und telefoniert	_____
Schriftstellerin	diese Person wird vielleicht Präsident	_____
Sekretärin	diese Person repariert Radios	_____
Schuster	ich kaufe hier ein Auto	_____

Zum Thema: Azubis

The German educational system is set up so that students determine at a fairly young age whether to pursue a more academic or a more vocational track. Most trades in Germany require particular schooling and training culminating in certification exams. Businesses commit to employing trainees who attend vocational schools while working. These students/trainees are called **Auszubildende**, or **Azubis**, which means something like "in training."

Und Sie?

Was sind Ihre Eltern von Beruf? Haben Sie Geschwister? Wie alt sind sie? Was machen sie? Was sind sie von Beruf?

Haben Sie jetzt einen Job? Was für einen?

Welche Berufe sind für <u>Sie</u> interessant? Welchen Beruf werden Sie vielleicht erlernen? Wie ist die Bezahlung für diesen Beruf? Hoch? Niedrig? Verdient man ein Gehalt oder einen Lohn? Was für einen Abschluss braucht man?

Welche Berufe sind für Sie nicht interessant? Warum nicht?

Welchen Abschluss werden Sie haben? Wo werden Sie sich vielleicht bewerben? Was werden Sie im Lebenslauf schreiben? Brauchen Sie ein Zeugnis oder Zertifikat für den Job? Brauchen Sie Referenzen? Wie viele? Wer schreibt ein Empfehlungsschreiben für Sie? Warum diese Person? Kennt diese Person Sie gut?

Welche Fragen stellen Leute im Vorstellungsgespräch? Was sagen und fragen sie?

Was werden Sie heute Nachmittag oder heute Abend machen? Was werden Sie morgen machen?

Was werden Sie dieses Wochenende machen? Was werden Sie heute Abend für den Deutschkurs machen? Wann werden Sie Ihre nächste Deutschprüfung haben?

Was werden Sie machen, wenn Sie Ferien haben? Wird Ihre Familie diesen Sommer Urlaub machen? Wo?

Sprachmodell: Jobs

A. *Vorbereitung fürs Lesen. Brainstorming.*

Write down terms that typically appear in job ads.

Scanning. List the jobs in the ads in the appropriate categories.

Medizin	Kauf und Verkauf	Finanzen/Wirtschaft	Unterrichten/Lernen

---

Wir suchen TrainerInnen für die folgenden Bereiche:

EDV-Schulungen
Microsoft Office
Managementtraining
Verkauf, Marketing, Controlling
Betriebswirtschaft

zum sofortigen Beginn auf freiberuflicher Basis.

Richten Sie Ihre schriftliche Bewerbung an:
B.I.T. Schulungscenter GmbH. & Co KG
Kärntner Str. 323, A-8054 Graz

Guggenberger

Um unser Wachstum zielstrebig weiterzuführen suchen wir baldmöglichst engagierte Mitarbeiter für folgende Aufgabengebiete:

▶ **Finanzbuchhalter/in**
Ihr Verantwortungsbereich umfaßt die Organisation der gesamten Finanzbuchhaltung. EDV-Erfahrung setzen wir voraus.

▶ **Sachbearbeiter/in** (Ein-/ Verkauf)
Sie bringen Engagement, Erfolgswillen, Lernbereitschaft und Spaß am Kontakt zu Menschen mit. Gerne auch Berufsanfänger.

▶ **Azubi**
Voraussetzung Engagement und ein guter Schulabschluß.

Wenn Sie vielseitig sind und sich in der dynamischen Umgebung eines stark wachsenden Unternehmens wohlfühlen, schicken Sie uns Ihre aussagekräftigen Bewerbungsunterlagen mit Lichtbild.

Guggenberger Baustoffe GmbH Kronwinkler Str.32 · 81245 München
Dämmstoffe - Akustik - Bedachungshandel - Spenglereibedarf

Wir sind eine wirtschaftsrechtlich orientierte, international tätige Anwaltssozietät im Zentrum Münchens. Wir suchen eine

Fremdsprachensekretärin

mit ausgezeichneten Englisch- und Französischkenntnissen (Übersetzerdiplom). Über zusätzliche Kenntnisse der italienischen Sprache würden wir uns freuen. Weiterhin suchen wir eine

Anwaltssekretärin

Eine Ausbildung als Anwaltsgehilfin und gute Englischkenntnisse sind erwünscht, aber nicht Bedingung.
Wir bieten eine abwechslungsreiche Tätigkeit und besonders angenehme Arbeitsbedingungen in einem netten Team.

Anwaltssozietät
von Boetticher Hasse Kaltwasser
z. H. Frau Herold
Widenmayerstr. 4, (U-Bahn 4 und 5, Lehel)
80538 München, Tel.: 22 33 11

Ausbildung zum
Schilehrer/Snowboardlehrer

Eine interessante und verantwortungsvolle Tätigkeit in den Ferien.
Selbständiges arbeiten, mit Menschen aus
verschiedenen Nationen, in unserer Bergwelt.
In Salzburger Schischulen werden, für die Saison 97/98,
Neuschilehrer aufgenommen.

Information: Salzburger Berufsschilehrerverband Tel. 06542 - 57343
A-5700 Zell am See, Karl - Vogtstrasse 41

Zur Verstärkung unseres jungen, dynamischen Teams
suchen wir Sie als flexible/n, zuverlässige/n

exam. Krankenschwester/pfleger
Intensiv- u. Anästhesieschwester/pfleger
OP-Schwester/pfleger

Wir bieten Ihnen interessante, abwechslungsreiche Einsätze bei übertariflicher Bezahlung und persönlicher Betreuung, verbunden mit den Vorteilen einer Dauerstellung. Frau Albrecht u. Herr Huber freuen sich auf Ihren Anruf.

Temporary ROM & Medica München, Ges. f. Zeitarbeit mbH
Dachauer Straße 50, 80335 München, Tel. 089/55 41 21

Wir suchen kurzfristig eine/n
Rechtsanwalt/in

zur Unterstützung einer neuen Kanzlei im Rhein-Main-Gebiet. Gute Auslastung vorhanden. Gebiet: Forderungseinzug, internationales Wettbewerbsrecht und Verkehrsrecht. Ihre Bewerbung senden Sie bitte an:

TARQET Unternehmensberatung
Schierholzstraße 27
30655 Hannover

Wir sind ein im Großraum München tätiges erfolgreiches Maklerunternehmen und suchen zum sofortigen Eintritt einen

Immobilienmakler

Sie arbeiten gerne selbständig und sind bereit, auch weit mehr als 40 Stunden/Woche in Ihre berufliche Tätigkeit auf freiberuflicher Basis zu investieren? Dann melden Sie sich telefonisch bei uns. Unbedingte Voraussetzungen sind:
Einwandfreier Leumund, Alter ab 30 Jahre, deutsche Staatsangehörigkeit, Pkw, FSK III.

www.vid-immobilien.de
VID Immobilien • 0 81 22/97 99 15

Deutsch zusammen

B. *Partnerarbeit.* Use the employment ads for this pair work. Discuss first what kind of job you are looking for. Find an appropriate ad and fill out the chart below as best you can.

Beruf	wie ist die Arbeit?	Qualifikationen	Name der Firma/Ort	wie bewerben?

Genau

Modify each sentence to emphasize future intent by using **werden** + an infinitive.

Beispiel: Wir **machen** Urlaub in Österreich. → Wir **werden** Urlaub in Österreich **machen**.

1. Meine Freundin Else und ich suchen einen Ferienjob.
2. Morgen Vormittag liest sie die Stellenangebote.
3. Wir schauen die Stellenangebote morgen Abend zusammen an.
4. Ist die Bezahlung für die Jobs gut?
5. Ich verdiene hoffentlich genug Geld für eine Reise.
6. Elsa kauft ein Auto.
7. Sie und ihr Freund Holger fahren im September nach Italien.

TEIL 5,2

Was würden Sie gern einmal machen?

*Go first to **Teil 5,2** in your tutorial.*

Merke

Opinion, speculation, and polite request: würden + Infinitive
ich/er/sie/es **würde**
wir/sie/Sie **würden**

Würden Sie bitte eine Frage beantworten?
Was **würden Sie** machen?
Ich **würde** das Auto schnell verkaufen.

Expressing wishful intent: würde + gern
Ich **würde gern** in Amerika wohnen. Ich **würde gern** neue Dinge sehen.

Negation
Ich würde **nicht gern** in der Stadt wohnen.

Vokabular: Wünsche und Träume

der Wunsch, ¨-e	die Fantasie	etwas vorziehen	die Umwelt
der Traum, ¨-e	die Realität	ab•schaffen	die Umweltverschmutzung
der Wunschtraum	realistisch		biologisch
träumen	idealistisch		aus biologischem Anbau

Sprechen wir!

Situationen. Lesen Sie die Situationen und beantworten Sie dann die hypothetischen Fragen.

Situation 1: Petra hat diesen Monat nur genug Geld für eine schicke Hose *oder* für ein paar neue CDs. Sie kauft sich die Hose. *Was würden Sie kaufen?*

Situation 2: Inge hat heute Abend eine Verabredung mit Hans. Sie sind zusammen im Restaurant. Nach dem Essen merkt sie, dass sie ihr Portemonnaie nicht hat. Sie ruft die Polizei an. *Was würden Sie machen?*

Situation 3: Bernd kommt nach Hause und kann seinen Schlüssel nicht finden. Er schlägt ein Fenster ein. *Würden Sie das auch machen?*

Situation 4: Dieter kommt spätabends nach Hause und sieht, dass er gar nichts zum Essen zu Hause hat. Er schimpft und geht dann böse ins Bett. *Was würden Sie machen?*

Situation 5: Morgen hat Rainer eine wichtige Prüfung, aber heute kommt eine gute Freundin zu Besuch. Sie gehen zusammen aus. *Würden Sie ausgehen oder für den Test lernen?*

Situationen.

A. Your friends have made various suggestions on how to spend the evening, but you have different ideas. Tell them you would rather

1. stay at home and watch a movie
2. not spend so much money
3. cook something and eat at home

B. You are talking to friends about things you might do in the future. Respond to what your friends say by indicating what you would rather do.

1. your friend would like to live in the city (but you would rather live in the country)
2. another friend would like to find a job and work (but you'd rather travel and then look for a job)
3. a third friend would like to visit Asia (but you'd rather see Germany)
4. another friend wants to get married and have children (but you'd prefer to stay single)

Sprachmodell: Wünsche und Träume

A. *Vor dem Hören.*

1. Was für Wünsche haben junge Leute? Fragen Sie Ihre KollegInnen, was für sie wichtig ist: "Würden Sie gern _____?"
   Machen Sie ein Kreuz (x), wenn jemand "ja" sagt.

viel reisen   viel Geld verdienen   Karriere machen   heiraten   ein Haus kaufen

2. *Diskussion.* Welche Wünsche haben *viele* StudentInnen im Deutschkurs, und welche nur wenige StudentInnen?

B. *Erstes Hören und Aufgabe.*

1. Hören Sie, welche Wünsche mehrere junge Deutsche haben. Sie heißen Gabriele, Tommi, Harry, Julia, Eva, Klaus und Kati. Schreiben Sie den Namen in die richtige Spalte.

Reisen	Amerika besuchen	Arbeit oder Job	Familie gründen	Etwas abschaffen

2. *Zweites Hören und Aufgabe.* Wählen Sie drei Personen aus. Schreiben Sie zuerst den Wunsch neben den Namen und dann eine weitere Information. Berichten Sie das Ihren Kollegen.

Beispiel: Gabriele: Amerika besuchen   Nationalparks

Und Sie?

Was würden Sie lieber machen? Studieren oder arbeiten? Heiraten oder alleine leben? Viele Reisen machen oder ein Haus kaufen? Ein Auto kaufen oder Rad fahren und zu Fuß gehen?

Wo würden Sie gern wohnen? Was ziehen Sie vor? Große oder kleine Städte? Stadt oder Land?

Was würden Sie gern neues machen? Wen würden Sie gern kennen lernen?

Würden Sie gern etwas abschaffen? Prüfungen und Tests? Atomenergie? Autos in der Stadt? Fahrräder an der Uni?

Deutsch zusammen

Gruppenarbeit. Machen Sie Gruppen mit vier Personen. Eine Person ist der Interviewer und fragt, welche Wunschträume die anderen Leute in der Gruppe haben. Der Interviewer schreibt alles auf und liest das dann vor.

Genau!

A. Change each sentence that expresses strong intent to one that expresses speculation or opinion by substituting the form of **werden** with a form of **würden**.

Beispiel: **Werden** *Sie zu Hause bleiben?* → **Würden** *Sie zu Hause bleiben?*

1. Gabi und Tommi werden viel reisen.
2. Harry wird in New York wohnen.
3. Werden Julia und Eva weggehen?
4. Klaus wird Prüfungen abschaffen.
5. Kati wird viele Sprachen lernen. (add **gern**)
6. Wer wird kein Auto kaufen?
7. Werden Sie in Amerika bleiben?
8. Ich werde noch viel fragen.

B. Turn each command into a polite request by using **bitte** and **würden** + an infinitive.

Beispiel: Kommen Sie mit! → **Würden** Sie **bitte** mitkommen?

1. Setzen Sie sich!
2. Schreiben Sie Ihren Namen!
3. Hören Sie gut zu!
4. Beantworten Sie die Fragen!
5. Sprechen Sie deutlich!
6. Erzählen Sie etwas!

TEIL 5,3

Ich kann Deutsch!

*Go first to **Teil 5,3** in your tutorial.*

Merke

Ability and requests: können
ich/er/sie/es **kann**   wir/sie/Sie **können**
Ich **kann** sehr gut Deutsch. Wir **können** den Motor **reparieren.**

Desire: wollen
ich/er/sie/es **will**   wir/sie/Sie **wollen**
Ich **will** diesen Film **sehen.** Wir **wollen** heute **ausgehen.**

Wollen vs. werden
Ich **will** diesen Film sehen. Ich **werde** diesen Film morgen sehen.

Permission and requests: dürfen
ich/er/sie/es **darf**   wir/sie/Sie **dürfen**
Darf man hier **fotografieren? Dürfen** wir hier **rauchen?**

Necessity: müssen
ich/er/sie/es **muss**   wir/sie/Sie **müssen**
Ich **muss** meine Schwester **anrufen.** Wir **müssen** etwas **besprechen.**

Obligation, suggestion, and expectation: sollen
ich/er/sie/es **soll**   wir/sie/Sie **sollen**
Man **soll** seinen Pass **mitnehmen. Sollen** wir ein paar Fotos **machen?**

Negation
Man darf hier **nicht** rauchen. Wir sollen **keine Fotos** machen.

Vokabular: modal verbs

können   wollen   dürfen   müssen   sollen

Sprechen wir!

Situation. A colleague is interested in the progress of the German class. She asks you if

1. the students are able to finish their assignments
2. they can correct their errors
3. they can improve their sentences
4. they are able to pass the test

Fragen. Sehen Sie die Schilder an und sagen Sie dann, was man hier nicht machen darf.

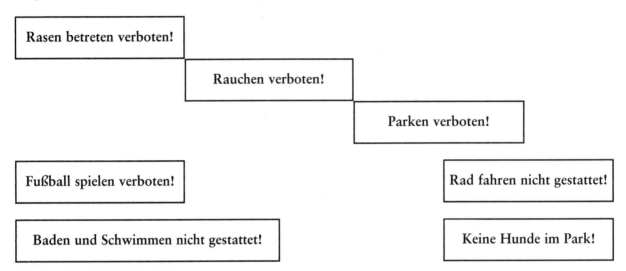

| Rasen betreten verboten! |
| Rauchen verboten! |
| Parken verboten! |

| Fußball spielen verboten! | Rad fahren nicht gestattet! |

| Baden und Schwimmen nicht gestattet! | Keine Hunde im Park! |

Sprechen wir!

Fragen.

Was darf man im Museum nicht machen? Was darf man im Park oft nicht machen?

Was soll man machen, wenn die Kleider schmutzig sind?

Was soll man nicht machen, wenn man im Museum ist?

Was soll der Lehrer machen, wenn zu viel an der Tafel steht?

Was soll man machen, wenn man den Lehrer oder die Lehrerin nicht hören kann?

Was soll man machen, wenn es zu dunkel im Zimmer ist?

Was soll man machen, wenn es kalt wird? Wenn es regnet? Wenn es zu warm wird?

Situation. Sie suchen einen Job. Was müssen Sie machen?

Zum Thema: Verboten! Nicht gestattet!

Germany is a fairly small country with a large number of people and, generally speaking, every-day life is rather regulated. In many parks, signs will alert the visitor to the rules (**Parkordnung**) and, especially with regard to vehicular traffic, regulations are rather strict, because of the number and variety of vehicles. Traffic lights at heavily travelled intersections often have an automatic picture-taking device installed to catch the offender who ran the red light. Pedestrians must wait for the green light before crossing a street even if there is no oncoming traffic, and the many one-way streets and large number of parking signs may cause problems for Germans as well as foreigners.

Und Sie?

Können Sie Deutsch? Können Sie eine andere Fremdsprache?

Können Sie kochen? Wenn ja, was kochen Sie besonders gut? Können Sie ein Instrument spielen? Welches? Wie lange spielen Sie das schon?

Was können Sie besonders gut machen? Was können Sie gar nicht gut machen?

Was wollen Sie heute Abend machen? Können Sie das machen? Was *wollen* Sie dieses Wochenende machen? *Werden* Sie das machen oder müssen Sie etwas anderes machen?

Was wollen Sie von Beruf werden? Warum?

Was wollen Sie kommenden Sommer machen? Können Sie das machen? Wen wollen Sie bald besuchen? Warum diese Person? Werden Sie diese Person besuchen?

Wollen Sie heute Abend fernsehen? Was werden Sie sehen? Warum wollen Sie diese Sendung sehen?

Rauchen Sie? Dürfen Sie jetzt rauchen? Trinken Sie jetzt Bier oder Wein? Wie lange dürfen Sie schon alkoholische Getränke trinken? Dürfen Sie Auto fahren?

Was müssen Sie bald machen? Warum? Was müssen Sie jetzt oder bald kaufen? Warum?

Müssen Sie Deutsch lernen, oder *wollen* Sie das machen? Müssen Sie bald eine Prüfung machen? Für welchen Kurs?

Deutsch zusammen

Interviewen Sie einen Partner zwei Minuten lang. Was **kann** er/sie sehr gut machen und was nicht so gut? Schreiben Sie die Antworten auf ein Stück Papier und lesen Sie sie dann vor.

Genau!

A. Form sentences that express someone's ability by using the modal verb **können**.

Beispiel: Tommi/viele Sprachen   *Tommi **kann** viele Sprachen.*
    Seine Schwester/gut Tennis spielen   Seine Schwester **kann** gut Tennis **spielen**.

1. Sein Bruder/kein Deutsch
2. Tommis Freunde/viele Reisen machen
3. Seine Mutter/alles gut verstehen
4. Tommi/nicht gut kochen
5. Seine Schwester/gut backen
6. Die Großeltern/schön erzählen

B. Modify each sentence by inserting the correct form of **wollen**.

Beispiel: Trinken wir etwas im Hotel? → **Wollen** *wir etwas im Hotel trinken?*

1. Besuchen wir später das Museum?
2. Essen wir heute Abend im Restaurant.
3. Gehen wir heute Vormitag einkaufen?
4. Fahren wir morgen Richtung Wien?
5. Kaufen wir Karten fürs Burgtheater?
6. Besichtigen wir den Stephansdom?

C. Modify each sentence by injecting **dürfen** into each.

Beispiel: Kinder schwimmen hier nicht → *Kinder **dürfen** hier nicht schwimmen.*

1. Man geht nicht über die Wiese.
2. Sie spielen nicht Ball.
3. Hunde laufen nicht alleine.
4. Niemand fährt hier Rad.

TEIL 5,4

Was mögen Sie?

Go first to **Teil 5,3** *in your tutorial.*

Merke

Liking: mögen
ich/er/sie/es **mag**   wir/sie/Sie **mögen**
Kinder **mögen** Eis. Viele Leute **mögen** Kaffee.

Expressing what one *would like* or *like to do*
ich/er/sie/es **möchte**   wir/sie/Sie **möchten**
Ich **möchte** einen Kaffee trinken. Ich **möchte** gern einen Tee.
Und Sie? Was **möchten** Sie?

Modal-like constructions with *sehen, hören, lassen*
Wir **sehen** ihn kommen. Ich **höre** ihn die Tür öffnen.
Sie **lässt** alle Schüler mitmachen.

Negation
Ich mag Kaffee **nicht**. Ich möchte **kein Ei** zum Frühstück.

Vokabular: Tägliches

(sich) an•ziehen	tragen (ä)/an•haben	brauchen
(sich) aus•ziehen	(sich) waschen (ä)	kaufen
	(sich) duschen	

essen

die Mahlzeit, -en	das Brot, -e	das/die Müsli	das Gemüse
das Frühstück	das Obst	der Müsliriegel	die Kartoffel, -n
das Mittagessen	die Scheibe Brot	die Cornflakes	der Salat, -e
das Abendessen	das Brötchen, -	das Ei, -er	die Suppe, -n
essen (isst)	die Butter	das Rührei	der Eintopf
zum Mittagessen/	die Margarine	der Pfannkuchen, -	die Nudeln
Abendessen essen	der/das Jog(h)urt	der Aufschnitt	das Sandwich
riechen	die Marmelade	die Wurst	das Fleisch
kochen	die Konfitüre	der Schinken	der Fisch
schmecken	der Honig	der Käse	das Huhn
(sich) schneiden			

Courtesy of Photo Researchers. Copyright © 1978 Christa Armstrong.

trinken

das Getränk, -e	das Wasser	die Limo(nade)	der Wein
der Kaffee	das Mineralwasser	der Saft, ¨-e	der Sekt
der Tee	der Sprudel	der Orangensaft	das Bier
die Milch	die Kola, -s	der Apfelsaft	

rauchen

rauchen	die Zigarette, -n	die Zigarre, -en	die Pfeife, -n
der Raucher, -	der Nichtraucher		

Sprechen wir!

Fragen. Welche Mahlzeit isst man morgens? Welche abends? Mittags? Was trinkt man morgens? Was abends? Welches Frühstück ist typisch für AmerikanerInnen? Was ist typisch für Europäer (z.B. in Frankreich, Deutschland, England)? Welche Mahlzeit ist oft warm? Welche kalt? Was macht man, wenn ein Stück Fleisch oder ein Stück Brot zu groß ist? Was passiert, wenn man das zu schnell macht?

Was kauft man, wenn man vegetarisch ist? Was isst man nicht, wenn man keine Milchprodukte essen kann?

Was macht man morgens und abends? Was machen Kinder, wenn sie müde sind? Was macht man, wenn man isst oder die Zeitung liest?

Und Sie?

Was machen Sie morgens, wenn Sie aufstehen? Was machen Sie morgens, bevor Sie zur Uni kommen? Was essen und trinken Sie? Was trinken Sie, wenn es draußen kalt/sehr warm ist? Was trinken Sie, wenn Sie lange für eine Prüfung lernen? Was essen Sie mittags, was abends?

Was machen Sie später zu Hause? Was machen Sie abends, bevor Sie ins Bett gehen?

Was riecht sehr gut? Was riecht nicht so gut? Was schmeckt gut? Was schmeckt nicht gut? Was schmeckt schrecklich?!

Was nehmen Sie zur Uni mit? Viele Bücher? Ein paar Stifte? Haben Sie viele CDs zu Hause? Wenige? Ein paar? Lesen Sie viele Zeitungen und Zeitschriften? Nur ein paar?

Was kaufen Sie für eine Party? Viel Limo und Kola? Wen laden Sie ein?

Zum Thema: Mahlzeiten

For Germans, breakfast is a small meal except for Sunday. It usually consists of bread and butter, jam, and sometimes cold cuts and cheese. Many whole foods-oriented Germans prefer a certain type of cereal, called **das Müsli**, combined with fruit and yogurt. Sunday breakfast is a bit more elaborate with different kinds of breads, rolls (**Brötchen**), cold cuts, ham, and eggs (soft-boiled). Generally speaking, Germans do not eat hot foods for breakfast. Going out for breakfast is rare, since most restaurants and cafes do not open until just before noon. Family members usually eat breakfast together, especially on Sunday.

For many Germans the big meal of the day is at noon, **das Mittagessen**, which is often a warm meal. The evening meal, **das Abendessen**, is more typically cold with bread and butter, cold cuts and cheese, and perhaps soup or salad.

When going out for the evening meal, an ethnic restaurant is a frequent destination. Particularly popular are Italian, Greek, Yugoslavian, and Turkish restaurants, which have become firmly established since the postwar **Wirtschaftswunder**, when many guest workers came to Germany to work and decided to stay permanently. Going out to eat is especially popular on Sunday. Many people hike or take a short trip and eat lunch in an inn (**Gasthaus**) outside the city. Others might go out for cake and coffee (**Sonntagskaffee**).

Beer and wine are common with meals, and a glass of wine or a beer may be taken with lunch. It should also be mentioned that Germans do not typically drink tapwater (**Leitungswasser**), and drinking fountains are quite uncommon in Germany. If you should ask for water in a restaurant, you will get **Mineralwasser** — and, you'll have to pay for it!

Sprachmodell: Einkaufen

Look at the products and fill in the chart with the appropriate information.

Produkt (was ist es?)	Marke (wer produziert es?)	andere Informationen (z. B. Preis)

Berliner Pilsener

Kasten mit 20 Flaschen
à 0,5 Liter

13.99

zuzüglich 6.- DM Pfand

Gesamt-
Preis **19.99**

Rüttgers Club Sekt
versch. Sorten

je 0,75 ltr.
Flasche ~~4.99~~

3.99

Frische Weißkraut-Rouladen
gefüllt mit gemischtem Hackfleisch vom Rind und Schwein, 100 g in Bedienung

-.59

Melitta Café
»Auslese« oder **»Harmonie«**, filterfein gemahlen, jede 500 g Vakuum-Packung **7.77**

»Dr. Oetker« Ristorante Pizza
versch. Sorten, tiefgefroren, 300/360 g Packung **3.99**

La Bamba
Orangensaft oder -Nektar, jede 0,7 Liter Flasche **1.59**

Deutsch zusammen

Partnerarbeit. Find a partner and ask that person what he or she usually brings to the university and what he or she has along today. Write down what you find out, then switch roles. Take two minutes to do this.

Partnerarbeit. Find a partner and put together a list for a trip to the grocery store. Group the items you need to buy either by type (food or drink) or under these categories: breakfast, lunch, or dinner. Take no more than five minutes and be prepared to tell your classmates what you are going to buy.

Now assume that you live in a household with vegetarians. Adjust the grocery list.

Zum Thema: Aus biologischem Anbau

Although German cuisine is known for things like dark breads, sausage, and pork dishes, many Germans nowadays, just as in the U.S., have become more aware of good nutrition. In many European countries, the harmful effects of the environment on agricultural products have become widely discussed issues. In Germany, a noteable result of **Umweltkatastrophen** (*environmental disasters*) such as Chernobyl or the pollution of the Rhine is the popularity of organic (**biologisch**) and whole-grain products. Some restrictions, like the ban on mushrooms and wild game, are directly related to Chernobyl, and many people have begun to purchase different kinds of groceries. Not only the markets and small stores, but also large supermarkets now offer organic produce, whole-grain breads, organic wines, and many other items that are **aus biologischem Anbau** (organically grown).

Sprachmodell: Essen und Wohnen

A. *Vor dem Lesen.*

Was sind Ceres, Amaranth und Biogarten? Supermarkt? Cafe?

Ceres = _____   Amaranth = _____   Biogarten = _____

Suchen Sie Worte in den Texten zum Thema "Essen."
Küche, ...

Finden Sie Worte in den Texten für diese englischen Worte.

vegetarian _____   organic _____
natural _____   ingredients _____

B. Lesen Sie jetzt die Anzeigen und beantworten Sie die Fragen.

Biologisch essen...

Was kann man im Biogarten kaufen?   *Wie* kocht man im Amaranth?
Was isst man im Ceres?   Geben Sie Beispiele für "natürliche
                                                Zutaten."

und...biologisch wohnen!

Aus welchem Material sind die Futons wahrscheinlich?
Was sind "natürliche" Materialien?

C. *Gruppenarbeit.* Schreiben Sie eine Anzeige für ein Restaurant oder ein
Geschäft. Es muss nicht für Vegetarier sein!

Zum Thema: Wein und Bier

Pils, Helles, Dunkles, Bock, Doppelbock, Weizen...

These are only a few of the different kinds of beer you may encounter in Germany. While some larger breweries exist, the better and more intriguing products are found in the small breweries in the country and in villages. There the production often just covers the demand in that particular region, and the beer is not sold in other parts of the country, or even the state.

German wine is grown in eleven regions along the **Rhein**, **Mosel**, and **Main** rivers. While most Americans are more familiar with the **Rhein** and **Mosel** wines, many West Germans also enjoy **Frankenwein** *(Franconian wine)*, the driest of the German wines. Two thirds of the German vineyards are situated in the **Rhein** and **Mosel** valleys in the state of **Rheinland-Pfalz**, making this area Germany's largest wine-growing region.

Kleines Weinlexikon	
Anbaugebiet (es gibt 11)	for example: **Rheinhessen, Rheingau, Mosel, Franken**
Tafelwein	*table wine*
Qualitätswein	*quality wine*
Qualitätswein mit Prädikat	*high quality wine* (**Qualitätsweine** carry a quality testing number)
Traube	*the grape,* for example: **Silvaner, Müller-Thurgau, Kabinet**
Spätlese, Auslese, Trockenbeerenauslese	*grapes picked late*
Jahrgang	*vintage*

Genau!

A. Replace the noun objects with those cued in parentheses. Add the articles where necessary.

Beispiel: Haben wir den Käse? (Wurst, Schinken, Butter)
          Haben wir den Käse, die Wurst, den Schinken und die Butter?

1. Haben wir die Milch? (Kaffee, Tee, Limo, Wein)
2. Haben wir das Gemüse? (Salat, Suppe, Kartoffeln)
3. Haben wir das Brot? (Brötchen, Marmelade, Eier, Käse)
4. Haben wir das Müsli? (Jogurt, Obst, Vollkornbrot)

B. Answer the questions by using what is cued in parentheses. Replace the objects with pronouns.

Beispiel: Wer kauft **das Bier**? (Ich)   Ich kaufe **es**.

1. Wer kauft den Wein? (Walter)
2. Wer macht den Salat? (Inge)
3. Wer kauft das Obst? (Bärbel)
4. Wer schneidet das Fleisch? (Uschi)
5. Wer braucht Mineralwasser? (Rosi)
6. Wer kauft die Brötchen? (Jutta)
7. Wer sucht den Käse? (Werner)
8. Wer schneidet das Gemüse? (Uwe)
9. Macht jemand den Tee? (Martin)
10. Wer trinkt den Tee? (Alle)

C. Insert the correct reflexive form in the sentences below.

Beispiel: Die Kinder waschen _____. *Die Kinder waschen sich.*

1. Erika wäscht _____ morgens.
2. Wir setzen _____ und lesen.
3. Sven zieht _____ aus und legt _____ ins Bett.
4. Ich mache alles zu schnell. Ich schneide _____ oft.

D. Add the cued adjectives in your answer to modify the italicized noun.

Beispiel: Essen Sie Gemüse? (wenig) → Ich esse wenig Gemüse.

1. Essen Sie **Fleisch?** (wenig)
2. Trinken Sie **Wein?** (ein bißchen)
3. Essen Sie **Obst?** (etwas)
4. Brauchen Sie **Mineralwasser?** (viel)
5. Haben Sie **Bücher?** (viele)
6. Lesen Sie **Zeitungen?** (einige)
7. Kaufen Sie **Zeitschriften?** (mehrere)
8. Hören Sie **CDs?** (ein paar)

TEIL 5,5

Was darf's sein?

Go first to Teil 5,5 in your tutorial.

Merke
Expressing what one likes to do: gern + active verb Ich esse **gern** im Restaurant. Ich trinke **gern** Saft und Limo.
Negation Ich esse **nicht gern** Kuchen. Ich trinke Milch **nicht gern**.
Expressing a preference: lieber Christine mag Tee. Angelika trinkt **lieber** Milch.
mögen vs. lieben Ich **mag** dieses Buch.   Ich **liebe** meine Kinder.
Paraphrasing: würde + gern Karin **würde gern** ins Café gehen. Ich **möchte** zu Hause bleiben.

Vokabular: Im Restaurant

das Restaurant, -s	die Speisekarte, -n	bestellen	die Tasse, -n
im Restaurant	die Tageskarte	empfehlen (ie)	eine Tasse Tee/Kaffee
das Café, -s	das Tagesmenü, -s	reklamieren	die Portion, -en
im Café	die Rechnung, -en	sich beschweren über	eine Portion Kaffee
die Kneipe, -n	der Gast, -̈e	zahlen/bezahlen	ein Kännchen Kaffee
in der Kneipe	der Kellner/in	die Rechnung,-en	der Kakao
	die Bedienung		
Was darf's sein?	Was hätten Sie gern?	Ich möchte _____.	Ich hätte gern _____.

Sprechen wir!

Situation. You are at the Café Kranzler and ordering for yourself and your friend. Tell the waitperson that

1. you would like some coffee
2. he would like some tea
3. you would also like some water
4. both of you would like some cake
5. you would like to look at the buffet
6. and you would like to pay soon

Situation. Use **möchte** or the **würde gern** construction.

You and some friends are talking about going out tonight. They are telling you

1. that they would like to go to a restaurant
2. but they would not like to eat a lot
3. they would like to find a café in the city
4. and they would like to try some cake and drink some coffee or tea
5. and, of course, they would like to pay for everything

Und Sie?

Trinken Sie gern Kaffee? Oder lieber Tee? Was bestellen Sie im Café? Im Restaurant? Treffen Sie Freunde oder gehen Sie allein? Was machen Sie dort? Was kostet eine Tasse Kaffee? Gibt es Kuchen? Welchen? Was kostet er?

Gehen Sie manchmal ins Restaurant? Oder in eine Kneipe? Welche Getränke bestellen Sie? Was kosten sie?

Sprachmodell

A. *Vor dem Hören.* Machen Sie zwei Listen.

Welche **Getränke** gibt es im Café?   Welches **Essen** bestellt man im Café?

_____   _____

B. *Erstes Hören und Aufgabe.* Kreisen Sie ein, welche Dinge (Essen und Getränke) Sie hören. Sehen Sie sich dann die Cafékarte an und versuchen Sie diese Dinge dort zu finden.

Tee   Kännchen Kaffee   Käsekuchen   Apfelkuchen   Kuchenbuffet   Mineralwasser   Kakao   zwei Tassen Tee   Fruchtsaft   Fruchteis   Sahne   Gemischtes Eis

C. *Zweites/drittes Hören und Aufgabe.* Wer bestellt was? Hören Sie zu und schreiben Sie auf, was die zwei Ehepaare (Herr und Frau Jung, Herr und Frau Stieglitz) im Café bestellen.

Frau Jung   Herr Jung   Herr Stieglitz   Frau Stieglitz

_____   _____   _____   _____

Café Kranzler		
Nusskuchen	DM	*3,80*
Obstkuchen (Apfel, Zwetschgen, Pfirsich)	DM	*4,80*
Käsekuchen	DM	*4,80*
Sachertorte	DM	*5,20*
Butterkremtorte	DM	*5,80*
Gemischtes Eis (drei Kugeln)	DM	*3,20*
(Fruchteis, Vanille, Schokolade)		
mit Sahne	DM	*4,20*
Sehen Sie sich bitte unser Kuchenbuffet an!		
Tasse Kaffee	DM	*3,20*
Kännchen Kaffee	DM	*6,10*
Glas Tee	DM	*2,80*
Mineralwasser (0,2l)	DM	*2,40*
Fruchtsaft (0,25l)	DM	*3,20*

Deutsch zusammen

Rollenspiel. Formen Sie Gruppen mit drei oder fünf Personen und spielen Sie einen Besuch im Café. Eine Person ist Kellnerin, die anderen zwei (oder vier) Personen sind Gäste. Sehen Sie sich die Cafékarte an und bestellen Sie dann etwas. Spielen Sie das dann Ihren Kollegen vor.

Zum Thema: Ins Café gehen

Coffee is heavily taxed in Germany and therefore quite expensive. Nonetheless, many people will at various times enjoy a cup of coffee in the **Café**, the **Café-Konditorei** (*a bakery and café*), or, in Austria, the **Kaffeehaus**. The cofffee is much stronger, and people usually order **eine Tasse Kaffee** (*one cup*), or a **ein Kännchen Kaffee** or **eine Portion Kaffee** (*small pitcher containing two cups*), which they drink with milk, condensed milk, or **Schlagsahne** (*whipped cream*). With the coffee (or tea), each **Café** offers a large assortment of **Gebäck** (*pastries*), **Kuchen** (*cakes*), or **Torten**, any of which may be ordered with **Schlagsahne (Sahne)**. Germans of all ages like to meet friends in the café, spend their time reading a newspaper, or just rest there. In any case, **ins Café gehen** is a way of life in many parts of Europe and one of the pleasures of life enjoyed extensively.

Genau!

Insert the correct form of **mögen** or **möchten** into the following sentences:

1. Ich _____ bitte eine Tasse Kaffee
2. _____ Sie Tee?
3. Wir _____ bitte zweimal Obstkuchen.
4. Ich _____ Kuchen gar nicht.
5. _____ Sie lieber ein Eis?
6. Sie _____ bitte auch Sahne.

Alles zusammen

As a result of what you have learned in **Kapitel Fünf** you should be able to discuss briefly, orally and in writing, the following topics:

1. express clearly what you *will do* vs. what you *would do*;
2. express accurately what you can do, are permitted to do, have to do, want to do, are supposed to do, like and don't like to do, and would like to do;
3. make polite requests;
4. express a simple preference.

Fragen.

1. Was essen Sie, wenn Sie Hunger haben?
2. Was trinken Sie, wenn Sie Durst haben?
3. Was essen oder trinken Sie gar nicht gern?
4. Was riecht besonders gut?
5. Was machen Sie, bevor Sie zur Uni gehen?

6. Was wollen Sie dieses Wochenende machen? Können Sie es machen? Werden Sie es machen?
7. Was werden Sie dieses Wochenende machen?
8. Was darf man im Klassenzimmer nicht machen?
9. Was müssen Sie heute machen? Warum?
10. Sie wollen etwas nicht vergessen. Was sollen Sie machen?
11. Was mögen Sie nicht? Warum nicht?
12. Was können Sie nicht so gut machen?
13. Was möchten Sie jetzt haben oder machen? Warum?
14. Was bestellt man im Café?
15. Was würden Sie bestellen? Was essen und trinken Sie gern nachmittags?

Aktives Vokabular

Zukunftspläne

die Zukunft	future
der Plan, ¨-e	plan
der Zukunftsplan	future plan
planen	to plan
Pläne machen	to plan, to make plans
der Abschluss, ¨-e	degree
das Zertifikat, -e	certificate
der Lebenslauf, ¨-e	curriculum vitae, CV
die Referenz, -en	reference
das Empfehlungsschreiben, -	letter of recommendation
die Bewerbung, -en	application
s. bewerben um	to apply for
das Vorstellungsgespräch, -e	interview
s. vorstellen	to introduce oneself

Berufe

der Beruf, -e	occupation, vocation
von Beruf	by trade/occupation
die Karriere, -en	career
Hausmann/Hausfrau	homemaker/housewife
Rentner,-/Rentnerin, -nen /Pensionär/in	retiree
der/die Angestellte, -n	employee (salaried)
der/die Auszubildende, -n (Azubi)	trainee, apprentice
selbständig	self-employed
der Chef, -s/ Chefin, -nen	boss, supervisor (m.) boss, supervisor (f.)
im Ruhestand	to be retired
das Einkommen	income
die Bezahlung	pay
der Lohn, ¨-e	wage
das Gehalt, ¨-er	salary
verdienen	to earn

Uni und Schule

Student/in	student (university)
Schüler/in	student (school)

Lehrer/in	teacher
Lehrassistent/in	TA, teaching assistant
Professor/in	professor
Forscher/in	researcher
Wissenschaftler/in	scientist
Computerprogrammierer/in	computer programmer

Medizin

Arzt/Ärztin	doctor
Zahnarzt/Zahnärztin	dentist
Augenarzt/Augenärztin	opthamologist
Krankenpfleger/ Krankenschwester	nurse
Apotheker/in	pharmacist
Optiker/in	optician

Stadt und Staat

Polizist/in	policeman/woman
Soldat	soldier
Pilot/in	pilot
Beamt/in	civil servant
Politiker/in	politician

Papier und Bild

Journalist/in	journalist
Schriftsteller/in	writer
Fotograf/in	fotographer
Architekt/in	architect
Ingenieur/in	engineer

Finanz und Wirtschaft

Rechtsanwalt/Rechtsanwältin	lawyer
Bankier/Bankfrau	banker
Manager/in	manager
Sekretär/in	secretary
Geschäftsmann/frau	businessman/ -woman

Kauf und Verkauf

Kunsthändler/in	art dealer
Juwelier	jeweler
Autohändler/in	car dealer

Versicherungsagent/in	insurance agent
Immobilienmakler/in	realtor
Verkäufer/in	salesman/saleswoman
vertreter/in	sales

Handwerk und Service

Handwerker/in	handyman
Tischler/in; Schreiner/in	carpenter
Schuhmacher/in (Schuster)	shoemaker
Bäcker/in	baker
Fleischer/in/Metzger/in	butcher
Maurer	mason, bricklayer
Bauarbeiter	construction worker
Elektriker/in	electrician
Klempner/in	plumber
Mechaniker/in	mechanic
Lastwagenfahrer/in	truck driver
Lokführer/in	railroad engineer
Bauer/Bäuerin	farmer
Gärtner/in	gardener
Koch/Köchin	cook
Kellner/in	waiter/waitress

Wünsche und Träume

der Wunsch, ¨-e	wish
der Traum, ¨-e	dream
Der Wunschtraum	special wish, fantasy
träumen	to dream
die Fantasie	imagination
die Realität	reality
realistisch	realistic
idealistisch	idealistic
etwas vorziehen	to prefer something
abschaffen	to abolish, do away with
die Umwel	environment
die umweltverschmutzung	pollution
biologisch	biological, organic
aus biologischem Anbau	grown organically

Modal verbs

können	can
wollen	want to
dürfen	allowed to, permitted to
müssen	must
sollen	should
mögen	to like
möchten	would like

Tägliches

(sich) an•ziehen	to put on, to dress oneself
(sich) aus•ziehen	to take off, to undress oneself
tragen (ä)/an•haben	to wear
(sich) waschen (ä)	to wash (oneself)
(sich) duschen	to take a shower
brauchen	to need
kaufen	to buy
riechen	to smell
schmecken	to taste
kochen	to cook

essen

die Mahlzeit, -en	meal
das Frühstück	breakfast
zum Frühstück (essen)	(to eat) for breakfast
das Mittagessen	lunch
das Abendessen/Abendbrot	dinner
essen (isst)	to eat
zum Mittagessen (essen)	(to eat) for lunch
zum Abendessen (essen)	(to eat) for dinner
das Brot/ die Scheibe Brot	bread/ slice of bread
das Brötchen, -	roll
(sich) schneiden	to cut (oneself)
die Butter	butter
die Margarine	margarine
der/das Jog(h)urt	yogurt
die Marmelade	marmelade, jam
die Konfitüre	jam
der Honig	honey
das/die Müsli	muesli, granola
der Müsliriegel	granola bar

die Cornflakes	cereal
das Ei, -er	egg
das Rührei	scrambled eggs
der Pfannkuchen, -	pancake
der Aufschnitt	cold cuts
die Wurst	sausage, cold cuts
der Schinken	ham
der Käse	cheese
das Obst	fruit
das Gemüse (sing.)	vegetables
die Kartoffel, -n	potato
der Salat, -e	lettuce, salad
die Suppe, -n	soup
der Eintopf	stew
die Nudeln	pasta
das Sandwich	sandwich
das Fleisch	meat
der Fisch	fish
das Huhn	chicken

trinken

trinken	to drink (something)
das Getränk, -e	drink
der Kaffee	coffee
der Tee	tea
die Milch	milk
das Wasser	water
das Mineralwasser	sparkling water, club soda
der Sprudel	soft drink, carbonated drink
die Limo(nade)	soft drink, pop
die Kola	coke, cola
der Saft, ¨-e	juice
der Orangensaft	orange juice
der Apfelsaft	apple juice
der Wein	wine
der Sekt	sparkling wine
das Bier	beer

rauchen

rauchen	to smoke
die Zigarette, -n	cigarette
die Zigarre, -en	cigar
die Pfeife, -n	pipe
Raucher/in	smoker
Nichtraucher/in	non-smoker

Indefinite pronouns

etwas	some, something
wenig	little
ein bisschen	a little
viel	much
einige	some (pl)
ein paar	a few
mehrere	several
viele	many
andere	other

Im Café

das Restaurant (ins/im)	restaurant (into/in)
das Café, -s (ins/im)	café, (into/in)
die Kneipe, -n (in die/in der)	bar, pub (into/in)
die Speisekarte, -n	menu
die Tageskarte, -n/ das Tagesmenü	daily special
die Rechnung, -en	bill
bestellen	to order
reklamieren	to complain
sich beschweren über	to complain about
zahlen/bezahlen (+ acc.)	to pay
der Gast, ¨-e	guest, customer
der Kellner/in	waiter/waitress
die Bedienung	service; waiter/waitress
die Tasse, -n	cup
eine Tasse Tee/Kaffee	a cup of tea/coffee
die Portion, -en	about two cups of a hot beverage (served in a small pitcher)
eine Portion/ein Kännchen Kaffee	a pitcher/pot of coffee
der Kakao	hot chocolate

KAPITEL SECHS

Ferien und Urlaub

Überblick

Themen
Zeit, Gewichte, Maße, Jahreszeiten;
Ferien, Reisen
Funktionen

Funktionen

Sprechen
Asking for and telling time
Talking about the frequency and the
duration of events
Stating dates and times of events

Hören
Comprehending numbers: dates and
times

Lesen
Scanning for specific information
Using pictures and cues

Schreiben
Adding variety with different word order
Placing events in a time frame

Vokabular
Review numbers
Clock time, days, parts of days, months,
seasons
Measurements: distances and weights

Kulturelles
Similarities and differences in holidays
Cities in Germany and Austria
Rivers, lakes and the sea in and around
Germany

Grammatik
Accusative: specific time, duration,
measure; accusative prepositions
Word order with prepositions and
postpositions
Review of standard word order; emphatic
word order
Question words: **wann, wie oft**

TEIL 6,1

Wie spät ist es?

Go first to **Teil 6,1** *in your tutorial.*

Merke

Uhrzeit
Um wie viel Uhr beginnt der Film? **Um acht Uhr?**
 Nein, **um halb neun.**
Wie lange dauert er? **Von halb neun bis zehn.**
Und **wie spät ist es** jetzt? Es ist erst **fünf vor sieben.**
Treffen wir uns vielleicht **in zwanzig Minuten?**
 Okay, **um Viertel nach sieben.**

Inverted word order: emphasizing
Um acht Uhr stehe ich auf.
Kurz vor neun gehe ich zur Uni.

Vokabular: die Zeit

die Zeit, -en
die Sekunde, -n
die Minute, -n
die Stunde, -n

die Uhr, -en	stehen	um zwölf (Uhr)	zehn (Minuten) nach zwölf
richtig gehen	kaputt	um halb eins	fünf Minuten vor eins
nach•gehen		Viertel vor eins	kurz vor ein Uhr
vor•gehen		in zehn Minuten	kurz nach zwei (Uhr)

Wie spät ist es? Wie viel Uhr ist es?
Um wie viel Uhr/wann beginnt der Film?

Courtesy of Uta Hoffman Photography, German Information Center, NY.

Sprechen wir!

Situation. Describe your friend's day. Say that she will

1. get up early at eight o'clock
2. have breakfast at 8.30
3. take the bus to school at five to nine
4. have German at 9:15
5. have lunch at 12.45 or ten to one
6. have Math at two o'clock
7. meet a friend at 3
8. take the bus home at 5:45

Now give the same information, but emphasize the time expressions.

Zum Thema: Pünktlichkeit

Foreigners often comment about Germans' consciousness of time and penchant for being on time for appointments ("**deutsche Pünktlichkeit**"). This generalization still has a firm basis in reality. Most Germans are punctual for appointments or social events. When, for example, you are invited to someone's home for dinner at 8:00 p.m., the hosts expect you to appear on time, if not sooner. The food may already be sitting on the table at eight o'clock. If you should appear ten to fifteen minutes late according to the American custom of giving the hosts a little extra time to take care of last minute details, dinner could get cold, resulting in genuine inconvenience to the hosts and possible embarrassment for you.

German buses, trains, and planes run on very tight schedules, and punctuality is generally observed down to the exact minute. Television announcers appear on the screen at rather regular intervals to remind viewers of upcoming programs and their starting times. On TV and on radio, the hour is often marked by a gong and the announcement of the exact time.

When reality will not conform to the dictates of a tight schedule, Germans are likely to act on the fact rather than simply ignore it. At the universities, for example, the scheduling of lectures and seminars includes **das akademische Viertel** — *the academic quarter-hour*. This is a fifteen-minute grace period added to the official starting time for a course. When you read the abbreviation **c.t.** (Latin: **cum tempore** — *with time*) after the official time stated in the **Vorlesungsverzeichnis** (*course schedule*), the **akademisches Viertel** is in effect. This means that a course that officially meets at 9:00 to 11:00 will actually meet from 9:15 to 11:00.

Und Sie?

Wie spät ist es jetzt? Geht Ihre Uhr richtig? Geht sie vor oder nach?

Wann beginnt Ihre Deutschstunde? Wann endet sie? Um wie viel Uhr haben Sie Ihre anderen Kurse? Wann sind sie zu Ende? Wie lange dauert eine Deutsch-prüfung?

Wie lange lernen Sie abends? Wie lange schlafen Sie normalerweise?

Um wie viel Uhr gehen Sie heute nach Hause? Um wie viel Uhr essen Sie heute zu Abend? Wann gehen Sie normalerweise ins Bett? Und am Wochenende?

Um wie viel Uhr treffen Sie heute einen Freund oder eine Freundin?

Sprachmodell: Fernsehprogramm

A. *Vor dem Lesen.*

Look over the TV guide and identify the German equivalents for the list of TV programs below.

news

TV series

TV movie

children's program

sports program

ARTE

22.00 Der Sprung
NEU Ital. Fernsehfilm 93. Mit Carlotta Natoli, Vincenzo Salemme, Arturo Paglia. Regie: Massimo Martella. Der 30jährige Matteo hat gerade sein Physikstudium beendet. Während der Sommerferien gibt er den Schülern Elsa und Giulio Nachhilfeunterricht. Elsa, keß, hübsch und süße siebzehn, bringt Matteo völlig durcheinander. Dabei ist sie bereits mit Gianluca verlobt… **90 Min.**

23.30 Snark
Videokunst

0.00 Jazz in the Night
Joe Louis Walker and the Boss Talkers
Sendeschluß: 0.30

13.45 Wirtschafts-Telegramm
14.00 Tagesschau Nachr. / Wetter
14.02 Sesamstraße ⊙
14.30 D'Artagnan und die drei MuskeTiere 26tlg. Zeichentrickfilm. 2. Teil: Das Duell mit den Fremden
14.55 Philipp Backe, backe Kuchen
15.00 Tagesschau Nachr. / Wetter
15.03 Leonie Löwenherz
Der Zirkus ist da
▶ **Siehe auch rechts**
15.30 Zwischenzeit 4. Teil: Inselfrauen. Von Petra Tschörtner. Eine Reise mit der Ostberliner Fotografin Helga Paris zur Ostseeinsel Usedom. Einige dort lebende Frauen berichten von ihren Erfahrungen.

DSF

Änderungen möglich

12.00 Trans World Sport
13.00 Motorsport Magazin (Wh.)
14.00 Segeln Kieler Woche (Wh.)
14.45 Motorsport ADAC Tourenwagen Cup, Zolder/Belgien Trainingsläufe
15.00 Springreiten live Deutsche Meisterschaften aus Mannheim

Jeweils drei Meistertitel gewannen bisher Ludger Beerbaum (o., 1988, 1992 und 1993) und Franke Sloothaak (1981, 1989 und 1991). Holt einer die vierte Krone, oder siegt diesmal ein Außenseiter?

abends

19.00 heute Nachrichten / Wetter
19.30 Wie würden Sie entscheiden? Schwarzarbeit
Rechtsfälle im Urteil des Bürgers
Stefan Peters . . . Axel Milberg
Dr. Wallner . . Udo Weinberger
Gunnild Wallner . . . Frauke Sinjen
Andi . . . Sebastian Heindrich
Regie: Renate Vacano
▶ **Siehe auch rechts**
20.15 Kennzeichen D Magazin
Moderator: Gustav Trampe
21.00 Matlock Krimi **Der Rächer**
Ben Matlock . . . Andy Griffith
Michelle . . . Nancy Stafford
Ned Collins . . . Mitchell Laurance
▶ **Siehe auch rechts**

Collins (Mitchell Laurance) bringt Michelle (Nancy Stafford) in seine Gewalt

Ned Collins erwartet Matlock in dessen Büro. Er will Rache . **45 Min.**

B. *Aufgabe.* Machen Sie jetzt die Partnerarbeit in **Deutsch zusammen**.

Deutsch zusammen

DEUTSCH ZUSAMMEN

Partnerarbeit. Finden Sie einen Partner und suchen Sie Nachrichten, eine Sportsendung, eine Kindersendung, eine Musiksendung und einen Film. Schreiben Sie auf, wann diese Sendungen beginnen und wie lange sie dauern. Lesen Sie das dann vor.

Genau!

GENAU!

A. Give the times for Sandra's activities.

1. Wann steht sie auf?
2. Um wie viel Uhr frühstückt sie?
3. Wann fährt sie zur Arbeit?
4. Wann ist sie im Büro?
5. Wann hat sie eine Besprechung?
6. Wann isst sie zu Mittag?
7. Um wie viel Uhr telefoniert sie?
8. Wann geht sie nach Hause?
9. Wann isst sie zu Abend?
10. Um wie viel Uhr liest sie etwas?
11. Wann sieht sie fern?
12. Wann geht sie ins Bett?

B. Give the times for the sequence of events using the 24-hour clock.

1. Sie treffen sich _____. (8:00 a.m.)
2. Der Bus fährt _____ ab. (8:15 a.m.)
3. _____ kommen sie in Dresden an. (11:00 a.m.)
4. Das Mittagessen ist _____. (12:15 p.m.)
5. _____ gehen sie ins Museum. (2:00 p.m.)
6. Ins Hotel gehen sie _____. (5:00 p.m.)
7. _____ ist das Abendessen. (7.30 p.m.)

TEIL 6,2

Nächsten Sommer fahren wir nach Österreich

Go first to Teil 6,2 in your tutorial.

Vokabular: Tage und

Merke

Specific time expressions

jeden Tag	jedes Mal	täglich
alle zwei Wochen	dieses Mal	wöchentlich
diesen Winter	nächstes Mal	monatlich
kommende Woche	einmal, zweimal	jährlich
nächsten Monat	manchmal	

Datum
Der wie vielte ist heute? Heute ist **der zwölfte Januar.**
Was haben wir heute? **Den zehnten Mai.**
Wann kommt Ihre Schwester? **Am** 15. Juli. **Am** Abend.

Tageszeiten

der Tag, -e	der Monat, -e	das Jahr, -e
die Woche, -n	das Semester, -	die Jahreszeit, -en
das Wochenende		

die sieben Tage: die Tageszeiten:

(der) Montag   der Morgen
Dienstag   der Vormittag
Mittwoch   der Mittag
Donnerstag   der Nachmittag
Freitag   der Abend
Sonnabend/Samstag   die Nacht
Sonntag   die Mitternacht

Monate und Jahreszeiten

die zwölf Monate: die vier Jahreszeiten:

(der)	Januar	Juli	der sechste Januar	(der) Winter
	Februar	August	der vierzehnte Februar	Frühling
	März	September	der achte März	Sommer
	April	Oktober	der erste April	Herbst
	Mai	November	der achtundzwanzigste November	
	Juni	Dezember	der vierundzwanzigste Dezember	

Ferien und Urlaub

die Ferien   Ferien haben   der Urlaub   Urlaub machen

Sprechen wir!

Fragen. Wie heißen die sieben Wochentage? Wie heißen die Tageszeiten? Wie heißen die zwölf Monate? Wie heißen die vier Jahreszeiten? Was hat zwölf Monate?

Was hat sieben Tage? Was hat zweiundfünfzig Wochen? Was hat dreißig Tage? Was sind Samstag und Sonntag?

Was hat vierundzwanzig Stunden? Was hat sechzig Minuten? Was hat sechzig Sekunden?

Welche Monate sind im Sommer? Im Winter? Im Frühling? Im Herbst?

Wann ist Weihnachten? Neujahr? Valentinstag? Muttertag? Ostern?

Sehen Sie den Ferienplan an, wählen Sie ein Land (Bayern, Bremen, usw.) und sagen Sie dann das Datum für die Ferien.

Beispiel. In **Bayern** beginnen die **Sommerferien** am 1. August und enden am 17. September.

Ferientermine in Deutschland	*Weihnachten*	*Ostern*	*Pfingsten*	*Sommer*
Baden-Württemberg	23.12.–12.1.	7.4.–21.4.	5.6.	26.7–5.9.
Bayern	23.12.–8.1.	9.4.–21.4.	5.6.–16.6.	1.8.–17.9.
Hessen	22.12.–10.1.	31.3.–21.4.	5.6.	12.7.–22.8.
Mecklenburg-Vorpommern	22.12.–6.1.	2.4.–21.4.	2.6.–5.6.	19.7.–1.9.
Niedersachsen	22.12.–6.1.	2.4.–21.4.	2.6.–5.6.	19.7.–29.8.
Rheinland–Pfalz	23.12.–8.1.	9.4.–30.4.	keine	21.6.–4.8.
Sachsen	22.12.–6.1.	9.4.–21.4.	2.6.–5.6.	1.8.–17.9.
Thüringen	23.12.–12.1.	5.3.–24.3.	5.6.–16.6.	5.7.–18.8.

Situation. You are new in class and want to know the following. Ask a classmate if

1. the class (course) meets every day
2. if you (pl.) have a test every two weeks
3. the class ends next month
4. the TA will come next week

Und Sie?

Was machen Sie jede Woche? Was machen Sie jeden Sommer? Was machen Sie jedes Jahr?

Was machen Sie kommendes Wochenende? Was machen Sie kommenden Sonntag?

Was machen Sie nächsten Montag? Was machen Sie dieses Wochenende? Was machen Sie diesen Samstag? Was machen Sie nächstes Semester?

Der wie vielte ist heute? Was ist das Datum morgen? Wann endet das Semester? Wann ist Ihr Geburtstag?

Wann stehen Sie frühestens auf? Wann gehen Sie spätestens zur Uni?

Wie oft essen Sie jeden Tag? Wie oft essen Sie im Restaurant? Wie oft waschen Sie Ihre Wäsche? Wie oft waschen Sie Ihr Auto? Wie oft schreiben Sie nach Hause? Wie oft haben Sie Deutsch?

Wie oft lesen Sie die Zeitung? Wie oft lesen Sie eine Zeitschrift oder eine Illustrierte?

Wie oft besuchen Sie Ihre Eltern? Wie oft treffen Sie Ihre Freundin oder Ihren Freund? Wie oft sehen Sie Ihre Verwandten?

Wie oft machen Sie Urlaub? Wann haben Sie Ferien? Machen Sie Urlaub? Wohin fahren Sie?

Deutsch zusammen

Umfrage. Fragen Sie drei StudentInnen im Klassenzimmer: *Wann ist Ihr Geburtstag?* Schreiben Sie das Datum auf.

Beispiel. Peters Geburtstag ist am 20. September.

Zum Thema: Österreich

Sie wissen schon, *wann* die Deutschen Ferien haben. Hier können Sie jetzt lesen, *wo* die Deutschen Urlaub machen:

Viele Leute fahren in den Süden, zum Beispiel nach Italien, Griechenland, Frankreich und auch nach Österreich, wo man natürlich auch Deutsch spricht.

Österreich grenzt an sieben andere Länder, nämlich die Bundesrepublik Deutschland, die Tschechien, Ungarn, Jugoslawien, Italien, die Schweiz und Liechtenstein. Österreich hat neun Provinzen und die Hauptstadt von Österreich, Wien, liegt im Osten in der Provinz Niederösterreich. Österreich ist eine parlamentarische Demokratie und neutral, das heißt, nicht in der NATO.

Österreich ist ein populäres Urlaubsland im Winter und im Sommer. Drei Viertel aller Touristen in einem Jahr kommen aus Deutschland. Die Urlauber können im Sommer in den Alpen wandern und im Winters Ski fahren. Viele Reisende besuchen auch die berühmten Städte mit Barock- und Renaissancekunst. Hier kann man viele Konzerte hören und viele Theaterstücke sehen. Einige bekannte Städte in Österreich sind Salzburg, Innsbruck (wo die Olympischen Spiele 1976 waren), Graz und natürlich die Hauptstadt, Wien.

Fragen.

1. Wo machen viele Deutsche Urlaub? Wann fahren sie dorthin?
2. Welche Städte in Österreich kennen Sie?
3. Schauen Sie eine Landkarte an und finden Sie die Städte im Text.
4. Wo machen viele Amerikaner Urlaub?

Sie wissen, dass man in Österreich Deutsch spricht, aber manchmal sind österreichische Worte anders als deutsche. Hier sind ein paar Beispiele.

Österreichisches Lexikon:

der Schlagobers	Sahne	der Palatschinken	Pfannkuchen
der Einspänner	Kaffee mit Schlagobers	der Kaiserschmarren	kleine Stücke Pfannkuchen
die Melange	Milchkaffee		
der Kapuziner	Kaffee mit wenig Milch	die Jause	Brotzeit (*snack*)
der Eiskaffee	Eis, kalter Kaffee und Schlagobers	das Gfrorns	Speiseeis (*icecream*)
		das Busserl	Kuss
der Heurige	neuer Wein	der Tramway	Straßenbahn
der Kren	Meerrettich (*horseradish*)	das Achkatzl	Eichhörnchen

Zum Thema: Musik in Wien

Courtesy of Photo Researchers.
Copyright © 1988 Sam J. Pierson

During the 17th century **Wien** became a center of music in Europe, and by the end of the 18th century, it had established itself as a center for opera through premieres of Mozart's work. The term **Wiener Klassiker** refers to the great composers **Haydn, Mozart, Beethoven,** and **Schubert** who all met in **Wien** in the eighteenth century.

Wolfgang Amadeus Mozart was born in Salzburg in 1756 and had gained the status of a child prodigy by the age of five. He lived in **Wien**, performed in many parts of Europe, but died in poverty in 1791 and was buried in a mass grave. His famous and diverse works include many operas, for example **Die Zauberflöte** and **Die Hochzeit des Figaro,** as well as symphonies.

Franz Schubert (1797–1828) is a native of **Wien** and spent his whole life in this city. He created the genre of the **Kunstlied** (*art song*), but also composed symphonies and many piano works.

Sprachmodell: Wien

A. *Vor dem Lesen.*

  1. Sie sind Touristin in einer Stadt. Kreisen Sie ein, was für Sie wichtig ist.

  Essen   Einkaufen   Getränke   Kunst   Hotels   Mentalität der Leute
  Nachtleben   Unterhaltung für Kinder   Musik   Transportmittel   Architektur

  2. Was assoziieren Sie mit "Nostalgie"? _____

B. *Erstes Lesen.* Suchen Sie für jede Kategorie noch weitere Worte im Text:
Getränke: <u>Kaffee,</u>_____   Essen: <u>ungarisch,</u>_____
Einkaufen: <u>elegante Mode,</u>_____   Vergnügen: <u>Prater,</u>_____

WIEN

SACHERTORTE UND MELANGE

Wien weiß mit Stil zu genießen. Das beweisen schon die mehr als 1100 Kaffeehäuser, wo man nicht einfach

Kaffee trinkt, sondern Melange, Braunen, Schwarzen, Einspänner, Kapuziner, Mokka gespritzt oder Eiskaffee. Dort liest man auch Zeitung und bewundert seine Einkäufe. Tip für feine Einkäufe: Kärntner- und Mariahilfer Straße (elegante Mode, Trachten, Glas und Silber, Wiener Porzellan, Antiquitäten).
Auch beim Essen wird fein differenziert: altwienerisch mit böhmischem Einschlag, ungarisch, polnisch, russisch, türkisch etc.
Zur Erholung und zum Vergnügen geht's in den Prater, mit vielen Gastwirtschaften, dem berühmten Riesenrad und anderen Attraktionen.
Und abends treffen Sie sich mit den Wienern zum Heurigen in Grinzing oder Sievering.
Wenn für Sie dann immer noch nicht die Nacht um ist, können Sie feststellen, daß Wien auch eine moderne und liberale Großstadt ist.

TRAUMSTADT DER NOSTALGIE

C. *Zweites Lesen.* Lesen Sie den Text nochmal und beantworten Sie dann Fragen.

  1. Wie ist Wien? (Suchen Sie Adjektive.) Warum ist Wien die "Traumstadt der Nostalgie"?

  2. Was macht man in Wien? Was sind Attraktionen in Wien?

  3. Was ist *Ihre* Heimatstadt? Was macht man dort? Was sind Attraktionen da?

Genau!

Beantworten Sie die folgenden Fragen mit **nicht**.

Beispiel. Fahren Sie **jedes Jahr** nach Österreich?
　　　　Nein, ich fahre **nicht jedes Jahr** nach Österreich.
　　　　Or: Nein, **nicht jedes Jahr**.

1. Machen Sie jeden Sommer Urlaub?
2. Rufen Sie Ihre Oma alle zwei Wochen an?
3. Sehen Sie jeden Monat Ihre Eltern?
4. Treffen Sie jeden Abend Freunde?
5. Machen Sie alle zwei oder drei Tage Sport?
6. Arbeiten Sie nachmittags?
7. Gehen Sie vormittags zur Uni?
8. Gehen Studenten samstags zur Uni?
9. Lernen Ihre Freunde diesen Sonntag?
10. Haben Sie jeden Montag eine Prüfung?

TEIL 6,3

Was machen wir morgen Nachmittag?

Go first to **Teil 6,3** *in your tutorial.*

Merke

Adverbs of specific time
Wann kommen Sie? Ich komme **heute/morgen/übermorgen**.

Adverbs of regularity
Morgens bin ich hier, aber **nachmittags** und **abends** arbeite ich.
Samstags gehe ich einkaufen, **sonntags** bleibe ich zu Hause.

Negation and specific time
Treffen Sie **jeden Abend** Ihre Freunde? Nein, **nicht jeden Abend**.
Arbeiten Sie **samstags**?
Nein, ich arbeite **samstags nicht!** Und **sonntags** auch **nicht!**

Vokabular: Compound adverbs

heute	morgen
heute Morgen	morgen/übermorgen früh
heute Vormittag	morgen/übermorgen Vormittag
heute Mittag	morgen/übermorgen Mittag
heute Nachmittag	morgen/übermorgen Nachmittag
heute Abend	morgen/übermorgen Abend
heute Nacht	morgen/übermorgen Nacht

Sprechen wir!

Übung. Lesen Sie Petras Terminkalender und beantworten Sie dann die Fragen.

Montag 12. März
8.30	Zahnarzt
11.30	"Marktcafé" (Karola)
14.00	Bank (Geld holen)
17.30	Aerobics
20.00	Eisdiele mit Tommi

Dienstag 13. März Mutti anrufen! Geburtstag!!
10.00	wöchentliche Besprechung mit Chef
13.00	Computerkurs
19.00	Einladung: Peter und Rosi

Mittwoch 14. März
früher zur Arbeit!! (spätestens 7.30)
17.30	Aerobics

Donnerstag 15. März
13.00	Computerkurs (letztes Mal!!)
15.00	Auto zum TÜV

Freitag 16. März vormittag: Auto abholen!!
12.00	monatliches Mittagessen im Büro
	Blumen und Karte besorgen!!
20.00	Gartenfete bei Kirsten und Frank
	(Wein mitbringen!)

Fragen. (Es ist Montag.)

1. Was macht Petra heute Morgen und heute Nachmittag? Um wie viel Uhr?
2. Hat Petra heute Nachmittag einen Computerkurs?
3. Was hat sie morgen Vormittag? Und morgen Abend?
4. Was passiert übermorgen früh? Und übermorgen Nachmittag?
5. Was macht Petra zweimal pro Woche nachmittags?
6. Was hat sie Freitagabend?

Und Sie?

Was machen Sie heute Vormittag? Haben Sie heute Nachmittag Uni? Was machen Sie heute Abend?

Gehen Sie morgen früh oder morgen Nachmittag zur Uni? Was machen Sie morgen Abend? Haben Sie übermorgen frei? Wann machen Sie Ihre Hausaufgaben für morgen?

Was machen Sie morgens, bevor Sie zur Uni kommen? Was machen Sie vormittags und nachmittags? Was machen Sie gern abends?

Wann sind Sie normalerweise zu Hause? Wann sind Sie nicht zu Hause? Wann gehen Sie schlafen?

Sprachmodell

A. *Vor dem Hören.*

Welche Termine haben Sie diese Woche? Wann haben Sie die?

Haben Sie Seminare oder Vorlesungen? Wann?

Haben Sie einen Arzttermin? Morgen? Übermorgen? Um wie viel Uhr?

Besuchen Sie Verwandte oder Freunde diese Woche oder am Wochenende? Wann und wie lange?

Arbeiten Sie? Vormittags? Nachmittags?

B. Lesen Sie zuerst die Termine von Julia. Schreiben Sie beim Hören auf, wann sie sie hat.

Julia leaves a message on Petra's answering machine to tell her why they have to postpone getting together.

Vorlesung:	_____	Arbeit:	_____
Tante besuchen:	_____	Arzttermin:	_____
Eltern besuchen:	_____	Wieder anrufen:	_____

Deutsch zusammen

Partnerarbeit. Machen Sie zusammen einen Terminkalender für nächste Woche. Schreiben Sie für jeden Tag zwei oder drei Aktivitäten auf. Wählen Sie dann einen Tag und beschreiben Sie ihn.

Genau!

A. Replace each adverbial time expression with an equivalent noun phrase:

Beispiel. Samstags geht Petra mit Rosi ins Café.
→ **Jeden Samstag** geht Petra mit Rosi ins Café.

1. Mittwochs geht Petra früh zur Arbeit.
2. Täglich ist sie frühmorgens im Büro.
3. Wöchentlich sehen sie und Toni einen Film.
4. Monatlich trifft sie Karola zum Mittagessen.

B. Emphasize the time expression by using inverted word order.

Beispiel Franz wacht jeden Morgen früh auf.→Jeden Morgen wacht Franz früh auf.

1. Franz trinkt jeden Vormittag Kaffee.
2. Er geht Montag nicht zur Uni.
3. Der Matheprofessor gibt alle zwei oder drei Wochen eine Prüfung.
4. Franz und Claudia besuchen diesen Freitag ihre Großeltern.
5. Claudias Familie fährt nächsten Sommer nach Europa.

C. Paraphrase each of the following sentences by using **frühestens** or **spätestens**:

Beispiel. Petra trifft Ute heute Mittag, aber nicht später. Petra trifft Ute **spätestens** heute Mittag.

1. Petras Auto ist übermorgen fertig, und nicht später.
2. Toni kommt nächsten Montag nach Hause, aber nicht früher.
3. Petra geht diesen Mittwoch um sieben zur Arbeit, und nicht später.
4. Die Bank schließt um zwei oder halb drei, aber bestimmt nicht vor zwei.

D. For each of the items below, join the two sentences by using a comma and **dann**.

Beispiel. Heute steht Petra früh auf. Sie fährt zur Arbeit.
Heute steht Petra früh auf und **dann** fährt sie zur Arbeit.

1. Jeden Tag trinkt Petra eine Tasse Kaffee. Sie geht zur Arbeit.
2. Jeden Vormittag sieht sie ihren Chef. Sie besprechen den Terminplan.
3. Jeden Donnerstag geht Petra nach Hause. Sie macht Aerobics.
4. Petra trifft diesen Freitag Freunde. Sie trinken zusammen Wein.

TEIL 6,4

Bummeln

*Go first to **Teil 6,4** in your tutorial.*

Merke

Accusative prepositions
durch   für   gegen   ohne   um

Accusative postposition
entlang
Laufen wir **durch den Wald** und dann **um den See**?
    Wir laufen **nicht durch den Wald**.
Heute gehen die Eltern **ohne die Kinder** wandern.
Wer ist **für** und wer ist **gegen den Plan**?
    Ich bin **nicht für den Plan**. Er ist Unsinn.
Gehen wir auch **den Fluß entlang**?
    Also, ich laufe **nicht den Fluß entlang**. Das ist zu nass.

Vokabular: Bummeln

reisen	spazieren gehen	bummeln
aus•gehen	der Spaziergang	der Bummel
weg•gehen	einen Spaziergang machen	einen Bummel machen
weg•fahren	wandern	
	laufen	

Stadt und Land

die Welt	die Stadt, ¨-e	der Ort, -e	die Innenstadt/die Stadtmitte
der Kontinent, -e	die Großstadt	das Dorf, ¨-er	die Straße, -n
das Land, ¨-er	die Kleinstadt	aufs/auf dem Land	in der Stadt

der Park, -s	der See, -n	werfen (i)	der Plan, ¨-e
der Stadtpark	der Bach ¨-e	der Ball, ¨-e	die Idee, -n
der Wald, ¨-er	der Fluss, ¨-e	der Stein, -e	
der Berg, -e	der Weg, -e		

Zum Thema: spazieren gehen und bummeln

Taking walks in the park (**spazieren gehen**), through the downtown area (**bummeln**), or out in the country (**wandern, einen Ausflug machen**) is a popular pastime for Germans. City parks are rather spacious and often resemble botanical gardens. They are generally designed for peaceful rest and relaxation rather than for vigorous exercise or activity. Benches for resting are numerous, and there is sometimes a quaint restaurant for park visitors. Though there are parks where one may play or sit on the lawns, usually there are signs warning visitors to keep off the meticulously manicured lawns and out of the flowerbeds. Bicycle riding often is prohibited, and animals must be leashed at all times.

German shops and stores have large windows (**Schaufenster**) to exhibit the merchandise, and the wares are displayed in most cases with what one could call genuine artistry. As a result, going window shopping in a German city is an appealing way to spend some time in the fresh air. The shops are often located in a vehicle-free pedestrian zone (**Fußgängerzone**) that may be landscaped with trees, shrubs, flowers, fountains, and pieces of sculpture to resemble a park.

Sprachmodell

A. Vor dem Hören.

Was assoziieren Sie mit Sonntag? Kreisen Sie ein, was Sie oder Ihre Familie gern machen.

wandern	spazieren gehen	bummeln	zum Brunch gehen
essen gehen	Kaffee trinken	Rad fahren	

B. Erstes Hören. Hören Sie den ersten Satzan. Wie viele Personen kommen vor?

C. *Zweites Hören.* Lesen Sie die vier Fragen unten und hören Sie dann den Dialogan.

Beantworten Sie dann die Fragen.

1. Welche Personen kommen vor? _____
2. Welcher Tag? Vormittags oder nachmittags?
3. Welche Aktivitäten: laufen, _____ , _____
4. Wo laufen sie: 1. _____
                     2. _____
                     3. _____

Zum Thema: Städte

Since Germany's unification, **Berlin** has become Germany's capital, and, along with this status it has developed into the major German cultural and political center.

With more than one million residents, **München**, in the state of Bavaria, is the largest city in Southern Germany. München is sometimes called the "secret capital" of Germany (by Bavarians at least) and calls itself **die Weltstadt mit Herz**. The Bavarian capital has a large university, **die Friedrich-Maximilians-Universität**, and has emerged as one of the major technological centers of the Federal Republic.

Northern Germany's largest city is the **freie Hansestadt Hamburg** with a population of 1.6 million. It is a city-state just like **Berlin** and **Bremen**, the smallest **Bundesland**. As an important trade and port city, **Hamburg** is often called "Germany's gateway to the world."

In Eastern Germany, **Dresden** is a major cultural center. One of its most famous buildings is the opera house, **die Semperoper**. If a city has more than 100,000 residents like **München**, **Hamburg**, or **Dresden**, it is called **Großstadt**. Smaller cities are **Kleinstädte**, and a small town or village is called **ein Ort** or **ein Dorf**.

5. Was nehmen sie mit? _____ , _____ , _____

Deutsch zusammen

Gruppenarbeit. Schauen Sie eine Landkarte an und identifizieren Sie in fünf Minuten fünf Dörfer und fünf Städte in Deutschland und Österreich. Schreiben Sie sie auf und zeigen Sie dann den anderen Studenten, wo diese Städte und Dörfer liegen.

Genau!

A. Complete the following sentences logically by providing prepositional phrases from the listening.

1. Herr und Frau Stieglitz wandern diesen Sonntag _____.
2. Die vier wandern zuerst _____.
3. Dann gehen sie vielleicht _____.
4. Wo laufen sie vielleicht zurück? _____.
5. Es regnet vielleicht. Sie nehmen etwas _____ mit.

B. Fill in the blanks with a logical accusative preposition or postposition.

1. Siggi und Peter machen eine Reise _____ die Welt.
2. Zuerst fliegen sie _____ Asien.
3. Dann reisen sie _____ China und Indonesien.
4. Sie machen diese Weltreise _____ ihre Eltern.
5. Peters Eltern sind _____ den Plan. Sie finden ihn gut.
6. Peter bekommt _____ seinen Eltern etwas Geld.
7. Siggis Eltern sind _____ diese Reise. Sie geben Siggi kein Geld.

TEIL 6,5

Wie viel Grad haben wir heute?
Wie viel Zucker und Mehl brauchen Sie?

*Go first to **Teil 6,5** in your tutorial.*

> **Merke**
>
> **Accusative of duration and measurement**
> Birgit macht eine Pizza. Was kauft sie?
> Sie braucht **ein Pfund** Tomaten, **200 Gramm** Salami, **500 Gramm** Käse, **ein Kilo**
> Paprikaschoten und **einen oder zwei Liter** Rotwein für die Gäste.
> Wir essen und reden **den ganzen Abend**.
> Morgen bin ich bestimmt **den ganzen Tag** müde!

Vokabular: Gewichte und Maße

messen (i)	wiegen	der Liter, -	hoch
der Meter, -	das Gramm	ein halber Liter	groß
der Quadratmeter	das Pfund	ein viertel Liter	lang
der Millimeter	ein halbes Pfund		tief
der Zentimeter	das Kilogramm	das Grad (Celsius)	dick
der Kilometer	das Kilo		breit
Stundenkilometer		die Meile, -n	schnell
		der Zoll	alt schwer
		der Fuß	weit von
		die Fahrenheit	entfernt
			wie hoch? wie tief? wie schnell?

Sprechen wir!

Wie hoch ist die Wand im Klassenzimmer? Wie dick ist das Deutschbuch? Wie breit ist das Fenster im Klassenzimmer? Wie lang ist die Tafel im Klassenzimmer?

Wie weit ist es von hier nach New York? Wie schnell fährt man auf der Autobahn in Amerika? Wie schnell fahren viele Leute in Deutschland?

Und Sie?

Wie alt sind Sie? Wie groß sind Sie? Wie viel wiegen Sie?

Gehen Sie heute einkaufen? Was kaufen Sie? Welche Getränke kaufen Sie fürs Wochenende? Wie viele Liter? Kaufen Sie Fleisch, Huhn, Obst, Gemüse? Wie viel?

Wie schwer ist Ihr Rucksack heute? Was haben Sie darin?

Wo wohnen Sie? Wie weit ist es von da zur Uni? Wie groß ist Ihr Zimmer, Ihre Wohnung oder Ihr Haus?

Laufen Sie gern? Machen Sie Radtouren oder Wanderungen? Wie oft? Wie weit? Wie lange dauert eine Radtour oder Wanderung?

Kulturnotiz: Hitzefrei!

In Germany temperatures are fairly moderate and only rarely reach more than 30° **Celsius**. If the temperatures get more extreme and too uncomfortable in the summer (remember there are not many air conditioners in Germany), school principals may decide to declare **hitzefrei**, i.e., to send students and teachers home before the regular school day is over. The "magic" temperature for **hitzefrei** to be declared ranges from 27° to 29° **Celsius**, close to 90° **Fahrenheit**. On a hot enough day students frequently cast hopeful glances at thermometers around the school building and hope that the temperature has risen high enough for **hitzefrei**.

Sprachmodell: Backen

Lesen Sie das Rezept für Vanillekipferl und beantworten Sie dann die Fragen.

Vanillekipferl

Zutaten: **280g** Mehl, **80g** Zucker, **100g** Mandeln (gerieben), 2 Eidotter **220g** Butter und Vanillezucker zum Bestreuen.

Das Mehl auf ein Holzbrett sieben, den Zucker und die Mandeln dazugeben, eine Mulde hineindrücken, die Eidotter dazugeben. Dann die Butter fein schneiden und mit allem verkneten.

*Dann flache Stollen formen, kaltstellen. Ca. **1 cm** dicke Scheiben abschneiden, rollen (zu den Enden dünner werdend) und zu Kipferln biegen. Auf Alufolie legen, nochmal kaltstellen. Nur hellgelb backen. Noch warm mit Vanillezucker bestreuen. (ca. **24 Stück**)*

*Temperatur: Elektro **175°**   Gas **2**   Backzeit: **15 Min.***

Haben Sie das Rezept für die Plätzchen? Helfen Sie mir, bitte!

Wie viel Mehl und Zucker brauche ich? Wie viele Mandeln und wie viele Eier?

Wie lange bleiben die Plätzchen im Ofen? Wie warm muss der Ofen sein (wie viel Grad)?

Wie dick sind die Vanillekipferl? Wie lang sind sie? Wie viele Vanillekipferl werden das?

Sprachnotiz: also

Also can mean *then* or *therefore* : Das Wetter ist sehr schlecht. Bleiben wir **also** zu Hause!
Also may introduce a phrase the same way the English phrase *that is* does:

Wir bleiben eine Woche in Österreich, **also** sieben Tage.

When **also** appears at the very beginning of a sentence it often has the effect of *well,*
well then, or *well, let's see.* **Also,** morgen habe ich einen Mathetest und dann frei.

Genau!

A. Fill in the blanks with a duration of time expression that makes good sense.

 1. Wir bleiben _____ in Österreich, also sieben Tage.

 2. Morgen wandern wir acht oder zehn Stunden, also _____.

 3. Heute Vormittag gehen wir _____ in ein Museum und um zwölf essen wir.

 4. Samstagabend treffen wir ein paar Freunde. Wir reden bestimmt _____.

B. Fill in the blanks with an expression of measurement that makes good sense.

 1. Wir brauchen nur _____ Rotwein. Die meisten Leute trinken Weißwein.

 2. Und ich kaufe _____ Schweizer Käse und _____ Gouda. Wir haben dann drei Pfund.

 3. Bringen Sie bitte _____ Tomaten, also zwei Pfund!

 4. Aber wir brauchen nur _____ Oliven, also ein halbes Pfund.

Alles zusammen

As a result of what you have learned in **Kapitel Sechs** you should be able to:

1. ask for and tell the time, and state the time at which something happens;
2. emphasize information, especially when answering a specific question;
3. use time expressions accurately to give and request information about when, how long, and how often or how regularly certain activities occur;
4. use expressions of specific measure to give or request information about size, weight, volume, temperature, and speed.

A. *Fragen.*

1. Wie spät ist es?
2. Um wie viel Uhr haben Sie Deutsch? Wie oft haben Sie Deutsch?
3. Welchen Tag haben wir heute?
4. Wann ist Ihr Geburtstag?
5. Wann ist Ihre nächste Deutschprüfung?
6. Wann gehen Sie oder fahren Sie heute nach Hause?
7. Wie oft besuchen Sie Ihre Eltern?
9. Wie lange dauert ein Semester an Ihrer Uni?
10. Wie schnell fahren Sie auf der Autobahn?

B. Sie haben eine Party und kaufen Essen und Getränke. Was kaufen Sie und wie viel kaufen Sie? Beschreiben Sie das genau.

C. *Kulturfragen.*

1. Nennen Sie vier Städte in Österreich.
2. Welche Länder grenzen an Österreich?
3. Nennen Sie zwei Komponisten aus Österreich.
4. Was ist **hitzefrei**?
5. Was bedeutet **bummeln**?
6. Nennen Sie drei Großstädte in Deutschland und in Österreich.
7. Nennen Sie die Hauptstadt von Österreich.

Aktives Vokabular

Vokabular: die Zeit

die Zeit, -en	time
die Sekunde, -n	second
die Minute, -n	minute
die Stunde, -n	hour
die Uhr, -en	watch, clock
richtig gehen	to be (work) right
nach•gehen	to be show
vor•gehen	to be fast
stehen	to stop

Tage und Tageszeiten

der Tag, -e	day
die Woche, -n	week
das Wochenende	weekend

die sieben Tage:

(der) Montag	Monday
Dienstag	Tuesday
Mittwoch	Wednesday
Donnerstag	Thursday
Freitag	Friday
Sonnabend/Samstag	Saturday
Sonntag	Sunday

die Tageszeiten:

der Morgen	morning (when you rise)
der Vormittag	morning (when you are up)
der Mittag	noon
der Nachmittag	afternoon
der Abend	evening
die Nacht	night
die Mitternacht	midnight

Monate und Jahreszeiten

der Monat, -e	month
das Semester, -	semester
das Jahr, -e	year
die Jahreszeit, -en	season

Die zwölf Monate:

(der) Januar
Februar
März
April
Mai
Juni
Juli
August
September
Oktober
November
Dezember

Die vier Jahreszeiten

(der) Winter	winter
Frühling	spring
Sommer	summer
Herbst	autumn

Ferien und Urlaub

die Ferien	break, vacation
Ferien haben	to have a break, vacation
der Urlaub	vacation, holiday
Urlaub machen	to go on vacation, holiday

Compound adverbs

heute	today
heute Morgen	this morning (today in the morning)
heute Vormittag	this morning (= heute morgen)
heute Mittag	today at noon
heute Nachmittag	this afternoon
heute Abend	this evening, tonight
heute Nacht	tonight (later)
morgen	tomorrow

morgen früh	tomorrow morning
morgen Vormittag	tomorrow morning
morgen Mittag	tomorrow at noon
morgen Nachmittag	tomorrow afternoon
morgen Abend	tomorrow evening
morgen Nacht	tomorrow night (later)
übermorgen	the day after tomorrow
übermorgen früh	early the day after tomorrow
übermorgen Vormittag	before noon the day after tomorrow
übermorgen Mittag	at noon the day after tomorrow
übermorgen Nachmittag	in the afternoon the day after tomorrow
übermorgen Abend	in the evening the day after tomorrow
übermorgen Nacht	at night the day after tomorrow

Bummeln

reisen	to travel, to go on a trip
aus•gehen	to go out (for entertainment or some kind of diversion)
weg•gehen	to leave (by foot)
weg•fahren	to take off, to leave (by some means of transportation; to travel
der Spaziergang, ¨-e	stroll, walk
spazieren gehen/ einen Spaziergang machen	to go for a walk to take a walk or stroll
laufen	to walk, jog
der Bummel, -	a stroll through a shopping district
bummeln/einen Bummel machen	to stroll through a shopping district, to go window shopping
wandern	to hike

Stadt und Land

die Welt, -en	world
der Kontinent, -e	continent
das Land, ¨-er	country (nation); countryside
aufs Land	to the country
auf dem Land	in the country
die Stadt, ¨-e	city
die Innenstadt/ die Stadtmitte	center of the city
in der Stadt	in town, in the city center, downtown
die Großstadt	major city (above 100,000 population)
die Kleinstadt	small city (below 100,000 population)
der Ort, -e	town
das Dorf, ¨-er	village
die Straße, -n	street
der Park, -s	park
der Stadtpark	city park
der Wald, ¨-er	forest
der Berg, -e	mountain
der Weg, -e	path, trail
der See, -n	lake
der Bach, ¨-e	stream, brook
der Fluss, ¨-e	river
werfen (i)	to throw
der Ball, ¨-e	ball
der Stein, -e	rock
der Plan, ¨-e	plan
die Idee, -n	idea

Prepositions

durch	through
für	for, in favor of
gegen	against, not in favor of, opposed to
ohne	without
um	around
entlang (postposition)	along

Gewichte und Maße

messen (i)	to measure
der Meter, -	meter (39.5 in.)
der Quadratmeter	square meter
der Millimeter	millimeter (0.04 in.)
der Zentimeter	centimeter (0.4 in.)
der Kilometer	kilometer (0.6 mi.)
Stundenkilometer	kilometers per hour
wiegen	to weigh
das Gramm	gram
das Pfund	pound (= 500 Gramm)
ein halbes Pfund	half pound (= 250 Gramm)
das Kilogramm/das Kilo	kilogramm (= 1000 Gramm)
der Liter	liter (2.1 U.S. pints, i.e., slightly more than a quart)
ein halber Liter	half liter
ein viertel Liter	quarter (viertel = fourth) liter, i.e., slightly more than a half pint

das Grad (Celsius)	degree
die Meile, -n	mile
der Zoll	inch (2.5 Zentimeter)
der Fuß	foot (0.3 Meter)
die Fahrenheit	Fahrenheit (32 °F = 0° Celsius)
hoch	high
groß	tall, large
lang	long
tief	deep
dick	thick
breit	wide
alt	old
schwer	heavy
schnell	quick, fast
weit von	far from
entfernt	distant

KAPITEL SIEBEN

Freunde und Freizeit

Überblick

Themen

Hobbys, Freizeit; Freunde und Duzen

Funktionen

Sprechen

Discussing freetime activities with friends

Using the familiar address

Giving direct and indirect commands

Hören

Listening for the gist

Listening for specific information

Distinguishing between formal and
informal interaction

Schreiben

Writing a letter to a friend

Filling in information while listening

Vokabular

Hobbies and activities at home

Activities in town and outdoors

Film und Fernsehen

Kulturelles

Uses of formal and familiar address

German and European television;
German film

The work week in Germany and Europe

Grammatik

Review: formal address with **Sie**

Informal Address: **du** and **ihr**-forms for
present tense and future; commands
and requests

Informal personal and reflexive
pronouns: **dich, euch**

Informal possessive adjectives **dein** and
euer

TEIL 7, 1

Hobbys

Go first to Teil 7,1 in your tutorial.

Merke

Review: formal address: **Sie**-forms
Haben Sie Ihr Portmonee?

Informal address: **du**-forms
Was **machst du**? **Läufst du** oder **fährst du**?

Informal possessive adjective: **dein**
Hast du **deinen** Mantel?

Irregular verbs
sein: Wo **bist du**?
haben: **Hast du** genug Geld?
werden: **Wirst du** krank?
wissen: **Weißt du** das?

Vokabular: Hobbys

das Hobby, -s	sammeln	fotografieren	kochen
	die Sammlung, -en	das Foto, -s	backen
im Internet surfen	die Briefmarke, -n	der Fotoapparat, -e	der Kuchen, -
programmieren	die Münze, -n	die Kamera, -s	das Gebäck
der Computer, -	die Figur, -en	filmen	der/das Keks, -e
das Computerspiel, -e	die Puppe, -n	der Film, -e	grillen
das Videospiel, -e	das Stofftier, -e	die Videokamera	
	basteln	Leute besuchen	pflanzen
zeichnen	bauen	Leute einladen	die Grünpflanze, -n
malen	das Modellflugzeug, -e		die Blume, -n
das Bild, -er	das Modellschiff, -e		im Garten
	die Modelleisenbahn, -en		

Sprechen wir!

Was machen die Leute hier? Welche Hobbys haben sie?

Für welche Hobbys braucht man einen Computer? Für welche Hobbys einen Stift oder Farben? Eine Küche? Welches Hobby haben viele Kinder oder Jugendliche? Welches Hobby ist teuer? Welches kostet nicht so viel Geld?

Zum Thema: Hobbys

Viele Hobbys in den deutschsprachigen Ländern kennen Sie vielleicht aus Ihrer eigenen Kultur: Viele Jugendliche (und Erwachsene!) "surfen im Internet" und spielen Computerspiele. Andere fotografieren oder filmen mit Videokameras und wer das Talent hat, malt oder zeichnet vielleicht. Für manche Leute sind Pflanzen und Blumen ein Hobby. Überall in Deutschland, Österreich und der Schweiz kann man Blumen und Pflanzen sehen.

Ein traditionelles Hobby ist Modellflugzeuge, -schiffe, oder -eisenbahnen bauen. Vielleicht kennen Sie Märklin und Fleischmann, die größten Hersteller von Modelleisenbahnen in Deutschland.

Besonders vor Feiertagen, z.B. Ostern und Weihnachten, basteln Familien viel, d.h. sie machen Dinge selbst. An Ostern färbt oder malt man natürlich Eier mit vielen bunten Farben. An Weihnachten machen Kinder mit ihren Eltern oder in der Schule Schmuck für den Weihnachtsbaum, z.B. Sterne aus Stroh und Papier oder Figuren aus Holz.

Und Sie?

Haben Sie ein Hobby? Welches? Wie lange haben Sie das schon?

Sammeln Sie gern etwas oder möchten Sie gern etwas sammeln? Was sammeln Ihre Freunde/Ihre Geschwister/Ihre Eltern?

Haben Sie einen Computer? Was machen Sie mit dem Computer? Arbeit? Spiele? Senden Sie E-mail? Surfen Sie im Internet?

Zeichnen Sie gern? Wenn ja, was zeichnen Sie? Personen? Objekte? Malen Sie gern? Was?

Fotografieren Sie? Was fotografieren Sie oft? Was für eine Kamera haben Sie? Haben Sie eine Videokamera? Was filmen Sie?

Kochen oder grillen Sie gern? Was kochen Sie? Italienische Gerichte? Deutsches Essen? Typisch amerikanisch? Laden Sie oft Leute ein? Bringen die Leute normalerweise etwas? Was?

Backen Sie vielleicht? Selten oder oft? Was backen Sie gern?

Sehen Sie die Zeichnungen an. Welche Dinge benutzen Sie, wenn Sie etwas backen?

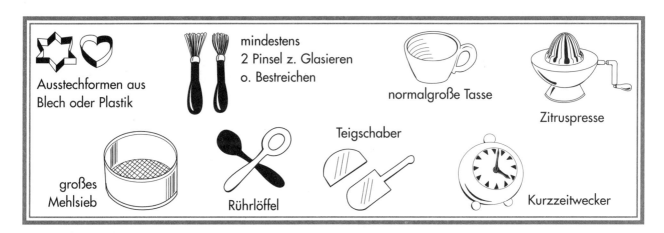

Ausstechformen aus Blech oder Plastik

mindestens
2 Pinsel z. Glasieren
o. Bestreichen

normalgroße Tasse

Zitruspresse

großes Mehlsieb

Rührlöffel

Teigschaber

Kurzzeitwecker

Deutsch zusammen

Umfrage. Wer hat welches Hobby?
Fragen Sie Ihre Kollegen im Deutschkurs, welche Hobbys sie haben.

zeichnen	_____	im Internet surfen	_____
Leute besuchen	_____	Computerspiele	_____
kochen	_____	fotografieren	_____
etwas sammeln	_____	basteln	_____
Leute einladen	_____	grillen	_____

Partnerarbeit. Formulieren Sie Fragen mit passenden Worten in den drei Spalten. Fragen Sie Ihren Partner/Ihre Partnerin.

heute	fotografieren
dieses Wochenende	im Internet surfen
bald	kochen
oft, manchmal, selten	am Computer spielen
gern	malen oder zeichnen
morgen	etwas basteln

Partnerarbeit. Fragen Sie Ihren Partner/Ihre Partnerin über das Wochenende.
Was machst du heute Nachmittag? Was machst du heute Abend?
Hast du ein Hobby? Wann machst du das?
Was machst du morgen? Liest du etwas?

Partnerarbeit. Sie treffen einen "alten" Freund im Café. Fragen Sie ihn, . . .

1. wo er jetzt wohnt
2. was für eine Arbeit er hat
3. wen er hier besucht
4. wie lange er hier bleibt

5. ob er immer noch viel Sport macht
6. ob er noch viel reist
7. ob er noch ein bisschen Zeit hat
8. ob er noch einen Kaffee trinkt

Genau!

A. **Du** oder **Sie?**

1. Ihre Mutter
2. Ihre Lehrerin
3. ein Fremder
4. ein Kind

5. Ihr Chef
6. Ihr Vater
7. ein Arbeitskollege
8. ein Schüler

9. eine Studentin
10. eine Bekannte
11. eine gute Freudin
12. eine alte Dame

B. Stellen Sie die Fragen mit **du.**

Pläne fürs Wochenende.

1. Haben Sie heute Abend Zeit?
2. Kommen Sie heute abend?
3. Bringen Sie Ihre Schwester mit?
4. Fahren Sie mit Ihrem Auto?

5. Was machen Sie morgen?
6. Gehen Sie joggen?
7. Werden Sie einkaufen gehen?
8. Sind Ihre Kinder zu Hause?

TEIL 7, 2

Was kannst du heute machen?

Go first to Teil 7,2 in your tutorial.

Merke			
Informal address: modals			
kann	**kannst**	darf	**darfst**
will	**willst**	soll	**sollst**
mag	**magst**	muss	**musst**

Du willst keinen Kaffee? **Magst du** das nicht?

Vokabular: Freizeit zu Hause

das Radio-s/im Radio
der Rundfunk
die Radiosendung, -en
Radio hören
der Fernseher, -/im Fernsehen
das Fernsehprogramm
die (Fernseh)sendung, -en
der Sender, -
sehen (ie)
an•sehen/an•schauen
fern•sehen

die Nachrichten (pl.)
das Nachrichtenmagazin, -e
die Talkshow, -s
die Gameshow, -s
der Krimi, -s
der Spielfilm, -e
die Serie, -en
die Sportsendung, -en
das Video, -s/Digitalvideo
aus•leihen

lesen (ie)
der Roman, -e
die Illustrierte, -n
die Zeitschrift, -en
die Zeitung, -en
die Fernsehzeitung
abonnieren
spielen/mit spielen
Karten/Schach spielen
faulenzen

Sprechen wir!

Welche verschiedenen Sendungen gibt es im Fernsehen? Wie lange dauern diese Sendungen?
Was abonniert man? Was kann man im Radio hören?
Was machen viele Leute am Freitagabend? Welche Spiele spielen Familien zusammen?

Und Sie?

Was machen Sie gern freitagabends zu Hause? Sehen Sie fern? Welche Sendungen? Spielfilme? Krimis? Serien? Nachrichtenmagazine? Wie finden Sie das Fernsehprogramm? Gut? Schlecht? Interessant? Faulenzen Sie vielleicht?

Oder leihen Sie Videos aus? Wie oft machen Sie das? Was für Videos? Alte oder neue Filme? Krimis? Komödien? Videospiele?

Lesen Sie gern? Was lesen Sie? Welche Autoren lesen Sie gern?

Spielen Sie gern Karten? Welche Kartenspiele finden Sie gut? Spielt Ihre Familie zusammen? Was?

Was ist Skat wohl?

Welche Kartenspiele kennen Sie?

Was bedeuten diese Worte?

Bube

Dame

König

Courtesy of PH Merill Publishing. Copyright © 1996, Anthony Magnacca-photographer

SPRACHMODELL

Sprachmodell

Duzen wir uns!

Machen Sie zuerst die *Vorbereitung* fürs Hören. Machen Sie dann *Aufgabe B*, wenn Sie den Text das erste Mal hören. Lesen Sie vor dem zweiten Hören die Fragen.

A. *Vorbereitung.*

1. Was machen die Leute? Arbeiten? Lernen? Sich unterhalten? Essen? Etwas trinken?

2. Ist die Situation formell oder informell?

3. Welche Anrede (**du** oder **Sie**) für wen?

   Arbeitskollegin   Chef   Freund   Tante   Kind   Professor   Oma

4. Welche Worte passen zu **Sie**? Welche zu **du**?
   dein, Herr Jäger, Karin, dich, Bernd, Herr Professor Möller, sich, Doktor Stein, Ihr

   du _____

   Sie _____

B. *Erstes Hören und Aufgaben.*

Lesen Sie zuerst die Fragen und kreisen Sie dann beim Hören die passenden Worte ein.

1. Über welche "Aktivitäten" sprechen die Leute?
   wandern   joggen   schwimmen   tanzen   etwas trinken   essen   sich duzen

2. Wie kennen sich die vier Personen?   *Studium   Arbeit   Familie*

3. Was trinken sie?   *Bier   Kaffee   Wein   Mineralwasser*

4. Was sagt man beim Trinken?
   Prost!   Das stimmt.   Auf dein Wohl!   Entschuldigung!

C. *Zweites Hören und Fragen.* Lesen Sie die Fragen und hören Sie dann nochmal das Gespräch.

1. Wie lange kennen sich die vier Personen schon?
2. Welche Anrede benützen die vier Leute zuerst? Und dann?
3. Was sagen <u>Sie</u> im Deutschkurs? Duzen Sie und Ihre Lehrerin (Ihr Lehrer) sich oder siezen Sie sich?

D. *Gruppenarbeit/Rollenspiel.* Machen Sie Gruppen mit vier Personen und spielen Sie das Gespräch **Duzen wir uns**. Sie können natürlich etwas ändern.

Zum Thema: Fernsehen

Finden Sie die folgenden Informationen in **Zum Thema: Fernsehen**

A. *Vorbereitung.*

1. Welche Sender gibt es in den USA? Welche Sendungen sehen Sie gern?

B. *Fragen.*

Lesen Sie die folgenden Fragen und dann den Text.

1. ARD und ZDF sind _____
2. Andere Namen für ARD und ZDF sind _____
3. SAT 1 und RTL-Plus sind _____

Zum Thema: Fernsehen

In Deutschland gibt es zwei öffentliche Sender: Das ARD (oder "erstes Programm") und das Zweite Deutsche Fernsehen, ZDF (oder "zweites Programm"). Das ARD ist eine Kombination von regionalem Fernsehen und Radio. Regionale Sendungen kommen in den "dritten Programmen," zum Beispiel Hessen 3 oder Bayern 3.

Der erste private Sender war SAT 1 im Jahre 1985. Private Sender kommen mit Kabelfernsehen oder Satellit ins Haus. Viele Sendungen kommen auch via Satellit aus anderen Ländern, zum Beispiel Frankreich, England und USA.

C. *Vokabularübung.* Ordnen Sie die deutschen Worte den englischen zu.

(TV) channel	Fernsehprogramm
TV station	Sender
TV guide	Fernsehsendung
(TV) show	Programm

Deutsch zusammen

Gruppenarbeit. Machen Sie Gruppen mit drei oder vier Personen.

Sie sind Zimmerkollegen und haben nur <u>einen</u> Fernseher. Sehen Sie das Fernsehprogramm an und entscheiden Sie in zehn Minuten, welche Sendung Sie sehen wollen. Schreiben Sie dann die folgenden Information auf und berichten Sie das Ihren Kollegen/innen.

Name?	Spielfilm? Nachrichten? usw.	Programm (ARD, ZDF?)	Wann?
_____	_____	_____	_____

14.00 Formel 1 live
Großer Preis von Frankreich in Magny Cours. 7. Lauf zur Formel 1-WM. Reporter: Jochen Mass, Heiko Waßer

Michael Schumacher, der von sechs WM-Läufen fünf gewann, bekommt neben Damon Hill einen weiteren Konkurrenten: Nigel Mansell.

Comeback für Nigel Mansell? Er will heute für Williams-Renault erstmals wieder starten

15.00 Tennis: Wimbledon live
Internat. Meisterschaften von England. Aus London Finale der Herren

Erstmals gewann Pete Sampras (r.) 1993 in Wimbledon. Jim Courier lieferte ihm ein spannendes Viersatz-Finale, akzeptierte letztendlich neidlos die Überlegenheit seines Freundes und Dauerrivalen Sampras, der bei erneutem Sieg um 517 500 Dollar (ca. 860 000 Mark) reicher wird

Dazw.: **Live-Schaltung** zum Großen Preis von Frankreich

18.45 RTL aktuell Nachrichten

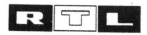

20.15 Dirty Dancing
US-Tanzfilm von 1987 (Wh.)
Johnny Castle .....Patrick Swayze
Frances Houseman ..Jennifer Grey
Jake Houseman .....Jerry Orbach
Penny Johnson ... Cynthia Rhodes
Max Kellerman ....Jack Weston
Lisa Houseman .....Jane Bruckner
Regie: Emile Ardolino

1963. In einem Ferienhotel verliebt sich die wohlbehütete 17jährige Frances, genannt Baby, in den Tanzlehrer Johnny. Der ist auch bei anderen sehr begehrt. Dann kommt Babys Chance. Sie springt für Johnnys schwangere Partnerin beim Mambo-Wettbewerb ein. — Längst ein Kultfilm. **120 Min.**

Es knistert zwischen Baby (Jennifer Grey) und Johnny (Patrick Swayze)

22.15 Spiegel TV
Nachrichtenmagazin

23.00 Prime Time – Spätausgabe
Franzosen sehen Ulrich Wickert

Ulrich Wickert, „Tagesthemen"-moderator und Kenner der Seine-Metropole, schrieb den Bestseller „Und Gott schuf Paris"

Genau!

Change the questions to **du**-forms.

Ein Gespräch im Café.

1. Können Sie lange hier bleiben?
2. Mögen Sie diese Stadt?
3. Dürfen Sie hier auch arbeiten?
4. Wollen Sie noch viel sehen?
5. Müssen Sie bald zurück sein?
6. Können Sie mich gut verstehen?
7. Wollen Sie vielleicht woanders hingehen?
8. Möchten Sie in ein paar Kneipen gehen?

TEIL 7, 3

Freizeit

Go first to **Teil 7,3** *in your tutorial.*

Merke

Review: Giving commands/making requests
Machen Sie schnell.

Giving impersonal commands
Nicht so laut **sprechen**, bitte.

Informal commands and requests (singular)
~~du~~ sprich~~st~~....**sprich**   ~~du~~ wart~~est~~.....**warte**
Hol uns um acht Uhr **ab. Zieh** dich warm **an.**
Mach schnell. **Iss** doch auch etwas.

sein
Sei ruhig, bitte. **Sei** vorsichtig.

haben: idiomatic expressions
Hab keine Angst. **Hab** ein Herz.

Vokabular: Musik

hören/an hören   singen   eine Party haben/geben
zu•hören   das Lied, -er   ein Fest feiern
die Musik   Volkslied   Leute ein•laden
Rockmusik   üben   Leute besuchen
klassische Musik   spielen   tanzen
Musik machen   das Instrument, -e   s. unterhalten
          Gitarre spielen

Klavier spielen

Courtesy of German Information Council, NY, Owen Franken

Sprechen wir!

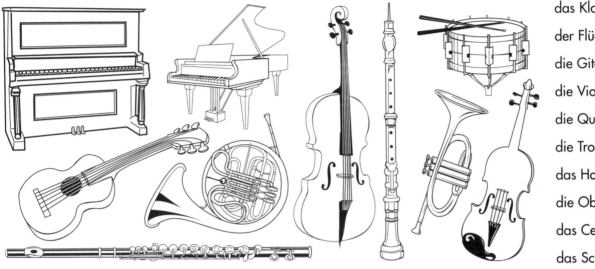

das Klavier

der Flügel

die Gitarre

die Violine

die Querflöte

die Trompete

das Horn

die Oboe

das Cello

das Schlagzeug

Welche Instrumente sehen Sie hier? Wie heißen sie? Suchen Sie die Worte in der Liste.
Woraus (aus welchen Material) sind diese Instrumente?

Und Sie?

Spielen Sie ein Musikinstrument? Welches? Wie lange schon? Wie oft üben Sie?
Jeden Tag? Wie viele Stunden? Welche Musik hören Sie gern? Welche Musik
machen Sie? Klassisch oder modern?

Singen Sie gut? Wann singen Sie?

Laden Sie gern Leute ein? Was machen Sie, wenn Sie Leute einladen? Kochen
Sie etwas? Tanzen Sie gern? Unterhalten Sie sich lieber? Machen Sie zusammen
Musik?

Deutsch zusammen.

Umfrage. Welche Instrumente spielen die Studenten im Deutschkurs?

Name	Instrument	Wie lange schon?

Genau!

Machen Sie direkte Befehlsformen (direct commands).

Ihr Bruder (ein Teenager) langweilt sich. Sie haben ein paar Ideen für
Aktivitäten.

1. ein Buch lesen
2. ein Lied singen
3. etwas im Fernsehen anschauen
4. ins Kino gehen
5. ein bisschen Musik hören
6. Klavier üben

TEIL 7, 4

Wollt ihr ausgehen oder seid ihr zu müde?

Go first to Teil 7,4 in your tutorial.

Merke

Addressing people informally
> **ihr**-forms of regular, irregular, and modal verbs

Wo **seid ihr**? Arbeit**et ihr** heute?
Wollt ihr ausgehen? **Könnt ihr** tanzen?
Möchtet ihr essen gehen?
Dürft ihr etwas trinken oder **müsst ihr** autofahren?

Informal possessive adjective: **euer**

Formal:	Ist das **Ihr** Buch?
Informal, singular:	Ist das **dein** Buch?
Informal, plural:	Ist das **euer** Haus?
with plural noun:	Sind das **eure** Autos?

Vokabular: Ausgehen

die Veranstaltung, -en
eine Veranstaltung besuchen
das Konzert, -e
ins Konzert gehen
die Oper, -n
in die Oper gehen

das Schauspiel, -e
das Theater, -
ins Theater gehen
das Kino, -s
im Kino laufen (läuft)
ins Kino gehen
die Disco, -s
in die Disco gehen

etwas unternehmen
aus•gehen
das Restaurant, -s
im Restaurant essen
essen gehen
ins Restaurant gehen
zum Essen aus•gehen
etwas trinken gehen

Sprechen wir!

Sehen Sie sich die verschiedenen Anzeigen für Veranstaltugen an.

In welcher Kategorie sind die verschiedenen Veranstaltungen?

Theater   *Kino*   *Essen*   *Musik*   *Oper*   *Tanzen*

Special Arrangement:
Amerika Haus in Cooperation mit Kultur Labor Nürnberg

THE ENGLISH THEATRE LODON presents:

THE MOUSETRAP

by Agatha Christie

Freitag 15.8. und Samstag 16.8.2000
jeweils 20 h

Freitag 15.4.2000, 10 h, Schulvorstellung

**Hotel am Tiergarten
Löwensaal**
am Tiergarten Nürnberg

in der englischen
Originalfassung

Karten bei allen bekannten Vorverkaufsstellen
in Nürnberg, Fürth, Erlangen,
sowie im Tiergartenhotel Nürnberg

Kartenversand und Information: 0911 - 59 800 20

Karten für die Schulvorstellung nur bei:
Kultur Labor, Erlenstegenstraße 28, 90491 Nürnberg
Telefon: 0911 - 59 800 20 • Fax 0911 - 59 800 01

Ihre Tanzschule für Tango Argentino, Stand./Latein, Flamenco, Merengue, Salsa, Mambo

Tanzabende: Sa 9., 16., 23., 30 September 20 h
Workshops: Tango Argentino   Anf. 9./10. Sept.
          Std/Lat. Auffrischung Anf   23. Sept.
          Std/Lat. Auffrischung. F1   24. Sept.
          Std/Lat. Auffrischung. F2   25. Sept.

UNSERE FRÜHJAHRSKURSE:
ab 22. September je 10 x 1,5h

❍ Standard/Latein
❍ Merengue/Mambo/Salsa
❍ Tango Argentino
❍ Flamenco

Tanzschule – Tanzcafé – Tanzbühne
Rilkestr. 16 • 90419 Nürnberg • 331445

L'OSTERIA

TRATTORIA • SPAGHETTERIA
PIZZERIA

Unsere Pizza ist wie
aus dem Holzofen.

Günstige Mittagsmenüs
für jeden Geldbeutel.

Öffnungsz.: Mo-Sa 11-23•So 17-24
Pirckheimer-/Ecke Wurzelbauerstr.
Telefon: 0911 / 55 82 83 - 55 52 59

NEUERÖFFNUNG

Bahia Brazil

Erstmalig in Nürnberg:
**Brasilianische &
italienische Küche**

Pizza wie aus dem Holzofen

Täglich 11⁰⁰-24⁰⁰ Uhr geöffnet
Nbg - Allersberger Str. 120
(im Südbad) - Tel. 450 11 90

---

5. WOCHE – ERSTAUFFÜHRUNG
Ausgezeichnet mit dem
GOLDENEN BÄREN BERLINALE 94

IM NAMEN DES VATERS

(In the name of the father) Irland/
GB 93, Regie: Jim Sheridan, mit Daniel Day-Lewis, Emma Thompson
TÄGLICH 22.30 UHR
dF • Preis D • ab12 • farbe • 132m

23. WOCHE – ERSTAUFFÜHRUNG

T E X A S

D 93, Regie: Ralf Huettner/Helge
Schneider, mit Helge Schneider
TÄGLICH 23.45 UHR
dF • Preis C • ab6 • farbe • 92m

ELIZA IM WUNDERLAND
frei nach "Alice in Wonderland"
Musik von Arthur Sullivan
Mad as a Hatter!

Do. 21., Fr. 22. u. Sa. 23.4.94, 20 Uhr, Tafelhalle, Nbg
POCKET OPERA COMPANY   tel: 32 90 47

JAZZCLUB & BAR

FR 15.4. **THE FENSTERS mit Alan Jones**
SA 16.4. G E S C H L O S S E N !

Paniersplatz 27/29 • Fr /Sa ab 20.00 • Telefon 22 43 84

Bi Vi - Disco

- Klüpfel, Leitzstraße 10, Nürnberg

DJs Gerhard und Klaus

Freitag, 15. und 29.8.00, 21-1Uhr

Und Sie?

Was unternehmen Sie, wenn Sie Freizeit haben?

Welche Veranstaltungen besuchen Sie gern? Konzerte? Oper? Theater? Wie oft machen Sie das? Machen Sie das allein? Gehen Sie gern ins Kino? Welche Filme laufen im Moment?

Gehen Sie oft zum Essen aus? Welche Restaurants mögen Sie? Sind die teuer oder billig?

Gehen Sie gern in Discos? Wie oft? Welche Musik hören Sie gern?

Zum Thema: Kinofilm

The American film has dominated West German cinema, and continues to do so. Shortly after movies have run in American theaters, they are shown in Europe, and also, in dubbed versions, in Germany. Similarly, German television adopts a large number of popular American TV series and soap operas, although in the 1980's German television began to produce these types of shows as well. The American influence is strong, yet in the sixties a movement called **der junge deutsche Film** began to influence German cinema. Many of these films that appeared during that time are now considered classics. They include, for example *Die verlorene Ehre der Katarina Blum, Die Blechtrommel* (Volker Schlöndorff), *Die Ehe der Maria Braun, Lili Marleen* (Rainer Werner Faßbinder), *Fitzcarraldo* (Werner Herzog), *Der amerikanische Freund, Himmel über Berlin* (Wim Wenders) and *Rosa Luxemburg* (Maragethe von Trotta). These German films deal with serious subject matter, are often based on literary works, and usually take a critical stance toward current or historical events. In the 1980's Doris Dörre's more lighthearted comedies scored successes at the box office, such as the very successful movie *Männer*. Numerous German and Austrian films have been produced in the 90's. At the same time, films that are imported from other countries, including the U.S, continue to be popular.

Sprachmodell

Machen Sie zuerst die Vorbereitung und dann die Aufgaben beim Hören. Lesen Sie dann die Fragen vor dem dritten Hören.

A. *Vorbereitung.* Diskutieren Sie zuerst die folgenden Fragen.

    1. Wie viele Tage sind es bis zum Wochenende?

    2. Welche verschiedenen Dinge machen Leute am Wochenende?

B. *Hören und Aufgaben.*

    1. *Erstes Hören.* Wer macht was? Machen Sie ein 'x' unter "bleibt zu Hause" oder "fährt weg."

	bleibt zu Hause	fährt weg
Moni	_____	_____
Doris	_____	_____
Niko	_____	_____

    2. *Zweites Hören.* Kreisen Sie alle Freizeitaktivitäten ein, die Sie in dem Gespräch hören.

ins Konzert gehen   tanzen   ins Restaurant gehen   fernsehen   singen

ins Kino gehen   Schach spielen   Karten spielen   lesen

3. *Fragen.* Lesen Sie zuerst die Fragen und hören Sie dann den Text nochmalan. Hören Sie genau zu, was Niko, Doris und Moni sagen. Nennen Sie je zwei Aktivitäten.

Niko: _____

Doris: _____

Moni: _____

Deutsch zusammen

Gruppenarbeit. Machen Sie Gruppen mit vier Personen. Eine Person in der Gruppe fragt zwei andere über das Wochenende mit Familie oder mit Freunden. Die vierte Person schreibt auf, was die beiden sagen.

Fragen. Was macht ihr gern, wenn ihr Freizeit habt? Fahrt ihr gern weg, oder bleibt ihr lieber zu Hause? Was macht ihr zu Hause?

Partnerarbeit. Schreiben Sie zwei Karten für eine Einladung (Abendessen, Geburtstagsparty, usw.). Die eine ist für einen Freund oder eine Freundin, die andere für ein Paar. Folgen Sie diesem Beispiel.

Brunch bei Eva und Sieglinde!

Wir würden uns freuen,
wenn ihr kommen könntet!

Datum Sonntag, 25. November
Uhrzeit 11.00 Uhr

Ruft bitte an
und sagt Bescheid!

Tel. 637841

Genau!

A. Ask these questions with **du**-forms.

Eine Umfrage zum Thema Freizeit: eine Person.

1. Was machen Sie in Ihrer Freizeit?

2. Gehen Sie gern aus oder bleiben Sie zu Hause?

3. Sehen Sie abends oft fern oder lesen Sie etwas?

4. Gehen Sie oft ins Kino oder in Konzerte?

B. Now use **ihr**-forms.

Umfrage: mehrere Personen.

1. Welche Musik hören Sie gern?

2. Spielen Sie ein Instrument?

3. Tanzen Sie gern?

4. Singen Sie gern?

TEIL 7,5

Kommt mit ins Kino!

*Go first to **Teil 7,5** in your tutorial.*

Merke

Informal commands and requests (plural)
Kommt doch bald.

Expressing the future
Kommt ihr morgen?
Werdet ihr morgen **kommen**?

Asking politely and speculating: **würde**
Würdet ihr gern tanzen gehen?

Informal personal pronoun: **euch**
Wir holen **euch** ab.

Informal reflexive pronoun: **euch**
Setzt **euch**, bitte.

Vokabular: Film und Kino

der Film, -e
der Kinofilm, -e
die Kinovorstellung, -en
die Erstaufführung, -en

Schauspieler/in
Regisseur/in
die Regie
das Drehbuch, ¨-er
der Drehort, -e

der Untertitel, -
mit Untertiteln
synchronisiert

Sprechen wir!

Vokabularübung:

die Personen in Filmen _____

ein neuer Film _____

diese Person "macht" den Film _____

deutscher Film, englische Worte (geschrieben) _____

amerikanischer Film, deutsche Worte (gesprochen) _____

das geschriebene Dokument für den Film _____

wo man den Film dreht _____

Sprachmodell: Kinofilm

ZUM THEMA
FAUST
Goethe

A. *Vorbereitung.* Schauen Sie das Foto an.

1. Das ist eine Anzeige für: *ein Konzert*   *einen Film*   *ein Buch*

2. Titel: _____

3. Beschreiben Sie die Person in dem Foto. Wie ist sie?

4. Das Thema ist vielleicht: _____

"Der flotteste Dreier seit MÄNNER"

THOMAS HEINZE   BARBARA AUER   KAI WIESINGER

FRAUEN SIND WAS WUNDERBARES

EIN FILM VON SHERRY HORMANN

16.15 · 18.00 · 20.00

Zeno (Kai Wiesinger), Universitätsdozent und allein erziehender Vater, ist sehr schüchtern und ganz anders als Arthur (Thomas Heinze). Dieser—Autor einer Kinderfernsehserie und von sich selbst überzeugter Draufgänger—geht davon aus, dass keine Frau ihm widerstehen kann. Daran ändert auch die Tatsache wenig, dass Arthur gerade von seiner Braut verlassen wurde, am Tag der Hochzeit. Statt dessen also eine wunderbare Männerfreundschaft—bis beide entdecken, dass ihre jeweilige Traumfrau ein und dieselbe Person ist, nämlich Kim (Barbara Auer)

B. *Lesen und Aufgaben.*

Notieren Sie Informationen über die zwei Männer.

	Beruf	Informationen
Name _____	_____	_____
_____	_____	_____

C. *Lesen und Fragen.*

1. Wie heißen die beiden Männer? Was sind ihre Berufe? Wie heißt die Frau?

2. Suchen Sie ein Wort mit "Mann" und ein Wort mit "Frau." _____ _____
   Was sind die Beziehungen zwischen den drei Personen?

3. Suchen Sie zwei Worte zum Thema "heiraten" und lesen Sie die Sätze mit diesen Worten nochmal.

Sind die folgenden Aussagen richtig oder falsch?

Arthur ist verheiratet.   R_____ F_____

Seine Braut hat ihn verlassen.   R_____ F_____

Die Hochzeit findet nicht statt. R_____ F_____

Deutsch zusammen

Partnerarbeit. Schreiben Sie eine Anzeige und eine kurze Beschreibung für einen Film. Welchen Film haben Sie kürzlich gesehen? Welchen Film wollen Sie vielleicht sehen? Informationen: **Titel, Regie, SchauspielerInnen, Land, Jahr, neu**

2. WOCHE – ERSTAUFFÜHRUNG

VERLASSEN SIE bitte IHREN MANN

Österreich 93, Regie: Reinhard Schwabenitzky, mit Elfi Eschke, Helmut Griem u.a.
Henriette Hofer verläßt plötzlich, ohne Vorwarnung, nach fünf Jahren Ehe ihren Mann, um sich auf eigene Füße zu stellen. Pech für ihr Unterfangen ist, daß ihr Mann Thomas Hofer gerade eine Karriere in der Politik anstrebt und sie als Aushängeschild für eine intakte Familie braucht...
TÄGLICH 21.00/23.10 UHR
SA/SO AUCH 15.30 UHR
dF • Preis C • ab12 • farbe • 100m

Partnerarbeit/Situation. Eine Gruppe von vier oder fünf Leuten geht zusammen aus. Heiko fragt, ob seine Freunde/innen alles haben. Formulieren Sie Fragen mit **du** oder **ihr** und benutzen Sie **dein** und **euer**.

1. Portmonee (Kurt)
2. Handschuhe (Anne, Sandra)
3. Autoschlüssel (Anne)
4. Handy (Gerd)
5. Hausschlüssel (Sandra, Kurt)
6. Hut (Kurt)

Genau!

Setzen Sie die korrekten Formen für **dein** und **euer** ein.
Hektik am Morgen!

1. Annette und Niko, vergesst _____ belegten Brote nicht!
2. Monika, bitte zuerst _____ Müsli essen!
3. Annette, hast du _____ Rucksack?
4. Monika, wo sind _____ Bücher?
5. Niko, zieh _____ Anorak an!
6. Annette und Monika, nehmt _____ Handschuhe mit!

Alles zusammen

As a result of what you have learned in chapter seven you should be able to

1. discuss your hobbies and freetime activities
2. use the informal address appropriately
3. use the present tense to refer to events in the present and future.

A. *Mündliche Fragen.*

Welche Hobbys sind typisch für Kinder und Teenager? Welche Hobbys haben Ihre Familienmitglieder (Geschwister, Eltern, Großeltern)?

Welche Hobbys haben Freunde von Ihnen? Und Sie? Haben Sie ein Hobby? Wie lange haben Sie das schon? Machen Sie Hobbys allein oder als Gruppe?

Was sind traditionelle Hobbys in Amerika und in Deutschland? Was sind "neue" Hobbys? Wie finden Sie die traditionellen Hobbys?

Finden Sie heraus, wer im Deutschkurs welche Hobbys hat.

Wann haben Sie Freizeit? Abends? Am Wochenende? Samstag und Sonntag?

Was machen Sie gern am Wochenende? Wenn Sie allein sind? Wenn Freunde Sie besuchen? Bleiben Sie zu Hause oder gehen Sie aus? Laden Sie Leute ein? Kochen Sie für sie? Was?

Was machen Sie zu Hause? Spielen Sie Karten oder andere Spiele? Sehen Sie Videos? Hören Sie viel Musik? Zu Hause oder in Clubs und Kneipen?

Gehen Sie oft essen? Wie oft jede Woche? In welche Restaurants?

B. *Schriftliche Fragen.*

a. Machen Sie zuerst zwei Listen zum Thema Hobbys.

Welche Hobbys sind typisch für Jugendliche?　　Welche sind typisch für die Elterngeneration?

_____　　_____

_____　　_____

b. Schreiben Sie einen kleinen Artikel über Hobbys. Was sind "traditionelle" Hobbys? Wer macht diese Hobbys? Was sind neue Hobbys?

c. Beschreiben Sie Ihr Hobby. Ist dieses Hobby teuer oder billig? Macht man das allein oder als Gruppe? Wo macht man das?

C. Nacherzählung: Pläne für Sonntag

Heike Kreuzer, Sabine Gärtner, Ulrich Kraft und Jürgen Reinsdorf sind Arbeitskollegen. Es ist Samstagabend und sie treffen sich, um Pläne für Sonntag zu machen. Die Vier wandern jeden Sonntag zusammen, aber diesen Sonntag soll das Wetter ganz furchtbar werden!

HEIKE	Ulrich, hast du eine Idee für morgen? Es ist so schade, dass wir nicht wandern können.
ULRICH	Hmm, ich weiß nicht. Ich möchte auch nicht den ganzen Sonntag zu Hause bleiben.
JÜRGEN	Hier ist ein Vorschlag: Kommt doch zu mir zum Kaffee. So um vier Uhr.
ULRICH	Also, das ist prima! Ich kann Gebäck oder Kuchen mitbringen.
SABINE	Und wir können 'was zusammen spielen. Spielt ihr gern Karten? Oder andere Spiele?
HEIKE	Oh je, ganz häuslich! Kaffee, Kuchen und Spiele! Also, ich würde ganz gern ein bisschen Fußball sehen. Es kommt bestimmt was im Fernsehen.
ULRICH	Also fernsehen kann ich auch zu Hause. Du kannst ja Fußball gucken und wir spielen Rommé oder so was . . . Und ich bringe ein paar CDs mit.
JÜRGEN	Ok, das werden wir dann sehen. Müssen wir ja nicht jetzt entscheiden. Also, bei mir zu Hause um vier!

Übungen

A. *Vokabular.* Ergänzen Sie die Sätze mit den passenden Worten.

1. Heike, Sabine, Ulrich, und Jürgen arbeiten zusammen. Das heißt, sie sind _____.
2. Sie diskutieren ihre Pläne. Ein Synonym für diskutieren ist _____.
3. Jürgen hat eine Idee und macht einen _____.
4. Heike möchte Fußball _____ anschauen.
5. Ein Wort (colloquial) für anschauen ist _____.
6. Sie müssen nicht jetzt _____, was sie am Sonntag machen (fernsehen oder etwas spielen).

B. *Idiomatische Ausdrücke.* Finden Sie passende englische Ausdrücke. Nicht übersetzen!

1. es ist so schade	3. das ist prima	5. oder so 'was
2. hier ist ein Vorschlag	4. ganz häuslich	6. bei mir zu Hause

C. *Fragen zum Text.*

1. Wo treffen sich die Arbeitskollegen?
2. Was machen die vier jeden Sonntag?
3. Was ist das Problem?
4. Was ist Jürgens Vorschlag?
5. Was bringt Ulrich mit?
6. Was möchte Sabine machen?
7. Was möchte Heike machen?
8. Wie werden die Vier den Sonntag verbringen?

D. *Nacherzählung.* Benutzen Sie für die Nacherzählung *Ihre eigenen Worte*!

E. Persönliche Fragen.

1. Welche Wochenendaktivitäten machen Sie gern? Welche nicht so gern?
2. Beschreiben Sie Ihre Pläne für diesen Sonntag.

Aktives Vokabular

Hobbys

das Hobby, -s	hobby
im Internet surfen	to surf the internet
programmieren	to program
der Computer, -	computer
das Computerspiel, -e	computer game
das Videospiel, -e	video game
zeichnen	to draw
malen	to paint
das Bild, -er	drawing, picture
sammeln	to collect
die Sammlung, -en	collection
die Briefmarke, -n	stamp
die Münze, -n	coin
die Figur, -en	figure
die Puppe, -n	doll
das Stofftier, -e	stuffed animal
basteln	to make
bauen	to build
das Modellflugzeug, -e	model plane
das Modellschiff, -e	model ship
die Modelleisenbahn, -en	model trains
fotografieren	to take pictures
das Foto, -s	photo
der Fotoapparat, -e/die Kamera, -s	camera
filmen	to film
der Film, -e	film
die Videokamera	video camera
kochen	to cook
backen	to bake
der Kuchen, -	cake
das Gebäck	pastry
der Keks, -e	cookie
grillen	to barbecue
pflanzen	to plant
die Grünpflanze, -n	plant
die Blume, -n	flower
im Garten	in the garden/yard

Freizeit zu Hause

das Radio/im Radio	radio/on the radio
der Rundfunk	radio
die (Radio)sendung, -en	radio show
Radio hören	to listen to the radio
der Fernseher/im Fernsehen	TV/on TV
das Fernsehprogramm, -e	TV guide
die (Fernseh)sendung, -en	TV show
der Sender, -	TV channel
sehen (ie)	to see, to watch
an•sehen/an•schauen	to watch
fern•sehen	to watch TV
die Nachrichten (pl.)	news
das Nachrichtenmagazin, -e	news magazine
die Talkshow, -s	talk show
die Gameshow, -s	game show
der Krimi, -s	detective story
der Spielfilm, -e	feature film
die Serie, -en	series
die Sportsendung, -en	sports program
das Video, -s	video
das Digitalvideo, -s	digital video, DVD
aus•leihen	to rent
spielen; mit•spielen	to play; to play along
Karten/Schach spielen	to play cards/chess
lesen (ie)	to read
der Roman, -e	novel
die Illustrierte, -n/die Zeitschrift, -en	magazine
die Zeitung, -en	newspaper
die Fernsehzeitung	TV guide

abonnieren	to subscribe
faulenzen	to be lazy, to "hang out"

Musik

hören/an•hören	to hear, to listen
zu•hören	to listen to
die Musik	music
Rockmusik	rockmusic
klassische Musik	classical music
Musik machen	to play music
üben	to practice
singen	to sing
das Lied, -er	song
Volkslied	folk song
spielen	to play
das Instrument, -e	instrument
Gitarre, Klavier spielen	to play the guitar, piano
eine Party haben/geben	to have a party
ein Fest feiern	to celebrate, to have a party
Leute (Freunde, Bekannte) ein•laden	to invite people (friends, acquaintances)
Leute besuchen	to visit people
tanzen	to dance
s. unterhalten	to talk with each other, to have a conversation

Ausgehen

die Veranstaltung, -en	event, performance
eine Veranstaltung besuchen	to attend an event
das Konzert, -e	concert
ins Konzert gehen	to go to a concert
die Oper, -n	opera
in die Oper gehen	to go the opera
das Schauspiel, -e	play
das Theater	theater
ins Theater gehen	to go to the theater
das Kino	movie theatre
im Kino laufen (äu)	to show at the movie theatre

ins Kino gehen	to go to the movies
die Disco	discotheque
in die Disco gehen	to go to a disco
aus•gehen	to go out
das Restaurant, -s	restaurant
im Restaurant essen	to eat in a restaurant
ins Restaurant gehen	to go to a restaurant
essen gehen, zum Essen ausgehen	to go out to eat
etwas trinken gehen	to go out for a drink

Film und Kino

der Film, -e	film, movie
der Kinofilm	film, movie (in the theatre)
die Kinovorstellung, -en	movie showing
die Erstaufführung, -en	first showing
Schauspieler/in	actor/actress
Regisseur/in	director
die Regie	directed by
das Drehbuch, ¨-er	screenplay
der Drehort, -e	location (of filming)
der Untertitel, -	subtitle
mit Untertiteln	subtitled, with subtitles
synchronisiert	dubbed

KAPITEL ACHT

Sport, Spaß, und Spiel

Überblick

Themen

Aktivitäten für drinnen und draußen;
Sport und Wettkampf

Funktionen

Sprechen

Discussing plans for activities

Elaborating

Developing an argument

Stating a reason

Hören

Listening for the time and sequence of
events

Schreiben

Writing a short paragraph and using
connectors

Adding variety: compound and complex
sentences

Vokabular

Indoor and outdoor sports and related
activities; competitive sports

Fitness and health

The verbs **wissen** and **kennen**

Verbs that introduce an opinion: **sagen,
denken, meinen, glauben, finden**

Kulturelles

Sports in the German-Speaking countries
and Europe

"König" Fußball

Wandern

Grammatik

Du and ihr- forms of all verb types and
informal commands

Informal pronouns and possessive
adjectives

Coordinate word order and coordinating
conjunctions: **und, aber, sondern, oder,
denn, (weil)**

Dependent (subordinate) word order and
subordinating conjunctions: **wenn, ob,
dass, W-Fragen, weil**

TEIL 8,1

Freizeit

Go first to **Teil 8,1** *in your tutorial.*

Merke

Combining clauses: coordinating conjunctions und, aber, oder, denn
Katharina läuft **und** spielt Volleyball.
Wir gehen oft spazieren,
    aber meistens bleiben wir hier in der Stadt.
Jim geht zu Parties **oder** in Kneipen.
Die Freunde holen sie nicht so früh ab,
    denn Jim und Katharina gehen am Abend aus.

Commas with coordinating conjunctions
Heute Abend gehen wir Eis
laufen, **und** dann kommen
unsere Eltern azum Abendessen
nicht . . . sondern . . .
    Sie treffen sich **nicht** um neun, **sondern** um zehn.

nicht nur . . . , sondern auch . . .
Kurt fährt **nicht nur** gern Mountainbike, **sondern** er wandert **auch** viel.

Vokabular: Sport im Freien

Sport machen/treiben	Spaß haben/machen	draußen/im Freien	drinnen
Ski fahren	auf die Jagd gehen	baden	windsurfen
Ski laufen	der Jäger, -	schwimmen (gehen)	Windsurfing gehen
Langlauf machen	schießen segeln	Wasserski fahren	
Snowboard fahren	das Ziel treffen (trifft)	rudern	
	angeln	das Boot, -e	fliegen
Schlittschuh laufen	fischen	Segelboot	Drachen fliegen
Eis laufen	reiten	Ruderboot	Bungee springen
Schlitten fahren	das Pferd, -e	Boot fahren	Rollschuh laufen
		ein Boot mieten	Rollerblading gehen

Sprechen wir!

Courtesy of PhotoDisc, Inc.

A. Im Winter oder im Sommer?

	Winter	Sommer
Eis laufen gehen	_____	_____
Schlitten fahren	_____	_____
baden gehen	_____	_____
Windsurfen gehen	_____	_____
segeln gehen	_____	_____
Langlauf machen	_____	_____
Ski fahren	_____	_____
schwimmen	_____	_____

Zum Thema: Sport

In Deutschland finden die meisten Sportveranstaltungen nicht in Schulen oder Universitäten, sondern in Sportvereinen statt. Junge Sportler trainieren zuerst in Jugendklubs. Wenn sie sehr gut sind, werden sie dann Mitglieder in professionellen Organisationen.

Beliebte Sportarten in Deutschland (und in Europa) sind Turnen, Tennis und Tischtennis, Leichtathletik (Laufen, Weitsprung, Hochsprung), Handball (der Teamsport), schwimmen und im Winter Ski laufen und Eishockey. In ihrer Freizeit genießen viele Deutsche Wandern, Spazieren gehen und Rad fahren. Diese Freizeitaktivitäten sind auch in der Schweiz und in Österreich beliebt. Mountainbike fahren und Rollerblading sind neuere Sportarten, die in Europa so populär werden wie in den USA. Auf den Skipisten in den Alpen und in den Dolomiten kann man auch viele junge Leute mit Snowboards sehen.

Und Sie?

Machen Sie gern Sport? Oder finden Sie Sport langweilig? Was machen Sie gern? Welchen Sport machen Sie regelmäßig? Wie oft jede Woche? Welche Sportarten sind (zu) teuer? Welche billig?

Reiten Sie gern? Wo machen Sie das? Wie oft reiten Sie? Machen Sie das allein oder mit Freunden?

Gehen Sie zur Jagd? Wo? Was jagen Sie? Gehen Sie gern angeln? Zu welcher Jahreszeit?

Gehen Sie Bowling spielen? Wann? Wie oft?

Was machen Sie gern, wenn es regnet? Was machen Sie gern, wenn Sie allein sind?

Machen Sie einen Sport mit Risiko? Bungee springen? Drachenfliegen?

Wo machen Leute diese Sportarten? Warum machen sie sie? Wie finden Sie diese Sportarten?

Sprachmodell: Sportnachrichten

A. *Vorbereitung fürs Lesen*

1. *Fragen.*

   Lesen Sie die Zeitung? Welcher Zeitungsteil interessiert Sie besonders? Politik? Der Wetterbericht? Sport? Das Fernsehprogramm? Die Leserbriefe? Die Anzeigen?

2. *Brainstorming und Vokabularhilfe.*

   Was erfährt man in Sportberichten? Welche Worte kommen oft in Sportberichten vor?

   Welches englische Wort passt zu welchem deutschen?

victory	die Niederlage
championships	der Schiedsrichter
loss	der Sieg
result	die Meisterschaften
referee	das Resultat
competition	der Wettkampf

B. *Aufgaben.* Suchen Sie in den Texten die folgenden Informationen.

1. Welcher Sport? _____
2. Wie heißen die Sportler oder die Mannschaften? _____
3. Resultat _____
4. Schreiben Sie alle Verbformen auf und versuchen Sie die Infinitivform zu identifizieren: *spielten* (spielen), ...

   Note: The news casts describe something in the past. The verbs are therefore in the past tense, which you will learn more about in chapter nine.

Sportnachrichten

Bayern München verteidigt Führung

Die Bayern spielten am 14. November gegen den 1. FC Nürnberg. Die 64 000 Zuschauer mussten allerdings lange auf ein Tor warten. In der 87. Minute schoss Helmer das Tor zum 1:0.

Michael Schumacher erster deutscher Weltmeister der Formel-1

Nach dem letzten Rennen hatte der Deutsche einen Punkt Vorsprung (92:91) vor dem Briten Damon Hill. Sichtlich bewegt, mit Tränen in den Augen, sagte der Rheinländer nach seinem Triumph im WM-Finale: "Ich kann immer noch nicht glauben, was passiert ist."

Eintracht Frankfurt bleibt Zweiter

Eintracht Frankfurt steht nach dem 13. Spieltag der 1. deutschen Bundesliga weiterhin auf dem zweiten Platz hinter Bayern München. Frankfurt gewann gegen den VFL Bochum mit 4:1. Yaboah, der Star der Hessen, erzielte zwei Tore. (36. und 75. Minute).

Deutsch zusammen

Partnerarbeit. Finden Sie einen Partner/in im Klassenzimmer und besprechen Sie, was Sie dieses Wochenende machen.

Machst du Sport? Gehst du aus? Oder bleibst du zu Hause?

Berichten Sie dann Ihren KollegInnen, was Sie beide vorhaben.

Partnerarbeit. Sie brauchen für Ihr Apartment einen Zimmerkollegen oder eine Zimmerkollegin. Sie "interviewen" einen Interessenten/in.

Beispiel. Sie fragen: Hast du einen CD-Spieler?

Ihr Partner antwortet: Ich habe **nicht nur** einen CD-Spieler, **sondern auch** eine Stereoanlage.

oder: Ich habe **keinen** CD-Spieler, **aber** ich habe eine Stereolanlage.

1. Hast du eine Waschmaschine?
2. Gehst du joggen?
3. Hast du ein Mountainbike?
4. Siehst du viel fern?
5. Machst du gern sauber?
6. Trinkst du viel Kaffee?

Genau!

A. Kombinieren Sie die folgenden Sätze mit **nicht ... sondern.**

Beispiel. Gabi bleibt gern zu Hause. Gabi geht gern aus.
Gabi bleibt **nicht** gern zu Hause, **sondern** sie geht gern aus.

1. Harald mag Wettkampf. Harald macht gern allein Sport.
2. Gabi ist gern allein. Sie trifft oft ihre Freunde.
3. Herr Krause geht am Freitagabend aus. Er bleibt zu Hause und sieht fern.

B. Kombinieren Sie die Sätze mit **nicht nur . . . sondern auch.**

Beispiel. Daniela spielt jedes Wochenende Handball. Sie fährt oft Rad. →
Daniela spielt **nicht nur** jedes Wochenende Handball, **sondern** sie fährt **auch** oft Rad.

1. Daniela macht viel Sport. Sie handarbeitet gern.
2. Richard lernt viele Studenten kennen. Er lernt ein paar Professoren kennen.
3. Stefan und Jürgen gehen gern spazieren. Sie wandern oft.

TEIL 8,2

Was machst du, wenn du Freizeit hast?

Go first to **Teil 8,2** *in your tutorial.*

Merke

Using multidimensional sentences
Review: Coordinate sentences
Ich spiele gern Fußball **und** meine Schwester spielt gern Tennis.

New: Dependent clauses
   wenn and subordinate word order
Ich stehe gern früh auf, **wenn** ich nicht arbeiten **muss.**

Vokabular: laufen und fahren

spazieren gehen	wandern	Rad fahren	Trampolin Springen
bummeln	klettern/Berg steigen (gehen)	Mountainbike fahren	
joggen/laufen (gehen)		Auto fahren	

Aktivitäten für drinnen

fit sein/fit werden

ins Fitnesscenter gehen

das Laufband (aufs Laufband)

die Stepmaschine (auf die)

das Gerät, -e

an die Geräte gehen

das Gewicht, -e

Gewichte heben

Aerobic machen

tanzen

Tischfußball spielen

Bowling spielen

Sprechen wir!

Drinnen oder draußen?

   Trampolin springen, wandern.
   Bowling spielen, Aerobic machen, tanzen, bummeln.
   Rad fahren, Gymnastik machen, Mountainbike fahren.

   Was macht man im Fitnesscenter? Was gibt es im Fitnesscenter?

Courtesy of Beryl Goldberg Photography. Copyright © 1998 Beryl Goldberg.

Und Sie?

Laufen oder joggen Sie gern? Wie lange und wie weit? Laufen Sie zur Uni oder fahren Sie Auto? Warum? Fahren Sie Rad?

Gehen Sie oder Freunde von Ihnen klettern oder Berg steigen? Wo?

Warum (oder warum nicht)? Ist es gefährlich? Warum oder warum nicht?

Bummeln Sie gern? Wo? Wann machen Sie das? Am Wochenende? Abends? Wie finden Sie Aerobic? Macht das Spaß? Oder ist es langweilig?

Machen Sie Sport lieber im Freien oder drinnen?

Sprachmodell: Freizeit

Umfrage: Was machen Sie in Ihrer Freizeit?

Machen Sie zuerst die *Vorbereitung*. Hören Sie dann zu, was Gabi, Harald und Herr Krause über ihre Freizeit sagen und machen Sie die Aufgaben. Beantworten Sie dann die *Fragen*.

A. *Vorbereitung fürs Hören*

1. Die drei Personen heißen Harald, Gabi und Herr Krause. Sie sind nicht verwandt. Harald ist Student, Gabi ist Lehrling und Herr Krause ist Familienvater.

2. Was machen Leute, wenn sie Freizeit haben? Wann machen sie das vielleicht?

B. *Hören und Aufgaben*

Harald: Schreiben Sie auf, welche Sportarten Sie hören.

_____   _____   _____

Gabi: Welche Aktivitäten hören Sie?

Musik hören	_____	ins Theater gehen	_____
in Kneipen gehen	_____	mit Freunden Sport machen	_____
diskutieren	_____	fernsehen	_____
mit den Eltern ausgehen	_____	zu Hause bleiben	_____

Herr Krause: Wann macht er was? Finden Sie die passende Aktivität/Aktivitäten.

	gar nichts machen!
Freitag	fernsehen
	wandern
Samstag	Rad fahren
	einkaufen gehen
Sonntag	lesen
	früh schlafen gehen

C. *Zweites Hören und Fragen*

Lesen Sie zuerst Fragen 1. und 2. und hören Sie dann, was Gabi und Harald sagen.

1. Was machen Gabi und Harald gern? Ist Gabi gern allein? Bleibt Harald viel zu Hause?

2. Wie sind Harald und Gabi? Gesellig? Aktiv? Jung? Alt?

    Und Sie? Sind Sie gern allein? Was machen Sie und Ihre Freunde zusammen? Sehen Sie Videos?

    Spielen Sie Computerspiele oder andere Spiele zusammen? Gehen Sie oft aus?

    Lesen Sie nun Frage 3. und hören Sie dann nochmal Herrn Krause zu.

3. Wie verbringt Herr Krause das Wochenende? Sieht er fern? Bleibt er immer zu Hause?

   Und Sie? Um wie viel Uhr haben **Sie** wochentags Feierabend? (Wann ist Ihre Arbeit zu Ende?)

   Was machen **Sie** gern, wenn Sie Feierabend haben?

Deutsch zusammen

Partnerarbeit/Schreiben. Was haben Sie letztes Wochenende gemacht?

Machen Sie eine Liste mit fünf Aktivitäten. Geben Sie dann Ihre Liste Ihrem Partner/Ihrer Partnerin. Er/sie schreibt eine Frage zu jeder Aktivität, z.B., Wie lange hast du das gemacht? Wie viel hat das gekostet? Wie war das?

Schreiben Sie dann einen zusammenhängenden (koherenten) Absatz (zu Hause oder im Deutschunterricht) mit den fünf Aktivitäten und den Antworten auf die Fragen. Die Antworten sollen Kommentare zu den Aktivitäten sein.

Partnerarbeit. Ein Freund will Pläne fürs Wochenende machen, aber Sie sind sehr vorsichtig. Sie machen nur mit, wenn alles perfekt ist! (Vorschläge in Klammern oder Ihre eigenen Ideen!)

Beispiel. Ihr Freund fragt: Gehen wir vielleicht schwimmen?
       Sie antworten: Ja, aber nur, wenn es sehr warm ist.

1. Sehen wir vielleicht Freitagabend einen Film im Kino? (etwas lustiges; Kino im Zentrum)
2. Wollen wir dann irgendwo etwas essen gehen? (nicht zu spät; der Freund bezahlt)
3. Gehen wir Samstagmorgen joggen? (nicht zu kalt; nicht zu müde)
4. Besuchen wir Samstagnachmittag Gabriele? (Gabriele zuerst anrufen; sie macht Kuchen und Kaffee!)
5. Kochen wir Samstagabend zusammen? (vegetarisch; nicht zu teuer)
6. Sollen wir ein paar Leute einladen? (sie bringen Getränke mit; beim Geschirrspülen helfen)

Zum Thema: Wandern

Wandern und Spazieren gehen sind beliebte Freizeitaktivitäten in Deutschland, Österreich und in der Schweiz. In Wandergegenden, also wo Leute viel wandern, sind die Wanderwege meistens genau markiert und führen oft zu spezifischen Ausflugszielen, z.B. eine Burg, ein Schloss, eine Ruine oder ein Aussichtspunkt.

Einkehren (lit: *to turn in*) ist ein beliebter und wichtiger Bestandteil von Wanderungen, d.h. man besucht ein Gasthaus oder Café zum Essen oder Kaffee trinken. Wenn so ein Gasthaus oder Restaurant schön liegt und einen besonders schönen Blick hat, macht man es zum Ziel der Wanderung!

Gruppenarbeit. Lesen Sie zuerst die Aktivitäten und schauen Sie dann zusammen die Wanderkarte an. Nennen Sie dann den Ort oder die Orte, wo man diese Dinge machen kann.

Aktivitäten:

Reiten
Kaffee trinken
grillen
interessante Gebäude besichtigen

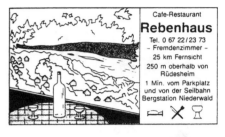

Genau!

Combine the two clauses by forming a **wenn**-clause from the statement in parentheses.

Sie kennen Ihre Freunde sehr gut! Was machen sie, wenn . . . ?

1. Peter trägt einen Anorak, wenn . . . (er fährt Ski)
2. Kai trinkt viel Wasser, wenn . . . (er macht Sport)
3. Barbara nimmt ihren Rucksack mit, wenn . . . (sie geht wandern)
4. Robert trägt seinen Helm, wenn . . . (er fährt Rad)
5. Melanie zieht gern bunte Socken an, wenn . . . (sie macht Aerobic)

TEIL 8,3

Sport und Wettkampf

*Go first to **Teil 8,3** in your tutorial.*

Merke

Review: Using the present tense to express future
Ich **spiele** morgen Nachmittag Golf.

The future with werden
Wirst du morgen Vormittag Tennis **spielen**?

The wenn-clause to express future
Ich mache Sport, **wenn ich Zeit habe**.
Wenn es warm ist, mache ich Sport im Freien.
Wann gehst du spazieren? **Wenn es nicht mehr regnet**.

Vokabular: Einzelsport/Mannschaftssport

der Sport/die Sportarten	die Mannschaft, -en/das Team, -s	Tennis spielen
Sportler, -/in, -nen	Spieler/in, -/nen	Tischtennis
der Mannschaftssport	das Training	Federball
der Einzelsport	trainieren	Raquetball
das Spiel, -e	Handball (spielen)	Squash
der Wettkampf, ¨-e	Basketball	
gewinnen	Volleyball	Golf
verlieren	Fußball	Minigolf
unentschieden/das Unentschieden	(American) Football	
Leichtathletik machen	Eishockey	
Laufen/Weitsprung/Hochsprung		

Sprechen wir!

Einzelsportarten	Sportarten mit zwei Personen	Mannschaftssport
_____	_____	_____
_____	_____	_____
_____	_____	_____
_____	_____	_____

Raten Sie den Sport!

Fünf *große* SpielerInnen pro Mannschaft und ein Korb _____

Zwölf SpielerInnen und zwischen ihnen ein Netz _____

Man hat viel Gras, viel Platz und viele kleine Bälle _____

Helme, Masken und ein "Ei" aus Leder _____

Zwei SpielerInnen, ein Tisch und ein kleiner Ball _____

Sechs Spieler pro Mannschaft auf dem Eis _____

Zum Thema: "König Fußball"

Der beliebteste Sport in Deutschland und in Europa (und eigentlich in der ganzen Welt!) ist der „König Fußball". Fußballspieler sind in vielen Ländern große Berühmtheiten. Der Kapitän der deutschen Nationalmannschaft in den 70-er Jahren war Franz Beckenbauer, genannt „der Kaiser".

Viele Leute sehen Fußball im Fernsehen oder im Stadion, zum Beispiel Spiele der deutschen Bundesliga oder internationale Wettkämpfe. Der Deutsche Fußballbund (DFB) hat eine hohe Mitgliederzahl.

American Football macht dem europäischen Fußball Konkurrenz. Im Fernsehen kommen regelmäßig Footballspiele aus den USA und der Sport wird immer populärer. Außerdem gibt es deutsche Footballmannschaften, die jede Woche Spiele austragen.

Und Sie?

Welchen Sport machen Sie gern im Sommer? Im Winter? Im Herbst? im Frühling?

Welchen Sport machen Sie drinnen? Draußen? Wenn das Wetter schön ist? Wenn es schlecht ist?

Spielen Sie Golf oder Minigolf? Wo? Was tragen Sie, wenn Sie Golf spielen? Spielen Sie Fußball oder American Football? Können Sie Fußball kurz beschreiben?

Wie finden Sie Eishockey? Wo ist Eishockey populär?

Spielen Sie Tennis oder Tischtennis? Spielen Sie gern Volleyball? Wo spielt man viel Volleyball?

Welchen Sport sehen Sie gern im Fernsehen? Warum? Welcher Sport ist im Fernsehen langweilig?

Deutsch zusammen

Eine Umfrage. Finden Sie heraus, welche Sportarten Ihre Mitstudenten/innen machen.

Sportart	Name(n)
_____	_____

Partnerarbeit/Diskussion. Mannschafts- oder Einzelsport? Was ist besser für Jugendliche?

Sie sind die Eltern eines Teenagers und müssen entscheiden, ob sie einen Mannschafts- oder einen Einzelsport unterstützen.

1. Wählen Sie zuerst einen Einzelsport (z.B. Turnen, Tennis, Leichathletik) und dann einen Mannschaftssport (Fußball, Handball, Volleyball).

2. Machen Sie dann eine Liste für beide mit Vor-und Nachteilen° spezifisch für diese beiden Sportarten.

3. Entscheiden Sie dann, welchen Sport Sie fördern wollen und erklären Sie warum.

°*advantages and disadvantages*

Genau!

Ergänzen Sie die Sätze mit mit einem Zeitadverb (**heute, morgen,** usw.) oder mit einem **wenn**-Satz. Ein **wenn**-Satz passt, wenn Sie ein Komma sehen!

Situation: Anneliese organisiert alles für eine Party am Samstag. Sie erklärt Ernst (das ist ihr Mann) genau, was sie macht.

1. *Heute* schreibe ich die Einladungen.
2. Ich schicke sie _____.
3. Unsere Freunde sollen anrufen, _____.
4. _____ kaufe ich Essen und Getränke.
5. _____ koche ich und bereite alles vor.
6. _____, grillen wir im Freien.
7. Aber wir essen drinnen, _____.
8. _____ machen wir zusammen alles sauber!!

TEIL 8,4

Sag/schreib deine Meinung!

*Go first to **Teil 8,4** in your tutorial.*

Merke

wissen
ich/er/sie/es **weiß**   wir/sie/Sie **wissen**
du **weißt**   ihr **wisst**
Ich **weiß** und **du weißt**, dass Fußball sehr populär ist.

kennen
Ich **kenne** Franz Beckenbauer. Man nennt in den „Kaiser".

ob and **dass**
Wissen Sie, **ob** die Deutschen viel Sport machen?
Also, ich weiß, **dass** sie viel wandern.

Expressing an opinion: sagen, denken, meinen, glauben, finden
Herr Wunder **denkt**, dass Leute etwas neues sehen wollen.
Findest du, dass er recht hat?

Vokabular: Sport und Gesundheit

das Herz	die Kondition	die Ernährung
der Puls	die Ausdauer	sich ernähren
der Kreislauf	anstrengend	die Kalorie, -n
der Muskel, -n	erschöpft/k.o. sein	das Cholesterin
der Muskelkater, -	fit sein	das Gewicht
einen Muskelkater haben		zu•nehmen/ab•nehmen

Sprechen wir!

Warum machen viele Leute Sport? Was sind Vorteile? Was sind Nachteile? Was bekommt man, wenn man zu viel Sport macht? Wie oft hatten Sie das schon?
Was kann man oder soll man außer Sport machen, um fit zu bleiben?

Welcher Sport ist gut für die Kondition und Ausdauer?

Was soll man essen, wenn man Sport macht? Welche Ernährung ist gut für SportlerInnen?

Und Sie?

Denken Sie, dass Sport wichtig für die Gesundheit ist? Oder nicht so? Warum oder warum nicht? Finden Sie, dass manche Leute den Sport übertreiben? Wie?

Welchen Sport machen Sie? Warum diesen? Ist er gut für Ihr Herz? Ihre Muskeln? Bekommen Sie manchmal einen Muskelkater? Was tut dann weh? Beine? Arme? Bauch? Schultern?

Wie ist Ihre Kondition? Wann sind Sie erschöpft oder k.o.?

Sprachmodell: Leserbriefe

Machen Sie zuerst die Vorbereitung, lesen Sie dann die Texte und beantworten Sie dann die Fragen.

A. *Vorbereitung*

1. Wie kann man seine Meinung äußern? Wohin kann man schreiben?
2. Schreiben Sie manchmal Leserbriefe? Lesen Sie, was andere Leute schreiben?
3. Welcher Stil ist typisch für Leserbriefe? Sehr formell? Emotional? Argumentativ?
4. Welche Themen sind für Sie interessant?

B. *Lesen und Aufgaben*

1. Unterstreichen Sie die Hauptworte, die Sie kennen (z.B. American Football).
2. Beantworten Sie die zwei Fragen.
   a. Auf welches *Medium* reagieren diese Briefe?
   b. Was sind die Themen in den Leserbriefen? (Ein oder zwei Worte)

Leserbrief 1: Endlich!

Zum "Aktuellen Sport-Studio", ZDF

Endlich berichtet auch das öffentliche Fernsehen über American Football. Man merkt wohl endlich, dass Zuschauer nicht immer den alten Kram, sondern etwas Neues sehen wollen. Bitte mehr davon!

B. Wunder, Kiel

Leserbrief 2: Gewalt im Fernsehen

Ich bin sehr betroffen über die Filmberichte zum Krieg in Jugoslawien. Muss das Fernsehen so schreckliche, brutale Bilder zeigen? Man kann die Tragödie auch ohne diese Schockeffekte verstehen.

Ingo, 16, Dresden

---

3. Lesen Sie die Texte noch einmal und beantworten Sie dann die Fragen.
   a. Sind die Briefe positiv oder negativ?
      Leserbrief 1: _____
      Leserbrief 2: _____
      Warum? Welche Worte?
   b. Welche Worte in den Briefen zeigen Emotionen?
   c. Wählen Sie für jeden Brief ein Wort, das die Stimmung gut beschreibt.
      agressiv   ironisch   freundlich   besorgt   wütend   geschockt   amüsiert
   d. In einem Satz:
      Leserbrief 1: *Herr Wunder* denkt/meint/schreibt/glaubt, dass _____
      Leserbrief 2: *Ingo* denkt/meint/schreibt/glaubt, dass _____

Deutsch zusammen

Partnerarbeit. Was assoziieren Sie mit Sport (positives und negatives)? Schreiben Sie zuerst individuell Ihre Assoziationen auf. Vergleichen Sie Ihre Assoziogramme. Wer hat mehr positive und wer hat mehr negative Assoziationen?

macht Spaß! ———

——— **Sport** ——— **gefährlich**

Wählen Sie dann ein Thema und verfassen Sie zusammen einen Leserbrief.

Partnerarbeit. Sie wollen gesund leben! Machen Sie zusammen einen Fitnessplan für eine Woche. Welchen Sport? Wie oft? Welche Ernährung?

	Montag	*Dienstag*	*Mittwoch*
Frühstück	_____	_____	_____
Mittagessen	_____	_____	_____
Abendessen	_____	_____	_____
Sport	_____	_____	_____

Genau!

Fill in **dass** or **ob**! Zwei Studenten diskutieren, ob Sport wichtig für die Gesundheit ist.

1. Ich weiß, _____ Laufen gut für mein Herz ist.
2. Kannst du mir sagen, _____ Gewichtheben gefährlich ist?
3. Findest du, _____ Fußballfans zu fanatisch sind?
4. Ich bin nicht sicher, _____ mein Kreislauf hoch oder niedrig ist.

TEIL 8,5

Erzähl uns, warum du so viel Sport machst!

*Go first to **Teil 8,5** in your tutorial.*

Merke

Review: w-words
was, wer, wen, wo, wohin, woher, wann, wie, wie viel, wie viele, warum

W-words as subordinating conjunctions
Weißt du, **wer** der Spieler da drüben ist?
Weißt du, **wie alt** der Trainer ist?
Wir wissen nicht, **warum** sie nicht gewinnen.

Explaining why with weil: two verb positions
Warum isst du nichts? **Weil** ich nicht hungrig **bin**.
Ich esse nichts, **weil ich bin** zu k.o.

Vokabular: Meisterschaften

die Meisterschaft, -en
die Europameisterschaft, -en
die Weltmeisterschaft, -en
die Olympiade (Sommer/Winter)
die Olympischen Spiele

die Medaille, -n
die Goldmedaille, -n/Gold
die Silbermedaille, -n/Silber
die Bronzemedaille, -n/Bronze

das Training
trainieren
Sportler/in, -/nen
der Spitzensportler/in
der Hochleistungssport

Sprechen wir!

Kennen Sie Spitzensportler? Welche? Welchen Sport machen Sie? Wie oft machen Spitzensportler Training? Wie trainieren sie vielleicht? Hat Ihre Uni Spitzensportler?

Wie oft findet die Olympiade statt? Welche Städte hatten schon einmal die Olympiade? Was bedeutet das für eine Stadt? Ist das positiv oder negativ?

Sprachmodell

A. *Vorbereitung.* Vokabular

1. Finden Sie Worte, die etwas mit **Sport** zu tun haben.
   Text 1: Siege, ...
   Text 2: Training, ...

B. *Lesen und Aufgaben.* Schauen Sie die beiden Texte an und finden Sie die Sportarten, die hier vorkommen.

Welchen Sport macht Heike Henkel? Welchen Sport macht Anke Huber?

Heike Henkel. 45 Siege! Weltmeisterin, Europameisterin. Keine springt höher. Heike Henkel, der saubere Star, die Graphik-Design-Studentin mit den selbstgemalten T-Shirt-Parolen: „To be top without doping." Spitze ohne Doping. Heike ist blond und dünn, 27, 1 Meter 81 groß. Kameras vergöttern sie. Aber Heike Henkel ist zu schüchtern, um einem Blick standzuhalten. 45 Siege, 45mal Händeschütteln, Schulterklopfen, Siegerehrung, 45mal Medaille, Fernsehinterviews - aber Heike Henkel ist schüchtern. Man fasst es nicht!

Tennis-Hoffnung Anke Huber: 16 und noch nie geküsst!

Wenn der Sport für Mädchen alles ist.

Training, Turnier, Training. "Anke würde mit zwei Stunden Schlaf auskommen und am liebsten auch noch nachts Tennis spielen!" So beschreibt ihr Trainer seine beste Schülerin. Anke Huber will bei den US Open einen weiten Schritt nach vorne machen und arbeitet hart an ihrer Karriere. Darüber hinaus stellt sie keine Fragen. Und wie ist es mit den Antworten?

"Hast du einen Freund, Anke?" "Nein." "Und wie soll einer aussehen?" "Er muss sportlich sein." Nur Sport ist wichtig!

Lesen Sie die Fragen und suchen Sie dann die Informationen in den Texten.

	welche Sportart?	wie alt?	wie groß?	wie viele Medaillen?
Heike			1,81	

	welche Sportart?	wie alt?	welche Interessen?	wie viel Schlaf?
Anke				

C. *Lesen und Fragen.* Lesen Sie die Fragen und dann den Text. Beantworten Sie dann die Fragen.

1. Beschreiben Sie Heike und Anke mit zwei oder drei Adjektiven.
2. Was macht Heike außer Sport?
3. Was ist für Anke am wichtigsten? Was sagt ihr Trainer über sie?

Und Sie?

Machen Sie etwas sehr intensiv, z.B. Uni, Arbeit, Sport, Hobby? Warum? Was ist Ihr Ziel?

Finden Sie es gut, wenn man ein intensives Interesse hat? Warum? Warum nicht?

Wissen Sie, was Sie von Beruf werden wollen? Welche Berufe finden Sie gut? Welche nicht? Warum?

Was wollen Freunde von Ihnen werden?

Deutsch zusammen

Partnerarbeit/Leserbrief. Sie leben in einer Stadt, in der vielleicht eine Olympiade stattfinden soll (Sommer oder Winter).

1. Schreiben Sie zuerst individuell Ihre Meinung auf für oder gegen eine Olympiade in Ihrer Stadt.
2. Machen Sie dann zusammen eine Liste mit Argumenten für die Olympiade und eine dagegen.
3. Besprechen Sie dann Ihre Meinung. Haben Sie beide dieselbe oder

verschiedene Meinungen? Wollen Sie sie ändern?

4. Schreiben Sie Ihr bestes Argument an die Tafel und besprechen Sie es mit Ihren Kollegen.

Partnerarbeit. Es ist Freitag und Sie sprechen mit einem Freund über das Wochenende.

Erklären Sie, warum Sie die folgenden Pläne haben!

1. Ich muss heute früh aufstehen, **weil** . . .

2. Ich muss um neun Uhr bei der Uni sein, . . .

3. Ich muss heute Abend einkaufen gehen . . .

4. Ich kann morgen lange schlafen, . . .

5. Ich werde morgen mein Haus sauber machen, . . .

6. Ich gehe morgen Abend nicht aus, . . .

7. Meine Eltern können eine ganze Woche bleiben, . . .

8. Ich muss dieses Wochenende ein bisschen lernen, . . .

Genau!

A. Combine the sentences with **weil**.

Beispiel. Sandra macht Sport. Es ist gesund.
→Sandra macht Sport, **weil es gesund ist.**

1. Lars spielt gern Tennis. Er gewinnt immer!

2. Karen läuft viel und fährt oft Rad. Sie ist gern draußen.

3. Irmtraut geht oft zu Parties. Sie hat viele Bekannte und Freunde.

4. Niko soll viel Deutsch sprechen. Er bleibt nur ein Jahr in Deutschland.

B. Fill in an appropriate w-word.

Beispiel. Ich weiß nicht, _____ dieser Ort liegt. (Im Norden? Im Süden?)
Ich weiß nicht, *wo* dieser Ort liegt.

1. Ich weiß nicht, _____ es von Kiel nach Hamburg ist. (100 km? 200 km?)

2. Wissen Sie, _____ der Zug in Essen ankommt? (Um 13.00 Uhr? Um 13.30?)

3. Fragen Sie den Schaffner, _____ der Zug hält. (Zweimal? Dreimal?)

4. Wissen Sie, _____ eine Tasse Kaffee im Zug kostet? (Vier Mark? Vier Mark fünfzig?)

Alles zusammen

As a result of what you have learned in **Kapitel Acht** you should be able to:

1. describe and discuss various indoor and outdoor activities;
2. combine clauses in various ways to form more complex sentences;
3. express futhure events and activities in various ways (present tense, future with **werden**; with **wenn**-clauses);
4. state an opinion using various introductory clauses;
5. give reasons for doing something with **weil**.

A. *Mündliche Fragen.*

    a. Sie wollen wissen, welche sportlichen Interessen Ihr Gesprächspartner hat. Stellen Sie fünf Fragen!

    b. Beantworten Sie die folgenden Fragen.

Machen Sie gern Sport? Welchen? Wann und wie oft machen Sie das? Sehen Sie gern Sportsendungen im Fernsehen? Welche?

Welche Sportarten sind populär in Amerika, welche in Deutschland?

B. *Schriftliche Fragen.*

    Wählen Sie eine Situation. Schreiben Sie einen Absatz, ca. fünf Sätze.

    a. Situation: Es ist Freitagabend und sie wollen heute Abend nicht ausgehen. Was machen Sie gern, wenn Sie einen Abend allein zu Hause haben?

    b. Situation: Ihre Eltern sind zu Besuch. Beschreiben Sie, was Sie zusammen machen.

    (Tipp: Machen Sie zuerst eine Liste und schreiben Sie dann den Absatz.)

C. Nacherzählung: Was machen wir dieses Wochenende?

Anke und Wladimir treffen Jim und Katharina zum Kaffee. Jim ist ein Student aus Amerika und Katharina ist seine deutsche Freundin. Sie ist Schülerin. Anke ist Bürokauffrau und Wladimir ist Lehrling in einer Elektrofirma. Die vier sprechen über das kommende Wochenende.

Wladimir:	Habt ihr Lust dieses Wochenende etwas zusammen zu machen?
Katharina:	Klar! Habt ihr eine Idee?
Anke:	Also, Wladimir und ich machen am Wochenende gern 'was im Freien. Wir gehen oft wandern oder Mountainbike fahren.
Wladimir:	Oder manchmal treffen wir Freunde und spielen Tennis.
Jim:	Katharina und ich gehen viel spazieren aber meistens bleiben wir in der Stadt.
Anke:	Machst du gern Sport, Jim?

Jim:	Also, Katharina ist echt sportlich. Sie spielt Volleyball und sie geht joggen und im Winter wollen wir zusammen Ski fahren.
Katharina:	Also, Jim! Du machst doch auch Sport! Du tanzt bei Partys . . .
Jim:	Klar! Ich lerne gern Leute kennen und . . .
Anke:	Und du machst das natürlich, weil du dann dein Deutsch verbesserst! Also, was denkt ihr? Wandern wir dann am Sonntag?
Katharina:	Das würde ich gerne machen! Jim, findest du das auch gut?
Jim:	Na ja. Mal seh'n. Brauche ich da auch noch spezielle Wanderschuhe oder kann ich Turnschuhe tragen?
Anke:	Also Jim! Du bist ja sehr enthusiastisch! Wir können auch 'was anderes machen!
Jim:	Nee, nee. Ich mache schon mit. Wann wollen wir uns treffen?
Wladimir:	So gegen 9? Wir holen euch ab.

Übungen

A. *Vokabular*. Ergänzen Sie die Sätze mit den passenden Worten.

1. Wladimir und Anke sehen Jim und Katharina im Cafe. Das heißt, sie _____. Jim und Katharina und besprechen ihre Pläne für das Wochenende.

2. Wladimir bleibt samstags und sonntags nicht gern zu Hause. Er wandert oder geht angeln. Er ist sehr gern _____.

3. Katharina läuft und spielt Volleyball. Sie ist ziemlich _____.

4. Wenn das Wetter schön ist, _____. Jim und Katharina oft _____.

5. Jim hat Partys gern. Er _____ andere Leute _____.

6. Wladimir und Anke haben ein Auto. Sie _____ Jim und Katharina Sonntagmorgen _____.

B. *Idiomatische Ausdrücke*. Finden Sie passende englische Ausdrücke. Nicht übersetzen!

1. Sie ist echt sportlich.
2. Alles klar!
3. Gegen neun Uhr
4. Ich mache schon mit.
5. Mal seh'n
6. Ich bin mal neugierig!

C. *Fragen zum Text.*

1. Wen treffen Jim und Katharina?
2. Wer sind Jim und Katharina?
3. Was machen die Vier und was besprechen sie?
4. Was machen Wladimir und Anke gern am Wochenende?
5. Wie ist Katharina? Was macht sie gern?
6. Was macht Jim gern, wenn er Freizeit hat?
7. Was sind ihre Pläne für Sonntag?
8. Wann wollen Wladimir und Anke Jim und Katharina abholen? Wann *werden* sie sie abholen?

D. *Nacherzählung.* Benutzen Sie für die Nacherzählung *Ihre eigenen Worte*!

E. *Persönliche Fragen.*

1. Wie finden Sie die Wladimir und Anke?
2. Wie ist Jim? Und wie ist Katharina?
3. Was machen *Sie* am Wochenende?
4. Was macht Ihre Familie am Wochenende?

Aktives Vokabular

Sport machen/treiben	to play sports
viel Spaß haben/machen (es macht Spaß)	to have fun; to be fun (it's fun)
draußen/im Freien	outside/outdoors
drinnen	inside/indoors
Ski fahren/Ski laufen	to ski
Langlauf machen	to cross country ski
Snowboard fahren	to snowboard
Schlittschuh laufen/Eis laufen	to iceskate
Schlitten fahren	to ride a sled
auf die Jagd gehen	to go hunting
schießen	to target-shoot
der jäger-	hunter
das Ziel treffen	to hit the target
angeln/fischen	to fish
reiten	to ride
das Pferd, -e	horse
baden/schwimmen	to swim
segeln	to sail
rudern	to row
das Boot, -e	boat
Segelboot	sailboat
Ruderboot	rowboat
Boot fahren	to ride a boat
ein Boot mieten	to rent a boat
windsurfen/	to windsurf
Windsurfing gehen	to go wind surfing
Wasserski fahren	to water ski
fliegen	to fly
Drachen fliegen	to hangglide
Bungee springen	to bungee jump
Rollschuh laufen	to rollerskate
Rollerblading gehen	to rollerblade

spazieren gehen	to take a walk
wandern	to hike
bummeln	to stroll in the city, to window shop
joggen/laufen	to jog
klettern/Berg steigen	to climb, mountain climb
Rad fahren	to ride a bike
Mountainbike fahren	to ride a mountain bike
Auto fahren	to drive a car
Trampolin Springen	to jump on a trampoline

Aktivitäten für drinnen

fit sein/fit werden	to be/get fit, in good shape
ins Fitnesscenter gehen	to go to the fitness center
das Laufband	running track
die Stepmaschine	step machine
das Gerät, -e	machine
an die Geräte gehen	to work on weight machines, to lift weights
das Gewicht, -e	weight
Gewichte heben	to lift weights
Aerobic machen	to do aerobics
tanzen	to dance
Tischfußball spielen	to play Fußball
Bowling spielen	to bowl

Einzelsport/Mannschaftssport

der Sport/die Sportarten	sport, sports
der Mannschaftssport	team sport
die Einzelsport	individual sport
das Spiel, -e	match, game
der Wettkampf, ¨-e	competition
gewinnen	to win
verlieren	to lose
unentschieden/das Unentschieden	tied/tie
Leichtathletik machen	to do track and field
Laufen	running
Hochsprung/Weitsprung	high jump/long jump

die Mannschaft, -en/das Team, -s	team
der Spieler/in, -/nen	player
das Training	practice, training
trainieren	to train, have practice
Handball (spielen)	(to play) team handball
Basketball	basketball
Volleyball	volleyball
Fußball	soccer
American Football	American football
Eishockey	ice hockey
Tennis	tennis
Tischtennis	table tennis, ping pong
Federball	badminton
Raquetball	racquetball
Squash	squash
Golf	golf
Minigolf	miniature golf
Leichtathletik machen	to do track and field
Laufen	running
Weitsprung	long jump
Hochsprung	high jump

Sport und Gesundheit

das Herz	heart
der Puls	pulse, heartbeat
der Kreislauf	circulation, heart rate
der Muskel, -n	muscle
der Muskelkater/einen Muskelkater haben	stiff muscles/to have stiff muscles
die Kondition	condition
die Ausdauer	endurance

anstrengend	exhausting
erschöpft/k.o. sein	to be exhausted
die Ernährung	nutrition
s. ernähren	to nourish oneself
die Kalorie, -n	calorie
das Cholesterin	cholesterol
das Gewicht	weight
zu•nehmen (nimmt zu)	to gain weight
ab•nehmen (nimmt ab)	to lose weight

Meisterschaften

die Meisterschaft, -en	competition, championship
die Europameisterschaft, -en	European Championship
die Weltmeisterschaft, -en	World Championship
die Olympiade/ die Olympischen Spiele	Olympics
die Medaille, -n	medal
die Goldmedaille, -n/Gold	gold medal
die Silbermedaille, -n/Silber	silver medal
die Bronzemedaille, -n/Bronze	bronze medal
die Siegerehrung	award/medal ceremony

KAPITEL NEUN

Kindheit und Jugend

<u>Überblick</u>

Themen

Erfahrungen von Kindheit, Jugend und Vergangenheit

Funktionen

Sprechen

Connecting and sequencing present and past events

Relating past events

Indicating the relative length of an event using **erst** and **schon**

Hören

Supplementing missing elements

Listening for the sequence of events

Schreiben

Using cohesive devices

Marking different time frames

Lesen

Identifying text types

Looking for cues in longer texts (dates, locations, names)

Identifying the sequence of events

Identifying the "speaker" in a text with multiple voices

Vokabular

Review time expressions

Past time expressions

Words associated with childhood and youth

Kulturelles

Closing times for stores

University studies

Remembering the past, dealing with the past

Grammatik

Idiomatic present: implied past and continuous present

Simple past: **haben, sein, werden;** modal verbs; high frequency verbs: **geben, kommen, gehen, sehen, laufen**

TEIL 9,1

Wie lange studierst du schon?

Go first to Teil 9,1 in your Tutorial.

> **Merke**
>
> **Idiomatic present: past continuing into present**
> **schon** + time expression:
>   Ich warte **schon zwei Stunden** hier.
> **erst** + time expression:
>   Ich warte **erst zehn Minuten** hier.

Vokabular: Studium und Universität

die Universität, -en	das Studium, Studien	das Semester, -	der Hörsaal, ¨-e/im Hörsaal
die Uni, -s	der/die Akademiker/in	das Sommersemester	die Bibliothek, -en/ in der/ zur
die Hochschule, -n	der Studiengang, ¨-e	das Wintersemester	der Kurs, -e/ im Kurs
studieren	der Numerus clausus	das Frühjahrssemester (U.S.)	das Seminar, -e/im Seminar
belegen	der Abschluss, ¨-e	das Herbstsemester (U.S.)	die Vorlesung, -en

Sprechen wir!

Wie war dein Seminar?

* Hallo, Walter.

• Hi, Paula. Wie geht's?

* Mann, bin ich k.o! Ich sitz' schon den ganzen Vormittag im Hörsaal.

• Du Arme! Ich bin erst eine Stunde auf.

* Echt? Hast du heute keine Vorlesung?

• Erst heute Nachmittag. Und du? Hast du heute Nachmittag 'was?

* Ja, aber ich bin schon um drei Uhr fertig.

• Ich um vier. Wollen wir uns auf einen Kaffee treffen?

Situation. You are meeting Bettina, a German exchange student, at the student cafeteria. She wants to know a little about your studies and your family. Tell her that:

1. you have only been in school for one semester;
2. but you will stay for the summer semester;
3. you've been studying German for just three months;
4. your family has been living here for twenty years;
5. and you have two brothers and a sister;
6. your sister has been teaching for two years. No, not here; she has been living in California for a year;
7. your brothers are not students. They have been working for three years.

Zum Thema: Studium

Das Studium (oder **Hochschulstudium**) ist in Deutschland die Voraussetzung für viele Berufe und setzt das Abitur (Gymnasium) voraus Im Durchschnitt dauert das Studium 14 Semster oder 7 Jahre. Es gibt verschiedene Abschlüsse: **Magister**, **Diplom** und **Promotion**. Viele Studiengänge haben einen bestimmten Numerus clausus; das heißt, man braucht einen bestimmten Notendurchschnitt im Abitur.

Da die Zahl der **Akademiker** (StudentInnen mit Hochschulabschluss) stetig steigt, sehen die Berufschancen für viele nicht gut aus. Stellen sind rar und oft nicht auf Dauer, also nur für eine begrenzte Zeit. Im Vergleich zu den USA sind Studiengänge weniger strukturiert: StudentInnen können ziemlich frei entscheiden, welche **Lehrveranstaltungen** (Vorlesungen und Seminare) sie belegen wollen.

Sprachmodell: (listening)

A. *Vorbereitung.*

   1. *Vokabular besprechen.* Was kann man vielleicht über sein Studium berichten? Nennen Sie relevante Worte.

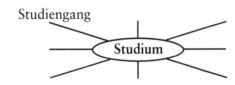

Studiengang — Studium

B. *Hören und Aufgaben.*

   2. *Erstes Hören. Themen feststellen.* Welche Worte hören Sie?

   Studiengang Trimester Wintersemester belegen Hochschule Hörsaal
   Semester Vorlesung sich einschreiben unterrichten studieren Bibliothek

   3. Zweites Hören. *Auf spezifische Informationen hören.*

   Julia studiert schon _____. Julia ist im _____.
   Matthias studiert erst _____. Matthias ist noch im _____.

Und Sie?

Benutzen Sie **erst**, wenn Sie denken, dass etwas **noch nicht lange** ist und **schon,** wenn Sie finden, dass **das schon** lange dauert.

Wie lange wohnen Sie schon hier? Wohnen Sie allein, d.h., nicht mehr zu Hause bei den Eltern? Wie lange schon? Woher kommen Sie? Wie lange wohnt Ihre Familie schon da?

Wie lange dauert Ihr Studium schon? Wie lange studieren Sie schon an dieser Universität? Wie lange lernen Sie schon Deutsch?

Spielen Sie ein Instrument? Was ist es, und wie lange spielen Sie es schon? Fotografieren Sie gern? Was fotografieren Sie und wie lange fotografieren Sie schon? Zeichnen oder malen Sie gern? Wie lange machen Sie das schon? Sammeln Sie etwas? Was sammeln Sie, wie groß ist Ihre Sammlung und wie lange sammeln Sie diese Dinge schon?

Fahren Sie Auto? Wie lange fahren Sie schon?

Genau!

A. Indicate if the statement refers to something that has already existed for a long time, or only for a short time. State the entire time expression.

1. Inge wohnt schon zehn Jahre in Wien, aber erst einen Monat allein.

2. Gabriele kennt ihren Freund erst einen Monat.

3. Studiert du wirklich schon sechs Jahre in Bochum.

4. Gerd hat sein Auto schon acht Jahre.

B. Insert the time expression given in parentheses with the correct ending. Use the context to determine if to use **erst** (for a shorter period of time) and **schon** (for a longer one).

1. Markus studiert _____ in Bonn. (ein Monat)

2. Sandra wohnt _____ (zehn Jahre) in Berlin, aber _____ (sechs Monate) wohnt sie allein.

3. _____ (zweieinhalb Stunden) sitzt Gerhard in der Vorlesung und er wird furchtbar müde.

4. Martina wartet _____ (eine Stunde) auf Julia und sie wird ziemlich ärgerlich.

5. Patrick kommt _____ nächste Woche zu Besuch, aber Walter kommt (diesen Freitag).

TEIL 9,2

Gestern

*Go first to **Teil 9,2** in your Tutorial.*

Merke

Simple past tense: sein, haben, werden

ich **war**	wir **waren**	ich **hatte**	wir **hatten**
du **warst**	ihr **wart**	du **hattest**	ihr **hattet**
er/sie/es **war**	sie/Sie **waren**	er/sie/es **hatte**	sie/Sie **hatten**

ich **wurde**	wir **wurden**
du **wurdest**	ihr **wurdet**
er/sie/es **wurde**	sie/Sie **wurden**

Simple past tense: high frequency verbs

Früher **gab** es hier viel Wald. (geben)
Wann **kamst** du gestern nach Hause? (kommen)
Erwin und Anke **gingen** gestern Abend Squash spielen. (gehen)
Wir **sahen** das kommen. (sehen)
Der Film **lief** sechs Wochen lang im Kino. (laufen)

Vokabular: Past time expressions

gestern	(vor)gestern Morgen	(vor)gestern Nachmittag
früher	(vor)gestern Vormittag	(vor)gestern Abend
erst/schon	(vor)gestern Mittag	(vor) gestern Nacht

Sprechen wir!

Sagen Sie, wann diese Aktivitäten wahrscheinlich waren: morgens, nachmittags, abends usw.

Beispiel: Ute und Julia einen Film sehen → **Gestern Abend** sahen Ute und Julia einen Film.

Rudi	schrecklich müde werden
Vera	zur Uni gehen
Urs und Tom	erst nach Mitternacht nach Hause kommen
Erika	ihren Tenniskurs haben und im Cafe sein
Natascha	ihre Freundin beim Bäcker sehen
Daniel	nach Hause; Auto kaputt sein

Deutsch zusammen

Situation/Partnerarbeit. Sie brauchen ein Alibi! Eine Person berichtet genau, wo er/sie **gestern** und **vorgestern** (Morgen, Nachmittag, Abend) war. Die andere Person macht Notizen.

(vor)gestern	Morgen	Mittag	Nachmittag	Abend	Nacht
	zu Hause *bis 11.00 Uhr*				

Sprachnotiz

As you are studying the past tense in German, you are learning that some verbs (**haben**, **sein**, **werden**, modal verbs and some high frequency verbs) use a "one-word" past tense called the **simple past** or **preterite**. The term "simple" merely refers to its formation without any additional (helping) verbs, but doesn't imply that learning the forms is "simple."

Most or all other verbs are used with the "two-word" past (**haben** or **sein** and the participle) in every-day speech, the **conversational past** or **present perfect**, which you will learn in chapter 10. The **simple past** of these verbs, which you will learn later on, is mainly used in more formal, written narration. In the text below, you will notice the use of some of these forms.

In spoken German "mixing" the past tenses, i.e., using the conversational past for most verbs, but the simple past for modals and a few others is very common.

Und Sie?

Wo waren Sie gestern? Wann gingen Sie zur Uni? Wann kamen Sie nach Hause? Wann wurden Sie müde?

Wie war das Wetter gestern und vorgestern? Was hatten Sie an (welche Kleidung)?

Wann hatten Sie Geburtstag? Wie alt wurden Sie? Wann hatte eine Freund/eine Freundin von Ihnen Geburtstag? Wie alt wurde er/sie?

Wo war Ihre Familie (Eltern, Großeltern) früher? Wo wohnt Ihre Familie jetzt?

Genau!

Indicate if the following sentences your teacher will read to you refer to the past or the present.

1. Wir waren zwei Stunden draußen.
2. Eva und Matthias haben wenig Zeit.
3. Sven ging zu Fuß zur Uni.
4. Anne und Maria gehen gern spazieren.
5. Gibt es vielleicht etwas zu trinken?
6. Karin hatte mehrere Freunde zu Besuch.
7. Es gab viel zu besprechen.
8. Ich bin am Wochenende oft zu Hause.

Now change the verbs in the following sentences to the simple past.

1. Hast du genug Geld?
2. Ich habe wenig Zeit.
3. Abends wird es oft spät.
4. Wir sind nie zu Hause.
5. Meine Zimmerkollegin hat kein Auto.
6. Ich habe immer viel Arbeit.
7. Mein Freund hat keinen Job.
8. Ihr werdet aber früh müde.

TEIL 9,3

Kindheit und Jugend

*Go first to **Teil 9,3** in your Tutorial.*

Merke

Modal verbs: simple past
können

ich/er/sie/es **konnte**	wir/sie/Sie **konnten**
du **konntest**	ihr **konntet**

wollen

ich/er/sie/es **wollte**	wir/sie/Sie **wollten**
du **wolltest**	ihr **wolltet**

dürfen

ich/er/sie/es **durfte**	wir/sie/Sie **durften**
du **durftest**	ihr **durftet**

müssen

ich/er/sie/es **musste**	wir/sie/Sie **mussten**
du **musstest**	ihr **musstet**

sollen

ich/er/sie/es **sollte**	wir/sie/Sie **sollten**
du **solltest**	ihr **solltet**

möchten/mögen

ich/er/sie/es **mochte**	wir/sie/Sie **mochten**
du **mochtest**	ihr **mochtet**

Vokabular: Kindheit und Jugend

die Kindheit	die Erinnerung, -en	spielen	das Verbot, -e
als Kind	das Erlebnis, -se	der Spielkamerad/in	die Strafe, -n
die Jugend	erzahlen	das Taschengeld	der Hausarrest/das Ausgehverbot
als Jugendliche/r	die vergangenheit	verbieten	erlauben, erlaubt
auf•wachsen		verboten	die Regel, -n
Emotionen			
lachen	die Angst	sich schämen	sich vertragen
weinen	(vor etwas) Angst haben	die Scham	(sich) streiten
schreien	ängstlich	die Schuld	der Streit
schweigen		schuldig	
Veränderungen			
der Umzug, ¨-e	umziehen	die Schule, -n	wechseln

Sprechen wir!

Assoziationen. Was assoziieren Sie mit **Kindheit**? Nennen Sie so viele Worte wie möglich.

spielen   Kindheit ——Verbote

Sehen Sie sich jetzt Ihre Assoziationen an. Welche sind positiv, welche negativ? Machen Sie zwei Listen.

Situation. You are talking to a colleague (**Sie** or **du**?) on Monday morning. Find out if:

1. she was able go out yesterday
2. she wanted to meet some friends
3. she had to go home early
4. or if she could stay late

Sprachmodell: "Tearing the Silence"

A. *Vorbereitung.*

1. *Vorwissen feststellen/aktivieren.*

   Was assoziieren Sie mit **Vergangenheit = Geschichte**? Welche Ereignisse sind besonders wichtig für Amerika? Welche für Deutschland?

   Amerika   **Deutschland**

2. *Thema feststellen.*

   Sehen Sie sich jetzt die "erste" Überschrift. Beantworten Sie die Fragen.

   Was für ein Text ist es? Was "bespricht" er?

   Warum ist der Text wohl "zweisprachig"?

   Lesen Sie jetzt die "zweite" Überschrift. Welche Funktion hat sie? Was beschreibt sie?

3. *Sprecher feststellen.* Sehen Sie sich die drei Absätze an. Wer "spricht" in welchem Absatz?

   Absatz 1: _____ Absatz 2: _____ Absatz 3: _____

B. *Selektives Lesen.*

Lesen Sie den ersten Absatz. Geben Sie dann die folgenden Informationen

Buchbesprechung: "Tearing the Silence" von Ursula Hegi

Schreibtherapie gegen die Scham und das Schweigen

Tearing the Silence – On Being German in America. Das erste nicht-fiktive Buch von Ursula Hegi, Autorin des Bestsellers Stones from the River: eine Nabelschau über das Verhältnis der Nachkriegsdeutschen zur deutschen Identität.

Deutsch zusammen

Partnerarbeit/Assoziationen.

1. Schreiben Sie zuerst individuell Ihre Assoziationen mit Kindheit auf.
2. Lesen Sie, was Ihr Partner/in hat und vergleichen Sie: Wer hat positive Assoziationen? Wer negative?
3. Schreiben Sie drei positive und zwei negative Assoziationen auf und berichten Sie das dann.

Partnerarbeit/Interview. Stellen Sie die vier Fragen über Kindheit und Jugend. Berichten Sie das dann Ihren KollegInnen.

Was konntest du als Kind gut machen?

Welche Hausarbeit (sauber machen, im Garten helfen, usw.) musstest du als Kind machen?

Was durftest du als Teenager nicht machen?

Was wolltest du als Teenager gern machen?

Und Sie?

Wie waren Sie als Kind? So wie jetzt? Oder anders? Waren Sie lebhaft? Ruhig? Ängstlich?

Hatten Sie als Kind oft Angst? Warum?

Was mochten Sie als Kind sehr gern, was mochten Sie nicht? Was konnten Sie als Kind gut machen? Können Sie das jetzt noch gut? Was sollten Sie als Kind nicht machen? Warum nicht?

Durften Sie Auto fahren? Hatten Sie selbst ein Auto?

Wie lange durften Sie abends ausgehen? Wann mussten Sie nach Hause kommen? Gab es eine Strafe, wenn Sie zu spät kamen?

Wie viel Taschengeld hatten Sie jede Woche? Was mussten Sie für das Taschengeld machen? es jetzt auch noch machen? Sie jung waren? Warum mussten Sie das machen? Müssen Sie es jetzt auch noch machen?

Genau!

Express each of the following in the past tense.

1. Wann sollt ihr die Kurse belegen?
2. Sollen die Studenten ein Foto mitbringen?
3. Muss man einen Ausweis vorzeigen?
4. Kann man einen Pass benutzen?
5. Dürfen die Studenten alle Kurse belegen?
6. Mag Andreas diesen Professor?
7. Muss man viele Arbeiten abgeben?
8. Dürfen die Leute im Seminar Fragen stellen?
9. Soll man immer pünktlich kommen?
10. Verlangt der Professor eine Semesterarbeit?

TEIL 9,4

Mit der Vergangenheit umgehen

*Go first to **Teil 9,4** in your Tutorial.*

> ### Merke
>
> **Past time expressions: noun phrases (accusative)**
> **Letzten Freitag** sah ich Anne.
> **Voriges Jahr** waren wir zusammen in Wien.
> **Vergangene Woche** kam ein Brief von Anne.
> **Vorletztes Jahr** konnte ich Genf und Zürich besuchen.

Vokabular: time expressions for past, present, and future

gestern	heute	morgen
vorgestern	heutzutage	übermorgen
früher	jetzt	gleich
neulich	im Moment	bald
vor kurzem		in der Zukunft
vor einer Woche/vor einem Monat/einem Jahr		

Sprechen wir!

Übung. Complete each sentence given with a contrasting statement about the past.

Heute muss ich viel arbeiten, aber...

Heutzutage sind Geschäfte lange offen, aber...

Gestern konnte ich ausgehen, aber...

Im Moment sitze ich endlich gemütlich im Wohnzimmer, aber...

Diese Woche bin ich in Italien und...

Jetzt läuft ein Film mit Matt Damon in Kino und...

Sprachmodell: "Tearing the Silence" (Fortsetzung) (reading)

Buchbesprechung: "Tearing the Silence" von Ursula Hegi

Schreibtherapie gegen die Scham und das Schweigen

Tearing the Silence – On Being German in America. Das erste nicht-fiktive Buch von Ursula Hegi, Autorin des Bestsellers Stones from the River: eine Nabelschau über das Verhältnis der Nachkriegsdeutschen zur deutschen Identität.

As a young woman, I tried to shed my German heritage, to make myself nationless. I wished I'd come from another country, another culture. There were times when I would have given a lot not to be blond and blue-eyed, not to fit that German stereotype. I wanted black, curly hair, wanted my accent to disappear so that people would not ask immediately: "Where are you from?"

Scham - die kollektive Scham, aus einem Land zu kommen, das Millionen umgebracht hat - dieses Gefühl ist vielen Nachkriegskindern nur zu vertraut. Die deutsch-amerikanische Erfolgs-autorin Ursula Hegi, die 1964 im Alter von 18 Jahren aus Deutschland in die USA auswanderte, setzt sich in ihren Werken immer bewußter und expliziter mit ihrer deutschen Herkunft auseinander. In Tearing the Silence – On Being German in America untersucht sie das Verhältnis der Nachkriegs-deutschen zum Holocaust, zu Schuldempfinden und zur deutschen Identität. Sie schildert die eigene Scham, Deutsche zu sein, die sie selbst bis ins Ausland verfolgte und sie die

eigene Nationalität lange ablehnen ließ:

Nothing has ever caused me to feel this deep and abiding shame that I share with many others who were raised in postwar Germany. (…) It has taken me many years to be able to speak and write about Germany because I feel encumbered by its terrible heritage. (…) I've struggled against and come to accept over the years that I grew up in a country that murdered millions of children, women and men, and that I cannot sever myself from that country, though I have certainly tried to do that. Hegi litt und leidet unter der deutschen Vergangenheit, unter dem Ausmaß eines Verbrechens, an dem sie selbst nicht beteiligt war, aber für deren Sühne sie sich mitverantwortlich fühlt.

A. *Partnerarbeit*. Fassen Sie den zweiten Absatz in einem Satz zusammen (auf deutsch). Kreativ sein, bitte! Der Satz soll nicht Fakten, sondern Emotionen wiedergeben.

B. *Spezifische Informationen suchen*. Lesen Sie den dritten Absatz sehen Sie sich auch nochmal die Überschrift an für Aufgabe c. an.

a. Was erfahren wir über die Autorin?

b. Suchen Sie Wortkombinationen (Komposita) mit dem Wort **Krieg**.

c. Machen Sie zwei Listen mit Hauptworten: 1. **abstrakte Worte** 2. **emotionale Worte**

E. *Synthese*. Sehen Sie sich die Worte mit **Krieg** und die Worte in den zwei Listen an. Mit welchen Themen befasst sich die Autorin?

F. *Gruppenarbeit/Diskussion*. Wählen Sie eine Äußerung und geben Sie Ihre Meinungen dazu. Eine Person in der Gruppe macht Notizen: gibt es Konsensus oder verschiedene Meinungen? Welche Meinung dominiert?

a. „'Kollektive Schuld' soll auch für Generationen nach dem Krieg gelten."

b. „Junge AmerikanerInnen assoziieren mit Deutschland meistens den Holocaust."

c. „Deutschlands Vergangenheit ist nicht mehr relevant."

Und Sie?

Wo waren Sie gestern? Zu Hause? An der Uni? Wo waren Sie vorgestern? Wo waren Sie vor kurzem?

Wo war Ihre Familie früher? Wo ist sie jetzt?

Genau!

Add past time expressions (**vorig-**, **vergangen-**, **letzt-**) to the time expressions given in parentheses to restate each sentence. Begin each sentence with the complete time expression.

1. Meine Freunde und ich waren im Kino. (Freitagabend)
2. Sandras Familie ging zusammen spazieren. (Woche)
3. Peters Freunde sahen Mario im Krankenhaus. (Wochenende)
4. Ich kam spät von der Arbeit nach Hause. (Mittwoch)
5. Meine Schwester war zu Hause. (Samstagvormittag)
6. Meine Familie und ich hatten zusammen Kaffee. (Sonntagnachmittag)

TEIL 9,5

Etwas Erzählen

*Go first to **Teil 9,5** in your Tutorial.*

> ### Merke
>
> **Subordinate word order with modals in the past**
> Wie alt warst du, als du das erste Mal abends ausgehen **durftest**?
> Weißt du, warum Erika nicht mitkommen **konnte**?
> Wo warst du, bevor ich dich abholen **musste**?
> Ich möchte, dass du auf mich wartest.

Vokabular: Connectors and Conjunctions

zuerst	vorher	in der Zwischenzeit	als
zuletzt	nachher	mittlerweile	bevor
dann	neulich	das erste Mal	während
danach	vor kurzem/kürzlich	das letzte Mal	

Sprechen wir!

Lebenslauf. Setzen Sie die Sätze in eine logische Reihenfolge. Der erste Satz steht richtig da.

Frau Elisabeth Speer erzählt, wie ihr Leben verlaufen ist.

Ich bin in Stuttgart geboren.

Als wir ungefähr 20 Jahre in Bremerhaven waren, ging mein Mann in die USA.

Dann ging meine Familie ganz in den Norden, nach Bremerhaven.

Ich sah diese Entscheidung kommen, da er schon immer in einem anderen Land leben wollte.

Das letzte Mal war ich in Tübingen 1978.

Zuerst wusste ich gar nicht, wie ich alles allein schaffen würde.

Unsere Scheidung kam dann ziemlich schnell, ungefähr sechs Monate später.

Zuerst waren wir in Tübingen.

Meine Kinder waren fast Teenager, als ich dann wieder arbeiten musste.

Ich kenne Gerhard, meinen Freund, jetzt schon fast zwei Jahre.

In der Zwischenzeit hatten wir dann zwei Buben, Kurt und Jürgen.

Mittlerweile sind die Kinder aus dem Haus, der eine ist jetzt in Italien, und der andere lebt hier außerhalb von Bremerhaven.

Ich finde es wunderschön, dass ich nicht mehr allein bin!

Und Sie?

Sprechen Sie manchmal mit ihren Eltern über ihre Vergangenheit? Mit Ihren Großeltern? Erzählen Sie, wo sie zuerst gelebt haben? Und danach? Sind Sie oder Ihre Familie vor kurzem umgezogen oder wohnen Sie schon lange hier? Wo hat Ihre Familie gewohnt, während Sie zur Schule gingen? Und dann?

Deutsch zusammen

Partnerarbeit. Schreiben

1. Machen Sie zuerst zusammen eine Liste mit ungefähr zehn Aktivitäten (letztes Jahr, letztes Semester, letzte Woche).
2. Verbinden Sie ein paar Aktivitäten mit **und, als,** und **während.**
3. Schreiben Sie dann zusammen einen Absatz. Benutzen Sie Worte wie **zuerst, dann, danach, vorher, nachher.** Variieren Sie, wie Sie Ihre Sätze beginnen (Subjekt, Objekt, Adverbien) und schreiben Sie ein paar komplexe Sätze mit **als, bevor** und **während.**

Partnerarbeit. Schreiben.

Schreiben Sie einen Absatz über Ihren Großvater, Ihre Großmutter, eine Tante, Onkel, usw. Sie können den Bericht von Frau Speer als Vorbild benutzen. Verwenden Sie **sein, werden, kommen, gehen,** usw.

Tauschen Sie Ihren Absatz mit Ihrem Partner/Ihrer Partnerin und lesen Sie ihn.

A l l e s   z u s a m m e n

As a result of what you have learned in **Kapitel Neun** you should be able to:

1. discuss and ask questions about how long an activity or event has been going on;
2. discuss and ask questions about past events with accurate verb forms and time expressions.
3. Write a narrative on a concrete topic using connecting words and other cohesive devices.

A. *Mündliche Fragen.*

1. Wie lange studieren Sie schon? Welche Kurse *wollten* Sie dieses Semester haben? *Konnten* Sie diese Kurse belegen?

2. Wie lange wohnt Ihre Familie schon hier? Wie lange kennen Sie schon Ihre beste Freundin oder Ihren besten Freund? Haben Sie ein Haustier? Wie lange schon?

3. Was mussten Sie neulich machen? Warum? Wollten Sie es machen? Konnten Sie es machen? Was durften Sie früher nicht machen? Was mussten Sie zu Hause machen? Welches Essen mochten Sie früher nicht? Mögen Sie es jetzt?

4. Wo waren Sie gestern? Wann kamen Sie nach Hause? Wann wurden Sie gestern Abend müde? Wen sahen Sie gestern oder vorgestern?

5. Welche Filme liefen vor kurzem im Kino?

B. *Schreiben.*

1. Schreiben Sie alle Ihre Assoziationen mit diesen Worten (Wortigel).

   Kindheit   *Jugendliche/Teenager*   *Vergangenheit*

2. Schreiben Sie acht bis zehn Sätze (eine Liste) über eine fiktive Person. Beschreiben Sie alle seine/ihre Aktivitäten gestern von morgens bis abends. Verwenden Sie Verben im Präteritum.

3. Verbinden Sie die Sätze mit Worten wie **zuerst, danach, später** und beginnen Sie die Sätze mit verschiedenen Satzteilen (*time expressions, subjects, objects*), also nicht immer mit dem Subjekt.

Aktives Vokabular

Studium und Universität

die Universität, -en	university
die Uni, -s	university
die Hochschule, -n	university
studieren	to study (at a university)
belegen	to enroll (in classes at the university)
das Studium, Studien	university studies
der/die Akademiker/in	academic
der Studiengang, ¨-e	degree plan, program of studies
der Numerus clausus	GPA (university entry requirement)
der Abschluss, ¨-e	degree
das Semester, -	semester
das Sommersemester	summer semester
das Wintersemester	winter semester
das Frühjahrssemester (U.S.)	spring semester
das Herbstsemester (U.S.)	fall semester
der Hörsaal, ¨-e/im Hörsaal	lecture hall
die Bibliothek, -en/in der/zur	library
der Kurs, -e/im Kurs	class, course
das Seminar, -e/im Seminar	seminar/in the seminar
die Vorlesung, -en	lecture

Helping verbs, modals, and high frequency verbs

sein, war	to be (was)
haben, hatte	to have (had)
werden, wurde	to become (became), to get (got)
können, konnte	can (could)
wollen, wollte	want to (wanted to)
dürfen, durfte	to be allowed to (was allowed to)
sollen, sollte	to be obligated to (should)
müssen, musste	have to, must (had to)
mögen/möchten, mochte	to like (liked)
geben, gab (es gibt; es gab)	to give, there is, there was;
kommen, kam	to come
gehen, ging	to go, walk
sehen, sah	to see
laufen, lief	to walk, run, jog; also: to run (movie)

Past time expressions

gestern	yesterday
früher	formerly
erst/schon	only/already
(vor)gestern Mittag	yesterday/the day before yesterday at noon
(vor)gestern Morgen	yesterday/the day before yesterday in the morning
(vor)gestern Vormittag	yesterday/the day before yesterday midmorning
(vor)gestern Nachmittag	yesterday/the day before yesterday in the afternoon
(vor)gestern Abend	yesterday/the day before yesterday in the evening
(vor) gestern Nacht	yesterday/the day before yesterday at night

Kindheit und Jugend

die Kindheit	childhood
als Kind	as a child
die Jugend	youth
als Jugendliche/r	as a youth
aufwachsen	to grow up
die Erinnerung, -en	memory
das Erlebnis, -se	experience

erzählen	to tell, to narrate
spielen	to play
der Spielkamerad/in	playmate
das Verbot	prohibition
verbieten, verboten	to prohibit
erlauben, erlaubt	to allow
das Taschengeld	allowance
die Regel, -n	rule, regulation
die Strafe, -n	punishment
der Hausarrest	to be grounded
das Ausgehverbot	prohibition to go out

Emotionen

lachen	to laugh
weinen	to cry
schreien	to scream
(sich) streiten	to argue, to fight
der Streit	argument, fight
sich vertragen	to get along
schweigen	to be silent
sich schämen	to be ashamed
die Scham	shame
die Schule	guilt
die Angst	fear
(vor etwas) Angst haben	to be afraid (of something)
ängstlich	fearful

Veränderungen

der Umzug, ¨-e	move
umziehen	to move
die Schule, -n	school
wechseln	change

Time expressions for past, present, and future

gestern	yesterday
vorgestern	the day before yesterday
früher	previously/former/earlier
neulich	recently, the other day
vor kurzem	recently
vor einer Woche/einem Monat/einem Jahr	a week/month/year ago
heute	today
heutzutage	nowadays
jetzt	now
im Moment	at the moment
morgen	tomorrow
übermorgen	the day after tomorrow
gleich	in a minute
bald	soon
in der Zukunft	in the future

Connectors and Conjunctions

zuerst	first
zuletzt	last
dann	then
danach	after, afterwards
vorher	before
nachher	later
neulich	recently
vor kurzem/kürzlich	a short time ago, recently
in der Zwischenzeit	in the meantime
mittlerweile	meanwhile
das erste/letzte Mal	the first/last time
als	when
bevor	before
während	during

KAPITEL ZEHN

Erinnerungen und Erzählen

Überblick

Themen

Von gestern berichten; von früher erzählen

Funktionen

Sprechen

Talking about past experiences; narrating past events

Connecting and sequencing present and past events

Commenting and elaborating on an event

Hören

Supplementing missing elements

Listening for the sequence of events

Schreiben

Using cohesive devices

Marking different time frames

Writing a Lebenslauf (paragraph)

Lesen

Identifying specific information in authentic texts

Vokabular

Review time expressions

past time expressions

words associated with childhood and youth

Kulturelles

Remembering the past

Store hours

Grammatik

Conversational past (present perfect)

Participles of regular, irregular, and mixed verbs

TEIL 10,1

Was hast du gestern gemacht?

Go first to **Teil 10,1** *in your Tutorial.*

Merke

Conversational past (present perfect): haben + past participle
Ich **habe** ewig **gewartet**.
Der Student **hat** einen Fehler **gemacht**.

Past participle: ge + verb stem + **(e)t**
machen → **ge**mach**t**
ier-verbs: verb stem + **t**
Haben Ihre Eltern früher viel **diskutiert**? Haben Sie **demonstriert**?

Vokabular: Review regular verbs

sagen	basteln	angeln	arbeiten	diskutieren	brauchen
fragen	bauen	jagen	machen	demonstrieren	kaufen
antworten	sammeln	grillen	lernen	funktionieren	öffnen
lachen	hören	kochen	tanzen	probieren	zählen
weinen	suchen	kegeln	turnen	renovieren	zeichnen
fühlen		malen	spielen	reservieren	zeigen
		nähen	rauchen	studieren	

Sprechen wir!

Nennen Sie ein Verb oder Verben (Partizip), das Sie mit dem Wort oder den Worten assoziieren.

Beispiel: Universität   → studiert, gelernt

elektrisches Gerät, z.B. CD-Spieler, Computer, Kamera →
Haus, Wohnung (alt) →   ein lustiger Film →
Ostern, Weihnachten →   ein trauriger Film →
Briefmarken, Puppen →   Politik und Politiker →
Musik →

Und Sie?

Wie war Ihre Kindheit? Was haben Sie als Kind gesammelt? Was haben Sie als Kind gebaut oder gebastelt? Was haben Sie als Kind sehr gern gemacht? Haben Sie oder ihre Geschwister manchmal geweint? Warum? Wer hat am meisten gelacht?

Hatten Sie viele SpielkameradInnen? Was haben Sie gern zusammen gemacht? Was lieber alleine?

Was haben Sie gestern Abend gemacht? Haben Sie Musik gehört? Welche? Wann haben Sie das letzte Mal getanzt? Wo waren Sie? Haben Sie gelernt?

Was haben Sie kürzlich gekauft? Haben Sie vor kurzem etwas gesucht? Was?

Welchen Sport haben Sie kürzlich gemacht? Was haben Sie gespielt? Wie lange?

Was hat Ihr Lehrer/Ihre Lehrerin diese Woche für Sie korrigiert? Hat er/sie streng oder nicht so streng korrigiert?

In welchem Kurs diskutieren Sie viel? Wann haben Sie das letzte Mal diskutiert? Was?

Fotografieren Sie? Wann haben Sie das letzte Mal etwas fotografiert? Was war das?

Wann waren Sie das letzte Mal in einem Restaurant? Haben Sie einen im voraus Tisch reserviert?

Was hat neulich nicht so gut funktioniert (Ihr Auto, etwas zu Hause, ein Gerät)? Was war das Problem? Haben Sie etwas repariert oder hat jemand etwas für Sie repariert?

Genau!

Change each sentence to the present perfect.

1. Wir machen eine Party im Park.
2. Walter schickt ein paar Einladungen.
3. Susanne antwortet nicht.
4. Karin und ich suchen einen schönen Platz.
5. Ich angele eine Stunde lang.
6. Einige Feunde kochen etwas.
7. Frederike und Hans spielen Federball.
8. Wir grillen Würstchen und Fleisch.
9. Daniel und Jens diskutieren heftig.
10. Bärbel raucht wieder zu viele Zigaretten.

TEIL 10,2

Was hast du gestern gemacht?

*Go first to **Teil 10,1** in your Tutorial.*

Merke

Irregular verbs: ge + verb stem + en + stem vowel change
trinken → getr**u**nk**en**   bringen → gebr**ach**t   schreiben → geschr**ei**ben

Wir **haben** ein Glas Wein **getrunken**. (trinken)
Hast du den Brief **geschrieben**? (schreiben)

Mixed verbs: stem vowel change + (e)t
Ich **habe** diese Stadt nicht **gekannt**. (kennen)

Vokabular: Participles of Irregular verbs

essen, hat **gegessen**
finden, hat **gefunden**
lassen, hat **gelassen**
lesen, hat **gelesen**
nehmen, hat **genommen**

schlafen, hat **geschlafen**
schreien, hat **geschrien**
sehen, hat **gesehen**
schließen, hat **geschlossen**
schneiden, hat **geschnitten**
schreiben, hat **geschrieben**
singen, hat **gesungen**
sprechen, hat **gesprochen**

streiten, hat **gestritten**
tragen, hat **getragen**
treiben, hat **getrieben**
treffen, hat **getroffen**
trinken, hat **getrunken**
waschen, hat **gewaschen**
werfen, hat **geworfen**
wiegen, hat **gewogen**

Mixed verbs

bringen, **gebracht**   denken, **gedacht**   kennen, **gekannt**   wissen, **gewusst**

Sprechen wir!

A. *Situation:* You are talking to a former colleague on the phone. Say that

1. everybody has been asking what she is doing.
2. you went on vacation last August and played a lot of sports.
3. everybody worked a lot last month.
4. you found a house last spring and bought a new car this summer.

B. Now you want to know from her:

1. if she found a house last spring.
2. where she worked and what she did last summer.
3. if she knew anyone there.
4. why she didn't write last month.

Und Sie?

Was haben Sie gestern Abend gemacht? Haben Sie etwas gelesen oder geschrieben? Mit wem haben Sie gesprochen?

Wann haben Sie das letzte Mal mit Ihren Eltern gesprochen? Haben Sie etwas im Fernsehen gesehen? Welche Sendung oder Sendungen? Wie waren sie?

Haben Sie gestern etwas gekauft? Haben Sie gestern etwas zu Hause gelassen? Haben Sie etwas gesucht?

Wo haben Sie es gefunden?

Wann haben Sie heute Kaffee getrunken? Die Zeitung gelesen? Den Bus zur Uni genommen?

Wann haben Sie das letzte Mal einen Anzug oder ein Kostüm getragen? Warum?

Courtesy of Photo Researchers. Copyright © 1991 Judy Poe.

Zum Thema: Geschäfte

Früher hatten Geschäfte in Deutschland ziemlich begrenzte Öffnungszeiten: bis 18 Uhr von Montag bis Freitag und bis 14 Uhr samstags. Dieses **Ladenschlussgesetz** gab es um kleine Geschäfte und Läden zu schützen. Aber für viele berufstätige Leute waren diese Zeiten zu begrenzt und nach und wurden die Öffnungszeiten länger. Zuerst gab es jeden Monat einen **langen Samstag** (bis 16 Uhr oder bis 18 Uhr 30) und mittlerweile haben viele Geschäfte einen **langen Donnerstag** (bis 20 Uhr oder 20 Uhr 30); viele sind insgesamt länger offen. Fast alle Geschäfte sind sonntags geschlossen, aber Tankstellen und Geschäfte im Flughafen oder Bahnhof müssen sich nicht an diese Regelungen halten. Sie sind oft spät abends und auch sonntags geöffnet. Viele Länder in Europa haben ähnliche Gesetze; in Österreich kann man donnerstags bis 20 Uhr einkaufen gehen und in der Schweiz bis 21 Uhr.

Obwohl es viele große Supermärkte gibt, gehen viele Deutsche weiterhin gern in kleine Geschäfte, wo man Fleisch- und Wurstwaren, Brot und Gemüse und Obst täglich frisch bekommt.

Öffnungszeiten:

Montag bis Donnerstag	von 8. 00 - 23.00 Uhr
Freitag und Samstag	von 8. 00 - 1. 00 Uhr
Sonntag	von 10.00 - 23.00 Uhr

Nürnberg - Königstraße 17
direkt am Tugendbrunnen

Wann ist das Café geöffnet? Wann ist es geschlossen?
Was für ein Geschäft ist *Numismatik*? Was sind die Öffnungszeiten?
Wann sind Geschäfte in Amerika geöffnet? Welche sind nie geschlossen?

Deutsch zusammen

Heutzutage und früher.

A. Machen Sie zuerst zwei Listen: Was ist typisch für das tägliche Leben? Heute—früher (z.B. Einkaufen, Sport, Essen, Arbeit)

B. Vergleichen Sie früher und heute. Welche Dinge sind anders welche Dinge sind gleich?

C. Vergleichen Sie dann Ihre Listen in der Klasse.

Beispiel. Früher gab es viele kleine Geschäfte.
Heute gibt es fast nur große Supermärkte.

Genau!

A. State if the sentences are in the present or the past.

1. Hat Erika einen Brief geschrieben?
2. Habt ihr heute Abend Zeit?
3. Warum haben die Kinder die Steine geworfen?
4. Hat Uwe morgen einen Termin?
5. Susi hat ihre Bücher zu Hause gelassen.

B. Supply the correct form of **haben** and a logical verb in the conversational past for each sentence.

1. Das Baby _____ gestern Nacht zehn Stunden _____.
2. Warum _____ du das Brot nicht _____? Ich brauche vier Scheiben.
3. _____ deine Schwester ihre Schlüssel _____. Sie sucht sie seit gestern.
4. Kerrin _____ ihrer Mutter einen langen Brief _____.
5. Mein Vater _____ einen Schulfreund im Museum _____. Er hat ihn lange nicht gesehen.
6. Mein Bruder _____ heute Morgen ein Lied _____. Er hatte gute Laune.
7. Ich _____ meinen Rucksack und eine Tasche _____. Das war furchtbar schwer.
8. Falko _____ sein Auto _____. Es war furchtbar schmutzig.

TEIL 10,3

Bist du gestern zu Hause geblieben?

*Go first to **Teil 10,3** in your Tutorial.*

> **Merke**
>
> **Review: transitive and intransitive verbs**
> Er hat **seinen Freund** nach Hause gefahren. (direct object)
> Ich habe gestern bis spätabends gearbeitet. (no direct object)
>
> **Conversational past with *sein* + past participle**
> **Change of location or condition; no direct object**
> Ich **bin** gestern mit dem Bus nach Hause **gefahren**.
> Wir **sind** letzten Sommer nach Teneriffa **geflogen**.
> Aber diesen Sommer **sind** wir zu Hause **geblieben**.

Vokabular: Verben mit *sein*

Change of Location

bummeln, **ist gebummelt**	reisen, **ist gereist**
gehen, **ist gegangen**	reiten, **ist geritten**
fallen, **ist gefallen**	rennen, **ist gerannt**
fahren, **ist/hat gefahren**	segeln, **ist gesegelt**
fliegen, **ist geflogen**	schwimmen, **ist geschwommen**
fliehen, **ist geflohen**	sinken, **ist gesunken**
kommen, **ist gekommen**	steigen, **ist gestiegen**
kriechen, **ist gekrochen**	wandern, **ist gewandert**
laufen, **ist gelaufen**	

Change of Condition

frieren, **ist/hat gefroren**
geschehen, **ist geschehen**
passieren, **ist passiert**
reißen, **ist gerissen**
schmelzen, **ist geschmolzen**
sterben, **ist gestorben**
wachsen, **ist gewachsen**
werden, **ist geworden**

Others

bleiben, **ist geblieben**   sein, **ist gewesen**

Sprechen wir!

A. Lesen Sie zuert jede Aktivität und stellen Sie fest, für welche man **haben** und für welche man **sein** (*change of location or condition*) benutzt.

Wie war Karins Woche?

> arbeiten, lange schlafen, Wein trinken, Rad fahren, spazieren gehen, eine Zeitschrift lesen, neues Kleid kaufen und abends Peter treffen, für einen Test lernen, Einladungen für Geburtstagsparty schreiben und schicken, eine Runde laufen, Kleider waschen, müde werden, zu Hause bleiben, Musik hören und Pulli für Peter zum Geburtstag stricken, Geburtstagparty planen, zur Uni rennen, Jacke reißen, frustriert sein

B. Nennen Sie für jeden Tag zwei oder drei Aktivitäten. Sie sollen logisch zusammen passen.

So hat Karins Woche begonnen:

Montag	*Karin hat gearbeitet und dann ist sie spazieren gegangen,*
Dienstag	

Und Sie?

Wann sind Sie gestern Abend müde geworden? Was haben Sie vorher gemacht?

Wohin sind Sie letztes Wochenende gelaufen oder gefahren? Sind Sie gewandert oder spazieren gegangen? Wie lange?

Wann sind Sie das letzte Mal geschwommen? Wie war das Wasser?

Wann haben Sie das letzte Mal eine Reise gemacht? Wie war diese Reise? Sind Sie geflogen?

Wann sind Sie das erste Mal geflogen? Wohin?

Ist vor kurzem etwas von Ihnen verschwunden? Was? Haben Sie es gefunden?

Deutsch zusammen

Gruppenarbeit. Machen Sie Gruppen mit drei Personen.

A. Machen Sie zuerst zusammen eine Liste mit Kindheitserlebnissen. Es sollen Erlebnisse sein, die besonders positiv oder etwas neues waren oder vielleicht sogar gefährlich waren. Ein paar Ideen:

> Ihre erste große Reise; ein Unwetter (Tornado, Hurrikan, Schneesturm); ein besonderer Sommer; jemand gestorben; ein Umzug

B. Eine Person beschreibt dann ein Erlebnis im Detail. Die zweite Person stellt Fragen, wenn er/sie mehr Informationen möchte oder wenn etwas nicht klar ist.

> *Vorschläge für die Fragen:* Wann war das? Warum _____? Wer war noch da?

C. Die dritte Person notiert die folgenden Punkte:

> Das Thema; wie alt war _____ (Name), als das passiert ist? Wo war das? Warum hat _____ (Name) das nicht vergessen? (neu, gefährlich, dramatisch, besonders positiv, etwas negatives)

Genau!

A. Insert the correct form of **sein** and supply the participle of a verb that logically fits.

1. Letztes Jahr _____ wir mit dem Flugzeug nach Hawaii _____.

2. Zuerst _____ ich mit meinen Freunden in dem See _____ und dann _____ meine Uhr ins Wasser _____.

3. Karin und ihre Freunde _____ in den Bergen _____. Abends _____ es oft sehr kalt _____.

4. Meine kleine Schwester _____ sehr schnell _____. Sie ist schon fast einen Meter siebzig groß.

5. Du warst gestern sehr aktiv, oder? Zuerst _____ du im Wald gemütlich _____, dann _____ du eine halbe Stunde schnell _____. Um fünf vor sechs _____ du ganz schnell zum Bäcker _____, weil er um sechs Uhr zumacht.

TEIL 10,4

Was hast du mitgebracht?

*Go first to **Teil 10,4** in your Tutorial.*

Merke

Conversational past with separable prefixes
Wo bist du **aufgewachsen**? (auf•wachsen)
Wen hast du kürzlich **kennen gelernt**? (kennen lernen)
Habt ihr gestern **ferngesehen**? (fernsehen)

Vokabular: Participles with separable prefixes

auf•wachsen, ist **aufgewaschen**

aus•gehen, ist **ausgegangen**

weg•gehen, ist **ausgegangen**

aus•leihen, hat **ausgeliehen**

an•machen, hat **angemacht**

aus•machen, hat **ausgemacht**

auf•machen, hat **aufgemacht**

zu•machen, hat **zugemacht**

mit•machen, hat **mitgemacht**

an•kommen, ist **angekommen**

mit•kommen, ist **mitgekommen**

zurück•kommen, ist **zurückgekommen**

auf•stehen, hat/ist **aufgestanden**

auf•wachen, hat/ist **aufgewacht**

an•ziehen, hat **angezogen**

aus•ziehen, hat/ist **ausgezogen**

um•ziehen, ist **umgezogen**

mit•bringen, hat **mitgebracht**

zurück•bringen, hat **zurückgebracht**

mit•nehmen, hat **mitgenommen**

weg•nehmen, hat **weggenommen**

mit•lesen, hat **mitgelesen**

an•schauen, hat **angeschaut**

an•sehen, hat **angesehen**

fern•sehen, hat **ferngesehen**

durch•streichen, hat **durchgestrichen**

hin•setzen, hat **hingesetzt**

einkaufen, hat **eingekauft**

kennen•lernen, hat **kennengelernt**

spazieren gehen, ist **spazieren gegangen**

Sprechen wir!

Nennen Sie ein Verb oder Verben (Partizip), das Sie mit dem Wort oder den Worten assoziieren.

Beispiel: Fenster → aufgemacht, zugemacht

Nachrichten, Sport, eine Serie →

Freund oder Freundin →

das Wort (falsch geschrieben) →

ein Buch, eine CD →

das Licht, das Radio, den Fernseher →

in New York, in Dallas, in Kansas →

Rucksack, Tasche, Portmonee →

Bilder, eine Ausstellung, Fotos →

Deutsch zusammen

A. *Partnerarbeit*. Fragen Sie Ihren Partner/Ihre Partnerin, welche besonderen Dinge er/sie dieses Jahr gemacht hat. Schreiben Sie die Antworten auf.

Aktivität	Monat/Datum
Job gefunden	*14. Februar*

B. *Partnerarbeit. Früher war vieles anders!*

Biggi und ihre Großmutter sprechen über früher und heute. Lesen Sie, was die Großmutter sagt, und schreiben Sie dann auf, was Biggis vielleicht über früher fragt. Lesen Sie dann zusammen das Gespräch vor.

Beispiel: Großmutter: "Heutzutage studieren so viele Leute an der Universität."
              Biggi: "Welche Leute haben früher studiert?"

Biggi

1. "Heutzutage haben so viele Studenten Autos!"
2. "Jugendliche haben heute viel zu viel Geld."
3. "Heutzutage demonstriert man sofort gegen Politiker."
4. "Jugendliche diskutieren viel mit ihren Eltern."
5. "Und Kinder sehen täglich stundenlang fern."
6. "Deine Eltern kaufen nur jede Woche einmal im Supermarkt ein."
7. "Und viele Familien ziehen mehrmals um."
8. "Und ihr lernt Freunde in Cafés oder in Kneipen kennen."

Courtesy of PhotoEdit. Copyright © Myrleen Ferguson.

Und Sie?

Wann sind Sie gestern eingeschlafen? Wann sind Sie heute Morgen aufgewacht? Wann sind Sie aufgestanden?

Sind Sie letztes Wochenende spazieren gegangen? Wo waren Sie zuerst und wo zuletzt?

Haben Sie letztes Semester etwas ausgeliehen? Was?

Wie wohnen Sie jetzt? Wann sind Sie das letzte Mal umgezogen? Wo haben Sie früher gewohnt? Wie lange? Sind Sie umgezogen? Wie oft?

Wen haben Sie vor kurzem Kennengelernt? Wie ist das passiert?

Was haben Sie heute zur Uni mitgebracht?

Diskussion. Was hat Biggis Großmutter über früher und heute gesagt? Was denken Sie? Was war früher anders? Was ist heute anders? Diskutieren oder streiten Sie mit Ihren Eltern? Warum? Was finden Ihre Eltern nicht so gut?

Genau!

Express the following in the conversational past. Change time expressions as necessary.

1. Karin schläft heute Morgen lange.
2. Sie zieht einen Trainingsanzug an.
3. Sie und Claudia sehen heute Dias an.
4. Peter und Roland machen auch mit.
5. Claudia macht zuerst das Licht aus.
6. Claudias Bruder macht die Tür auf.
7. Er bringt Tee und Plätzchen mit.
8. Endlich setzen sich alle hin.
9. Peter macht schnell die Tür zu.
10. Abends sehen sie zusammen fern.

TEIL 10,5

Hast du etwas vergessen?

*Go first to **Teil 10,5** in your Tutorial.*

Merke

Conversational past: verbs with inseparable prefixes
Was **hast** du zum Geburstag **bekommen**? (bekommen)
Der Kellner **hat** das Schnitzel **empfohlen**. (empfehlen)
Habt ihr alles verstanden? (verstehen)
Conversational past in subordinate clauses

Conversational past with modals: *haben* + **double infinitive**
Eva **hat** viel **arbeiten müssen**. Sie hat mitkommen können.
Wir **haben** sie schwer **arbeiten sehen**.

Vokabular: Verbs with inseparable prefixes

beginnen, hat **begonnen**
bekommen, hat **bekommen**
belegen, hat **belegt**
benutzen, hat **benutzt**
berühren, hat **berührt**
beschreiben, hat **beschrieben**
bewirken, **hat bewirkt**
empfehlen, hat **empfohlen**
entdecken, hat **entdeckt**

s. erinnern, hat s. **erinnert**
erkennen, hat **erkannt**
erklären, hat **erklärt**
erledigen, hat **erledigt**
erlauben, hat **erlaubt**
verbessern, hat **verbessert**
verbieten, hat **verboten**
verdienen, hat **verdient**

vergessen, hat **vergessen**
verkaufen, hat **verkauft**
verlieren, hat **verloren**
vermissen, hat **vermisst**
verpassen, hat **verpasst**
verschwinden, **ist verschwunden**
verstehen, hat **verstanden**
versuchen, hat **versucht**
wiederholen, hat **wiederholt**
zerstören, hat **zerstört**

Sprechen wir!

A. *Situation.* You are talking to a colleague on the phone. Ask her if she

1. has taken care of everything.
2. understood the message.
3. discovered the card.
4. and received the flowers.

B. Paraphrase, or respond to, each situation with an appropriate sentence. Use prefix verbs whenever possible.

Was hat Diana gestern gemacht?

Beispiel: Ein Fenster war offen. Was hat Diana gemacht?   *Sie hat das Fenster zugemacht.*

1. Diana hat ewig ihre Schlüssel gesucht! Was ist mit den Schlüsseln passiert?
2. Diana war zuerst einkaufen, dann beim Arzt, dann hat sie ihre Wohnung sauber gemacht. Was hat sie den ganzen Tag gemacht?
3. Sie wollte den Bus in die Stadt nehmen, aber sie kam eine Minute zu spät.
4. Für Udos Geburtstag wollte sie einen Kuchen backen, aber sie hat kein Mehl gekauft.
5. Im Briefkasten war ein Brief von Oliver (ihr Freund).
6. Eine Studienkollegin hat die letzte Vorlesung nicht verstanden. Was macht Diana vielleicht?
7. Im Kino hat eine Frau Diana gegrüßt (Hallo!), aber Diana wusste nicht, wer die Frau war.
8. Die Frau hat ihren Namen gesagt, aber Diana musste nochmal fragen. Was hat die Frau gemacht?

C. *Spiel.* Ein Student/eine Studentin sagt ein Verb. Der nächste Student sagt einen Satz (*conversational past*). Der dritte Student wiederholt: _____ (Name) **hat gesagt, dass** . . .

Beispiel: Student/in A: *verbieten*   Student/in B: Meine Eltern haben früher viel verboten

Student/in C: _____ (Name) hat gesagt, dass seine Eltern früher viel verboten haben.

Verben: *bekommen, belegen, erlauben, erledigen, verpassen, verkaufen, verschwinden*

Sprachmodell: Drei Lebensläufe (listening)

A. *Vor dem Hören:* Wortigel. Welche Worte benutzt man, wenn man sein Leben beschreibt? Nennen Sie so viele wie möglich.

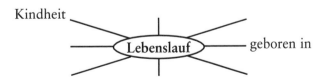

Kindheit

Lebenslauf — geboren in

Hören Sie jetzt zu, wie verschiedene Leute ihr Leben beschreiben.

B. *Erstes Hören/Ilse K.* Welche Orte in Deutschland nennt Ilse K.? Kreisen Sie sie ein.

Hamburg	Hannover	Essen	Baden-Württemberg	Düsseldorf
Ruhrgebiet	Saarland	Schwarzwald	München	Nürnberg

C. *Zweites Hören/ alle drei Personen.* Lesen Sie zuerst die Fragen in der Tabelle. Schreiben Sie dann für jede Person die Informationen auf.

Heimatstadt?	wo dann gewohnt?	wie viele Kinder?	jetziger Wohnort?
Ilse K.			

Heimat?	welchen Beruf gelernt?	Kriegszeit wo verbracht?	jetziger Wohnort?
Roland B.			

wo aufgewachsen?	wohin nach dem Abitur?	Beruf?	jetzige Arbeit?
Anke P.			

D. Wiederholen Sie jetzt ein paar Informationen. Was haben Ilse K., Roland B. und Anke P. gesagt (erzählt, berichtet, beschrieben)?

Beispiele: Ilse K. hat erzählt, **wo sie früher gewohnt hat.**

Roland P. hat berichtet, **wo er die Kriegszeit verbracht hat.**

E. *Drittes Hören/Anke P.* Hören Sie nochmal, was Anke P. erzählt. Ordnen Sie dann die Ereignisse chronologisch.

in Kleve aufgewachsen	ein Jahr eingeschrieben	Dissertation
nach Köln gegangen	nach Köln zurück	beurlaubt
ein Jahr studiert	Abitur nachgeholt	Referendariat gemacht
Lehre gemacht	im Schuldienst	Deutsch und Sozialkunde gegeben

F. *Fragen und Zusammenfassen.*

1. Können Sie das Alter von Ilse K., Roland P. und Anke P. schätzen? Wer ist jung? Wer ist wohl nicht so jung?

2. Was beschreibt Ilse K. hauptsächlich? Ihren Beruf? Familie? Hobbys?

3. Was war wohl das wichtigste Ereignis in Roland B.'s Leben? Wo war er?

4. Was beschreibt Anke P. hauptsächlich? Ihre Familie? Ihre Kindheit? Welches Wort fehlt in vielen Sätzen von Anke? Versteht man trotzdem, was sie sagt?

F. *Schreiben.* Schreiben Sie eine kleine Autobiographie. Sie müssen nicht alles erzählen, sondern Sie können eine bestimmte Phase wählen, z.B. Kindheit, Schulzeit, Ihr Studium und Ihre Arbeit, eine Freundschaft. Erzählen Sie das dann im Deutschkurs.

Und Sie?

Wann waren Sie das letzte Mal im Restaurant?

Hat der Kellner etwas empfohlen? Was?

Was haben Sie gestern erledigt? Wie lange hat es gedauert?

Haben Sie kürzlich etwas verloren? Was war es?

Welche Kurse haben Sie letztes Semester gemacht? Wann hat das Semester begonnen?

Wie alt waren Sie, als Sie hierher gezogen sind? Wie alt waren Ihre Geschwister, als Sie die Uni begonnen haben? Wen haben Sie gekannt, als Sie zur Uni gekommen sind?

Was haben Ihre Eltern gemacht, als Sie noch zur Schule gegangen sind? Haben Sie beide gearbeitet? Oder sind sie zu Huase geblieben?

Deutsch zusammen

A. Lesen Sie Paulas Lebenslauf. Verwenden Sie die folgenden Verben:

ist/wurde geboren, ist aufgewachsen, ist zur Schule gegangen, hat Lehre gemacht, hat studiert

---

Lebenslauf

Name: Paula Dorfmann
Geburtsdatum: 8. 1. 1970
Geburtsort: Bochum

Schul- und Berufsausbildung
1975–1979   Grundschule (Martin Richter Schule) in Bochum
1979–1992   Gymnasium (Maria-Theresien) in Stuttgart
1992–1995   Lehre: Krankengymnastik
seit 1995   Hochschulstudium: Sportmedizin (Universität Köln)

B. *Schreiben*. Verfassen Sie Ihren Lebenslauf. Folgen Sie dem Format von Paula Dorfmanns Lebenslauf.

Partnerarbeit. Ihr Partner/in liest Ihren Lebenslauf und beschreibt dann Ihr Leben kurz für die Klasse.

ist/wurde geboren, ist aufgewachsen, ist zur Schule gegangen.

C. *Partnerarbeit*. One student mentions two things he or she did yesterday. Another student combines them with **zuerst...dann... danach...vorher... später.**

Beispiel: Student/in A: Ich habe eine Freundin besucht. Wir sind zusammen ausgegangen.

Student/in B: _____ (Name) hat eine Freundin besucht und **dann** sind sie zusammen ausgegangen.

Genau!

Express the following in the present perfect.

1. Der Kurs beginnt sehr früh.
2. Professor Goetz erklärt alles.
3. Manchmal benutzt er die Tafel.
4. Die Studenten verstehen nicht alles.
5. Frederike versucht es noch einmal.
6. Sie verbessert diese Übung.
7. Der Professor wiederholt vieles.
8. Walter vergisst manchmal sein Heft.
9. Karin beantwortet die Frage richtig.
10. Sie erledigt ihre Aufgaben schnell.

11. Jedes Semester belegt sie viele Kurse.

12. Sie beschreibt den Professor.

13. Heute besucht Karin Frederike.

14. Sie verliert ihren Hausschlüssel.

15. Manchmal vergisst sie ihn zu Hause.

16. Oft endeckt sie ihn im Rucksack.

17. Frederike verkauft morgen ihr Auto.

18. Vielleicht bekommt sie 2000 Mark.

19. Sie verdient nicht sehr viel Geld.

20. Martha verkauft ihr Auto auch.

Alles zusammen

As a result of what you have learned in **Kapitel Zehn,** you should be able to:

1. discuss and ask questions about events in the past using a variety of verbs;
2. embed a reference to a past event in a complex sentence;
3. begin to narrate past events putting together four or five sentences;
4. give a brief description of your life orally or in writing.

A. *Fragen.*

Beantworten Sie jede Frage mit mindestens zwei Sätzen. Kombinieren Sie die Sätze wenn möglich.

1. Wo waren Sie gestern? Was haben Sie da gemacht?
2. Was haben Sie letzten Sommer gemacht? Was hatten Sie gern oder nicht gern?
3. Was haben Sie gestern Nachmittag oder gestern Abend gemacht?
4. Was haben Sie heute Morgen und heute Vormittag gemacht?
5. Wann sind Sie gestern Abend ins Bett gegangen?
6. Wann sind Sie heute Morgen aufgestanden?
7. Was haben Sie letztes Wochenende gemacht?
8. Was ist heute an Ihrer Uni geschehen?
9. Wie war das Wetter gestern? Was ist passiert?
10. Wann haben Sie das letzte Mal eine Reise gemacht? Was ist alles geschehen?

B. *Terminkalendar.* Schreiben Sie in einen Kalender, was Sie letzte Woche gemacht haben! (Drei Dinge für jeden Tag, etwas mehr für das Wochenende)

Montag	*Kuchen gebacken, Annette besucht, . . .*
Dienstag	

C. Schreiben Sie einen Lebenslauf. Wenn Sie schon einen geschrieben haben, dann schreiben Sie jetzt eine zweite Version mit Verbesserungen.

Aktives Vokbular

Participles of Irregular verbs

bleiben, ist geblieben	to stay, remain
bummeln, ist gebummelt	to stroll
essen, hat gegessen	to eat
fahren, ist gefahren	to drive, ride
fallen, ist gefallen	to fall
fliegen, ist geflogen	to fly
fliehen, ist geflohen	to flee, escape
finden, hat gefunden	to find
frieren, ist/hat gefroren	to freeze
gehen, ist gegangen	to go, walk
geschehen, ist geschehen	to happen, occur
kriechen, ist gekrochen	to crawl
lassen, hat gelassen	to let
laufen, ist gelaufen	to run, jog
lesen, hat gelesen	to read
nehmen, hat genommen	to take
rennen, ist gerannt	to run
reißen, ist gerissen	to tear, rip
reiten, ist geritten	to ride (a horse)
schlafen, hat geschlafen	to sleep
schließen, hat geschlossen	to close
schmelzen, ist geschmolzen	to melt
schneiden, hat geschnitten	to cut
schreiben, hat geschrieben	to write
schreien, hat geschrien	to scream, to cry
schwimmen, ist geschwommen	to swim
segeln, ist gesegelt	to sail
sein, ist gewesen	to be
singen, hat gesungen	to sing
sinken, ist gesunken	to sink
sprechen, hat gesprochen	to speak
steigen, ist gestiegen	to rise, climb
sterben, ist gestorben	to die
streiten, hat gestritten	to fight, to quarrel
tragen, hat getragen	to carry; to wear
trieben, hat getrieben	to do, play
treffen, hat getroffen	to meet
trinken, hat getrunken	to drink
verschwinden, ist verschwunden	to disappear
wachsen, ist gewachsen	to grow
waschen, hat gewaschen	to wash
werden, ist geworden	to become, get
werfen, hat geworfen	to throw
wiegen, hat gewogen	to weigh

Mixed verbs

bringen, hat gebracht	to bring
denken, hat gedacht	to think
kennen, hat gekannt	to know (to be familiar)
wissen, hat gewusst	to know (for a fact)

Participles with separable prefixes

auf•wachsen, ist aufgewachsen	to grow up
aus•gehen, ist ausgegangen	to go out
weg•gehen, ist weggegangen	to leave
aus•leihen, hat ausgeliehen	to borrow
an•machen, hat angemacht	to turn on
aus•machen, hat ausgemacht	to turn off
auf•machen, hat aufgemacht	to open
zu•machen, hat zugemacht	to close
mit•machen, hat mitgemacht	to go along
an•kommen, ist angekommen	to arrive
mit•kommen, ist mitgekommen	to come along
zurück•kommen, ist zurückgekommen	to come back
auf•stehen, ist aufgestanden	to get up
auf•wachen, ist aufgewacht	to wake up
an•ziehen, hat angezogen	to dress, to get dressed
aus•ziehen, hat/ist ausgezogen	to undress, to get undressed; also: to move out
umziehen, hat/ist umgezogen	to change; also to move
mit•bringen, hat mitgebracht	to bring along
zurück•bringen, hat zurückgebracht	to bring back, return
mit•nehmen, hat mitgenommen	to take along
zurück•nehmen, hat zurückgenommen	to take back

weg•nehmen, hat weggenommen	to take away
mit•lesen, hat mitgelesen	to read along
an•schauen, hat angeschaut	to look at
an•sehen, hat angesehen	to look at
fern•sehen, hat ferngesehen	to watch TV
kennen•lernen, hat kennengelernt	to get to know
durch•streichen, hat durchgestrichen	to cross out
(sich) hin•setzen, hat (sich) hingesetzt	to sit down
ein•kaufen, hat eingekauft	to shop
kennen lerner, hat kennengelernt	to get to know, meet
spazieren gehen, ist spazieren gegangen	to go for a walk

Verbs with inseparable prefixes

beginnen, hat begonnen	to begin
bekommen, hat bekommen	to get, to receive
belegen, hat belegt	to enroll
benutzen, hat benutzt	to use
berühren, hat berührt	to touch
beschreiben, hat beschrieben	to describe
bewirken, hat bewirkt	to cause, to bring about

empfehlen, hat empfohlen	to recommend
entdecken, hat entdeckt	to discover
erinnern, hat erinnert	to remind
erkennen, hat erkannt	to recognize
erklären, hat erklärt	to explain
erlauben, hat erlaubt	to permit
erledigen, hat erledigt	to take care off
verbessern, hat verbessert	to correct, to improve
verbieten, hat verboten	to prohibit
verdienen, hat verdient	to earn; also: to deserve
vergessen, hat vergessen	to forget
verkaufen, hat verkauft	to sell
verlieren, hat verloren	to lose
vermissen, hat vermisst	to miss (somebody)
verpassen, hat verpasst	to miss (something or somebody, e.g. bus or train)
verstehen, hat verstanden	to understand
versuchen, hat versucht	to try
wiederholen, hat wiederholt	to repeat
zerstören, hat zerstört eigentlich auch nich weg.	to destroy wollen

KAPITEL ELF

Traditionen, Geschenke, Glückwünsche

<u>Überblick</u>

Themen

Traditionen an Feiertagen; Anlässe für Glückwünsche und Geschenke

Funktionen

Sprechen

Expressing for or to whom you do, say, or write things

Describing and discussing gift-giving traditions

Comparing and contrasting

Schreiben

Narrating with attention to style

Giving a message to someone

Lesen

Reading intensively: recipe

Identifying text organization and style

Understanding dialog structure in a text

Vokabular

Verbs of giving, saying, sending, and showing

Things given, said, sent, and shown and their receivers

Items associated with holidays and holiday traditions

Kulturelles

Flowers and flower shops

Phone etiquette

Holidays and holiday traditions

Minorities and diversity

Grammatik

Review of accusative case

Dative case of the definite article and **der**-words and the indefinite article and **ein-** words; personal and reflexive pronouns; w-words and n-nouns

Word order of direct and indirect objects; negation with indirect objects

TEIL 11,1

Blumen und Schokolade!

Go first to **Teil 11,1** *in your Tutorial.*

> ### Merke
>
> **Giving something to someone: the indirect object**
> I am buying **my mother** some flowers.
> I am buying some flowers **for my mother**.
>
> **Eliciting the indirect object**
> **For whom** are you buying those flowers?
> **Who** are you buying those flowers **for**?
>
> **Names as indirect objects**
> Anja hat **Kurt** eine CD gekauft und **Frau Roth** ein paar Blumen.

Vokabular: schenken, schreiben, schicken, leihen

kaufen, hat gekauft	schreiben, hat geschrieben	geben, hat gegeben
besorgen, hat besorgt	schicken, hat geschickt	das Geld
(mit)•bringen, hat mitgebracht	das Paket, -e	der Scheck, -s
schenken, hat geschenkt	die Post/die (Post)karte, -n	die Nachricht, -en
verschenken, hat verschenkt	die Ansichtskarte	der Zettel, -
das Geschenk, -e	der Brief, -e	die Anleitung, -en
das Mitbringsel, -	die/das E-Mail	bestellen, hat bestellt
die Kleinigkeit, -en		der Katalog, -e
die Schokolade		jmd./sich (dat.) etwas leihen, hat geliehen
die Blume, -n	holen, hat geholt	(ausleihen, hat ausgeliehen)
der Blumenstrauß, ¨-e	die Zeitung, -en	sich (dat.) etwas borgen, hat geborgt
		etwas verleihen, hat verliehen

Sprechen wir!

Situation. Jochen verleiht seine Dinge gern. Sagen Sie, was er verleiht und wer das bekommt. Sie können Namen und Dinge von den Listen wählen oder selbst welche nennen.

Beispiel: Jochen hat **Sabine seinen Tennisschläger** geliehen.

Namen	**Dinge**
Petra, Sabine, Gabi, Ulrich	CD's, Fahrrad, Geld, Roman, Zeitschriften
Wolfgang, Andreas, Sascha. . .	Auto, Anorak, Schlittschuhe . . .

Was hast du Thomas gekauft?

* *   Hallo Anja, wie geht's?
* ●   Ach, ganz gut, Claudia.
* *   Na, für wen hast du den schönen Blumenstrauß gekauft?
* ●   Für Thomas' Mutter. Sie hat mich und Thomas zum Abendessen eingeladen.
* *   Ach ja! Wie geht's Thomas?
* ●   Ganz gut. Morgen hat er Geburtstag.
* *   Und, Anja? Hast du schon ein Geschenk besorgt?
* ●   Nee, noch gar nichts. Bis jetzt habe ich nur Schokolade für ihn gekauft. Sonst habe ich noch nichts gefunden.
* *   Na, viel Glück! Hier kommt mein Bus. Tschüss, Anja!
* ●   Mach's gut, Claudia!

Situation. Karin muss (möchte, wird, will) verschiedene Dinge für Leute besorgen.

Sagen Sie, wem sie was besorgt.

Was schickt man, wenn man . . .

    1. im Urlaub ist?

    2. viel zu erzählen hat?

Was leihst du dir vielleicht, wenn du . . .

    1. Musik hören willst?

    2. etwas lesen willst?

Courtesy of German Information Council, NY, Owen Franken.

Und Sie?

Haben Sie kürzlich etwas gekauft? besorgt? geschenkt? geschrieben? geschickt? verliehen? Sagen Sie, was es war und wer es bekommen hat.

Was verschenken Sie gern oder oft? Was verleihen Sie? Was verleihen Sie nicht gern? Was verleihen Sie nie? Welche Kleinigkeiten schenken Sie?

Schreiben Sie Briefe? Karten? E-Mail? Wie oft pro Monat/pro Woche? Bestellen Sie manchmal etwas? Welche Kataloge mögen Sie? Warum?

Zum Thema: Blumen

In Deutschland und in vielen Ländern in Europa sind Blumen und Pflanzen sehr beliebt. In vielen Städten und Orten sieht man überall Blumen an Häusern in Blumenkästen, in Gärten, in Geschäften und auf dem Markt. Für viele Leute ist es wichtig immer frische Blumen in einer Vase zu haben, z.B. Tulpen im Frühling, Sonnenblumen im Sommer oder eben was in den Jahreszeiten erhältlich ist. Blumen schenkt man zu vielen Anlässen: zum Geburtstag, wenn jemand krank ist, wenn man zu Leuten zum Abendessen geht, wenn man jemanden besucht, oder einfach so! Man braucht eigentlich keinen Grund, um einen schönen Blumenstrauß zu kaufen.

Ein weiteres Zeichen für das Interesse an Blumen ist die Bundesgartenschau, die jedes Jahr in Deutschland stattfindet. Die Besucher finden hier verschiedene Veranstaltungen, Musik, Sport, Kinderprogramm und natürlich jede Menge Blumen!

Courtesy of Beryl Goldberg Photography. Copyright © 1998 Beryl Goldberg.

Die Bundes Garten Schau 97

Gelsenkirchen

19. April–5. Oktober 97

Hallenschauen Eine Auswahl

19. - 24. April
Frühlingserwachen im Revier.
Die Eröffnungsschau zum Auftakt der **BUGA 97**.

2. -15. Mai
Rhododendren und Azaleen – Juwelen für den Garten!
Der Clou: Zeitgleich prunkt, was draußen nur zeitversetzt blüht.

30. Mai - 5. Juni
Zauber der Gerbera.
Ein Klassiker in voller Blüte.

11. - 24. Juli
Bonsai – die große Schau der kleinen Bäume.
Zierliche Gehölze, fernöstliche Gestaltungskunst. Beides begeistert!

18. - 21. Juli
Das Festival der Rosen.
Artenvielfalt und Neuheiten wie kaum sonst. Eine Schönheitskonkurrenz!

25. - 31. Juli
Ein Heimspiel!
Die gärtnerische Leistungsschau der Region.

Suchen Sie im Text Blumennamen. Kennen Sie diese Blumen?

Was assoziieren Sie mit welchen Blumen? Mit Rosen? Mit Tulpen? Mit Osterglocken? Mit Nelken?

Wann schenkt man in Amerika Blumen? Welche Person bekommt von Ihnen Blumen?

Schenken Sie manchmal Blumen? Welche? Wo kaufen Sie sie?

Deutsch zusammen

Partnerarbeit/Wortspiel. Eine Person nennt ein Wort. Der Partner/die Partnerin nennt alle Worte, die man damit assoziiert.

schicken → *Brief, ...*   verleihen → *Bücher, ...*

holen → *Post, ...*   schenken → *Blumen, ...*

Partnerarbeit/Situation. Sie besorgen Geschenke für Leute: Freundin, Bruder, Chefin und Oma. Diskutieren Sie, welche Geschenke für wen passend sind, aber geben Sie nicht mehr als 75 Mark aus!

			Was?	**Preis**
Blumenstrauß	DM 25,00			
Feine Schokolade	DM 14,95	Erika (Freundin)	_____	DM _____
Roman	DM 28,00	Bruder (Michael)	_____	DM _____
Schmuck	DM 35,00	Frau Fenner (Chefin)	_____	DM _____
CD	DM 19,95	Oma	_____	DM _____
Gläser	DM 39,00	_____		
Füller	DM 24,95	Gesamtsumme		DM _____

Genau!

A. Identify the indirect object in each sentence.

1. Did you write her a letter?
2. When are you sending them a package?
3. Who sold Mary this terrible car?
4. What did you buy for Ms. Jones?
5. Show me the money!
6.
7. Explain the problem to the man.
8. Give the lady the forms she needs.
9. Show the man this form.
10. She didn't give the people the message.
11. Don't buy the child any candy!

B. Now do the same for the four German sentences.

1. Schickst du Annette einen Brief?
2. Ich zeige Karin Fotos.
3. Wann schreibst du Sergei ein E-Mail?
4. Leihst du Maria dein Auto?

C. Substitute each direct object with a different but logical one.

Beispiel: Ich habe Birgit eine Karte geschrieben.
     Ich habe Birgit einen Zettel geschrieben.

1. Ich habe Peter ein Paket geschickt.
2. Elisabeth hat Jürgen eine Kassette gekauft.
3. Christian wollte die Zeitung abonnieren.
4. Gestern habe ich Else eine Kleinigkeit besorgt.
5. Dann haben wir Jürgen Dias gezeigt.
6. Jürgen hat Elisabeth alles erzählt.

TEIL 11,2

Hast du den Eltern das Problem erklärt?

*Go first to **Teil 11,2** in your Tutorial.*

Merke

Eliciting the indirect object: wem
Wem erklärt die Lehrerin das Problem? Sie erklärt **Anne** das Problem.

Dative case: indefinite article and ein-words
masculine: Gabi hat **einem Freund** ihre Telefonnummer gegeben.
feminine: Sie hat **einer Freundin** ihre Adresse gesagt.
neuter: Sie hat **einem Kind** eine Geschichte erzählt.
plural: Gabi erzählt **Leuten** gern Witze.

masculine: Ich stricke **meinem Freund** einen Pullover.
feminine: Monika kauft **ihrer Mutter** Lederhandschuhe.
neuter: Herr Fischer kauft **seinem Kind** ein Malbuch.
plural: Wir schicken **unseren Verwandten** Weihnachtskarten

Vokabular: sagen, erklären, zeigen

sagen, hat gesagt	erklären, hat erklärt	zeigen, hat gezeigt
alles/nichts/etwas	das Problem, -e	der Ausweis, -e
viel/wenig	die Lösung, -en	der Studentenausweis
jemand (dat: jemandem)	der Grund, ¨-e	der Pass, ¨-e/der Reisepass
niemand (dat: niemandem)		der Führerschein, -e
	erzählen, hat erzählt	
die Antwort, -en	berichten, hat berichtet	das Foto, -s
die Adresse, -n	das Ereignis, -se	das Computerfoto
die Telefonnummer, -n	das Erlebnis, -se	das Bild, -er
die Wahrheit, -en	etwas erleben, hat erlebt	das Dia, -s
die Lüge, -n	die Geschichte, -en	
lügen, hat gelogen	der Witz, -e	

Sprechen wir!

Fragen. Was erzählt man? Welchen Ausweis braucht man, wenn man Auto fährt? Wenn man ins Ausland reist? Was erklärt Ihr Lehrer/Ihre LehrerIn? Was zeigen Leute oft, wenn Sie im Urlaub waren? Was braucht man, wenn man jemanden das erste Mal zu Hause besucht? Wenn man jemanden anrufen will?

Situation. You came home to find out that your roommate was quite generous with your things. Ask her:

1. to whom she showed your slides;
2. to whom she lent your leatherbag;
3. and to whom she gave your phone number;
4. to whom she loaned some CD's.

Und Sie?

Wem sagen Sie nichts? (Erklären Sie Ihre Antwort!) Wem sagen Sie alles? Warum dieser Person? Wem erzählen Sie oft Witze?

Wem geben Sie Ihre Adresse und Ihre Telefonnummer? Wem geben Sie sie nicht? Warum nicht?

Wem schreiben Sie oft Karten? Briefe? E-Mail? Wem haben Sie das letzte Mal ein Paket geschickt? Was war in dem Paket?

Wem haben Sie kürzlich etwas geschenkt und was war es? Wem haben Sie etwas zum Geburtstag geschenkt und was war es? Wem haben Sie etwas verkauft? Was war es?

Wem leihen Sie nichts? Erklären Sie Ihre Antwort. Wem leihen Sie alles? Wem haben Sie kürzlich etwas geliehen? Was war es?

Wem haben Sie kürzlich etwas erklärt? Was?

Haben Sie dieses Jahr etwas interessantes erlebt? Was? Wem haben Sie das erzählt?

Hatten Sie diesen Monat ein Problem? Wie haben Sie es gelöst? Haben Sie das jemandem berichtet? Wem? Einem Freund/einer Freundin? Ihrem Vater oder Ihrer Mutter?

Zum Thema: Telefonieren

In Deutschland gibt es fürs Telefonieren ziemlich feste Richtlinien oder Regeln: es ist nicht akzeptabel abends nach 21 Uhr anzurufen und für viele Leute auch nicht zwischen 13.00 und 15.00. Am Telefon meldet man sich normalerweise mit dem Nachnamen, z.B. "Friedmann," oder "Hier Wachter," oder mit dem Vor- und dem Nachnamen, z.B. "Guten Tag! Hier Hannelore Fink." Einfach nur "Hallo" oder "Hi" zu sagen gilt als unhöflich.

Ortsgespräche sind nicht umsonst, sondern kosten jede Minute etwas. Früher hatte Telekom das Monopol für Telefonservice und Telefonieren war generell teuer. Die Kosten für Telefonieren und auch Internetanschluss sind niedriger geworden, da es mehr Konkurrenz gibt.

Sprachmodell (listening)

A. *Vorbereitung/Brainstorming:*

Welche Themen kommen vielleicht in einem Telefongespräch (zwei FreundInnen) vor? Machen Sie eine Liste.　　*Pläne fürs Wochenende . . .*

B. *Erstes Hören.* Themen feststellen. Hören Sie das Telefongespräch an und kreisen Sie die zwei Hauptthemen in dem Gespräch ein.

Party	*Arbeit*	*Freund/in*	*Eltern*	*Einladung*
Einkaufen	*Auto*	*Krankeit*	*Kinder*	*Sport*

C. *Zweites Hören.* Auf Namen und Aktivitäten hören. Lesen Sie zuerst die Optionen. Hören Sie dann das Gespräch und kreisen Sie die Information ein, die Sie hören.

Regina:	*ist im Büro*	*ist in ihrem Auto*	*ist zu Hause*
Jens, Ingo, Katia:	*haben eine Party*	*spielen zusammen Tennis*	
	kommen zum Abendessen		
Leo:	*ist Arzt*	*ist Reginas Mann*	
	ist im Krankenhaus	*ist an der Uni*	

D. *Drittes Hören.* Details. Wählen Sie ein Thema und schreiben Sie spezifische Informationen auf, z.B. Datum, Tag, Uhrzeit, Namen oder andere Details. Erklären Sie das dann Ihren Kollegen.

Deutsch zusammen

Partnerarbeit. Probleme lösen.

Eine Person erklärt ihrem Partner, welches Problem sie/er hat. Die andere Person macht einen Vorschlag, wie man das Problem lösen kann.

Gruppenarbeit. Verschiedene StudentInnen schreiben verschiedene Probleme (kleine oder wichtige) an die Tafel. Die KollegInnen in der Klasse machen Vorschläge für Lösungen.

Beispiele: Ein Familienmitglied ist schwer krank. Was soll ich tun?
Ich weiß, dass ein Freund von mir gelogen hat. Wie soll ich reagieren?

Genau!

A. Fill in the blanks with the correct form of the indefinite article.

1. Was schenken Sie _____ Freundin?
2. Was schenken Sie _____ Freund?
3. Was schenkt man _____ Arbeitskollegin?
4. Soll man _____ Nachbarn etwas schenken?

B. Substitute the indefinite article with (or insert) the **ein**-word given in parentheses.

1. Schenkst du Freunden etwas zum Geburtstag? (dein-, unser-,)
2. Schickt Erika der Chefin eine Karte? (ihr-, euer)
3. Thomas kauft den Verwandten kleine Mitbringsel. (sein-, mein-,)
4. Anne bringt der Mutter Blumen. (ihr-, unser-, euer-,)

TEIL 11,3

Feiertage

*Go first to **Teil 11,3** in your Tutorial.*

Merke

Dative case: the definite article and der-words
masculine:	Sie hat **dem** Herrn die Zeitung geholt.
feminine:	Sie hat **der** Dame den Kaffee gebracht.
neuter:	Sie hat **dem** Kind ein Eis gekauft.
plural:	Sie hat **den** Leuten Getränke gebracht.
masculine:	Ich schicke **diesem** Onkel einen Brief.
feminine:	Ich schreibe **jeder** Freundin eine Karte.
neuter:	**Welchem** Kind kaufe ich Schokolade?
plural:	Ich kaufe **allen** Geschwistern etwas schönes.

Vokabular: Feiertage

der Feiertag, -e	das Weihnachten	der Tag der Arbeit	der Geburtstag, -e
feiern, hat gefeiert	das Silvester		das Jubiläum
das Fest, -e/die Feier, -n	das Neujahr	der Muttertag	die Hochzeit

Weihnachten

der Heiligabend	der Weihnachtsbaum, ¨-e	der Wunschzettel, -
der erste/zweite Weihnachtsfeiertag	der Christbaum, ¨-e	das Geschenkpapier
(=26./27. Dezember)	der Christbaumschmuck	verpacken, hat verpackt
der Advent (1., 2., 3., 4.)	schmücken, hat geschmückt	ein•/aus•packen
der Adventskalender, -	das Weihnachtsgebäck	die Überraschung, -en
die Kerze, -n	backen, hat gebacken	die Bescherung

Grüße und Glückwünsche

Frohe Weihnachten/Ostern!	Alles Gute zum Geburstag!	Gratuliere!
Guten Rutsch! (Silvester)	Herzlichen Glückwunsch!	Wir gratulieren!
Gutes/Frohes, Neues Jahr!		

Zum Thema: Weihnachten feiern

In Deutschland, in Österreich und in der Schweiz feiert man Weihnachten am 24. Dezember, am **Heiligabend**. Die **Bescherung** (wenn man die Geschenke auspackt) ist in den meisten Familien zwischen sechs und acht Uhr abends. Die Geschenke sind hübsch verpackt und eine **Überraschung**! Kinder schreiben einen **Wunschzettel** an das **Christkind** in Süddeutschland aber an den **Weihnachtsmann** im Norden. Am **Heiligabend** zünden viele Leute das erste Mal den Weihnachtsbaum an; am Weihnachtsbaum sind echte oder elektrische Kerzen.

In der Zeit vor Weihnachten feiern viele Familien den **Advent** (erster bis vierter) an den vier Sonntagen vor Weihnachten. Man hat einen **Adventskranz** mit vier Kerzen und zündet jeden Sonntag eine mehr an. Am **sechsten Dezember** ist der **Nikolaustag** und Eltern stecken den Kindern Schokolade (oder andere Süßigkeiten) in einen Stiefel. In der Zeit vor Weihnachten ist es auch üblich **Christbaumschmuck** zu basteln und **Weihnachtsgebäck** zu backen. Traditionelle **Weihnachtskekse** sind zum Beispiel **Zimtsterne** (*cinnamon stars*), **Butterkekse** (*butter cookies*), **Vanillekipferl** (*small vanilla crescents*), **Lebkuchen** (*spiced cookies*), und **Christstollen** oder **Quarkstollen** (*Christmas bread*).

In vielen Städten gibt es Weihnachtsmärkte, z.B. den berühmten **Christkindlsmarkt** in Nürnberg. Hier kann man heiße Getränke trinken, Lebkuchen und gebrannte Mandeln (*roasted almonds*) essen, Christbaumschmuck kaufen oder einfach die Weihnachtsstimmung genießen.

Wichtig (vielleicht zu wichtig!) ist, wie in anderen Ländern, das Schenken. Um Geschenke persönlicher und nicht so kommerziell zu machen, basteln oder backen Familien manchmal Weihnachtsgeschenke für Freunde und Nachbarn.

Sprechen wir!

Wortspiel Komposita. Kombinieren Sie die Worte mit *Hochzeits-, Weihnachts- Geburtstags-.*

Beispiel: Hochzeit + Tag → Hochzeitstag

Kuchen	Fest	Gäste	Feier	Überraschung
Essen	Geschenk	Mann	Party	Papier
Paar	Baum	Zeit	Einladung	Tag

Wählen Sie jetzt ein paar Komposita und geben Sie den Artikel (*der, die* oder *das*).

Beispiel: *Weihnachten + die Zeit → die Weihnachtszeit*

Vergleichen. Welche Feiertage sind dieselben in Amerika und Deutschland? Welche ein bisschen ähnlich? Welche Feiertage gibt es hier nicht? Welche gibt es hier, aber nicht in Deutschland?

Amerikanische Feiertage	**Deutsche Feiertage**	**gleich**	**ähnlich**	**anders**
Weihnachten	?		x	

Und Sie?

Welche Feiertage feiert Ihre Familie? Welche sind wichtig, welche nicht so wichtig? Auf welchen Feiertag freuen Sie sich besonders? Welchen Feiertag finden Sie nicht so sinnvoll? Feiern Sie Weihnachten? Welche anderen Feiertage gibt es im Dezember?

Wann und wie feiern Sie? Am 24. oder am 25. Dezember? Trifft sich Ihre ganze Familie?

Wie haben Sie letzte Weihnachten verbracht? Welchen Leuten schenken Sie etwas? Verpacken Sie die Geschenke? Kochen oder backen Sie etwas besonderes zu Weihnachten? Was?

Welches Fest haben Sie dieses Jahr (oder letztes Jahr) gefeiert? Ein Hochzeitsfest? Ein Jubiläum? Wie haben Sie (und Ihre Familie oder Freunde oder Kollegen) das gefeiert?

Was bedeuten Silvester und Neujahr für Sie? Wie finden Sie den Muttertag? Warum gibt es diesen Feiertag? Schenken oder schicken Sie Ihrer Mutter etwas?

Sind Geburtstage wichtig für Sie? Was wünschen Sie sich zum Geburtstag? Wie möchten Sie Ihren Geburtstag feiern? Was wollen Sie nicht machen, wenn Sie Geburtstag haben? Welchen Leuten schenken Sie etwas zum Geburtstag? Schenken

Wissen Ihre Freunde schon, was Sie sich wünschen?

Mit der Wunsch- und Hochzeitsliste treffen Ihre Freunde und Verwandten immer Ihren Geschmack.

Ihre Freude ist kein Zufall mehr und deshalb doppelt so groß.

Ob Sie Geburtstag haben, heiraten wollen oder Jubiläum feiern: Kommen Sie zu uns und wählen Sie nach Herzenslust aus. Ihre Wunschliste geben Sie uns und Ihren Freunden einen Tip. Sie sehen: Wünschen kann so einfach sein.

Welche Anlässe für Geschenke kommen hier vor? Nennen Sie sie.

Was macht man mit Geschenken? Man braucht Papier!

Sprachmodell

A. *Vor dem Lesen.* Brainstorming. Welche Zutaten braucht man zum Backen? Machen Sie eine Liste auf Englisch.

B. *Erstes Lesen.* Wie viele und welche Backzutaten sehen Sie in der Anzeige? Schreiben Sie jede Zutat auf und erklären Sie kurz, wozu man sie braucht.

Beispiel: Zucker → macht etwas süß

C. *Vokabular.* Ordnen Sie die deutschen Worte den englischen zu.

flour	Zucker
baking powder	Mehl
vanilla extract	Fett
egg white	Oblaten
nuts	Schokolade
wafers	Mandeln
chocolate	Vanilleextrakt
sugar	Backpulver
almonds	Eiweiß
lard	Nüsse

D. *Vokabular:* Worte im Kontext verstehen. Was bedeutet wohl. . . ?

steif schlagen (Eiweiß)	→
rühren (Zucker und Eiweiß)	→
unterheben (Mandeln und Schokolade)	→
streichen (auf Oblaten)	→
glasieren (mit Schokoladenguss)	→

E. **Lesen und Schreiben.** Machen Sie zwei Einkaufslisten, die eine mit den Zutaten für die Lebkuchen, die andere mit Zutaten für den Schokoladenguss.

Zutaten für Lebkuchen	*Zutaten für Schokoladenguss*
_____	_____
_____	_____

F. **Details verstehen.** Schreiben Sie jeden Schritt genau auf.

1. *4 Eiweiß steif schlagen*
2. *mit 320 g Zucker dick rühren*

Deutsch zusammen

Partnerarbeit. Schreiben Sie in einen Kalender, welche Feiertage Sie und Ihr Partner/Ihre Partnerin jeden Monat feiern. Berichten Sie das dann Ihren KollegInnen.

Ich *feiere im Januar* _____. _____ (Name) *feiert im Februar den Valentinstag.*

Januar	Februar	März
Neujahr	*Valentinstag*	

Genau!

A. Replace the definite article that accompanies the indirect object in each sentence with the **der-** word cued in parentheses. Make any other necessary changes.

1. Wir schenken den Kindern Lebkuchen. (all-)

2. Wir schenken dem Onkel einen Pulli. (dies-)

3. Wir kaufen der Lehrerin Blumen. (jed-)

4. Wir schicken der Tante ein Paket. (dies-)

B. Substitute the nouns with the appropriate articles in parentheses for the indirect object in each sentence.

1. Zeigst du Herrn Krüger die Arbeit? (Assistentin, Professor, Studenten)

2. Diese Geschichte hast du Frau Neckermann erzählt? (Chef, Lehrerin, Eltern)

3. Erklärt Brigitte ihrer Freundin das Problem? (Großvater, Schwester, Freunde)

4. Schreibst du Frauke eine Karte? (Oma, Onkel, Mädchen)

5. Schickt ihr Professor Jürgens ein E-Mail? (Mann, Chefin, Eltern, Leute)

TEIL 11,4

Diverse Traditionen

*Go first to **Teil 11,4** in your Tutorial.*

Merke

Dative case: personal pronouns
singular

nominative:	ich	du	Sie		er	sie	es
dative:	mir	dir	Ihnen		ihm	ihr	ihn

plural

nominative:	wir	ihr	Sie		sie
dative:	uns	euch	Ihnen		ihnen

Reflexive pronouns

	singular				**plural**			
nominative:	ich	du	Sie	er/sie/es	wir	ihr	Sie	sie
dative:	mir	dir	sich	sich	uns	euch	sich	sich

Review: word order with objects
Dative first, unless the <u>accusative is a pronoun</u>.

Gabriela schenkt **ihrem Freund *ein Buch*** (acc.)
Sie kauft **es** (acc.) ihm kommendes Wochenende.
Gabi zeigt **dem Beamten** (dat.) **ihren Führerschein.** (acc.)
Sie hat **ihn** (acc.) **dem Beamten** (dat.) gezeigt.

Vokabular: Andere Länder, andere Bräuche

der Brauch, ¨-e	Chanukka	der Fasching/die Fastnacht	der St. Patrick's Day
die Tradition, -en	der Ramadan (Fastenmonat)	die Fasnacht (Schweiz)	der Valentinstag
die Kirche, -n	St. Nikolaus (Nikolaustag)	der Karneval	
die Synagoge, -n	das Ostern	das Oktoberfest	

Courtesy of Beryl Goldberg Photography. Copyright © 1998 Beryl Goldberg

Sprechen wir!

Daten und Feiertage. Nennen Sie einen Feiertag und dann das Datum (oder die Daten).

Kategorisieren und Assoziieren. Welche Feiertage sind religiös? Welche nicht? Woher (welches Land) kommen verschiedene Feiertage? Was assoziieren Sie mit Ostern? Mit Pfingsten? Kennen Sie Nikolaus? Was assoziieren Sie mit Chanukka? Ramadan? Fasching oder Karneval? dem Valentinstag?

Feiertage und Aktivitäten. Schreiben Sie neben jede Aktivität den passenden Feiertag

Fasching	(	) etwas grünes anziehen
St. Patrick's Day	(	) rote Rosen kaufen
Ostern	(	) Feuerwerk machen
Valentinstag	(	) fasten (nichts essen)
Chanukka	(	) acht Lichter anzünden
Geburtstag	(	) Geschenke öffnen
Silvester	(	) Eier verstecken und suchen
Ramadan	(	) maskieren und ein Kostüm tragen

Spiel/Gruppenarbeit (vier Personen). Ihr Lehrer/in hat verschiedene Karten mit Stichworten. Jede Gruppe bekommt vier. Jede Person zieht eine Karte und erzählt dann zwei Minuten etwas.

Vorschläge: ein besonderes Erlebnis, eine Geschichte, einen Wunsch

Weihnachtsbaum	*Ostereier*	*Masken*	*Weihnachtsessen*	*Kinder*
Oktoberfest	*Geburtstagsgeschenk*	*Backen*	*Silvesterparty*	*Rosen*

Und Sie?

Gibt es spezielle Feiertage oder Feste in Ihrer Heimat oder speziell in Ihrer Heimatstadt? Warum gibt es sie? Wie feiert man sie? Erzählen Sie das ein bisschen.

Welche Feiertage sind für Ihre Familie wichtig? Wie feiern Sie sie?

Was machen Sie oder Ihre Familie an Ostern? Wie wichtig ist Ostern für Sie?

Feiern Sie Fasching oder Karneval oder Mardi Gras?

Welche Feiertage verbringen Sie mit Ihrer Familie? Welche mit Freunden? Welche vielleicht allein? Welche Feiertage feiern Sie gar nicht?

Welche Feiertage sind in den USA besonders wichtig? Warum ist das so? Wie finden Sie sie?

Deutsch zusammen

Partnerarbeit.

1. Schreiben Sie auf, welche Feste und Feiertage sie feiern und welche Bräuche Ihre Familie hat. (Geschenke, Essen, Musik, usw.)

2. Vergleichen Sie, was Sie geschrieben haben. Feiern Sie verschiedene Feste und Feiertage? Was sind Ihre Traditionen und Bräuche?

3. Diskutieren Sie dann, ob Ihr/e Partner/in diese Traditionen gut findet, oder welche Aspekte er/sie vielleicht negativ sieht. Machen Sie Notizen und besprechen Sie das dann mit der ganzen Klasse. (*sie/er mag. . . ; sie findet es gut, dass, ...; sie findet ... nicht so gut.*)

Partnerarbeit/Situation. Annes Bruder, Gerd, sollte Geschenke für verschiedene Leute besorgen. Anne fragt, welche Dinge er gekauft hat. Wählen Sie zuerst eine Person und dann ein Geschenk.

Beispiel: Student/in A: Und **unserer Schwester**? Was hast du **ihr** gekauft?
Student/in B: Einen Seidenschal.

Schwester	Weihnachsgebäck
Mutti	Hemd und Krawatte
Vati	Bocksbeutel (der)
Tante Erika	Teekanne (die)
Oma und Opa	Kaffeemühle (die)
Freundin	Sweatshirt
Zimmerkollege	Bild
Nachbarn	Poster (das)
Onkel Walter	Seidenschal
Cousin	Portmonee
Kusine	Computerspiel

Sprachmodell:

A. *Vorbereitung.* Nennen Sie das Land (oder die Länder), das Sie mit jedem Feiertag assoziieren. Besprechen Sie dann, ob der Feiertag einen religiösen Ursprung hat.

Feiertag	Land	religiös?
Ramadan		
Valentinstag		
Muttertag		
Chanukah		
St. Patrick's Tag		

B. *Textart bestimmen.* Schauen Sie den Text an. Welche Art von Text haben wir hier? Kreisen Sie die richtige Antwort ein. Was ist das Thema?

...utschland gefeiert

> **St. Patrick's Day**
>
> **Heute wird nicht nur in Irland der St. Patrick's Day gefeiert. Was ist das eigentlich?**
> Der 17. März ist der irische Nationalfeiertag, zurückzuführen auf den Heiligen St. Patrick.
>
> **Was hat dieser Heilige getan?**
> St. Patrick hat im 5. Jahrhundert der Sage nach anhand des dreiblättrigen Kleeblattes (Natioanlsymbol Irlands) die heilige Dreifaltigkeit erklärt.
>
> **Und warum wird nun ausgerechnet heute so gefeiert?**
> Ein Großteil der Iren ist streng katholisch und hat jetzt Fastenzeit. Heute ist das ausgesetzt und überall darf getrunken, geraucht und gefeiert werden.
>
> **Wie feiert der Kaffeeschuppen heute?**
> Bei uns gibt es irische Kost, irische Getränke (natürlich Guinness) und selbstverständlich irische Live-Musik.   **ole**

Anzeige

Interview

Leserbrief

Report

Die "Sprecher" in diesem Text:

a. Wer stellt wohl die Fragen?

b. Wer ist die Person, die antwortet? Sehen Sie sich den letzten Absatz an.

C. *Erstes Lesen.* Suchen Sie jetzt den Feiertag, ein Land und das Datum in dem Text. Suchen Sie dann Worte, die etwas mit Religion oder Kirche zu tun haben. Was wissen Sie jetzt über das Thema?

D. *Zweites Lesen.* Welche Informationen möchte der Fragesteller haben? Schreiben Sie die vier Fragen in dem Text mit Ihren eigenen Worten auf.

E. *Spezifische Informationen suchen.*

1. Suchen Sie alle Informationen zur Person St. Patrick.

2. Suchen Sie Informationen zum Thema "feiern." Schreiben Sie die Worte auf.

F. *Synthese.* Welcher Satz fasst den Text am besten zusammen?

1. Fragen und Antworten zum St. Patrick's Day.
2. Das Leben des St. Patrick.
3. Wie steht die katholische Kirche zum St. Patrick's Day?
4. Irisches Essen und irische Getränke.

Genau!

Insert the pronoun in the second sentence to refer to the indirect object in the first.

1. Und deinen Eltern? Was kaufst du _____?
2. Und deiner Schwester? Was schenkst du _____?
3. Und dein Bruder? Kaufst du _____ etwas?
4. Vergiss deine Verwandten nicht! Was willst du _____ schenken?
5. Und du? Was kaufst du _____ !?
6. Was machen die Geschwister? Sie schenken _____ nichts!
7. Und wir (die Eltern)? Wir schenken _____ natürlich etwas.

TEIL 11,5

Deutschland multikulturell

Go first to Teil 11,5 in your Tutorial.

Merke

Combining clauses: infinitival phrases after adjectives
Was ist **schwierig**?
Traditionen **zu erhalten** ist schwierig. Es ist schwierig sie **zu bewahren**.
Was ist für deine Familie an Weihnachten üblich?
Gut zu essen ist üblich. Es ist auch üblich **in die Kirche zu gehen**.

Idiomatic infinitive phrases
um...zu , ohne...zu , (an)statt...zu + infinitive

Beginning sentences with infinitive phrases
Um andere Bräuche kennen zu lernen, lese ich viel oder stelle Fragen.

Vokabular: Kooperation und Konflikte

der/die Ausländer/in, -/nen	das Visum, Visa/Visen	der/die Mitbürger/in, -/nen
der/die Arbeitnehmer/in, -/nen	die Aufenthaltserlaubnis, -se	die Kooperation
fremd	das Asyl	die Zusammenarbeit
jmd. (dat.) fremd sein	die ab•schieben, abgeschoben	die Integration
die Minderheit, -en (die Minorität, -en)	der Neonazi, -s	sich kennen lernen
feindselig	der/die Rechts /Links radikale, -n	sich verstehen, hat verstanden
die Ausländerfeindlichkeit	der Skinhead, -s	miteinander aus•kommen

Sprechen wir!

Was assoziieren Sie als Amerikaner/in mit diesen Worten?

Integration	**Minoritäten**	**Neonazi**
Ausländer	**Skinheads**	**Kooperation**

Mit welchen Worten hat man ähnliche Assoziationen? Warum? Welche Worte sind für Sie positiv? Warum? Welche negativ? Welche Ereignisse haben vielleicht diese Assoziation bewirkt?

Sehen Sie sich die Graffiti an und ordnen Sie die Aussprüche. Sind sie negativ (feindselig, rechtsradikal) oder positiv (kooperativ) orientiert? Welche Gruppen haben vielleicht welche Aussprüche als Slogans verwendet?

Deutsche und Ausländer gemeinsam gegen Rassismus!

Keine Diskriminierung! Kein Asylrecht! *Türken raus!*

Deutsche Arbeitsplätze für deutsche Arbeitnehmer!

Ausländer sind unsere Mitbürger!

Ausländerfeindlichkeit ist auch Inländerfeindlichkeit!

Zum Thema: Ausländer

Seit den fünfziger Jahren, als das **Wirtschaftswunders** (*economic miracle*) seinen Höhepunkt hatte, gibt es in Deutschland **ausländische Arbeitnehmer/innen**. Früher hat man sie **Gastarbeiter/innen** genannt. Die Mehrzahl kam aus der Türkei, daneben aus Italien, Griechenland, dem ehemaligen Jugoslawien und auch Portugal, Spanien und Marokko. Nach der Öffnung des Ostens sind auch viele Osteuropäer nach Deutschland gekommen. Oft sind das **Aussiedler/innen**, also Menschen deutscher Abstammung aus Rumänien, Polen und der Tschechichen Republik (früher Tschechoslowakei.)

Mehrere Kulturen in einem kleinen Land zu vereinbaren ist schwierig: viele Ausländer behalten ihre Kultur bei, z.B. die Sprache und die Religion (oft Islam) und Deutschland bleibt ihnen fremd. Andere, z.B. junge TürkInnen, die zweite und dritte Generation, werden deutsche Staatsbürger. Sie sprechen oft nur Deutsch und fühlen sich als Deutsche, aber ihre Gefühle sind oft zwischen de Kulturen gespalten. Das Wort Ausländer ist für sie natürlich unpassend, obwohl andere Deutsche sie manchmal so bezeichnen.

Misstrauen und Vorurteile gegen Ausländer (oder anders aussehende Menschen), aber ebenso auch Kooperation und Zusammenarbeit, gehören zum deutschen Alltag: Deutschland ist eine multikulturelle Gesellschaft. Gewalt gegen Aussiedler und Ausländer kommt von extremen, rechtsradikalen Gruppen, Neonazis und oft von Jugendlichen. Aber es gibt auch Demonstrationen gegen Ausländerhass. Demonstrationen gegen Gewalt auf der einen Seite, aber Gewalt gegen Ausländer auf der anderen, sind ein Zeichen für die komplexe Situation im heutigen Deutschland.

Und Sie?

Was bedeutet das Wort "Ausländer" in Amerika? Woher kommen Menschen in den USA? Braucht man ein Visum, um in die USA zu kommen? Eine Aufenthaltserlaubnis? Welche Menschen bekommen Asyl? Wann/warum gibt es Abschiebungen?

Wann ist jemand Ausländer/in? Ist man Ausländer, wenn man in seiner neuen Heimat geboren ist?

Gibt es in Amerika Ausländerfeindlichkeit? Diskriminierung? Gegen welche Gruppen? Welche Gruppen gelten als Minoritäten? Welche Probleme haben sie? Was ist schwierig für sie? Welche Rechte haben sie kürzlich bekommen? Was ist jetzt gut für sie?

Haben Sie FreundInnen aus anderen Ländern? Woher kommen sie? Welche Bräuche und Traditionen haben sie? Welche haben sie vorher gekannt? Welche waren für sie neu? Welche sind Ihnen fremd?

Deutschkurs (corso di tedesco; almanca kursu) für ausländische Arbeitnehmer/-innen

Wo:	Goetheinstitut Bremen
	Fedelhoeren 78
Wann:	Montagabend 19-21 Uhr
Telefon:	32 15 44

Welche Sprachen sehen Sie hier?

Für wen ist der Deutschkurs?

Wo und wann findet er statt?

Deutsch zusammen

Partnerarbeit/Situation. Sie sind LehrerInnen in einer Hauptschule. Sie organisieren Aktivitäten für deutsche und ausländische SchülerInnen, um die Kommunikation zwischen den Gruppen zu verbessern.

1. Machen Sie zuerst eine Liste mit Aktivitäten für Jugendliche *generell*. Wählen Sie dann Aktivitäten speziell für diese Situation: Kooperation Deutsche-Ausländer/innen.
2. Vergleichen Sie Ihre Liste mit anderen Listen in der Klasse. Welche Vorschläge sind gleich, ähnlich, verschieden?
3. Alle Studenten/innen im Klassenzimmer diskutieren und entscheiden dann, welche Vorschläge die besten sind und warum.

Partnerarbeit/Stereotypen.

1. Wählen Sie zuerst zwei Nationalitäten. Machen Sie dann individuell eine Liste mit drei Dingen typisch für diese zwei Nationalitäten.
2. Vergleichen Sie dann, was Sie geschrieben haben. Haben Sie ähnliche Antworten? Verschiedene?

Welche Stereotypen gibt es? Zum Beispiel Lateinamerikaner/innen, Asiaten/innen, Araber/innen, Deutsche, Amerikaner/innen, Türken/innen.

Genau!

A. Form a sentence with an infinitival clause. Use the phrase in parentheses as the first clause.

1. Ausländer integrieren. (wichtig)
2. Fremde freundlich behandeln. (höflich)
3. Vorurteile finden. (leicht)
4. eine fremde Sprache lernen. (schwierig)

B. Now begin the sentence with the infinitival clause.

1. viel zu laufen oder zu schwimmen. (gesund)
2. Zigaretten zu rauchen. (ungesund)
3. sich zu informieren und Fragen zu stellen. (klug)
4. vorschnell zu urteilen (dumm)

Alles zusammen

As a result of what you have learned in **Kapitel Elf** you should be able to:

1. elicit and identify the person(s) to or for whom things are bought, given, presented, shown, explained, said, written;
2. discuss what gifts you give to whom;
3. relay a message from a third person;
4. continue to narrate at length, orally, and in writing, about your daily routine and personal interests, employing a variety of verbs and word orders;
5. understand and compare various traditions in Germany and in German-speaking countries in comparison to those of your home country;
6. understand and discuss the multicultural situation in Germany, and compare it to societal aspects in the U.S.

A. *Mündliche Fragen.*

1. Wem sagen Sie alles?
2. Wem erzählen Sie nichts? Warum nicht?
3. Wem schreiben Sie oft Briefe?
4. Wem haben Sie ein Paket geschickt?
5. Wem haben Sie etwas zu Weihnachten oder zum Geburtstag geschenkt? Was?
6. Wie feiern Sie zu Hause Weihnachten?
7. Wem leihen Sie nichts? Warum nicht?

B. *Schreiben.* Wählen Sie eine Frage und schreiben Sie einen kohärenten Aufsatz (zwei Absätze). Machen Sie zuerst eine Liste oder schreiben Sie Stichworte auf. Verbinden Sie dann die Sätze.

1. Was machen Sie jeden Tag von morgens bis abends?
2. Was haben Sie gestern, letztes Wochenende oder in den Ferien gemacht?

C. *Kulturfragen.*

1. Beschreiben Sie ein paar Weihnachtstraditionen in Deutschland/Österreich/in der Schweiz. Vergleichen Sie sie mit Traditionen in den USA.
2. Nennen Sie verschiedene Feiertage, wann sie sind, woher sie kommen und wer sie feiert.
3. Woher kommen Sie? Welche verschiedenen Nationalitäten gibt es dort? Wie sieht man das?
4. Aktuelles: Wo haben Minderheiten im Moment Probleme? Warum?

D. *Gespräch und Nacherzählung.*

Was kaufen wir unseren Eltern und Verwandten?

Es ist Dezember und nur noch ein paar Wochen bis Weihnachten. Angela, Stefan und Moni, drei Geschwister, sitzen zusammen und besprechen, welche Weihnachtsgeschenke sie besorgen wollen. Monika hat Tee gekocht, und sie essen Weihnachtsgebäck. Sie sprechen über die Geschenke und merken, dass sie verschiedene Vorstellungen haben.

Angela: Also Stefan, hier hast du ein Stück Papier . . .

Stefan: Und gib mir bitte auch einen Stift.

Angela: Also, welche Geschenke . . . Stefan, mach eine Liste von allen Verwandten!

Stefan: Warum bloß so organisiert? Warum können wir nicht einfach morgen losgehen? Wir finden dann schon 'was . . .

Moni: Also ehrlich, Stefan, dann sind wir stundenlang in der Stadt und kommen ohne etwas nach Hause!

Stefan: Na gut. Ich bin bereit. Was denn, Mädels, habt ihr keine Vorschläge?

Angela: Mensch Stefan, du kannst auch mal nachdenken! Wir machen das doch zusammen.

Moni: Hmm, sollen wir Oma und Opa vielleicht ein Fotoalbum kaufen ?

Stefan: Das ist aber fantasielos!

Moni: Nein, nein, gar nicht. Ich habe gedacht, dass wir dann, also, ich meine, dass wir Fotos von uns 'reinmachen, und so . . .

Stefan: Also gut, ich notiere das: Oma und Opa—Fotoalbum . . .

Angela: Und was schenken wir unseren Eltern?

Stefan: Ich hab' gedacht, dass wir ihnen vielleicht einen Zeitungsständer kaufen.

Angela: Ja, vielleicht dem Vati, aber der Mutti bestimmt nicht.

Stefan: Moment, Moment—und wir abonnieren beiden eine Zeitschrift. Dann haben sie was für den Zeitungsständer!

Moni: Au ja, das klingt gut!

Stefan (*schreibt*): Mutti und Vati—Zeitungsständer und Abonnement für eine Zeitschrift.

Angela: Nicht schlecht. Und unseren Verwandten schicken wir dann einfach ein paar schöne Weihnachtskarten, ja?

Angela: Ja, sicher. Was ist, Moni, keine Zeit mehr?

Moni: Nee, Schluss für heute. Ich hab' um sieben Uhr Sport. Tschüss!

Angela und Stefan: Tschüss, Moni!

Übungen.

A. *Vokabular*. Setzen Sie passende Worte aus dem Text ein!

1. Die drei Geschwister haben verschiedene *Ideen* oder _____.
2. Sie haben das vorher nicht gewusst, aber jetzt _____ sie es.
3. Sie sitzen und fragen sich, was sie den Verwandten schenken. Sie _____ das.
4. Sie sagen, welche Ideen sie haben. Sie machen _____.
5. Sie wollen den Großeltern ein _____ kaufen.
6. Stefan schreibt die Ideen auf das Stück Papier, das heißt, er _____ alles.
7. Die Zeitungen sind nicht auf dem Tisch oder auf dem Boden, sondern in einem _____.
8. Wenn man jede Woche oder monatlich eine Zeitung bekommt, hat man sie _____.
9. Moni muss weg, weil sie _____ hat.

B. *Idiomatische Ausdrücke*. Schreiben Sie, was diese Ausdrücke bedeuten!

1. Warum bloß so organisiert?
2. Gehen wir einfach los!
3. Ich bin bereit!
4. Das ist aber einfallslos!
5. Gar nicht so schlecht

6. Ein richtiges Geschenk
7. Schluss für heute!
8. Also ehrlich, Stefan . . .
9. Wir abonnieren beiden eine Zeitschrift.
10. Was denn, Mädels . . .

C. *Fragen zum Text.*

1. Was besprechen die Geschwister?
2. Was ist Stefans "Plan"? Wie ist Stefan?
3. Wie reagiert Moni? Wie findet Sie, was Stefan sagt?
4. Was schenken sie vielleicht den Großeltern und wie wollen sie das machen?
6. Was wollen sie den Eltern besorgen und was den Verwandten?

D. *Nacherzählung*. Erzählen Sie das Gespräch chronologisch nach!

E. *Persönliche Fragen.*

1. Feiern Sie zu Hause Weihnachten oder einen anderen Feiertag?
2. Was sind in Ihrer Familie die Traditionen an diesem Feiertag?
3. Was schenken Sie Leuten? Was haben Sie Leuten geschenkt?
4. Kaufen Sie nur Eltern und Geschwistern etwas oder auch Verwandten?
5. Wann kaufen Sie die Geschenke?
6. Wie finden Sie Weihnachten und den kommerziellen Aspekt? Was denken Sie über Weihnachten **ohne** Geschenke?

Aktives Vokabular

Schenken, schreiben, schicken, leihen

kaufen, gekauft	to buy
besorgen, besorgt	to buy, get
(mit)•bringen, (mit)•gebracht	to bring (along)
schenken, geschenkt	to give (as a gift)
das Geschenk, -e	present, gift
das Mitbringsel, -	present (less formal)
die Kleinigkeit, -en	small gift, item
die Schokolade	chocolate
die Blume, -n	flower
der Blumenstrauß, ¨-e	flower arrangement, flower bouquet
schreiben, geschrieben	to write
schicken, geschickt	to send
das Paket, -e	package
die (Post)karte, -n	postcard
die Ansichtskarte,-n	picture postcard
der Brief, -e	letter
die/das E-Mail	e-mail
holen, geholt	to get, fetch
die Zeitung, -en	newspaper
geben, gegeben	to give
das Geld	money
der Scheck, -s	check
die Post	mail
der Zettel,-	note
die Nachricht, -en	message
bestellen, bestellt	to order
der Katalog, -e	catalogue
jmd./sich (dat.) etwas leihen, geliehen	to borrow something,
sich etwas borgen, geborgt etwas verleihen, verliehen s. etwas aus•leihen, ausgeliehen	to loan something

Sagen, erklären, zeigen

sagen, gesagt	to say
alles/nichts/etwas	everything, nothing, something
viel/wenig	much, little
jemand (dat: jemandem)	someone, somebody
niemand (dat: niemandem)	nobody
die Antwort, -en	answer
die Adresse, -n	address
die Telefonnummer, -n	phone number
die Wahrheit, -en	truth
die Lüge, -n	lie
lügen, gelogen	to lie
erzählen, erzählt	tell
berichten, berichtet	to report, tell
die Geschichte, -en	story
der Witz, -e	joke
das Ereignis, -se	event
Erlebnis, -se	experience
erklären, erklärt	to explain
das Problem, -e	problem
die Lösung, -en	solution
der Grund, ¨-e	reason
zeigen, gezeigt	to show
der Ausweis, -e	ID card
der Pass, ¨-e (Reisepass)	passport
der Führerschein, -e	driver's license
das Foto, -s	photograph
das Bild, -er	picture
das Dia, -s	slide

Feiertage

der Feiertag	holiday
feiern, gefeiert	to celebrate

das Fest, -e	celebration, fest
die Feier, -n	celebration
das Weihnachten	Christmas
das Silvester/Neujahr	New Year's Eve/ New Year's Day
der Tag der Arbeit	International Worker's Day
der Muttertag	Mother's Day
der Geburtstag	birthday
das Jubiläum, Jubileen	anniversary
die Hochzeit, -en	wedding
der Hochzeitstag,-e	wedding day, wedding anniversary

Weihnachten

das Weihnachten/ Frohe Weihnachten	Christmas/ Merry Christmas
der Heiligabend	Christmas Eve
der erste/zweite Weihnachtsfeiertag	26th and 27th of December
der Advent (erster, zweiter, dritter, vierter)	advent
der Adventskalender, -	Christmas calendar
die Kerze, -n	candle
der Weihnachtsbaum, ¨-e/ der Christbaum	Christmas tree
der Christbaumschmuck	Christmas tree decoration
schmücken, hat geschmückt	to decorate
das Weihnachtsgebäck	Christmas cookies
backen, hat gebacken	to bake
der Wunschzettel, -	wish list
das Geschenkpapier	gift wrap
verpacken, hat verpackt	to wrap
ein•/aus•packen, hat ein/ausgepackt	to wrap/to unwrap
die Überraschung, -en	surprise
verstecken, hat versteckt	to hide
die Bescherung	gift opening

Grüße und Glückwünsche

Frohe/Fröhliche Weihnachten	Merry Christmas!
Frohe Ostern!	Happy Easter!
Gutes/gesundes Neues Jahr!	Happy new Year!
Guten Rutsch! (Silvester)	Happy New Year! (literally: "Good slide')
Alles Gute zum Geburstag!	Happy Birthday
Herzlichen Glückwunsch!/ Gratuliere! Wir gratulieren!	Congratulations!

Verschiedene Länder, verschiedene Bräuche

der Brauch, ¨-e	custom
die Tradition, -en	tradition, custom
die Kirche, -n	church
die Synagoge, -n	synagogue
der Tempel, -	temple
die Moschee, -n	mosque
Chanukka	Hanukkah
der Ramadan (Fastenmonat)	Ramadan
das Silvester	New Year's Eve
das Neujahr	New Year's Day
das Ostern	Easter
das Pfingsten	Pentecost (Whit Sunday)
der Fasching/die Fastnacht/ die Fasnacht (Schweiz) / der Karneval	carneval
das Oktoberfest	Octoberfest
das Erntedankfest, Thanksgiving	Thanksgiving
der St. Patrick's Day	St. Patrick's Day
der Valentinstag	Valentine's Day

Kooperation und Konflikte

der/die Ausländer/in, -/nen	foreigner
der/die Arbeitnehmer/in, -/nen	employee
fremd	foreign, strange
jmd (dat.) fremd sein	to be foreign to somebody

die Minderheit, -en (die Minorität, -en)	minority	der Skinhead, -s	skinhead
feindselig	hostile	der/die Mitbürger/in, -/nen	citizen (lit: co-citizen)
die Ausländerfeindlichkeit	hostility toward foreigners	die Kooperation, die Zusammenarbeit	cooperation
das Visum, Visa/Visen	visa	die Integration	integration
die Aufenthaltserlaubnis	permisssion for residence	sich kennen lernen, hat kennen gelernt	to meet, to get to know (each other)
das Asyl	asylum	sich verstehen, hat verstanden	to understand (each other)
ab•schieben, hat abgeschoben	to push away		
der Neonazi, -s	neo-Nazi	miteinander aus•kommen, ist ausgekommen	to get along (with one another)
der/die Rechts-/ Links radikale, -n	right-wing radical		

KAPITEL ZWÖLF

Zu Hause und in der Stadt

Überblick

Themen

Häuser, Wohnungen und Zimmer;
Geschäfte und Gebäude

Funktionen

Sprechen

Asking for and giving directions
Formulating specific questions
Asking for clarification
Describing in detail

Hören

Following directions

Schreiben

Putting together directions and
instructions
Constructing a paragraph from notes
Taking notes

Vokabular

Dwellings
Locations and destinations in the city
Transportation
Anatomy

Kulturelles

Houses and apartments in Germany
German cities: stores, structures,
transportation
Some prominent cities
Differences and similarities between
German and American cities/city life

Grammatik

Review: word order with adverbs of time,
manner, place
Verbs with dative objects; dative of
ownership; dative reflexive
constructions
Dative prepositions

TEIL 12,1

Welche Zimmer hat Ihre Wohnung?

Go first to Teil 12,1 in your Tutorial.

Merke

Expressing the duration of an activity or event: seit
Seit wann studieren Sie **schon** hier? **Schon seit drei Jahren.**
Und **wie lange** lernen Sie **schon** Deutsch? **Erst seit zwei Monaten.**

Negation: seit and nicht mehr
Wohnen Sie allein? Ja, schon **seit fünf Jahren.**
Wo wohnt er jetzt? Ich habe keine Ahnung.
Er hat **schon seit einem Jahr nicht mehr** geschrieben.

Excluding: außer and außerdem
Was hat die Wohnung **außer dem Balkon**? Sie hat auch eine Garage.
Was ist **außerdem** noch interessant? Es gibt zwei Badezimmer.

Idiomatic use of außer
War sie sehr böse? Ja, sie war **außer sich**!

Vokabular: Im und ums Haus

das Haus, ¨-er/das Wohnhaus	die Wohnung, -en	mieten, gemietet
das Hochhaus	die Mietwohnung	besitzen, besessen
das Einfamilienhaus	das Apartment, -s (Appartement)	die (Unter)miete/in Untermiete wohnen
das Reihenhaus	die Eigentumswohnung	viel/wenig/ genug Platz haben

der Flur/der Korridor	das Schlafzimmer	die Küche, -n	der Balkon, ¨-e
der Raum, ¨-	(Eltern/Kinderschlafzimmer)	die Vorratskammer, -n	
das Zimmer, -	das Kinderzimmer	die Diele, -n	
das Wohnzimmer	das Badezimmer	der Keller, -	
das Esszimmer	das Bad, ¨-er	der Dachboden, ¨-	
das Geschoss, ¨-e	das W.C, -s	die Veranda, -s	
(Erd-, Ober- Untergeschoss)	die Toilette,-n	die Terrasse, -n	
das Stockwerk, -e	die Garderobe, -n	der Garten, ¨-	
im erslen/zweiten Stock		die Garage, -n	
das Arbeitszimmer			

Sprechen wir!

Nennen Sie den Raum für die diversen Aktivitäten und Dinge.

Welcher Raum?

Hier wäscht man sich.

Hier essen Leute zu Abend.

Man kocht das Essen hier.

Da hat man alte Dinge, z. B. Mobel und Kleider.

Man sitzt hier, wenn das Wetter schön ist.

Auto, Fahrräder, Skis

Hier bewahrt man Lebensmittel auf, wenn man viel eingekauft hat.

Fernsehen, Musik hören, lesen.

Blumen und vielleicht Obst und Gemüse.

Hier spielen der Junge und das Mädchen.

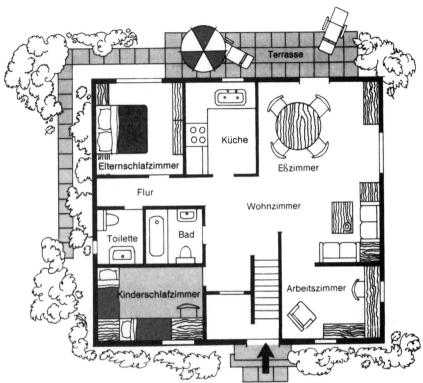

Reprinted from *Wie Geht's?*, Third Edition, by Dieter Sevin, Ingrid Sevin, and Katrin T. Bean. Copyright © 1988 by Holt, Rinehart, and Winston

Zum Thema: Wohnen

Generell kann man sagen, dass Wohnungen in Deutschland nicht so groß sind wie in Amerika. Familien mit zwei Kindern leben oft in 3- oder 4-Zimmerwohnungen und für allein stehende Personen sind zwei Zimmer die Norm. Viele Wohnungen haben ein Badezimmer und vielleicht ein separates W.C, und man zählt *alle* Zimmer, nicht nur die *Schlafzimmer*.

In Deutschland gibt es ganz moderne Wohnhäuser, auch Hochhäuser mit Apartments, und Häuser mit Wohnungen aus dem 19. Jahrhundert. Diese **Altbauwohnungen** sind oft sehr begehrt, obwohl man sie vielleicht renovieren muss. StudentInnen wohnen oft in **Untermiete**, d.h. sie mieten ein Zimmer in einem Haus oder in einer Wohnung.

Nicht nur Einfamilienhäuser, sondern auch andere Wohnhäuser, haben normalerweise Keller und Dachboden. Bei Einfamilienhäusern sind der Garten oder eine Terrasse normalerweise hinter dem Haus und viele Wohnungen haben einen Balkon. Auf Balkon und Terrasse oder im Garten sieht man oft viele Blumen. Das ist ein Zeichen dafür, dass Deutsche gern im Freien sitzen, wenn das Wetter schön ist.

Die Mehrzahl der Deutschen, ungefähr 60%, *mietet* ihre Wohnungen, während etwa 40% ihre Wohnung oder ein Haus besitzen. Für den Hauskauf oder Hausbau braucht man viel Kapital, oft viele hunderttausend Mark und er bleibt für viele Deutsche ein Traum.

Und Sie?

Wo wohnen Sie jetzt und wie lange wohnen Sie schon da? Seit wann wohnen Sie schon allein, d.h. ohne Ihre Eltern? Wie lange haben Sie Ihre Eltern schon nicht mehr gesehen? Ihre SchulfreundInnen? Treffen Sie sie manchmal oder haben Sie sie schon lange nicht mehr gesehen?

Haben Sie ein Haus, eine Wohnung, oder ein Zimmer? Wie liegt Ihre Wohnung? Ist es ruhig oder laut? Wie viele Zimmer hat sie? Welche?

Wie haben Sie früher gewohnt? Hatte Ihre Familie ein Haus (Einfamilienhaus, Reihenhaus)? Eine Mietwohnung oder eine Eigentumswohnung?

Wohnen Sie allein oder haben Sie Zimmerkollegen? Wie viele Leute wohnen außer Ihnen in ihrer Wohnung/in Ihrem Haus/in Ihrem Zimmer?

Wer ist Ihr bester Freund/Ihre beste Freundin und seit wann kennen Sie diese Person?

Wie lange fahren Sie schon Auto?

Wer ist außer Ihnen heute im Klassenzimmer? Was haben Sie außer Ihrem Deutschbuch bei sich? Welche Kurse haben Sie heute außer Deutsch? Wer studiert außer Amerikanern an Ihrer Uni?

Sprachmodell: Immobilienmarkt

A. *Vorbereitung*. Brainstorming. Welche Informationen bekommt man in einer Wohnungsanzeige?

B. *Partnerarbeit*. Schreiben Sie jetzt fünf Worte auf englisch auf. Versuchen Sie dann in den Anzeigen das passende deutsche Wort zu finden.
rooms → Zimmer

C. *Abkürzungen verstehen*. Nennen Sie das ganze Wort für die Abkürzungen.
Whg.; Wo.; App.; Kü.; Du.; Blk.; Gar.

Hier sind noch mehr Abkürzungen für Wohnungsanzeigen:

ETW	= Etagenwohnung
OG	= Obergeschoss
MM	= Monatsmiete
Wfl	= Wohnfläche (in m² = Quadratmeter)
möbl.	= möbliert (mit Möbeln)
Hzg.	= Heizung
ZH	= Zentralheizung
NK	= Nebenkosten (z.B.Gas, Elektrizität)
zzgl.	= zuzüglich (außer der Miete)
Kt.	= Kaution (*deposit*)
Prov.	= Provision (*commission*)

Traumhafte Dachwohnung

mit 56 m² Dachterrasse in kleiner Wohnvilla (Neubau) in Kleinzschachwitz zu verkaufen

Projekt Partner
Bauen & Wohnen GmbH

Altenberger Straße 13 Telefon 0351/340 840
01277 Dresden   Fax 0351/33 610 21

**Gepflegt und ruhig –
Parkstadt Bogenhausen**

3-Zi.-ETW mit Wohnkü., Wfl. ca. 70 m², Bj. 57, W-Loggia, Bad mit Fenster, inkl. Einzel-TG. Frei.

Altbauvilla in Jena

533 m² in 3 Ebenen + Keller, 1765 m² Grdst., renov.-bed., 5 Min. zur Stadtmitte, frei ab 7/97, von Priv. 900 000,- DM, Angebote   unter
✉ZS5871146 an SZ

Klein, aber oho!
3-Zi.-ETW im Westend, Wfl. ca. 58 m², Bj. 90, Westausr. z. Innenhof im EG, Terr. + Garten, Parkett, renov.

3-Zi.-Whg.

in Laim, U4/U5 in der Nähe, 88 qm Wfl., TG, EG mit Terrasse, viel Grün und ruhig, renoviert,

● ● Gasteig ● von Privat ● ●

schön geschnittene, repräsent. 2-Zi.-Whg., absolut ruhig, 70 m², großer Balkon, Einbauküche, bezugsfrei für 2 Jahre

1 Zi.-Whg. Dachauer Str., ruhig, NB, Balkon, einger. Kü., 49 m², 680,-+ Nk./Hzg. E. Höhne Immob., ☎08153/8085

1-Zi.-App. Sendling
31 m², DM 520,-+ NK + Gg.
Immob. Kaufmann ☎089/2378-119

1-Zi.-App., zentral
ca. 22 m², möbl., ruh., 450,-inkl.NK + Kt
Immobilien Kast ☎089/2014087

1-Zi.-App. N. Uni
nur an Studenten, ab 15.3., DM 410,-+NK
Immob. Rüprich, ☎1235264

D. *Partnerarbeit.* Finden Sie die beste Wohnung (Haus) für jede Situation. Erklären Sie dann Ihre Wahl (drei) ihren Kollegen im Deutschkurs.

Welche Wohnung/welches Haus ist gut, wenn man . . .

1. eine kleine Wohnung (2 Zimmer) sucht abund gerne draußen sitzt?
2. Student ist und nicht viel Geld hat?
3. eine kleine Wohnung kaufen (nicht mieten) will?
4. ein Haus kaufen will und Dinge gut reparieren kann?
5. mit der U-Bahn fährt?
6. eine große Küche braucht?
7. etwas Luxuriöses sucht?
8. Welche Wohnung ist für <u>Sie</u> interessant? Warum?

Deutsch zusammen

Partnerarbeit.

Machen Sie zwei Listen: Was ist typisch für Wohnen in Nordamerika? Was für Deutschland?

> Haus/Wohnung mieten oder kaufen:
> Welche Räume man zählt (z.B. in einer Wohnungsanzeige):
> Wie viele Badezimmer:
> Keller und Dachboden:
> In Untermiete wohnen:

Partnerarbeit. Schreiben Sie zusammen eine Anzeige für eine Wohnung. Geben Sie die folgenden Informationen:
Wie viele Zimmer; wie viele Badezimmer; andere Räume; Balkon, Garten; Lage, Größe (in Quadratmeter), Mietpreis.

Gruppenarbeit. Im Maklerbüro.

1. Machen Sie Gruppen mit drei Leuten und entscheiden Sie zuerst, welche Rolle jede Person hat: Eine Person ist Makler/in; zwei sind KundInnen: entscheiden Sie, wer die Kunden sind.

Herr und Frau Keller, Ärztin, Lehrer, zwei Kinder (3 und 5 Jahre)	*Herr Beltz, Manager, allein stehend*
Surinam, Studentin, Angelika, Krankengymnastin	*Oleg und Anna, StudentenInnen zwei Katzen*

2. Besprechen Sie dann zusammen, welche Art von Wohnung Sie suchen.
3. *Maklerin/Makler:* Sehen Sie das Formular an und stellen Sie Fragen. *Zwei Kunden:* Besprechen Sie kurz die Frage und geben Sie dann zusammen eine Antwort.

Maklerbüro Reichelt
Kundeninformation

Name:

Wie viele Zimmer/was für Zimmer   1   2   3   4   5

_____   _____   _____

Anzahl der Badezimmer   1   1.5   2

Garten, Terasse, Balkon _____

Genau!

Insert the word in parentheses with the correct dative form.

1. Wer wohnt außer _____ hier? (du)
2. Wohnst du hier seit _____ oder schon länger? (ein Jahr)
3. Hast du außer _____ Herd auch eine Mikrowelle? (ein)

Insert a logical phrase in the correct dative form after **seit** or **außer**.

1. Monika wohnt erst seit _____ hier in Graz.
2. Außer _____ wohnen keine Familienmitglieder von Monika in Österreich.
3. Gerd wohnt hier schon seit _____.
4. Ausser _____ wohnen auch Gerds Bruder und viele Verwandte hier.

TEIL 12,2

Was liegt gegenüber von deiner Wohnung?

Go first to **Teil 12,2** in your Tutorial.

Merke

Expressing destinations and locations in a city: zu (wohin? zu wem?)
Wohin gehst du? Ich gehe **zum Metzger**. Wir brauchen Wurst.
Zu wem gehst du? Ich gehe **zu Anne**. Wir lernen zusammen.
bis zu Ich gehe nur **bis zum** Markt.
bei (wo? bei wem?)
Bist du **beim Makler**? Nein, jetzt bin ich **beim Friseur**, dann gehe ich zum Makler.
Die Buchhandlung ist **bei der Uni**
        = Die Buchhandlung ist in der Nähe von der Uni.
Wo wohnt Bill? **Bei der Uni**? Nein, **beim Dom**.

Specifying locations: gegenüber von; postposition gegenüber
Wie liegt deine Wohnung? **Gegenüber von meiner Wohnung** ist eine Bäckerei und
der Bäckerei gegenüber liegt ein Gemüseladen.
Direkt gegenüber ist die Bushaltestelle.

Vokabular: In der Stadt

das Gebäude, -;	die stadt; die stadtmitte; das stadtzentrum	
das Bürogebäude	die Altstadt (in die Altstadt gehen); das Zentrum (ins Zentrum fahren)	
das Rathaus		das Hotel, -s (ins)
das Krankenhaus, ¨-er	der Markt, ¨-e	das Restaurant, -s (ins)
die Universität, -en	der Supermarkt	das (Speise)lokal, -e
die Bibliothek, -en	der Flohmarkt	die Kneipe, -n (in die)
die Stadtbücherei, -en	das Einkaufszentrum, -zentren	das Gasthaus, ¨-er (ins)
	das Kaufhaus, ¨-er (ins)	die Gaststätte, -n (in die)
der Dom, -e (in den)	das Reformhaus (ins)	das Café, -s (ins)
die Kirche, -n (in die)	das Geschäft, -e/das Fachgeschäft	der Stehimbiss, -imbisse
das Kloster, ¨-	das Fotogeschäft	
das Schloss, ¨-er	das Blumengeschäft	das Konzert, -e (ins)
die Burg, -en	das Lebensmittelgeschäft	das Kino, -s (ins)
der Friedhof, ¨-e	der Laden, ¨-	das Theater, - (ins)
	der Musikladen	das Museum, Museen (ins)
der Park, -s	der Bioladen	
der Platz, ¨-e	der Schreibwarenladen	die Tankstelle, -n
der Marktplatz	die Buchhandlung, -en	die Werkstatt, ¨-en

die Fußgängerzone, -n	die Bäckerei,- en	die Bank, -en
der Sportplatz	die Konditorei, -en	die Sparkasse, -n
die Sporthalle, -n	die Apotheke, -n	die Post/das Postamt, ¨-er
das Schwimmbad, ¨-er (ins)	die Drogerie, -n	der Flughafen, ¨-
das Freibad/das Hallenbad (ins)	der Kiosk, -s	der Bahnhof, ¨-e
		der Hafen, ¨-

Personen (=Geschäft)

der Frisör/die Frisöse	der Arzt/ÄrztIn	der Makler/in
der Fleischer/in/Metzger/in	der Zahnarzt/in	der Händler/in
der Schuhmacher/in	der Optiker/in	der Autohändler/in
der Schuster/in		der Juwelier/in
der Mechaniker/in		

Giving directions

links/rechts	geradeaus	abbiegen
nach links/nach rechts	zurück	sich rechts/sich links halten

Sprechen wir!

* Guten Tag! Können Sie uns vielleicht helfen?

• Ja, sicher!

* Wie kommt man hier vom Bahnhof zum Stadtzentrum? Unser Hotel liegt gegenüber vom Dom und, eeehm, ich glaube beim Marktplatz.

• Ist das das Burghotel? Ja? Gut. Gucken wir mal auf den Stadtplan. Also, wenn Sie in die Fußgängerzone kommen, halten Sie sich rechts vom Marktplatz.

* Moment, nach rechts abbiegen, oder...

• Nein, nein, geradeaus gehen, aber rechts vom Marktplatz, ja?

* Und dann sehen wir es gleich?

• Ja, direkt gegenüber vom Dom, in Ordnung?

* Ja, danke sehr!

Stadtplan anschauen. Sehen Sie den Stadtplan an und nennen Sie drei Orte und wie man dorthin kommt (Transportmöglichkeiten).

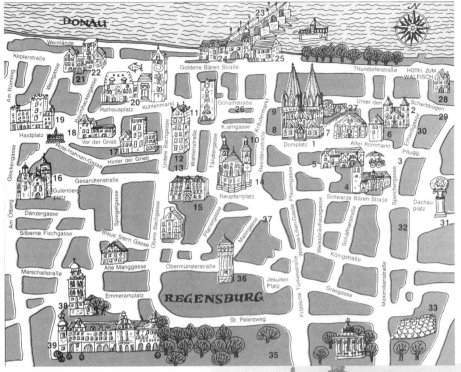

Courtesy of German Information Council, NY, Owen Franken.

Partnerarbeit. Den Weg finden. Zwei Partner sitzen mit dem Rücken zueinander.

1. Ein Partner/in wählt einen Standort und ein Ziel (z.B. Rathaus, Stadtpark, Café).
2. Er/sie sagt ihrem Partner/in dann den Standort, aber nicht das Ziel!
3. Dann beschreibt er/sie, wie man vom Standort zu dem Ziel kommt. Die andere Person hört genau zu und versucht am selben Ort anzukommen.

Vokabular. Welches Geschäft passt zu diesen Dingen?

Brot, Schmuck, Shampoo, Geld, Briefe, Medikamente, Zeitung, Bratwurst und Pommes Frites (schnell!), Torte, Stifte und Papier, Bücher, Eier und Obst und Getränke, Schmuck.

Welchen Ort (oder welche Orte) in der Stadt assoziieren Sie mit diesen Dingen?

keine Autos, frisches Obst und Gemüse, Adlige (König, Prinzessin usw.), Religion, Arbeit, Studium, Spazierengehen, Mittelalter, Reisen, Schiffe

C. *Einkaufen gehen.*

Wohin geht man, wenn man

1. frisches Obst und Gemüse kaufen will?
2. Lebensmittel und andere Dinge braucht?
4. einen Film sehen will?
5. eine Sinfonie hören will?
6. ein Drama von Schiller sehen möchte?
7. nur etwas Käse und Brot besorgen muss?
8. eine Geburtstagstorte kaufen will?
9. heiratet?
10. im Sommer schwimmen will?
11. Bilder von Picasso ansehen will?
12. Sport machen will?
13. nach Amerika fliegt?
14. wenn man mit dem Zug nach Bremen fährt?
15. Bücher ausleihen möchte?
16. Papier und Stifte braucht?

17. Platten kaufen will?
18. eine Zeitung kaufen will?
19. Medikamente besorgen muss.
20. etwas Spezielles und viel Hilfe braucht?
21. Zahnpasta und Shampoo braucht?
22. nicht zu Hause essen will?
23. Kleidung und auch Haushaltswaren in der Stadt kaufen will?
24. Fußball spielt?
25. Krankenschwester ist?
26. Film für die Kamera braucht?
27. einen Spaziergang machen möchte?
28. Benzin fürs Auto braucht?
29. das Auto kaputt ist?
30. ein Päckchen schicken muss?
31. jemand gestorben ist?
32. Tourist ist und ein Zimmer braucht?

Wohin/zu wem gehen Sie,...

1. wenn Sie ein neues Auto kaufen wollen?
2. wenn Sie krank sind?
3. wenn Sie Fleisch kaufen wollen?
4. wenn Sie einen Haarschnitt brauchen?
5. wenn Ihre Schuhe kaputt sind?

6. wenn Sie Zahnschmerzen haben?
7. wenn Sie eine neue Brille brauchen?
8. wenn Sie Schmuck kaufen wollen?
9. wenn Ihr Auto kaputt ist?
10. wenn Sie ein Haus suchen?

Zum Thema: Fachgeschäfte

In Deutschland gibt es außer Supermärkten, Einkaufszentren und großen Kaufhäusern auch sogenannte **Fachgeschäfte**. Fachgeschäfte sind auf bestimmte Waren spezialisiert; es gibt zum Beispiel Modefachgeschäfte, Elektrofachgeschäfte, Reformhäuser (ein Fachgeschäft für Naturkost) und natürlich Bäckereien, Konditoreien und Metzger. Die Leute, die in Fachgeschäften arbeiten, haben einen bestimmten Beruf gelernt, z.B. Elektrofachmann/frau oder Verkäufer/In. In Fachgeschäften ist der Service sehr wichtig, das heisst, man erwartet, dass die Leute, die dort arbeiten, etwas von ihrem "Fach" verstehen. In Anzeigen heisst es deshalb oft: " Erhältlich bei Ihrem Fachhändler" oder "Fragen Sie Ihren Fachhändler," um Kunden zu ermuntern, in Fachgeschäften einzukaufen.

Welches Produkt?
Welche Art von Fachgeschäft verkauft Produkt?

Sprachmodell: Das Goethehaus

A. *Vorbereitung*. "Zum Thema" lesen.

1. Suchen Sie in "Zum Thema" Namen für verschiedene Gebäude: *Banken*, ...

2. Welche Namen für Stadt, Bundesland, Person kommen in dem Text vor? Was wissen Sie über diese Person? Was as wissen Sie über diese Person? Was ist wohl der Zusammenhang zwischen der Stadt und der Person?

Zum Thema: Frankfurt

Man kennt Frankfurt am Main, im Bundesland Hessen, als die Stadt der Banken und der Börse, aber sie ist auch berühmt als der Geburtsort von Johann Wolfgang von Goethe, dem berühmten Dichter. Die Universität in Frankfurt heißt die "Johann-Wolfgang-von-Goethe-Universität." Der Römerberg mit dem modernen Rathaus (der Römer), dem Dom und der Alten Nikolaikirche, bildet das Zentrum der Stadt. Hier steht auch das Goethehaus, in dem man besichtigen kann, wo der Dichter gearbeitet hat. Es ist auch interessant zu sehen, wie eine wohlhabende Familie im 18. (achtzehnten) Jahrhundert gelebt hat.

Courtesy of German Information Council, NY, Hans Schmied

Courtesy of German Information Council, NY.

3. Beschreiben Sie jetzt kurz die zwei Räume. Wie nennt man diese Räume? Welche Möbel haben sie? Was macht man da?

Aus einer Broschüre: Das Goethehaus

Im Haus am Großen Hirschgraben wurde Goethe am 28. August 1749 geboren. Er hat hier seine Kindheit und Jugend verlebt, bis er im Herbst 1775 der Einladung Herzog Carl Augusts nach Weimar folgte. Das Leben in den Räumen, von der behaglichen Küche Frau Ajas im Parterre bis zu Goethes eigenem Zimmer im dritten Stock, spiegelt sich in seiner Autobiographie „Dichtung und Wahrheit".

Die gesamte Inneneinrichtung mit Möbeln, Öfen und Bildern hat den letzten Krieg überstanden, während das Haus selbst am 22. März 1944 zerstört wurde, demselben Tag, an dem Goethe 1832 gestorben ist. Von 1946 bis 1951 wurde es nach den alten Maßen und Mustern wieder aufgebaut. Es zeugt vom Leben einer Frankfurter Bürgerfamilie im 18. Jahrhundert. Jedes Jahr wird es von etwa 130 000 Menschen aus aller Welt besucht.

Mit dem Haus sind das benachbarte Goethemuseum, eine Bibliothek von 100 000 Bänden und ein umfangreiches Handschriftenarchiv verbunden, das u. a. die Nachlässe von Novalis, Clemens Brentano, Bettina und Achim von Arnim enthält. Mit etwa 400 Gemälden und Plastiken ist das Museum eine Biographie Goethes in Bildern und zeigt darüber hinaus eindrucksvoll die bildende Kunst der Goethezeit.

B. *Informationen feststellen.*

Welche Informationen gibt die Broschüre? Antworten Sie mit ja oder nein.

Die Öffnungszeiten	Ja__	Nein__
Goethes Geburtsdatum	Ja__	Nein__
Goethes Beruf	Ja__	Nein__
Wie das Haus aussieht	Ja__	Nein__
Die Namen von Goethes Eltern	Ja__	Nein__
Anzahl der Besucher	Ja__	Nein__
Wann Goethe gestorben ist	Ja__	Nein__
Namen von anderen Dichtern	Ja__	Nein__

C. *Informationen wieder geben.* Sehen Sie sich die Fragen oder Sätze mit Lücken an und lesen Sie dann den Text. Setzen Sie dann die Informationen ein.

Goethe ist am _____ geboren.

Er hat _____ Jahre in dem Haus gelebt.

Informationen über die Räume im Goethehaus: _____

Wann zerstört? _____ Was nicht zerstört? _____

Neben dem Haus sind andere Gebäude: _____, _____, und _____.

Novalis, Clemens Brentano und Bettina und Achim von Arnim sind _____

Und Sie?

Wohin gehen Sie, wenn Sie Lebensmittel kaufen wollen? Gibt es in der Nähe von Ihrer Wohnung ein Reformhaus, einen Bäcker, eine Apotheke? Kaufen Sie da manchmal ein oder gehen Sie meistens zum Supermarkt? Wohin gehen Sie, wenn Sie Kleidung kaufen? Gehen Sie gern in kleine Geschäfte oder lieber in ein Einkaufszentrum?

Wie kommen Sie zu den Geschäften? Zu Fuß? Mit dem Bus? Meistens mit dem Auto? Oder mit dem Rad?

Zum Thema: Berühmte Bauten

In Europa, z.B. in England, Frankreich und Deutschland, gibt es viele Burgen oder Festungen aus der Zeit vor dem Mittelalter. Typisch für diese Bauten sind eine Mauer (um die Burg) und der Turm. Aus strategischen Gründen stehen sie oft auf Hügeln oder Bergen. Bekannte Burgen liegen z.B. im Burgenland ein Provinz in Österreich, in Wien (die Hofburg) und in Deutschland im Rheintal in der Nähe von Koblenz.

Die meisten Schlösser sind aus der Renaissance und dem Barock. Ein Schloss war normalerweise ein repräsentativer Wohnsitz für Adlige oder reiche Bürger, oder vielleicht ein Regierungssitz. Ein Vorbild für viele Schlösser in Europa war das prunkvolle Barockschloss Versailles mit seinen Park- und Gartenanlagen. Später hat man dann verschiedene Typen von Schlössern gebaut, z.B. das Jagdschloss oder das Landschloss, wo Adlige zu verschiedenen Anlässen zusammen kamen. Man kann diese Schlösser und Burgen besichtigen und einige sind Hotels und Restaurants.

Einer der bedeutendsten gotischen Kirchenbauten ist der Kölner Dom, die zweithöchste Kathedrale in Deutschland. Seine Geschichte ist faszinierend. Den ersten Teil hat man von 1248 bis 1560 gebaut, dann hat man die Arbeiten eine Zeitlang ruhen lassen. Im Jahre 1842 hat man die Arbeit nach alten Plänen weitergeführt und 1880, also über 600 Jahre später, beendet. Im Jahre 1944 hat der Dom, wie so viele Bauten in Deutschland, durch den Krieg erhebliche Schäden erlitten, aber nach dem Krieg hat man ihn restauriert.

Deutsch zusammen

Gruppenarbeit. Suchen Sie in den fünf Anzeigen für Hotels die folgenden Informationen:

1. Was für ein Bau ist das: eine Burg, ein Schloss? Wie heißt das Hotel? → **Bau/Name**

2. Wo liegt es? Welche Stadt/Städte sind in der Nähe? In welchem Bundesland oder in welcher Region? → **Lage**

3. Was können Besucher dort machen? → **Aktivitäten für Besucher**

Bau/Name	Lage (was in der Nähe?)	Aktivitäten für Besucher

6 Schloß Wilkinghege, Hotel u. Restaurant

Dieses idyllisch u. ruhig gelegene Wasserschloß v. d. Toren Münsters bietet modernsten Hotelkomfort (alle Zimmer Dusche, Bad, WC, Tel.; Appartements). In einer eleganten u. gepflegten Atmosphäre können Sie jede Art von Festen feiern. Schloßkellerrestaurant u. Kapelle; Golfplatz (9) u. 5 Tennisplätze m. Halle direkt am Haus.

11 Burghotel Schnellenberg

Die 1255 zuerst erwähnte mächtigste Höhenburg Westfalens ist je 1 Std. vom Ruhrgebiet oder Frankfurt entfernt in waldreicher Umgebung der ideale Ort für Tagungen, Festlichkeiten u. Hochzeiten. Turmapp., Museum, Rittersaal u. Schloßkapelle sowie Spezialitätenrestaurant, komfortable Zimmer u. Tennisanlage bilden ein vielseitiges Angebot.

12 Hotel Klostergut Jakobsberg

Das 1157 von Barbarossa gegr. ehem. Kloster liegt 248 m oberhalb des Rheins u. bietet m. Tennis, T-Tennis, Gartenschach, Kegelbahn, Tontaubenschießen, Hallenbad m. med. Anwendung sowie Hubschrauberlandeplatz, Kapelle u. Wildpark den idealen Ort für Tagungen, Kur und Ferien.

20 Waldhotel Jagdschloß Niederwald

Im Naturschutzpark Rhg./Untertaunus liegt in ruhiger Lage auf den Höhen über Rüdesheim, in der Nähe des Niederwalddenkmals, das Jagdschloß, das mit seiner „Winzervesper" (ab 30 Pers.), Weinproben, Wildspezialitäten, rhein. Abenden Anziehungspunkt dieser Landschaft ist.

8 Schloß Hugenpoet, Hotel u. Restaurant

Hugenpoet, ein idyllisch in einem Park gelegenes Wasserschloß aus dem 16. Jh., zwischen Essen und Düsseldorf, ist eine grüne Insel der Ruhe. Herrliche alte Kamine, antikes Mobiliar und eine Gemäldesammlung geben den Rahmen für eine excellente Küche mit starkem französischem Einfluß. Schloßkapelle, Parkterrasse, Tennisanlage.

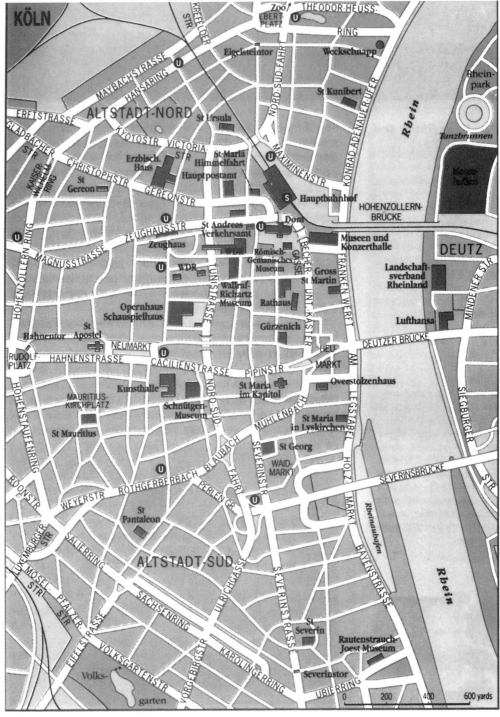

Partnerarbeit. Eine Person ist Tourist/in und besucht Köln. Bei der Touristeninformation fragt er/sie, wie man zu verschiedenen Orten in Köln kommt. Die andere Person sucht die Orte auf dem Stadtplan und erklärt, wie man dorthin kommt (Weg, Transportmittel). Suchen Sie zuerst das St. Andreas Verkehrsamt, wo Sie dann starten.

Spiel.

1. Machen Sie zwei Gruppen im Klassenzimmer. Jede Gruppe schreibt zehn Dinge auf, die sie einkaufen oder erledigen muss (ca. 10 Dinge).
2. Eine Gruppe nennt Dinge; die andere Gruppe sagt, wohin man geht.

Beispiel: Wir brauchen ein Medikament und frisches Gemüse.

→ *zur Apotheke, zum Markt*

Partnerarbeit/Projekt. Eine Broschüre für Austauschstudenten an der Universität.

Für Austauschstudenten an Ihrer Uni stellen Sie eine Broschüre über die Stadt zusammen.

1. Machen Sie zuerst zusammen eine Liste mit interessanten Gebäuden, Geschäften und Restaurants in der Stadt. Wählen Sie fünf aus. Schreiben Sie dann zu den fünf Gebäuden, warum diese interessant sind (z.B. Architektur oder Geschichte, was man vielleicht dort kaufen oder essen kann, usw.)

2. Schreiben Sie das dann als zusammenhängenden Absatz und fügen Sie (wenn möglich) Fotos und Anzeigen bei.

Genau!

A. Name the appropriate preposition for each sentence. Don't worry about the endings but about whether **bei** or **zu** is appropriate.

1. Sabine will bald _____ Frisör gehen.

2. Marianne musste lange _____ Arzt warten.

3. Tommi kauft Fleisch immer _____ Metzger.

4. Tanjas Mutter geht jeden Samstag _____ Bäcker.

5. Kein Benzin! Ich muss _____ Tankstelle

6. Niko ist _____ Zahnarzt.

7. Wir haben kein Waschpulver. Ich muss _____ Supermarkt.

B. Insert the correct form of **zu**.

_____ Apotheke   _____ Markt   _____ Frisör   _____ Friedhof

_____ Buchhandlung   _____ Rathaus   _____ Drogerie   _____ Bank

C. Someone is spying on Ilse. He tells you what kinds of errands she ran. You speculate where she was or went to. You may name more than one location.

1. Sie hat Bücher ausgeliehen. Sie war _____.

2. Sie wollte einen neuen Rock und ein Paar Schuhe kaufen. Sie ist _____ gefahren.

3. Sie brauchte frische Eier und frisches Gemüse. Sie hat das _____ gekauft.

4. Sie musste auch ein Medikament abholen. Sie war _____.

5. Und sie hatte einen Scheck einzuzahlen. Sie ging _____.

TEIL 12,3

Seit wann wohnen Sie schon hier?

Go first to **Teil 12,3** *in your Tutorial.*

Merke

Expressing destinations outside a city
von...(über)...nach/in
Wie fährt der Zug? Von Bremen (über Hannover) nach Frankfurt.

von...bis	Wir fahren heute von Dresden bis Potsdam.
bis nach	Vielleicht schaffen wir es bis nach Berlin.
in der Nähe von	Jena ist in der Nähe von Weimar.
nach to indicate time	Nach der Fahrt gehen wir essen.
von to indicate possession	Wo liegt das Haus von Axel?
von and authorship	Dieser Roman ist von Günter Grass.

Negating with prepositional phrases
Wir fahren **nicht** bis München.

Dative prepositions
aus, außer, bei, mit, nach, seit, von, zu, gegenüber

Expressing how to get around in the city: mit
Wie kommst du zum Arzt? **Mit dem Auto** oder **mit der U-Bahn**?

Vokabular: Stadt und Land

die Stadt, ¨-e	die Kleinstadt	das Bundesland, ¨-er	das Dorf, ¨-er
die Heimatstadt	die Großstadt	die Grenze, -n	die Gemeinde, -n
die Hauptstadt	der (Vor)ort, -e	grenzen an	der Landkreis
	die Vorstadt		

Transport

das private/das öffentliche Verkehrsmittel, -

das Auto, -s	das Fahrrad, ¨-er (Rad)	der Bus, -se	das Flugzeug,-e
der Wagen, -	zu Fuß	die Straßenbahn, -en	der Zug, ¨-e
der Lastwagen	das Motorrad	die U-Bahn	das Schiff, -e
das Taxi, -s	das Mofa,-s	die S. Bahn	das Boot, -e
			fie Fähre, -n

Sprechen wir!

Wortassoziationen. Was assoziieren Sie mit den verschiedenen Verkehrsmitteln?

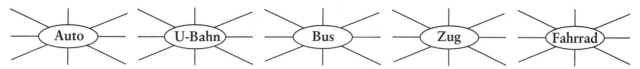

Geographie.

1. Sehen Sie die Karte von Deutschland vorne im Buch an. Nennen Sie **ein Bundesland** und sagen Sie dann, welche anderen Bundesländer (oder Länder) an dieses grenzen.

2. Nennen Sie dann eine Stadt und sagen Sie, was in der Nähe liegt (in der Nähe von, bei)

Beispiel: **Bayern** → Bayern *grenzt* im Norden *an* Hessen und im Süden an Österreich.

   Berlin → *In der Nähe v*on Berlin liegen Potsdam und Frankfurt (ander Oder).

Und Sie?

Wie heißt Ihr Heimatort? Ist das eine Kleinstadt oder eine Großstadt? Oder mehr ein Dorf? Wie viele Einwohner hat Ihr Heimatort? Welche Familienmitglieder wohnen dort? Welche Transportmittel gibt es dort? Wie kommen Leute zum Einkaufen? Mit welchen Verkehrsmitteln?

Wann waren Sie das letzte Mal in Ihrem Heimatort? Wie sind Sie dorthin gekommen? Wie lange dauert es dorthin zu fahren?

Gibt es in Ihrem Wohnort genug öffentliche Verkehrsmittel? Welche? Welche würden Sie gern benutzen? Welche Verkehrsmittel sollte es geben? Warum?

Haben Sie einen Job? Wann gehen Sie zur Arbeit? Was machen Sie nach der Arbeit oder der Uni?

Machen Sie Sport? Welchen? Machen Sie vor oder nach der Arbeit Sport?

Was machen Sie vielleicht nach dem Studium?

Haben Sie diesen oder letzten Monat Literatur gelesen? Was war es? Von wem ist es?

Wie kommen Sie zur Uni? Zum Einkaufen? Zu Freunden? Zur Arbeit? Womit schreiben Sie normalerweise? Womit haben Sie früher geschrieben?

Wie sind Sie heute morgen zur Uni gekommen? Wie sind Sie früher zur Schule gegangen?

Sprachmodell: Das Bundesland Brandenburg

Partnerarbeit. Sehen Sie die Karte an und beschreiben Sie dann die Region.

1. Wie heißt das Bundesland?
2. An welches Land (im Osten) grenzt dieses Bundesland?
3. Welche Städte sind dort? Welche sind vielleicht Großstädte, welche Kleinstädte?
4. Wie heißen die verschiedenen Regionen in diesem Bundesland?
5. Nennen Sie Flüsse und Seen.

Schreiben. Lesen Sie die Kurzinformationen zu Brandenburg. Schreiben Sie mit diesen Informationen einen Absatz.

Brandenburg

Flagge: Rot-Weiss

Anzahl der Einwohner: rund 2,6 Millionen

Städte:

Potsdam (die Landeshauptstadt; Schloss Sanssouci), Cottbus, Brandenburg, Frankfurt/Oder (Universitätsstadt), Neuruppin (Geburtsort von Theodor Fontane, Schriftsteller)

Berühmte Personen aus Brandenburg: Wilhelm von Humboldt, Philosoph (geb. in Potsdam), Heinrich von Kleist, Schriftsteller

Theodor Fontane, Schriftsteller;

Wanderungen durch die Mark Brandenburg (1889).

Deutsch zusammen

Partnerarbeit.

1. Machen Sie zwei Listen, eine mit öffentlichen und die andere mit privaten Verkehrsmitteln in einer Stadt.

2. Diskutieren Sie dann für jedes Verkehrsmittel die Vor-und Nachteile und schreiben Sie sie auf.

3. Entscheiden Sie dann, welche Verkehrsmittel für Ihren Wohnort am besten sind und berichten Sie Ihre Entscheidung Ihren Kollegen.

Gruppenarbeit/Literatur-Ratespiel. Von wem ist _____?

Die Gruppe, die als erste fertig ist und die meisten Autoren richtig nennt, gewinnt.

Autoren: Thomas Mann, Tolstoi, Goethe, Kafka, Ondaatje, Schiller, Melville, Allende

Werke: *Der Zauberberg, Doktor Faustus, Das Geisterhaus, Krieg und Frieden, Der englische Patient, Die Räuber, Das Schloss, Moby Dick*

Genau!

Insert an appropriate phrase that contains the dative preposition in parentheses and an object.

1. _____ macht Olgas Familie Urlaub in Brandenburg. (seit)

2. Brandenburg liegt _____ . (in der Nähe von)

3. Sie sind in zwei Stunden _____ gefahren (von . . . bis)

4. Morgen fahren wir _____ . (bis nach)

TEIL 12,4

Körperteile

*Go first to **Teil 12,4** in your Tutorial.*

Merke

Describing daily routines: dative of ownership

waschen   trocknen   putzen   kämmen   anziehen
duschen   abtrocknen   rasieren   bürsten   schminken

Morgens dusche ich **mich** und ich wasche **mir** die Haare.
Dann trockne ich **mich** ab, rasiere **mich** und putze **mir** die Zähne.
Dann kämme ich **mir** noch die Haare. Wenn ich Zeit habe, schminke ich **mich**.

Vokabular: Körperteile

der Mensch, -en	der Körper, -	
die Person, -en	der Teil, -e /der Körperteil, -	

heben, gehoben	berühren, berührt
schütteln, geschüttelt	sich schminken

der Kopf, -̈e	der Mund, -̈er	der Oberkörper	die Hand, -̈e	der Unterkörper
das Gehirn	die Lippe, -n	die Brust,-̈e	das Handgelenk, -e	der Bauch, -̈e
das Gesicht, -er	der Bart/	der Busen, -	der Finger, -	der Magen, -
die Stirn	Schnurrbart	der Rücken, -	der Zeigefinger	der Popo,-s
das Haar, -e	die Zunge, -n	das Herz, -en	der Mittelfinger	die Taille, -n
das Ohr, -en	der Zahn, -̈e	die Lunge, -n	der Ringfinger	das Bein, -e
das Auge, -n	das Kinn	die Schulter, -n	der kleine Finger	das Knie, -
die Augenbraue, -n	die Wange, -n	der Arm, -e	der Daumen, -	der Fuß, -̈e
der Hals, -̈e	die Nase, -n	der Ellbogen, -	der Fingernagel,-̈	der Zeh, -en

Sprechen wir!

Assoziationen. Welche Körperteile assoziieren Sie mit den folgenden Worten?

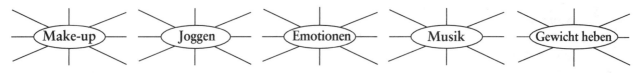

Make-up   Joggen   Emotionen   Musik   Gewicht heben

Und Sie?

Beschreiben Sie Ihr Gesicht: Sind Ihre Augen blau, grün oder grau? Welche Farbe haben Ihre Haare? Ist Ihre Nase gerade oder rund? Wie sind Ihre Augenbrauen? Und Ihre Familie? Wie sehen Ihre Geschwister, Ihre Mutter oder Ihr Vater aus?

Sprachmodell: Sprichworte

1. Suchen Sie zuerst in jedem Sprichwort einen Körperteil.
2. Versuchen Sie dann die Sprichworte zu paraphrasieren.

---

1. *Eine Hand wäscht die andere.* → *Du hilfst mir, ich helfe dir.*
2. *Morgenstund' hat Gold im Mund.* →
3. *Sie trägt ihre Nase immer so hoch!* →
4. *Der Künstler lebt auf großem Fuß.* →
5. *Tina hat uns auf den Arm genommen.* →
6. *Du bist heute wohl mit dem linken Fuß zuerst aufgestanden!* →
7. *Er hat Bohnen in den Ohren!* →
8. *Sie haben kein gutes Haar an ihm gelassen.* →

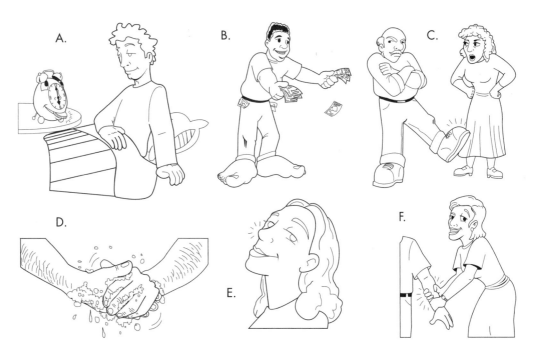

3. Gibt es äquivalente Sprichworte auf Englisch? Kommen darin auch Körperteile vor? Dieselben wie in den deutschen Sprichwörtern?

Deutsch zusammen

Partnerarbeit. Welches Sprichwort passt zu welcher Situation?

A. *Maria steht gern früh auf. Was sagt sie Morgenmuffeln? (diese Leute hassen den Morgen!)*

1. Ich lebe auf großem Fuß.
2. Ich stehe mit dem linken Fuß zuerst auf.
3. Morgenstund' hat Gold im Mund!

B. *Peter hört nie richtig zu, wenn seine Mutter ihm etwas sagt. Sie wird böse und sagt:*

1. Hast du Bohnen in den Ohren?
2. Lebst du auf großem Fuß?
3. Trag deine Nase nicht so hoch!

C. *Marko hat Tonis Auto repariert. Heute fragt Marko: "Kannst du mir dein Auto leihen?" Toni sagt;*

1. Sie lassen kein gutes Haar an mir.
2. Klar, eine Hand wäscht die andere.
3. Sie nehmen mich auf den Arm!

D. *Heike erzählt ihren Freunden, dass sie eine Million Mark gewonnen hat. Ihre Freunde denken,*

1. dass Heike sie auf den Arm genommen hat.
2. dass Heike mit dem linken Fuß zuerst aufgestanden ist.
3. dass Heike auf großem Fuß lebt.

Partnerarbeit. Sie und eine Freundin sind zusammen Babysitter für zwei Kinder aus der Schweiz. Die Eltern haben eine Liste geschrieben, damit Sie wissen, was die Kinder machen sollen, bevor sie ins Bett gehen. Sie "üben" zusammen, was Sie den Kindern sagen. Spielen Sie das Ihren KollegInnen vor.

Beispiel: *Milch trinken → Trinkt eure Milch.*

1. *zuerst ausziehen*
2. *Julia Nachthemd und Andreas Schlafanzug anziehen*
3. *Gesicht und Hände waschen*
4. *Andreas Zähne putzen (Julia macht es von selbst!)*
5. *Julia Haare bürsten, Andreas Haare kämmen*

TEIL 12,5

Tut dir was weh?

*Go first to **Teil 12,5** in your Tutorial.*

Merke

Expressing regret: Leid tun, dass; leider

ich **tue**	wir **tun**
du **tust**	ihr **tut**
	Sie **tun**
er/sie/es **tut**	sie **tun**

Es tut mir Leid, dass er nicht kommt. Er kann **leider** nicht.

Expressing discomfort
Es ist mir zu warm. Mach das Fenster auf!
Ich bin so lange gelaufen. **Mir tun die Füße weh**.
Was fehlt dir denn? Ich habe **Magenschmerzen** und **Kopfweh**.
Mir ist schlecht und gestern war **mir ganz schwindlig**.

Verbs with dative objects
helfen, danken, glauben, antworten
gehören, schmecken
leicht fallen, schwer fallen, gefallen, ähnlich sehen

Vokabular: Krankheiten und leichte Verletzungen

die Grippe	die Allergie, -n	die (Kranken)versicherung
das Fieber/Fieber haben	gegen etwas allergisch sein	die Apotheke, -
die Erkältung, -en	die Hals/Ohrenentzündung	das Rezept, -e
eine (leichte/schwere)	die Lungenentzündung	etwas verschreiben/verordnen
Erkältung haben	entzündet	die Verletzung, -en
die Kur/eine Kur machen	sich verletzen/verletzt sein	das Medikament, -e
einen Schnupfen/Husten haben	sich etwas brechen/verstauchen	ein Medikament (ein)•nehmen
niesen, geniest	der Gips/einen Gips haben	ansteckend
husten, gehustet		

Sprechen wir!

Welche Krankheit oder Verletzung?

1. Ich habe Halsweh, Fieber und ich bin sehr müde.
2. Wenn ich nach draußen gehe, niese ich und meine Augen tränen.
3. Ich huste und niese, aber nur ein bißchen.
4. Er hat Fußball gespielt und jetzt kann er nicht laufen. (er hat einen Gips)
5. Dem Kind tun die Ohren sehr weh.

Und Sie?

Wem haben Sie neulich geholfen? Wie haben Sie dieser Person geholfen? Wer hat Ihnen neulich geholfen? Was hat diese Person für Sie gemacht?

Wem glauben Sie immer? Wem glauben Sie nie oder fast nie?

Was fällt Ihnen ziemlich schwer? Was ist Ihnen letztes Semester schwer gefallen? Was fällt Inen ziemlich leicht? Was ist Ihnen letztes Semester leicht gefallen?

Was ist Ihnen als Kind schwer gefallen? Fällt es Ihnen immer noch schwer?

Wo studieren Sie? Was gefällt Ihnen dort sehr? Was gefällt Ihnen nicht so gut?

Haben Sie zu Hause einen Fernseher, eine Stereoanlage oder andere ähnliche Dinge? Was gehört Ihnen, was gehört Ihren Eltern oder vielleicht einem Zimmerkollegen/einer Zimmerkollegin?

Fahren Sie Auto? Gehört das Auto Ihnen? Oder Ihren Eltern?

Wann waren Sie das letzte Mal krank? Beschreiben Sie die Symptome dieser Krankheit. Ist diese Krankheit ansteckend? Wie lange waren Sie krank? Was haben Sie gemacht? Sind Sie zu einer Ärztin/einem Arzt gegangen? Hat sie Ihnen etwas verschrieben? Was? Wo haben Sie das gekauft?

Haben Sie manchmal Kopfschmerzen? Was machen Sie, wenn Sie das haben?

Haben Sie sich schon einmal etwas gebrochen? Ein Bein? Einen Arm? Den Fuß? Wie ist das passiert? Mussten Sie zum Arzt oder ins Krankenhaus gehen? Hatten Sie einen Gips?

Zum Thema: Verischerung

Seit dem Ende des 19. Jahrhunderts existiert in Deutschland die Sozialversicherung. Sie garantiert jedem Bürger soziale Sicherheit, inklusive Krankenversicherung. Diese Art von Versicherung besteht in allen deutschsprachigen Ländern und vielen Ländern in Europa und ist im Vergleich zu den USA sehr großzügig. Zum Beispiel machen Leute Kuren, wenn Sie Verletzungen oder Krankheiten haben. Das bedeutet, dass sie mehrere Wochen Therapie machen oder Behandlungen haben und die Versicherung dafür bezahlt. Allerdings sind die Kosten für Versicherung so hoch geworden, dass die Regierung versucht Geld zu sparen. Mittlerweile muss man generell mehr selbst bezahlen.

Sprachmodell

Partnerarbeit.

A. Sehen Sie sich zuerst die Kategorien an. Geben Sie Beispiele von Produkten in den Kategorien.

B. Sehen Sie sich die Anzeigen an und schreiben Sie auf, was die Produkte sind.

C. Finden Sie dann für jedes Produkt die passikament ist, sagen Sie für welche Krankheit es ist.

D. Wenn es ein Medikament ist, sagen Sie, für welche Krankheit es ist.

Kosmetik   Gesundheit/Medikament   Tägliche Hygiene

Deutsch zusammen

Partnerarbeit. Finden Sie einen Partner und nennen Sie dann zusammen, was Ihnen weh tut, wenn Sie die folgenden Dinge machen. Schreiben Sie Ihre Sätze mit "mir tut/mir tun...weh" in fünf Minuten auf. Wählen Sie dann drei zum Vorlesen.

Was tut dir weh?

1. Du liest sehr lange. _____
2. Du trägst neue Schuhe. _____
3. Du hast den ganzen Tag am Computer eine Arbeit geschrieben. _____
4. Du bist zehn Kilometer gelaufen. _____
5. Du hast zu viel gegessen. _____
6. Dein Freundin/deine Freundin hat dich verlassen. _____
7. Du rauchst zu viele Zigaretten. _____
8. Du sitzt zu lange am Schreibtisch. _____

Genau!

Use **gefallen, leicht fallen,** and **schwer fallen** to formulate appropriate sentences.

A. *Heinz started studying in the U.S. last fall. In a letter to his parents he describes what he likes and dislikes, and what is easy and what is difficult for him.*

1. Heinz likes the weather
2. and he also likes the people
3. he doesn't like all his professors
4. and he does not like to take tests
5. some courses are hard for him
6. but they are hard for everybody
7. the English courses are pretty easy now
8. but one was very hard at first

B. Use the polite formula with **es tut mir leid** to decline something and express regret. *You don't feel like doing much this weekend but you don't want to hurt anyone's feelings. Politely decline invitations by friends who are calling you.*

1. Hans-Jochen ruft an und fragt: "Möchtest du in ein Konzert gehen?"
2. Andrea fragt: "Möchtest du heute Abend mitgehen? Wir gehen tanzen."
3. Bettina möchte wissen, ob du morgen Abend zum Abendessen ausgehen willst.
4. Klaus macht morgen eine Wanderung und fragt, ob du auch wandern möchtest.
5. Franz ruft an und fragt: "Möchtest du morgen ganz früh schwimmen gehen?"

C. Indicate what Anneliese says to the doctor.

Anneliese is not feeling well at all today. She calls her doctor and tells her that:

1. her head and her throat hurt
2. she had stomach pains last night
3. her ears hurt too
4. this morning her body ached

Alles zusammen

As a result of the material presented in **Kapitel Elf** you should be able to:

1. identify cities and points within a city (buildings, stores, shops, offices, schools, churches, etc. as destinations;
2. identify the beginning and end of a trip as well as intermediate stops en route;
3. describe how one uses basic modes of transportation in a city, between cities, and between countries;
4. identify the rooms of a house;
5. read and understand an apartment ad with its common abbreviations;
6. identify the parts of the body and what part of the body might ail you;
7. express discomfort or pain, and regret; describe an illness or injury;
8. decline a request politely.

A. *Fragen.*

1. Wem haben Sie neulich geholfen?
2. Wem glauben Sie nichts oder wenig? Warum?
3. Was fällt Ihnen dieses Semester schwer?
4. Was gefällt Ihnen besonders?
5. Tut Ihnen jetzt weh (oder hat ihnen diese Woche etwas wehgetan? Was?
6. Wann waren Sie das letzte Mal krank? Was hatten Sie? Was haben Sie gemacht?
7. Möchten Sie heute Abend mit mir ausgehen? [Sagen Sie "nein!"]
8. Woher kommen Sie?
9. Wem sehen Sie ähnlich?
10. Wie lange lernen Sie schon Deutsch?
11. Wie trinken Sie Bier, Kaffee, Tee und Wasser?
12. Was machen Sie oft bei schlechtem Wetter?
13. Wie sind Sie heute morgen zur Uni gekommen?
14. Was haben Sie jetzt bei sich?
15. Was machen Sie morgens, bevor Sie zur Uni oder zur Arbeit gehen?
16. Wohin gehen Sie später?
17. Wohin gehen Sie, wenn Sie krank sind?
18. Von wem haben Sie einen Brief, eine Karte, ein Paket oder ein Geschenk bekommen?

B. *Geographie und Kultur.*

1. Beschreiben Sie, wie eine typische, deutsche Stadt aussieht. (Gebäude, Plätze, Zentrum)
2. Nennen Sie einige Bundesländer. Nennen Sie ein paar Gewässer und welche Städte an diesen Gewässern liegen.
3. Welche Geschäfte gibt es in Deutschland für tägliche Einkäufe?
4. Erklären Sie, was ein Fachgeschäft ist. Geben Sie Beispiele für Fachgeschäfte.
5. Was soll man wissen, wenn man in Deutschland eine Wohnung sucht, z.B.: was muss man oft außer der Miete bezahlen? Wie beschreibt man die Größe der Wohnung? Welche verschiedenen Wohnungen und Häuser gibt es, z.B. für Studenten oder für Familien?

Aktives Vokabular

Im und ums Haus

das Haus, ¨-er	house
das Hochhaus	highrise
das Einfamilienhaus	single-family home
das Reihenhaus	condominium
die Wohnung, -en	apartment, flat
die Mietwohnung	rental apartment
die Eigentumswohnung	condo, owned apartment
das Apartment, -s (Appartement)	apartment
der Flur/der Korridor	hallway
der Raum, ¨-/das Zimmer, -	room
mieten, hat gemietet	to rent
besitzen, hat besessen	to own
die Untermiete	sublet
in Untermiete wohnen	to sublet
der Platz, ¨-e	space (also: square)
wenig/viel/genug Platz haben	to have little/a lot of /enough space
das Wohnzimmer	living room
das Esszimmer	dining room
das Arbeitszimmer	study, den
das Schlafzimmer (Eltern/Kinderschlafzimmer)	bedroom
das Kinderzimmer	kid's room
das Badezimmer	bathroom/bath
das Bad, ¨-er	bath
das W.C, -s	water closet, half-bath
die Toilette, -n	toilet; also: half-bath
die Küche, -n	kitchen
die Vorratskammer, -	pantry
die Diele, -n	entrance hall
der Keller, -	basement
der Dachboden, ¨-	attic
der Balkon, -e	balcony
die Veranda, -s	veranda, (front) porch
die Terrasse, -n	(back) porch
der Garten, ¨-	yard, garden
die Garage, -n	garage

In der Stadt

die Stadt/Stadtmitle	city/city center
das Gebäude, -	building, structure
die Altstadt (in die Altstadt gehen)	old town (to go into the old town)
das Zentrum (ins Zentrum fahren)	center, downtown (to go downtown)
das Bürogebäude	office building
das Rathaus	city hall
das Krankenhaus, ¨-er	hospital
die Universität, -en	university
die Bibliothek, -en	library
die Stadtbücherei	public library
der Dom, -e	cathedral
die Kirche, -n	church
das Kloster, ¨-	monastery
das Schloss, ¨-er	castle
die Burg, -en	fortress
der Friedhof, ¨-e	cemetary
der Park, -s	park
der Platz, ¨-e	square
der Marktplatz, ¨-e	market square
die Fußgängerzone, -n	pedestrian zone
der Sportplatz, ¨-e	sports field
die Sporthalle, -n	sports arena
das Schwimmbad, ¨-er	swimming pool
das Freibad	outdoor pool
das Hallenbad	indoor pool
der Markt, ¨-e	market
der Supermarkt	supermarket
der Flohmarkt	flee market
das Einkaufszentrum, -zentren	shopping center
das Kaufhaus, ¨-er	department store
das Reformhaus	health food store
das Geschäft, -e/das Fachgeschäft	store/specialized shop
das Fotogeschäft	photo store
das Blumengeschäft	flower shop

das Lebensmittelgeschäft	food store
der Laden, ¨-	store, shop
der Musikladen	music shop
der Schreibwarenladen	office supply store
der Bioladen	whole foods store, organic food store
die Buchhandlung, -en	book store
die Bäckerei,- en	bakery
die Konditorei, -en	pastry shop
die Apotheke, -n	pharmacy
die Drogerie, -n	drugstore
der Kiosk, -s	newspaper stand
das Hotel, -s	hotel
das Restaurant, -s	restaurant
das (Speise)lokal, -e	eating establishment, restaurant
das Gasthaus, -¨er/ die Gaststätte, -n	restaurant (casual); lit: guest house
die Kneipe, -n	bar, pub
das Café, -s	café
der Stehimbiss, -e	fast food stand
das Konzert, -e/ die Konzerthalle	concert/concert hall
das Kino, -s	movie theatre
das Theater, -	theater, play house
das Museum, Museen	museum
die Tankstelle, -n	gas station
die Werkstatt, -¨en	repair shop, garage
die Bank, -en	bank
die Sparkasse, -n	savings and loan
die Post/das Postamt, ¨-er	post office
der Flughafen, ¨-	airport
der Bahnhof, ¨-e	train station
der Hafen, ¨-	harbor, port

Personen (=Geschäft)

Frisör/die Frisöse	hairdresser, hair salon
der Fleischer/in/Metzger/in	butcher (shop)
der Schuhmacher/in/ der Schuster/in	shoe repair
der Arzt/Ärztin	doctor (doctor's office)
der Zahnarzt/in	dentist
der Optiker/in	optician
der Makler/in	real estate agent

der Händler/in	salesperson
der Autohändler/in	car salesperson
der Juwelier/in	jeweler

Giving directions

links/rechts	left/right
nach links/rechts	to the left/right
geradeaus	straight, straight ahead
zurück	back
abbiegen	to turn
sich links/rechts halten	to keep left/right

Stadt und Land

die Stadt, ¨-e	city, town
die Heimatstadt	home town
die Hauptstadt	capital
die Kleinstadt	small town
die Großstadt	city
der (Vor)ort, -e/die Vorstadt	suburb
das Bundesland, ¨-er	federal state
die Grenze, -n	border
grenzen an	to border on
das Dorf, ¨-er	village
die Gemeinde, -n	municipality
der Landkreis, -e	county

Transport

das private/öffentliche Verkehrsmittel	private/public transportation
das Auto, -s/der Wagen, -	car, automobile
der Lastwagen	truck
das Taxi, -s	taxi, cab
das Fahrrad, ¨-er (Rad)	bycicle (bike)
das Motorrad	motor bike
das Mofa,-s	small motor bike
der Bus, -se	bus
die Straßenbahn, -en	trolley
die U-Bahn	subway
die S-Bahn	light rail
das Flugzeug,-e	airplane
der Zug, ¨-e	train
das Schiff, -e	ship
das Boot, -e	boat

Körperteile

der Mensch, -en	man, human being
die Person, -en	person
der Körper, -	body
der Teil, -e /der Körperteil, -	body part
heben, hat gehoben	lift
schütteln, hat geschüttelt	shake
berühren, hat berührt	touch
sich schminken, hat geschminkt	to put make up on
der Kopf, ¨-e	head
das Gehirn	brain
das Gesicht, -er	face
die Stirn	forehead
das Haar, -e	hair
das Ohr, -en	ear
das Auge, -n	eye
die Nase, -n	nose
der Hals, ¨-e	neck
der Mund, ¨-er	mouth
die Lippe, -n	lip
der Bart, ¨-e/Schnurrbart	beard/mustache
die Zunge,-n	tongue
der Zahn, ¨-e	tooth
das Kinn	chin
die Wange, -n	cheek
der Oberkörper	upper body, torso
die Brust,-e	chest
der Busen, -	bosom
der Rücken, -	back
das Herz, -en	heart
die Lunge, -n	lung
die Schulter, -n	shoulder
der Arm, -e	arm
der Ellbogen, -	elbow
die Hand, ¨-e	hand
das Handgelenk, -e	wrist
der Finger, -	finger
der Zeigefinger	index finger
der Mittelfinger	middle finger
der Ringfinger	ring finger
der kleine Finger	little finger
der Daumen, -	thumb
der Fingernagel,¨-	finger nail
der Unterkörper	lower body
der Bauch, ¨-e	tummy
der Magen, -	stomach
der Popo,-s	behind
die Taille, -n	waist
das Bein, -e	leg
das Knie, -	knee
der Fuß, ¨-e	foot
der Zeh, -en	toe
der Knöchel, -	ankle

Krankheiten und leichte Verletzungen

die Grippe	flu
das Fieber	fever
Fieber haben	to have a fever
die Erkältung, -en	cold
eine (leichte/schwere) Erkältung haben	to have a light/ bad cold
einen Schnupfen/ Husten haben	to have a runny nose/a cough
niesen, hat geniest	to sneeze
husten, hat gehustet	to cough
die Allergie, -n	allergy
gegen etwas allergisch sein	to be allergic to s.th.
entzündet	infected, inflamed
die Hals-/Ohrenentzündung	throat/ear infection
die Lungenentzündung	pneumonia
die Verletzung, -en	injury
sich verletzen/hat verletzt	to injure oneself
sich etwas brechen, hat gebrochen	to break something
sich etwas verstauchen, hat verstaucht	to twist something
der Gips	cast
einen Gips haben	to be in a cast
die Versicherung, -en	insurance
die Apotheke, -n	pharmacy
das Rezept, -e	prescription
etwas verschreiben, hat verschrieben/etwas verordnen, hat verordnet	to write a prescription
die Kur, -en	cure
eine Kur machen	to take the cure
das Medikament, -e	medication
ein Medikament ein•nehmen, hat eingenommen	to take medication
ansteckend	contagious

KAPITEL DREIZEHN

(In Deutschland) zu Hause

Überblick

Themen

Wohnungseinrichtung; Gewässer und Gebirge; Kommunizieren

Funktionen

Sprechen

Asking for information and directions

Expressing emotions and reactions

Describing in more detail

Hören

Following directions

Schreiben

Writing a formal letter to request something

Summarizing

Lesen

Following detailed descriptions and signs

Vokabular

Items around the house (review and expansion)

Verb pairs (*setzen/sitzen, legen/liegen, stellen/stehen, hängen/hängen*)

Kulturelles

Eating and drinking customs

Lakes, rivers, and mountain ranges in the German-speaking countries

Der Bodensee

German Immigrants in America

English words in current German usage

Traditions related to weddings

Grammatik

Two-way prepositions

Genitive case and alternative constructions

Genitive prepositions: **(an)statt, trotz, während, wegen, innerhalb, außerhalb**

TEIL 13,1

Wie richtest du deine Wohnung ein?

*Go first to **Teil 13,1** in your Tutorial.*

> **Merke**
>
> **Two-way prepositions:** *in*
> Wo bist du? Ich bin **im Wohnzimmer**. Und dann **im Kinderzimmer**.
> Komm bitte **ins Arbeitszimmer!** Und dann **ins Esszimmer!**

Vokabular: Möbel und Elektrogeräte

die Küche
der Herd, -e
der Back(ofen), ¨
die Mikrowelle, -n
der Toaster, -
das Spülbecken, -
die Spülmaschine, -n
der Kühlschrank, -¨e
der Eisschrank
der Küchenschrank
die Schublade, -n
die Vorratskammer, -n
der stuhl, -¨e

Was man macht
ein•richten

das Wohnzimmer
das Sofa ,-s
die Couch, -es
der Couchtisch, -e
der Sessel, -
der Kamin
der Kachelofen, ¨-
der Teppich
die Lampe, -n
die Stereoanlage, -n
das Bild, -er

das Esszimmer
der Esstisch, -e
die Anrichte, -n

auf•räumen

das Schlafzimmer
das Bett, -en
der Kleiderschrank,¨-e
die Kommode, -n

das Kinderzimmer
das Kinderbett, -en
die Spielsachen
das Spielzeug, -e
der Wickeltisch, -e

das Arbeitszimmer
das Bücherregal, -e
der Schreibtisch

das Badezimmer
die Badewanne, n
die Dusche, -n
das W.C., -s
das Waschbecken, -
die Hausapotheke, -n
der Spiegel, -
die Waschmaschine, -n
der Trockner, -

der Balkon/die Veranda
die Terrasse/der Garten
der Liegestuhl
Swimmingpool, -s

Sprechen wir!

Vokabular.

Welche Möbel hat man im Wohnzimmer? Im Esszimmer? Im Schlafzimmer? Im Garten?

Welche Dinge hat man in der Küche? Was ist im Arbeitszimmer

Was hat man im Wohnzimmer, wenn es warm sein soll?

Anzeige. Was sehen Sie in der Anzeige?

Aus welchen Material sind sie?

Wo hat man sie?

Möbel vom Mittelmeer!

Für Garten, Wohnung und Terrasse.

DM 179 Tavernen- tisch

Himmel- bett DM 846 3514

DM 360

Tisch DM 698

Katalog anfordern: OCTOPUS Postfach 13 07 51 20107 Hamburg Tel: 040-4 22 58 32 Fax 4 20 12 00

Und Sie?

Welche Zimmer haben Sie in Ihrer Wohnung oder in Ihrem Haus? Was haben Sie in den Zimmern? Was haben Sie nicht (aber hätten es gern!)?

Wann sind Sie zur Uni gekommen? Vor einem Jahr? Vor ein paar Wochen? Wo haben Ihre Eltern/Ihre Geschwister studiert? Vor wie vielen Jahren?

Deutsch zusammen

Partnerarbeit. Wer/was passt zu welchem Zimmer?

Sehen Sie sich die Bilder an und entscheiden Sie dann, welche Situation oder welche Person zu welchem Zimmer passen.

D.

E.

A.

WOHNEN & ARBEITEN
Nach Maß: Wie eine ehemalige Fabriketage so ausgebaut wurde, daß sie zwei Menschen reichlich Platz zum Wohnen und zum Arbeiten bietet

B.

PREISBEWUSST
Wenn zwei kleine Kinder sich einen Raum teilen müssen, bleibt dann genug Platz zum Spielen? Aber ja, und die Einrichtung muß nicht einmal viel kosten

C.

SOMMERTISCHE
Fünf festlich gedeckte Tische, die richtig Lust auf ein sommerliches Menü machen. Sollte das Wetter nicht mitspielen, können sie auch drinnen gedeckt werden

Sonja und Bernd sind Geschwister und verbringen viel Zeit zusammen.

Anika und Leo sind selbstständig und arbeiten auch zu Hause. Ihre Wohnung ist nicht sehr groß, aber praktisch.

Dagmar mag viel Licht und kauft gerne altmodische Dinge.

Herr Hartmann hat gerne Gäste und serviert ihnen feines Essen.

Max und Erika richten ihre Wohnung ganz modern ein.

Umfrage. Fragen Sie Ihre KollegInnen. Machen Sie ein Kreuz, wenn jemand mit "ja" antwortet.

Hast du . . . ?

eine Spülmaschine?	x
eine Anrichte?	
ein Bücherregal?	
eine Stereoanlage?	
eine Vorratskammer?	
eine Mikrowelle?	
eine Waschmaschine?	x
einen Schreibtisch?	
eine Badewanne oder eine Dusche oder beides?	

Was haben Sie herausgefunden? Wie viele Personen haben...?

Partnerarbeit. Zimmer beschreiben.

1. Machen Sie zuerst zusammen eine Liste mit Möbeln und Dingen typisch für StudentInnen.

2. Ein Partner/in nennt dann Möbel und Dinge in einem Zimmer (z.B. Wohnzimmer, Arbeitszimmer, Küche). Der/die andere kreuzt sie auf der Liste von oben an.

TEIL 13,2

Auf dem Tisch und an der Wand

*First go to **Teil 13,2** in your Tutorial.*

Merke

Expressing where things are and where to put them
     two-way prepositions: auf, an
Stell das Fahrrad **ans Haus**. →Es **steht am Haus.**
Stez das Kind **auf den Stuhl**. →Es **sitzt auf dem Stuhl.**
Leg den Teppich **auf den Boden**. →Er **liegt auf dem Boden.**
Wir **hängen** das Bild **an die Wand**. → Es **hängt an der Wand.**

Vokabular: Verben

sitzen, hat gesessen	liegen, hat gelegen	hängen, hat gehangen	stehan, hat gestanden
setzen, hat gesetzt	legen, hat gelegt	hängen, hat gehängt	stellen, hat gestellt

Sprechen wir!

Nennen sie das passende Dativverb (sitzen, liegen, hängen, stehen).

Das Kind im Bett   _____

Fernseher auf dem Tisch   _____

Lampe auf dem Boden   _____

Das Bild an der Wand   _____

Der Hund auf dem Sofa   _____

Das Foto im Bücherregal   _____

Nennen sie das passende Akkusativverb (setzen, legen, hängen, stellen).

Den Fernseher ins Regal   _____

Das Kind an den Tisch   _____

Die Lampe an die Decke   _____

Den Teppich auf den Boden   _____

Getränke in den Eisschrank   _____

sich auf das Sofa   _____

Deutsch zusammen

Partnerarbeit/Situation. Rosi ist gerade von ihrem Urlaub zurückgekommen und kann nichts in ihrer Wohnung finden. Sie sind Ihre Zimmerkollegin/Ihr Zimmerkollege. Sie sagen, wo die Dinge vielleicht sein können. Variieren Sie Ihre Antworten und nennen Sie noch zwei oder drei andere Dinge.

Beispiel: Wo ist mein Füller?
            Vielleicht liegt er auf dem Tisch; oder hast du ihn aufs Regal gelegt?

Rucksack, Terminkalender, Studentenausweis, Handtasche, Zeitschriften, Telefonbuch?

Partnerarbeit. Sehen Sie zusammen die Gewässer auf der Karte an. Schreiben Sie fünf Städte auf und an welchen Gewässern sie liegen.

die Flüsse
die Ems
die Elbe
die Donau
die Isar
die Mosel
die Oder
die Saale
die Spree
der Main
der Rhein

die Meere
die Nordsee
die Ostsee

die Seen
der Bodensee
der Genfer See

Zum Thema: Der Bodensee

Der Bodensee ist mit 508 km² der größte natürliche See in der BRD. Nur 306 km² liegen allerdings in Deutschland, der Rest in der Schweiz und in Österreich. Die Stadt Konstanz liegt am Bodensee (im Englischen heißt der See *Lake Constance*) und zwei andere Städte sind Lindau und Meersburg.

Im Bodensee liegt die Insel Mainau, die einem Mitglied der schwedischen Königsfamilie gehört. Diese Insel ist interessant, weil hier das Klima ganz anders ist, nämlich fast subtropisch. Auf der Insel blühen Orangenbäume, Zitronenbäume und sogar Palmen.

Nur wenige Kilometer südlich vom Bodensee liegt das Fürstentum Liechtenstein, gegründet 1719. Dieser Staat mit ca. 25,000 Einwohnern auf einer Fläche von 157 km² liegt im Alpengebiet zwischen der Schweiz und Österreich. Die Amtssprache ist Deutsch, und die Hauptstadt dieses überwiegend katholischen Staates ist Vaduz.

Genau!

A. Determine if the items in the sentence below stand upright or lie flat. Then fill in the correct form of **stehen** or **liegen** accordingly.

Alles ganz ordentlich!

1. Das Glas _____ auf dem Tisch.
2. Die Zeitung _____ auf dem Tisch.
3. Der Kaffee _____ auf der Anrichte.
4. Das Brot _____ auf dem Tisch.
5. Die Tischdecke° _____ auf dem Tisch.
6. Die Stifte _____ auf dem Schreibtisch.
7. Die Schuhe _____ auf dem Boden.
8. Das Papier _____ auf dem Tisch.
9. Die Bücher _____ auf dem Bücherregal.
10. Die Kleider _____ auf dem Bett.

°*table cloth*

B. Determine if the items are on top of a horizontal surface, at a vertical surface, or inside something. Then insert **auf** or **an** accordingly.

Aufräumen!

1. Die Kinder legen die Kleider _____ den Stuhl.
2. Maria stellt die Bücher _____ das Regal.
3. Ulf legt seinen Mantel _____ das Bett und stellt seinen Rucksack _____ die Wand.
4. Dörthe stellt die Getränke _____ in den Eisschrank und das Obst _____ die Anrichte.
5. Ich muss meine Kleider _____ die Haken° hängen.

°*hook*

TEIL 13,3

Wie deckst du den Tisch?

*Go first to **Teil 13,3** in your Tutorial.*

Merke

Two-way prepositions: hinter, vor, neben, zwischen, über, unter
Das Mofa steht **hinter der Garage**. Stell das Fahrrad **vors Haus**.
Der Sessel steht **neben der Couch**. Stell die Lampe **zwischen den Tisch**
und **den Sessel**.
Das Bild hängt **über dem Sofa**. Die Katze schläft **unter dem Tisch**.

Vokabular: auf dem Tisch/auf dem Herd

die Tischdecke	das Service, -e	die Platte, -n	das Besteck, -e
die Kerze, -n	der Teller, -	die Schüssel, -n	das Messer, -
die Serviette,-n	die Tasse, -n	die Schale, n	die Gabel,-n
das Stövchen, -	der Unterteller	der Brotkorb, ¨-e	der Löffel, -
das Geschirr	das Glas, ¨-er	der Topf, ¨-e	der Suppenlöffel
die Blume, -n	der Becher, -	die (Brat)pfanne, -n	der Flaschenöffner, -

Sprechen wir!

Was steht auf dem Esstisch, wenn man frühstückt? Wenn man zu Abend isst? Was liegt auf dem Boden?
Was steht auf dem Schreibtisch? Was liegt auf dem Schreibtisch? Was steht auf dem Regal?

Bild beschreiben. Beschreiben Sie, wo alle Dinge auf dem Tisch liegen und stehen.

Zum Thema: Tischsitten und Utensilien

In Europa und in Deutschland sind einige Essgewohnheiten anders als in Amerika: Warmes Essen isst man immer mit Messer und Gabel und man behält die Gabel normalerweise in der linken Hand und das Messer in der rechten. Es gibt spezielle Bestecke, z.B. ein Fischbesteck für Fisch: eine Gabel und ein Messer ohne Zacken.

Auch beim Trinken gibt es einige Besonderheiten. Für verschiedene Biersorten gibt es verschiedene Gläser, z.B. ein hohes Glas für das Weizenbier und ein rundes für das Pilsener. Besonders bei Festen gibt es Bierkrüge aus Steingut ("eine Maß"). Ein spezielles Weinglas ist der Römer, ein Kristallglas mit einem grünen oder braunen Stil. Teekenner trinken den Tee aus Teegläsern (mit Henkel) oder sehr dünnen Porzellantassen.

Vor dem Essen sagt man auch zu Fremden im Restaurant oder Gasthaus: "Mahlzeit!" oder "guten Appetit!"

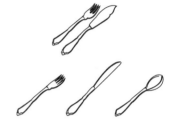

Deutsch zusammen

Partnerarbeit. Machen Sie Gruppen mit vier Personen.

Sie haben heute Abend Gäste zum Abendessen (sehr elegant!). Um alles perfekt zu organisieren, schreiben und skizzieren Sie genau, was Sie für den Abend planen.

1. Schreiben Sie zuerst auf, wie viele Gäste kommen und was Sie kochen (das Menü).
2. Machen Sie eine Liste mit verschiedenen Utensilien und Geschirr, also alles, was Sie auf den Tisch stellen und legen wollen.
3. Zwei Personen beschreiben jetzt, wie sie den Tisch decken wollen. Die anderen zwei Personen in der Gruppe zeichnen genau, was auf dem Tisch steht und liegt. Vergleichen Sie dann Ihre Zeichnungen.

Partnerarbeit. Schreiben Sie auf, *woraus* man was trinkt...

Beispiel.   **Limo** trinkt man **aus der Dose**.

Bier	Sektglas	_____
Wein	Dose	_____
Champagner	Flasche	_____
Milch	Bierkrug	_____
Kola	Weinglas	_____
Saft	Tasse	_____
Kaffee	Glas	_____
Tee	Becher	_____

...und *womit* man was isst.

belegte Brote	Löffel und Gabel	_____
Fleisch	Messer und Gabel	_____
Kartoffeln	Fischbesteck	_____
Kuchen	Kuchengabel	_____
Fisch	Suppenlöffel	_____
Suppe	Hand	_____
Eis	Gabel	_____
Spagetti	Kaffeelöffel	_____

Genau!

A. Indicate what Bettina tells Jan.

Bettina and her boyfriend Jan have dinner guests. Bettina asks Jan

1. to put a tablecloth on the table
2. and to get the napkins out of the closet
3. if the candles are already on the table
4. to put glasses and plates on the table
5. to place the silverware on the napkins
6. and to put some water on the buffet

B. Form sentences by using the correct form of **sein** in the past tense and the preposition **auf.**

You find your apartment (you have a roommate) in a mess after a party and are telling your mother about it.

Beispiel: Messer und Gabel → *Messer und Gabeln haben auf dem Boden gelegen.*

1. Teller und Tassen (Bett)
2. Flaschen (Boden)
3. schmutzige Töpfe und Pfannen (Herd)
4. Gläser und Becher (Schreibtisch)
5. CD's (Tisch)
6. Stühle (Balkon)
7. Jacken und Mäntel (Boden)
8. Chips und Dip (Teppich)

TEIL 13,4

Kommunikation

Go first to **Teil 13,4** *in your "Zu Hause" book.*

> ### Merke
>
> **Referring to previously mentioned things with da- and wo-compounds**
> **Mit wem** hast du **telefoniert**? Mit meiner Schwester.
> Und **worüber** habt ihr gesprochen? **Über ihre Reise** in die USA.
> Wir haben auch **darüber** gesprochen, wie lange sie bleiben will.

Vokabular: Kommunizieren

antworten (+ Dat.)	bitten um (+Akk.)	sprechen mit
beantworten (+ Akk.)	fragen nach (+Dat.)	telefonieren mit

Reagieren

sprechen über (+Akk.)	reagieren auf (+Akk.)	warten auf (+Akk.)
schreiben über (+Akk.)	denken an (+Akk.)	handeln von (+Dat.)
lachen über (+Akk.)	nach•denken über (+Akk.)	halten von (+Dat.)

Sprechen wir!

Am Telefon.

* Grüß dich, Anne!

• Hallo, Gerd. Ich habe gerade an dich gedacht!

* Hoffentlich nur positives! Du, ich habe über unsere Pläne nachgedacht. Können wir kurz über das Wochenende sprechen?

• Also, von mir aus ist alles klar. Ich hab' meine Mutter schon um ihr Auto gebeten und sie gibt es uns.

* Äh, äh, also . . . Ich habe gestern mit Oliver telefoniert. Er hat nach dir gefragt und ich hab darüber gesprochen, dass wir morgen nach Konstanz fahren. Ist es okay, wenn er mitkommt?

• Äh, najaaa . . . Muss ich dir jetzt gleich antworten? Ich weiß nicht so recht, wie ich darauf reagieren soll. Zu zweit ist alles irgendwie unkomplizierter.

* Ist schon in Ordnung. Ruf mich doch morgen kurz an. Ich möchte Oliver nicht zu lange auf unsere Antwort warten lassen.

• Alles klar. Tschüss! Bis morgen!

Vokabular und Sätze. Machen Sie Sätze mit den idiomatischen Ausdrücken.

Die Geschichte	reagieren auf	den Clown
Sabine	lachen über	den Bus

Die Kinder	warten auf	ihren Freunden
Die Mutter	handeln von	einer Emigrantenfamilie
Annette	telefonieren mit	ihre Kinder
Die Teenager	sprechen über	ihre Probleme

Und Sie?

Mit wem haben Sie heute gesprochen? Worüber haben Sie gesprochen? Wie oft telefonieren Sie mit Freunden? Familienmitgliedern? Eltern? Mit wem werden Sie bald telefonieren? Warum?

Wem haben Sie das letzte Mal einen Brief geschrieben? Worüber haben Sie geschrieben?

Worüber sprechen Sie mit Ihren Eltern/Ihren Geschwistern/Ihren Freunden?

Welchen Film haben Sie kürzlich gesehen? Wovon hat er gehandelt? Was halten Sie von ihm?

Haben Sie neulich ein Buch oder einen Zeitungsartikel gelesen? Welches? Wovon handelt dieses Buch oder dieser Artikel? Was halten Sie davon?

Was halten Sie von Ihrem Präsidenten? Von Ihrem/Ihrer Senator/in? Ihrem/Ihrer Bürgermeister/in? Von Ihren Kursen und Professoren? Auf wen müssen Sie oft warten? Wie reagieren Sie darauf?

Woran denken Sie, wenn jemand "China" (Argentinien, Japan, die Schweiz, Rumänien, Polen, Nicaragua, Costa Rica, Korea, Mexiko") erwähnt?

Zum Thema: Ein- und Auswanderer

Die Geschichte der Deutschen in Amerika beginnt im Jahre 1683 mit der Gründung von "Germantown" in der Nähe von Philadelphia. Pennsylvanien war im 17. Jahrhundert eines der Hautpziele für deutsche Einwanderer, aber viele gingen auch nach New York, Virginia, Ohio und später Texas. Zur Zeit der Gründung von "Germantown" waren die Einwanderer meist Handwerker oder Bauern aus Süddeutschland. Im 19. Jahrhundert gab es dann auch Intellektuelle und Liberale, die mit dem politischen System in Deutschland unzufrieden waren und die Freiheit und Demokratie in Amrika suchten. In Texas ließ sich eine Gruppe unter der Leitung von Prinz Carl von Solms-Braunfels nieder und gründete den "Verein zum Schutze deutscher Einwanderer in Texas." Diese Organisation verfasste Broschüren und Informationsblätter und unterstützte Einwanderer auch finanziell. In Orten wie New Braunfels und Fredericksburg in Texas sind auch heute noch die Spuren deutscher Einwanderer sichtbar.

Der Amerikaeinfluss ist in Deutschland und Europa weiterhin deutlich zu sehen: in der Musik, bei Fernsehen und Kino, Kleidung, Sport und Computern. Die deutsche Sprache (wie viele andere Sprachen) integriert in diesen Bereichen dann auch oft englische Worte. Unter Deutschen und Europäern ist der "kulturelle Imperialismus" Amerikas oft Anlass zu Kritik und Diskussion.

Wie viele Worte in der Anzeige ("Inline Tour")
kommen aus der englischen Sprache?

Warum benutzt man sie hier wohl?

Haben alle etwas mit Sport zu tun?

Gibt es deutsche Worte, die man im Englischen
verwendet?

Deutsch zusammen

Partnerarbeit. Welche Währung in welchem Land?

Suchen Sie in einer Zeitung den Wechselkurs für
verschiedene Währungen. Wie viele Rubel, Lire,
Schillinge, D-Mark, Pfund usw. bekommt man für
einen Dollar?

Gruppenarbeit/Projekt.

Die ganze Klasse bespricht zuerst, welche Immigrantengruppen es hier gibt, wo Sie
studieren. Machen Sie dann Gruppen mit drei Personen und wählen Sie eine Stadt
oder einen Ort.

1. Besprechen Sie zuerst, wie man feststellen kann, wann und woher
   Einwanderer gekommen sind. Wo in der Stadt kann man etwas darüber
   erfahren?
2. Entscheiden Sie dann, wer welche Informationen sammelt.
3. Bringen Sie die folgenden Informationen zum Deutschkurs:
   Aus welchen Ländern kommen die meisten Einwanderer? Wann sind sie
   eingewandert? Woran kann man heute noch den Einfluss von Einwanderern
   feststellen?

Deutsche Auswanderer in Amerika

Name	Geburtsort	Wie bekannt?
Wilhelm Penn		Gründer von Germantown
Prinz Solms-Braunfels	Braunfels, Hessen	Deutsche Siedlung in Texas
Hannah Arendt	Hannover	Professorin in Princeton

Welche kennen Sie? Ergänzen Sie die Liste!

Partnerarbeit. Auf Bilder reagieren. Ihr Lehrer/in zeigt ihnen Bilder und Sie sagen,
welche Emotionen sie haben, wenn Sie sie anschauen: *Ich denke an...; ich denke
daran, dass . . .*

Eine Person in der Gruppe schreibt auf, was die Kollegen sagen. __ *denkt an/denkt
daran, dass . . .*

Die Anzeige "inline in TOWN":

BR inline ist die weltweit einzigartige 4-Tages-Inline-Skating-Tour, bei der „just for fun" auf öffentlichen Straßen mit Polizeibegleitung insgesamt 238 Kilometer geskatet werden.

in line
IN TOWN

Täglich abends **Bayern 3 PartyTour** auf dem

Magic-Truck mit Super 3 Moderator Ingo Nommsen auf den zentralen Plätzen der Zielorte.

Volle Action auf Skates:

Halfpipe mit erstklassigen Demonstrationen und zum Ausprobieren

Kostenloser Skate- und Ausrüstungsverleih

Hindernisparcours und Fun-Box

Optimale Abfütterung, coole Drinks, heißer Sound und *bärische* Stimmung

Genau!

Annette has just talked on the phone for over an hour. Karin, her roommate wants to know:

1. whom Annette called up
2. if she also talked to Frank, his roommate
3. if he asked about her and what Annette thinks of him
4. if Annette remembered to tell him about next weekend
5. and how he reacted to that

TEIL 13,5

Emotionen

*Go first to **Teil 13, 5** in your "Zu Hause" book.*

Merke

Designating a possessor: with von
Das ist die Sporttasche **von Rainer**. Das ist das Haus **von Gerd und Eva**.

With the genitive case
Wessen Auto ist das? Das ist **Rainers**.

Focusing on selected items/excluding: genitive idiomatic phrase
Er hat nur **zwei seiner Verwandten** getroffen.
Das ist nur **eine von meinen Katzen**. Ich habe drei.

	Masculine	Feminine	Neuter	Plural
Genitive	s + s	r	s + s	r

	Masculine	Feminine	Neuter	Plural
All cases				
Nominative:	r / -	e	s / -	e
Accusative:	n	e	s / -	e
Dative:	m	r	m	n + n

Vokabular: Emotionen und Beziehungen

zufrieden mit (+Dat.)	Bist du **mit deinen Kursen zufrieden?**
begeistert von (+Dat.)	Ich war **von dem Film ganz begeistert.**
böse auf (+Akk.)	**Auf wen** warst du so **böse?**
stolz auf (+Akk.)	Bist du stolz **auf deinen Bruder?**
froh über (+Akk.)	Ich bin **froh darüber,** dass er angerufen hat.
glücklich über (+Akk.)	Bist du **glücklich über** deinen Job?
(un)freundlich zu	Ist dein Lehrer (deine Lehrerin) **freundlich zu dir?**
befreundet mit (+ Dat.)	Bist du **mit den Eltern** von Kurt **befreundet?**
verliebt in (+Akk.)	**In wen** warst du oder bist du **verliebt?**
verlobt mit (+Dat.)	**Mit wem** bist du **verlobt?**
verheiratet mit (+Dat.)	Bist du **verheiratet? Mit wem?** Kenne ich ihn?
verwandt mit (+Dat.)	Bist du **mit anderen Studenten** an der Uni **verwandt?**
getrennt/geschieden von (+Dat.)	Sie ist jetzt **von ihm geschieden.**

Sprechen wir!

Situation. At a high school reunion you are catching up with old friends. Say what your former schoolmates are telling you.

1. One of them tells you that Gabi is now married to Wolfgang,
2. and that Susi has been engaged to Rolf for a year.
3. They ask you if you know that Trude is married to an American,
4. and if you also know that Armin is engaged to a doctor.
5. They tell you that two or three of your friends are divorced from their husbands.

Paraphrasieren. Wählen Sie den passenden idiomatischen Ausdruck.

Beispiel: Matthias hat sein Portmonee gefunden. → *Er ist froh darüber.*

Susanne findet den Film „Der Gladiator" ganz toll.	→ _____
Ralph hat einen Tisch repariert und er funktioniert wieder.	→ _____
Ernst ist der Onkel von Cornelia.	→ _____
Rudi findet Sandra total nett.	→ _____
Gerd hat etwas gemacht, was Birgt absolut nicht gut findet!	→ _____
Der Sohn von Herrn und Frau Kern hat eine Medaille gewonnen.	→ _____
Anke und Norbert werden nächstes Jahr heiraten.	→ _____

Wem gehört was? Zeigen Sie auf etwas im Klassenzimmer (Rucksack, Jacke, Buch, Stift, Tasche, Portmonee) und sagen Sie, wem es gehört. Benutzen Sie **von** oder Genitiv.

Beispiel: Das ist der Rucksack **von** Kurt. Oder: Das ist **Kurts** Rucksack.

Und Sie?

Von welcher Musikgruppe sind Sie begeistert? Haben Sie gerade einen Film gesehen oder ein Buch gelesen? Waren Sie davon begeistert?

Womit sind Sie oder waren Sie besonders zufrieden? Auf wen sind Sie jetzt böse? Warum?

Sind Sie mit jemandem aus Deutschland befreundet? Aus der Schweiz, aus Österreich, aus Russland? Aus einem anderen Land?

Auf wen sind Sie sehr stolz? Warum? Wer war kürzlich ziemlich unfreundlich zu Ihnen? Wissen Sie warum? Wer ist immer freundlich zu Ihnen? Zu wem waren Sie unfreundlich? Warum?

Zu wem sind Sie immer freundlich? Sind Sie verlobt? Mit wem? Sind Sie verheiratet? Mit wem?

Lernt einer von Ihren Freunden auch Deutsch? Spanisch? Italienisch? Französisch?

Arbeiten Freunde von Ihnen? Wo? Studieren die meisten von Ihren Freunden oder arbeiten sie?

Haben Sie Geschwister? Wohnen Geschwister von Ihnen hier oder wohnen sie in anderen Städten? Wie viele von Ihren Verwandten sind auch hier?

Zum Thema: verliebt, verlobt, verheiratet . . .

Viele Deutsche heiraten nicht in der Kirche, sondern gehen nur zum Standesamt im Rathaus. Andere haben eine kirchliche Trauung am folgenden Tag oder ein paar Wochen später. Zur kirchlichen Trauung können viele Leute aus dem Ort oder der Nachbarschaft kommen und danach feiern das Hochzeitspaar und eingeladene Gäste oft bis spät in die Nacht.

Vor der Hochzeit gibt es keine Feiern, aber manche Paare haben einen sogenannten Polterabend (**poltern** = *to make noise*). Der Polterabend ist für Freunde des Hochzeitspaares und alle Gäste sollen altes Geschirr, Gläser, Tassen usw. mitbringen. Man zerschmettert alles (*smash*) und das zukünftige Ehepaar muss die Scherben zusammen aufkehren. Der Gedanke dahinter ist, dass das Paar lernt, Dinge zusammen zu machen und dass die Scherben Glück bringen. Das kommt von dem Sprichwort "Scherben bringen Glück."

Wir heiraten!

Ilse Martens und Jens Krämer

am 20. Juni 2000 in der Schloßkirche zu Tübingen

Und Sie?

Woher kommen Sie? Welche Traditionen gibt es dort, wenn jemand heiratet? Kennen Sie Traditionen in anderen Ländern? Mexiko? Kanada? Frankreich? Hawaii?

Sind Sie oder eines Ihrer Geschwister verheiratet? Wie hat Ihre Familie die Hochzeit gefeiert? Woran erinnern Sie sich am besten?

Genau!

A. Indicate which word or phrase refers to the item, and which to the possessor.

1. Das ist die neue Adresse von Erika.

2. Annes Schwester wohnt in Italien.

3. Das Haus seiner Eltern liegt in Brandenburg.

4. Der Bruder von Franz zieht nach Österreich.

5. Felix besucht einen Freund seiner Eltern.

6. Max fährt den Wagen seines Onkels.

7. Die Familie der Braut kommt aus Polen.

8. Ein Freund von Paul kommt aus Berlin.

B. Insert the correct form of the **der**- word and the noun indicated in parentheses.

1. Der Zollbeamte kontrolliert das Gepäck _____ . (diese Leute)

2. Der Beamte sieht sich den Pass _____ an. (jede Person)

3. Er kontrolliert sogar den Ausweis _____ . (das Kind)

A l l e s   z u s a m m e n

As a result of what you have learned in **Kapitel Dreizehn** you should be able to:

1. use all prepositions, including two-way, to indicate locations and destinations;
2. explain with which utensils one eats certain foods and drinks certain beverages;
3. refer to previously mentioned things with **da-** and **wo-**compounds;
4. indicate possession with **von** or the genitive case;
5. use a variety of idiomatic expressions to express daily routines and activities, emotions and relationships;
6. be able to name some rivers, lakes, and oceans and states and cities near them.

A. *Fragen.*

1. Nennen Sie drei Dinge und wem sie gehören, z.B. KollegInnen im Deutschkurs, Geschwister oder Freunde.
2. Beschreiben Sie genau, was wo in Ihrem Schlafzimmer steht und liegt; in Ihrem Arbeitszimmer; in der Küche von Ihren Eltern; in einem Kinderzimmer.
3. Beschreiben Sie, wie Sie einen Tisch für ein elegantes Abendessen decken. Was stellen und legen Sie wohin?
4. Auf wen sind Sie jetzt böse? Erklären Sie warum!
5. Womit sind Sie zufrieden oder unzufrieden?

B. *Kultur und Geographie.*

1. Nennen Sie Flüsse, Seen und Meere in Deutschland und Europa.
2. Nennen Sie ein paar Städte und wo sie liegen: an welchem Fluss, See oder Meer.

Aktives Vokabular

Möbel und Elektrogeräte

die Küche	**kitchen**
der Herd, -e	stove
der (Back)ofen, ¨-	oven
die Mikrowelle, -n	microwave
der Toaster, -	toaster
das Spülbecken, -	kitchen sink
die Spülmaschine, -n	dishwasher
der Kühlschrank, ¨-e	refrigerator
der Küchenschrank	cabinet
die Schublade, -n	drawer
das Wohnzimmer	**living room**
das Sofa ,-s/die Couch, -es	sofa, couch
der Sessel, -	arm chair
der Couchtisch, -e	coffee table
der Kamin, -e	fireplace
der Kachelofen, ¨-	tiled stove
der Teppich	carpet
die Lampe, -n	lamp
die Stereoanlage, -n	stereo
das Bild, -er	picture
das Esszimmer	**dining room**
der Esstisch, -e	dining table
die Anrichte, -n	buffet, serving table
das Schlafzimmer	**bedroom**
das Bett, -en	bed
der Kleiderschrank,¨-e	closet
die Kommode, -n	chest of drawers
das Kinderzimmer	**nursery, children's room**
das Kinderbett, -en	kid's bed
die Spielsachen (pl.)/ das Spielzeug, -e	toys
der Wickeltisch	changing table
das Arbeitszimmer	**study**
der Schreibtisch, -e	desk
das (Bücher)regal, -e	(book) shelf
das Badezimmer	**bathroom**

die Badewanne, -n	bath tub
die Dusche, -n	shower
das W.C., -s	lavatory
die Toilette, -n	toilet; also: half bath
das Waschbecken, -	sink
die Hausapotheke, -n	medicine cabinet
der Spiegel, -	mirror
die Waschmaschine, -n	washing machine
der Trockner, -	dryer
der Balkon/die Veranda	**balcony/veranda**
die Terrasse/der Garten	**porch/yard**
der Liegestuhl, ¨-e	lawn chair
der Swimmingpool, -s	swimming pool
ein•richten	to furnish
auf•räumen	to clean up, to tidy up
auf dem Tisch/auf dem Herd	**on the table/stove**
die Tischdecke, -n	table cloth
die Kerze, -n	candle
die Serviette,-n	napkin
das Stövchen, -	table stove
das Geschirr	dishes
das Service	china
die Kanne, -n	pitcher
der Teller, -	plate
die Tasse, -n	cup
die Untertasse	saucer
das Glas, ¨-er	glas
der Becher, -	cup, mug
die Platte, -n	platter
die Schüssel, -n	bowl
die Schale, -n	small bowl, cereal bowl
der Brotkorb, ¨-e	bread basket
der Topf, -ë	cooking pot
die (Brat)pfanne, -n	(frying) pan
das Besteck, -e	cutlery, silver ware
das Messer, -	knife
die Gabel,-n	fork
der Löffel, -; Suppen-/ Kaffeelöffel	spoon; soup/ coffee spoon
der Flaschenöffner	bottle opener

Kommunizieren

antworten (+ dat.)	to answer, to respond
(etwas) beantworten (+ acc.)	to answer something
bitten um (+acc.)	to ask for/about
fragen nach	to ask about
sprechen mit	to speak to/with
telefonieren mit	to talk on the phone with

Reagieren

sprechen über (+acc.)	to talk about
schreiben über (+acc.)	to write about
lachen über (+acc.)	to laugh about
reagieren auf (+acc.)	to react to
denken an (+acc.)	to think about, to remember
nach•denken über (+acc.)	to think about, to ponder
warten auf (+acc.)	to wait for
handeln von (+dat.)	to be about, to deal with

Emotionen und Beziehungen

zufrieden mit (+dat.)	content with
begeistert von (+dat.)	enthusiastic about
böse auf (+acc.)	angry with
stolz auf (+acc.)	proud of
froh über (+acc.)	glad about, pleased
glücklich über (+acc.)	happy about
(un)freundlich zu	(un)friendly to
befreundet mit (+ dat.)	friends with
verliebt in (+acc.)	in love with
verlobt mit (+dat.)	engaged to
verheiratet mit (+dat.)	married to
verwandt mit (+dat.)	related to
getrennt von (+dat.)	seperated from
geschieden von (+dat.)	divorced from

Verben

sitzen, gesessen	to sit, be situated
setzen, gesetzt	to set (s.th.) down
liegen, gelegen	to lie, be situated
legen, gelegt	to lay (s.th.) down
hängen, gehangen	to hang
hängen, gehängt	to hang (s.th. someplace)
stehen, gestanden	to stand
stellen, gestellt	to put, place (s.th.)

Reflexive Verben mit Objekt

s. etwas leisten	to afford something
s. etwas vorstellen	to imagine something
s. etwas anschauen	to look at something closely
s. etwas anhören	to listen to something
s. etwas teilen	to share something
s. Rat holen	to get advice
s. etwas überlegen	to think about something
s. etwas anders überlegen	to change one's mind

Reflexive Verben mit Präpositionen

s. freuen auf	to look forward to
s. freuen über	to be glad about
s. gewöhnen an	to get used to
s. kümmern um	to take care of
s. erinnern an	to remember
s. konzentrieren auf	to concentrate on
s. wundern über	to wonder about
s. informieren über	to inform oneself about
s. erkundigen nach	to inquire about
s. interessieren für	to be interested in

KAPITEL VIERZEHN

(Leute in) Deutschland und Europa kennenlernen

Überblick

Themen

Länder und Kontinente; Ein- und Auswandern; Kommunikation und Sprache

Funktionen

Sprechen

Expressing emotions and reactions

Describing in more detail

Discussing geographical information

Hören

Following directions

Schreiben

Writing a formal letter/request

Summarizing information

Lesen

Following detailed descriptions and signs

Using travel ads

Gathering geographical facts

Vokabular

Countries and continents

Items related to travel to countries and cities; items related to survival situations and texts

Idiomatic phrases: verbs + prepositions; adjectives + prepositions

Kulturelles

The European Union and the Euro currency

German Immigrants in America

Immigrant experiences

Die Schweiz

Grammatik

Review: prepositions (dative and two-way); accusative, dative cases

Genitive case and alternative constructions

Genitive prepositions: **(an)statt, trotz, während, wegen, innerhalb, außerhalb**

Relative clauses

TEIL 14,1

Länder und Kontinente

*Go first to **Teil 14,1** in your Tutorial.*

Merke

Review of prepositions
Accusative: **durch, für, gegen, ohne, um**
Dative prepositions: **aus, außer, bei, mit, nach, seit, von, zu, gegenüber**
Two-way prepositions: **an, auf, hinter, vor, über, unter, in, neben, zwischen**

Vokabular: Länder und Kontinente

Die **Kontinente:**	Afrika, Asien, Australien, Europa, Nordamerika, Südamerika, der Südpol
Die **Länder:**	
Afrika:	Marokko, Algerien, Tunesien, Libyen, Ägypten, der Sudan, Äthiopien, Kenia, Zimbabwe, Uganda, Südafrika
Der Nahe Osten:	Israel, der Libanon, Jordanien, Saudiarabien, Syrien, der Iran, der Irak, Kuwait
Kleinasien:	die Türkei, Afghanistan
Asien:	Indien, Pakistan, China, Japan, Korea, Vietnam, Thailand, Malaysien, Singapur, Indonesien, Mongolei, Sibirien
Europa:	Deutschland, Österreich, Ungarn, die Schweiz, Liechtenstein, Belgien, Frankreich, die Niederlande (Holland), Luxemburg, Dänemark, Island, Norwegen, Schweden, Finnland, Großbritannien, Irland, Schottland, Spanien, Portugal, Italien, Griechenland, Zypern
	Russland, Litauen, Estland, Lettland, Weißrussland, die Ukraine, Moldawien, Kasachstan, Turkmenistan, Usbekistan, Georgien, Aserbaidschan, Armenien, Rumänien, Bulgarien, Polen, Tschechien, die Slowakei, Slowenien, Kroatien, Serbien, Bosnien-Herzegowina, Mazedonien, Albanien
Nordamerika:	die Vereinigten Staaten (Amerika), Kanada, Mexiko, Kuba
Mittelamerika:	Guatemala, Honduras, El Salvador, Nicaragua, Costa Rica, Panama
Südamerika:	Kolumbien, Chile, Brasilien, Venezuela, Peru, Uruguay, Paraguay, Argentinien

Abkürzungen

die EU	die Europäische Union	**die USA**	die Vereinigten Staaten

Emigration und Immigration

die Heimat/das Heimatland	der Emigrant/in, -en/nen	der Immigrant/in, -en/nen
das Ausland/ins Ausland fahren	aus•wandern, ist ausgewandert	ein•wandern, ist eingewandert

Sprechen wir!

Sehen Sie sich die Karte vorne im Buch an und beantworten Sie dann die Fragen.

1. Wie heißen die sieben Kontinente?
2. Was ist aber kein Kontinent?
3. Nennen Sie fünf Länder in Afrika.

Welche sind in Nordafrika? In Südafrika? In Westafrika? In Ostafrika? In Mittelafrika?

4. Nennen Sie fünf Länder im Nahen Osten.
5. Wie heißen die Länder in Kleinasien?
6. Nennen Sie die Länder in Südeuropa.
7. Nennen Sie die Länder in Westeuropa.
8. Nennen Sie die Länder in Nordeuropa.
9. Nennen Sie die Länder in Osteuropa.
10. Welche Länder sind in der EU?
11. Nennen Sie die Länder in Skandinavien.
12. Welche Länder sind in Nordamerika? In Mittelamerika? In Südamerika?

Wohin fahren Sie, wenn Sie...

1. Pizza und Spagetti essen wollen?
2. guten Rotwein trinken wollen?
3. Männer in Röcken sehen wollen?
4. Flamenco tanzen möchten?
5. viele Tulpen sehen wollen?
6. einen König/eine Königin sehen wollen?
7. Walzer tanzen möchten?
8. deutsch sprechen wollen?
9. Prag besuchen möchten?
10. französisch und flämisch hören wollen?

Was ist typisch für welches Land?

11. Dieses Land ist eine Insel.
12. Es gibt Probleme zwischen Katholiken und Protestanten.
13. Viele Leute kaufen Autos aus diesem Land.
14. Gandhi kommt aus diesem Land.
15. Hier ist es sehr, sehr kalt.
16. Hier kann man echtes Pilsener trinken.
17. Hier ist es nachts hell.
18. Man kann hier Pyramiden sehen.

Und Sie?

Fahren Sie manchmal ins Ausland? Wohin würden Sie gern fahren? Wohin sind Sie schon gefahren? Wohin werden Sie fahren, wenn Sie das nächste Mal Ferien haben?

Wann haben Sie das letzte Mal Urlaub gemacht? Wohin sind Sie gefahren oder geflogen? Durch welche anderen Länder (oder Bundesstaaten) sind Sie gefahren?

Sprachmodell

A. *Vorbereitung.* In welche Länder würden Sie gern reisen? Warum?

B. *Spezifische Information suchen/Partnerarbeit.*

   1. Sehen Sie die Anzeigen für Reiseziele an. Wählen Sie zusammen ein Reiseziel, das für Sie beide interessant ist.

   2. *Intensives Lesen.* Welche Informationen bekommen Sie in der Anzeige?

      a. Welches Reiseziel (Land, Kontinent)?

      b. Flugreise oder Pauschalreise (alles inklusive); wenn Pauschalreise → was ist genau inklusive?

      c. Kosten? Welche Art von Unterkunft? Welche Aktivitäten? Attraktionen? Sehenswürdigkeiten?

      d. Name des Reisebüros?

   3. Teilen Sie die Informationen der Klasse mit. Sagen Sie zuerst, warum Sie dieses Reiseziel gewählt haben. Erklären Sie dann, was das Angebot ist.

Deutsch zusammen

Partnerarbeit/Projekt. Wählen Sie ein Land und sammeln Sie Informationen in fünf Kategorien: **Geographie, Klima, Sprachen, Politik,** und **Kultur.** Schreiben Sie die Informationen auf und teilen Sie das Ihren Kollegen mit (schriftlich oder mündlich).

Gruppenarbeit. Planen Sie eine Reise in ein Land: Sie haben die Informationen selbst gesammelt oder von Kollegen bekommen. Geben Sie die folgende Information nach Ihrer Planung:

1. Welches Land (welcher Kontinent); welche Jahreszeit und welches Klima?
2. Welche Vorbereitung zu Hause? Welches Gepäck, welche Kleidung?

Partnerarbeit. Städte und Länder.

1. Nennen Sie eine Stadt. Ihr Partner/in versucht das Land zu nennen.
   Beispiel: *Ankara*   →   Ankara liegt in der Türkei.
              Budapest →   Budapest liegt in Ungarn.
2. Wählen Sie zwei und fragen Sie dann Ihre KollegInnen im Deutschkurs. *In welchem Land liegt __ ?*

Zum Thema: Die EU

Die Bundesrepublik Deutschland ist eines der führenden Mitglieder der **Europäischen Union (EU)**. Die Europäische Union begann als **EWG = Europäische Wirtschaftsgemeinschaft** im Jahre 1957, wurde dann die EG = Europäische Gemeinschaft und ist seit 1991 die EU. Die Mitgliedsstaaten formulieren gemeinsame politische und außenpolitsche Ziele. Mittlerweile gehören Belgien, England, Frankreich, Italien, Luxemburg, die Niederlande, Dänemark, Großbritannien, Irland, Griechenland, Spanien und Portugal zur EU. Ein wichtiges Ziel der EU ist die Eingliederung von Ländern in Osteuropa, wie zum Beispiel Polen, Ungarn und Tschechien.

Seit 1999 gibt es die gemeinsame europäische Währung, den **Euro** geben. Der Euro ersetzl wird nationale Währungen (DM, Lire, Pfund) ersetzen. Das heisst, dass z.B. Deutsche ihr Gehalt in Euro statt in D-Mark bekommen.

Genau!

A. Substitute the items in parentheses and use the appropriate preposition.

1. Wir fahren in zwei Wochen nach Schleswig-Holstein.
   (Nordsee, Lübeck, Meer)
2. Sind Sie schon einmal nach Österreich gefahren? (die Steiermark, Wien)
3. Meine Eltern sind letztes Jahr nach Südamerika geflogen.
   (Iran, Nahen Osten)
4. Beim Früstück lese ich oft die Zeitung. (Mittagessen, Kaffeetrinken)
5. Nach der Vorlesung gehe ich nach Hause. (Film, Konzert, Fußballspiel)

TEIL 14,2

Ruhen Sie sich aus!

Go first to Teil 14,2 in your Tutorial.

Merke

Genitive/dative prepositions:
(an)statt/anstelle von   trotz   während   wegen
Wir nehmen den Bus **statt des Autos/statt dem Auto**.
Während der Zugfahrt kann man sich ausruhen.
Trotz dem Regen sind wir spazieren gegangen.

Vokabular: Reflexive Verben

Morgens und abends

sich waschen
sich duschen
sich an/ausziehen
sich setzen
sich hinlegen

Arbeit

sich überarbeiten
sich anstrengen
sich beeilen
sich verspäten

Keine Arbeit

sich treffen
sich unterhalten
sich amüsieren
sich ausruhen
sich entspannen
sich langweilen

Gesundkeit/Krankheit

sich wohl fühlen/schlecht/
    krank fühlen
sich erkälten

Ärger

sich aufregen
sich ärgern
sich beschweren
sich entschuldigen(bei)

Irrtum

sich irren
sich verlaufen
sich verfahren
sich verwählen

Sprechen wir!

Welcher Ausdruck passt zu welchem Bild?

    a. Sie strengt sich an.
    b. Er ruht sich aus.
    c. Er ärgert sich.
    d. Sie haben sich verlaufen.
    e. Sie hat sich erkältet.
    f. Sie unterhalten sich.
    g. Er beschwert sich.
    h. Sie beeilt sich.

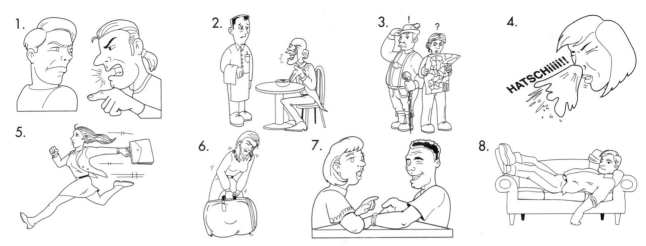

Beschreiben Sie einen typischen Morgen. Was macht man?

Beschreiben Sie, was man abends macht, bevor man schlafen geht.

Und Sie?

Wo wohnen Sie? Wann sind Sie dort eingezogen? Während des Sommers? Während des Semesters? Werden Sie umziehen oder dort bleiben?

Wie lange wohnen Sie schon hier? Verlaufen oder verfahren Sie sich manchmal? Ist das oft passiert, als Sie in dieser Stadt noch neu waren?

Wie sind Ihre Kurse dieses Semester? Welcher gefällt Ihnen nicht so gut? Was würden Sie gern statt diesem Kurses machen?

Wann haben Sie Ferien? Was machen Sie während den Ferien?

Haben Sie sich letztes Wochenende ausgeruht? Wie? Haben Sie sich entspannt? Sich amüsiert? Wie? Oder haben Sie sich gelangweilt? Warum?

Wann haben Sie sich geärgert? Worüber oder über wen? Wann waren Sie auf einer Party? Haben Sie sich gut amüsiert? Warum oder warum nicht?

Verspäten Sie sich morgens oft? Warum? Müssen Sie sich oft beeilen? Warum?

Langweilen Sie sich manchmal? Oder haben Sie sich früher öfter gelangweilt?

Setzen Sie sich oder legen Sie sich hin, wenn Sie ein Buch oder eine Zeitschrift lesen? Was machen Sie, wenn Sie sich entspannen oder ausruhen wollen?

Was machen Sie morgens, wenn Sie aufgestanden sind? Was machen Sie abends, bevor Sie schlafen gehen?

Deutsch zusammen

Lesen Sie die folgenden Situationen und wählen Sie dann den passenden idiomatischen Ausdruck!

1. *Werner kommt um sechs von der Arbeit nach Hause und hat um halb sieben eine Party. Was muss er machen?*

   a) sich beeilen   b) sich entschuldigen   c) sich amüsieren

2. *Annette und Robert besuchen Hamburg per Auto, aber können nichts finden. Was ist passiert?*

   a) Sie haben sich verlaufen. b) Sie haben sich vorgestellt. c) Sie haben sich verfahren.

3. *Christian hat vergessen, seine Freundin anzurufen. Was soll er machen, wenn er sie das nächste Mal sieht oder mit ihr spricht?*

   a) sich aufregen   b) sich entschuldigen   c) sich beeilen

4. *Erich hat heute Morgen zu lange geschlafen und dann hat er seinen Bus verpasst. Er ist erst um Viertel nach neun statt um neun zur Uni gekommen. Was ist passiert?*

   a) er hat sich verspätet.   b) er hat sich geirrt.   c) er hat sich verfahren.

5. *Karola hat den ganzen Tag gearbeitet, dann ist sie in die Bibliothek gegangen und zum Schluß hat sie Volleyball gespielt. Was macht sie, wenn sie nach Hause kommt?*

   a) sich ausruhen   b) sich verteidigen   c) sich beruhigen

6. *Walter hat gedacht, dass seine Freundin heute Abend um acht ankommt, aber ihr Flugzeug ist schon um sechs gelandet. Was hat Walter gemacht?*

   a) er hat sich beeilt   b) er hat sich gelangweilt   c) er hat sich geirrt

7. *Klaus wollte einen Freund anrufen, aber jemand anderes war am Telefon. Was ist passiert?*

   a) Er hat sich verwählt. b) Er hat sich verlaufen. c) Er hat sich verteidigt.

8. *Birgit ist heute Morgen aufgewacht und hat gehustet und geniest. Was hat sie gemacht?*

   a) Sie hat sich amüsiert.   b) Sie hat sich ausgeruht. c) Sie hat sich erkältet.

9. *Gerda und Ralf sind heute Abend zusammen in einem eleganten Restaurant. Ralfs Essen ist kalt und Gerdas Essen hat nicht das richtige Gemüse. Was sollen die beiden machen?*

   a) sich verteidigen   b) sich beschweren   c) sich setzen

10. *Anne hat die Verabredung vergessen und Christian hat eine Stunde vor dem Kino gewartet. Was hat er wahrscheinlich gemacht?*

    a) sich geärgert   b) sich beeilt   c) sich amüsiert

Genau!

Insert the correct reflexive pronoun.

1. Annika muss ___ jeden Morgen beeilen.

2. Wir haben ___ beschwert. Das Essen war kalt!

3. Habt ihr ___ ein bisschen ausgeruht?

4. Du hast ___ in der Vorlesung wohl gelangweilt.

5. Ich muss ___ hinlegen. Ich bin total k.o.

6. Habt ihr ___ verfahren?

7. Samuel ärgert __ oft. Er ist ungeduldig.

8. Setzt ___ bitte.

9. Hast du ___ erkältet? Du niest ständig.

10. Entschuldigung! Wir haben ___ verspätet.

TEIL 14,3

Kannst du dich daran gewöhnen?

Go first to **Teil 14,3** *in your Tutorial.*

> **Merke**
>
> **Expressing indefinite time with the genitive case**
> Wann besucht ihr Deutschland?
> **Eines Tages**. . .Vielleicht nächsten Sommer.
> Und **eines Tages** fahren wir auch in die Schweiz.

Vokabular: Reflexive Verben mit Objekt

s. etwas leisten	s. etwas anschauen	s. etwas teilen	s. etwas überlegen
s. etwas vorstellen	s. etwas anhören	s. Rat holen	s. etwas anders überlegen

Mit Präpositionen

s. freuen auf (+Akk.)	s. gewöhnen an (+Akk.)	s. erinnern an (+Akk.)	s. informieren über(+Akk.)
s. freuen über (+Akk.)	s. kümmern um (+Akk.)	s. konzentrieren auf (+Akk.)	s. erkundigen nach(+Akk.)
		s. wundern über (+Akk.)	s. interessieren für(+Akk.)

Sprechen wir!

1. Jochen hört jede Woche mindestens ein klassisches Konzert und er hat eine große Plattensammlung zu Hause. Was macht er?

   a) er kümmert sich um klassische Musik

   b) er wundert sich über klassische Musik

   c) er interessiert sich für klassische Musik

2. Susan möchte vielleicht an einer deutschen Uni studieren. Sie ist dieses Frühjahr in Deutschland und besucht Freunde, die in Bremen studieren. Was soll sie machen?

   a) sie soll sich auf die Uni freuen

   b) sie soll sich über die Uni informieren

   c) sie soll sich um die Uni kümmern

3. Michael hatte heute Nachmittag einen Termin mit seinem Chemieprofessor treffen, um über die Prüfung zu sprechen. Aber Michael sitzt mit Freunden im Kaffee. Was hat er gemacht?

   a) er hat sich nicht an den Termin erinnert

   b) er hat sich auf den Termin gefreut

   c) er hat sich nicht an den Termin gewöhnt

4. Bärbel hat heute ihre Freundin angerufen, um mit ihr über das Wochenende zu sprechen. Aber Marianne war unfreundlich und wollte nicht mit ihr reden. Was hat Bärbel wahrscheinlich gedacht?

   a) sie hat sich über ihre Freundin gefreut

   b) sie hat sich um sie gekümmert

   c) sie hat sich über sie gewundert

5. Thomas hat dieses Semester ein intensives Geschichtsseminar und er muß auch arbeiten. Nächste Woche hat er eine wichtige Prüfung in diesem Kurs. Was soll er machen?

   a) er soll sich für die Arbeit interessieren

   b) er soll sich auf das Seminar konzentrieren

   c) er soll sich auf die Prüfung freuen

UND SIE?

Und Sie?

Wie lange wohnen Sie schon hier? Woran konnten oder können Sie sich nur schwer gewöhnen?

Arbeiten Sie und studieren Sie? Welche Kurse haben Sie? Worauf sollen Sie sich im Moment konzentrieren? Wonach müssen Sie sich erkundigen? Woran sollten Sie sich erinnern? Haben Sie es vergessen?

Freuen Sie sich auf etwas? Was ist es? Worüber haben Sie sich neulich gefreut?

Wofür interessieren Sie sich besonders? Für wen interessieren Sie sich im Moment?

Bei wem holen Sie sich Rat, wenn Sie ein Problem haben? Warum bei dieser Person?

A. *Vorbereitung:* Beantworten Sie bitte die folgenden vier Fragen und lesen Sie dann den Text.

   1. Welche Sprachen erkennen Sie?

   2. Welche Länder sehen Sie in diesem Text?

   3. Suchen Sie einen Namen für eine Person kommt vor und Titel von Werken.

   4. Sehen Sie sich eine Karte an: Wo liegt die Schweiz? Welche Städte liegen in der Schweiz?

Zum Thema: Die Schweiz

Die Schweiz grenzt im Süden an die Bundesrepublik Deutschland und außerdem an Österreich, Liechtenstein, Italien und Frankreich. Die Schweiz hat keine Bundesländer (wie Deutschland), sondern ist eine sogenannte **Eidgenossenschaft** mit 23 **Kantonen** (drei davon sind gespalten, so dass es eigentlich 26 Kantone gibt). Die Hauptstadt der Schweiz ist Bern; andere größere Städte sind Zürich, Genf (bekannt als Sitz internationaler Organisationen, z.B. das Rote Kreuz, die UN) und Basel.

Courtesy of Photo Researchers.
Copyright © 1975 Henle.

In der Schweiz gibt es vier offizielle **Landessprachen**: Deutsch, Französisch, Italienisch und Rätoromanisch. Das heißt auch, dass es in der Schweiz vier verschiedene Kulturen gibt. Deutsch ist die dominierende Sprache. Das Standarddeutsch in der Schweiz ist etwas anders als in Deutschland (so wie auch österreichisches Vokabular anders als das in Deutschland ist). Das gesprochene Deutsch ist ein Dialekt, nämlich das sogenannte Schweizerdeutsch oder „Schwyzerdütsch."

Die Schweiz mit ihrer Berglandschaft, den Seen und zahlreichen Kurorten ist eines der Hauptreiseziele in Europa und der Tourismus ist eine der wichtigsten Industrien dieses Landes. Außerdem ist die Schweiz natürlich für die Herstellung und den Export von Uhren, und für die Schweizer Schokolade berühmt.

Einer der bedeutendsten Dramatiker des 20. Jahrhunderts ist der Schweizer Friedrich Dürrenmatt, geboren 1921 in der Nähe von Bern. Dürrenmatt benutzt auf meisterhafte Weise (manchmal groteske) Komödien, um auf soziale Widersprüche hinzuweisen. Zu seinen Werken zählen *Der Besuch der alten Dame, Die Physiker, und Der Richter und sein Henker.*

B. *Fragen.*

1. Welche Länder grenzen an die Schweiz?
2. Was ist die Schweiz, und wie ist sie aufgeteilt?
3. Erklären Sie die Sprachsituation in der Schweiz!
4. Kennen Sie einige Schweizer Produkte? Welche?
5. Wissen Sie, was die Währung ist?

Sprachmodell: Schweizer Gerichte

A. *Vorbereitung. Brainstorming.*

Für welches Produkt ist die Schweiz besonders bekannt? Kennen Sie verschiedene „Sorten" davon?

B. *Wichtige Worte finden.*

1. Suchen Sie alle Zutaten in den Rezepten. Machen Sie eine Liste für jedes.
2. Suchen Sie Worte für Geschirr und Besteck.

C. *Lesen.* Lesen Sie jetzt die zwei Texte über Schweizer Spezialitäten. Kennen Sie diese Spezialitäten? Haben Sie eines der Gerichte schon einmal gegessen? Würden sie Ihnen schmecken?

Raclette: Schweizer Gericht mit Kartoffeln und Käse

Für dieses Gericht gibt es ein spezielles Geschirr: Ein Tischgrill mit individuellen, kleinen Pfännchen. Am Esstisch kocht man in diesen Pfännchen gekochte Kartoffeln, Tomatenscheiben, dünn geschnittene Zwiebeln und ähnliches Gemüse. Darauf kommen dann Raclettescheiben, eine spezielle Sorte Schweizer Hartkäse. Das Ganze wird dann ca. fünf Minuten lang gebacken.

Schmeckt köstlich!

Fondue: Schweizer Käsegericht

Fondue (frz: geschmolzen) besteht aus geschmolzenem Käse, Wein und Gewürzen. Man stellt den Fonduetopf mit dem heißen, flüssigen Käsegericht in die Mitte des Tisches. Dann spießt man Brotwürfel auf lange Fonduegabeln und tunkt sie in den Käse. **Hmmm!**

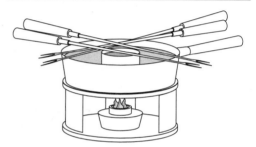

Deutsch zusammen

Partnerarbeit/Projekt.

1. Wählen Sie zuerst ein Kanton oder eine Stadt in der Schweiz.
2. Informieren Sie sich dann darüber. Benutzen Sie Bücher, Landkarten, Prospekte und das Internet.

> **Schweizerische Verkehrszentrale**
> Bellariastraße 38
> 8027 <u>Zürich</u>
> Schweiz

3. Beschreiben Sie dann:
   a. Die Lage, Größe und Einwohnerzahl, die Sprachen.
   b. Was ist dort interessant? Was kann man dort machen?

TEIL 14,4

Muttersprache

Go first to **Teil 14,4** in your Tutorial.

Merke

Defining and describing things or people: relative clauses

	Masc.	Fem.	Neut.	Pl.
Nom.	der	die	das	die
Acc.	den	die	das	die
Dat.	dem	der	dem	denen
Gen.	dessen	deren	dessen	deren

Der Bleistift, **der** im Papierkorb liegt. **Er** liegt im Papierkorb. (Nom.Subject)
Die Frau, **deren** Bleistiftmine bricht. **Ihre** Bleistiftmine bricht. (Gen./Possessive)
Die Frau, **der** ich den Bleistift gebe ich gebe **ihr** den Bleistift. (Dat. Indirect Obj).
Der Bleistift, **den** die Frau in den Papierkorb wirft. Sie wirft **ihn** in den Papierkorb.
(Acc./Direct Obj.)
Es waren nur **Geschäftsbriefe**, **die** ich im Büro schrieb. Ich schreib **sie** im Büro. (Acc. Plural)
Das sind **die Mitarbeiterinnen**, **denen** ich die Briefe zeige. (Dat. Plural)

Vokabular: Muttersprache

der Eindruck, ¨-e	die Wut	das Geschlecht, -er
sich an etwas gewöhnen	schimpfen	geschlechtslos
die Beziehung, -en	verzweifeln, ist verzweifelt	der Analfabet, -en
der Gegenstand, ¨-e	der Scherz, -e	die Bedeutung, -en
die Schreibmaschine, -n	spüren	das Zahlwort, -e

Sprechen wir!

Was assoziieren Sie mit. . .

Definitionen. Definieren Sie *Muttersprache* und *Fremdsprache*.

Eine Muttersprache ist die Sprache, *die . . . (mit der. . .)*

Eine Fremdsprache. . .

Und Sie?

Sehen Sie sich die beiden Assoziogramme (Sprache, Identität) an und schreiben Sie die Worte auf, die in beiden vorkommen.

Was ist der Zusammenhang zwischen Sprache und Identität? Wie wichtig ist Ihre Muttersprache für Ihre Identität? Gibt es in Ihrer Familie Personen, die verschiedene Sprachen (und Identitäten) haben? Welche?

Was formt außer der Sprache die Identität, die Menschen besitzen?

Sprachmodell: Von der Muttersprache zur Sprachmutter

A. *Vorbereitung.*

1. *Thema feststellen.* Lesen Sie die Überschrift und überfliegen Sie den ersten Absatz. Was denken Sie ist das Thema?

2. *Vokabular im Kontext.* Suchen Sie in den ersten drei Absätzen die folgenden Worte und geben Sie schnell die Bedeutung. Benutzen Sie den Kontext. *schlief, Schreibzeug, ansprechen, Umgebung, schimpfte, blöd, anspitzte*

Yoko Tawada

Von der Muttersprache zur Sprachmutter

In meinem ersten Jahr in Deutschland schlief ich täglich über neun Stunden, um mich von den vielen Eindrücken zu erholen. Jeder normale Büroalltag war für mich eine Kette rätselhafter Szenen. Wie jede andere, die in einem Büro arbeitet, war ich umgeben von verschiedenem Schreibzeug. Insofern wirkte meine neue Umgebung auf mich zuerst nicht so fremd: Ein

5 deutscher Bleistift unterschied sich kaum von einem japanischen. Er hieß aber nicht mehr "Enpitsu", sondern "Bleistift". Das Wort "Bleistift" machte mir den Eindruck, als hätte ich jetzt mit einem neuen Gegenstand zu tun. Ich hatte ein leichtes Schamgefühl, wenn ich ihn mit dem neuen Namen bezeichnen mußte.

   Es war vergleichbar mit dem Gefühl, das auf mich zukam, als ich meine verheiratete

10 Bekannte mit ihrem neuen Familiennamen ansprechen mußte. Bald gewönte ich mich daran, mit einem Bleistift—und nicht mehr einem Enpitsu—zu schreiben. Bis dahin war mir nicht bewußt gewesen, daß die Beziehung zwischen mir und meinem Bleistift eine sprachliche war.

   Eines Tages hörte ich, wie eine Mitarbeiterin über ihren Bleistift schimpfte: "Der blöde Bleistift! Der spinnt! Der will heute nicht schreiben!" Jedesmal, wenn sie ihn anspitzte und

15 versuchte, mit ihn zu schreiben, brach die Bleistiftmine ab. In der japanischen Sprache kann man einen Bleistift nicht auf diese Weise personifizieren. Ein Bleistift kann weder blöd sein noch spinnen. In Japan habe ich noch nie gehört, daß ein Mensch über seinen Bleistift schimpfte, als wäre er eine Person.

   Das ist der deutsche Animismus, dachte ich mir. Zuerst war ich nicht sicher, ob die Frau

20 ihre Wut scherzhaft übertrieb oder ob sie wirklich so wütend war, wie sie aussah. Denn es war für mich nicht vorstellbar, so ein starkes Gefühl für einen so kleinen Gegenstand empfinden zu können. Ich bin zum Beispiel noch nie in meinem Leben über mein Schreibzeug wütend geworden. Die Frau schien aber—so weit ich es beurteilen konnte—ihre Worte nicht als Scherz gemeint zu haben. Mit einem ernsthaften Gesicht warf sie den Bleistift in den

25 Papierkorb und nahm einen neuen in die Hand. Der Bleistift, der in ihrem Papierkorb lag, kam mir plötzlich merkwürdig lebendig vor. Das war die deutsche Sprache, die für mich fremden Beziehung zwischen diesem Bleistift und der Frau zugrunde lag. Der Bleistift hatte in dieser Sprache die Möglichkeit, der Frau Widerstand zu leisten. Die Frau konnte ihrerseits über ihn schimpfen, um ihn wieder in ihre Macht zu bekommen. Ihre Macht bestand darin,

30 daß sie über den Bleistift reden konnte, während der Bleistift stumm war.

Genau!

Im Büro. Combine the sentences with a relative pronoun.

Beispiel: Wo ist der Stift? Ich habe ihn gerade benutzt.
Wo ist der Stift, den ich gerade benutzt habe?

1. Wo ist der Brief? Du hast ihn gerade gelesen.
2. Haben Sie das Formular bekommen? Ich habe es gestern geschickt.
3. Siehst du den Kugelschreiber? Ich habe ihn neben meinen Computer gelegt.
4. Wo sind die Briefmarken? Wir haben sie heute gekauft.
5. Hast du meinen Chef gesehen? Ich muss ihm seine Termine geben.

TEIL 14,5

Muttersprache - Sprachmutter

*Go first to **Teil 14,5** in your Tutorial.*

Merke

Defining and describing things: relative clauses with a pronoun
Ein Körper, **auf dem** alle Buchstaben des Alfabets zu sehen waren.
Der Stift, **mit dem** ich mir etwas notiert habe.
Die Kollegin, **an die** ich die Nachricht weiter gegeben habe.

Review: prepositions
Accusative prepositions: **durch, für, gegen, ohne, um**
Dative prepositions: **nach, von, zu, bei, seit, außer, aus, mit**
Two-way prepositions: **an, auf, hinter, vor, über, unter, in, neben, zwischen**

Sprachmodell: Von der Muttersprache zur Sprachmutter

A. *Erstes Lesen.*

1. *Themen feststellen.* Was lernt man, wenn man eine Sprache lernt (die verschiedenen Komponenten der Sprache). Machen Sie zuerst eine Liste und schauen Sie dann, welche Themen im Text vorkommen.

2. *Das Hauptthema.* Lesen Sie den ersten Absatz und tragen Sie die folgenden Informationen ein.

Woher kommt die Autorin?	Was ist ihre Muttersprache?
Wo wohnt sie? Wie lange schon?	Wo arbeitet sie?

Lesen Sie nochmal den ersten Absatz. Nennen Sie dann das Objekt, das die Autorin beschreibt, und seine verschiedenen "Namen." Nennen Sie dann selbst ein paar Objekte im Klassenzimmer und "Namen" dafür in verschiedenen Sprachen. Welcher Name hat für Sie die meiste Bedeutung? Warum?

B. *Zweites Lesen.*

1. Geben Sie Beispiele für "männliche" und für "weibliche" Worte im Deutschen. Sie können wieder Gegenstände im Klassenzimmer benutzen. Wie haben Sie diese Worte (und die Artikel) gelernt?

2. Lesen Sie jetzt den siebten und achten Absatz und schreiben Sie alle Worte auf, die etwas mit "Sprache lernen" zu tun haben.

3. Notieren Sie dann, welche Kontraste die Autorin beschreibt.

Deutsch	Japanisch
Muttersprache	Fremdsprache

C. *Drittes Lesen.* Lesen Sie zuerst die Fragen und dann den gesamten Text.

1. Fassen Sie in einem Satz zusammen, welche Erfahrungen die Autorin dieser Geschichte beschreibt?

2. Welche deutschen Worte und Ausdrücke sind am problematischsten für die Autorin?

3. Beschreiben und charakterisieren Sie die "Sprachmutter." (Die Sprachmutter ist ein Gerät, das/mit dem...)

4. Welches konkrete Objekt assoziiert die Autorin mit der Muttersprache, welches mit der Fremdsprache?

Und Sie?

Beschreiben Sie Ihre Erfahrungen, die Sie gemacht haben, während Sie Zweitsprachen gelernt haben? Nennen Sie Dinge, die Ihnen leicht gefallen sind, und andere, bei denen Sie Schwierigkeiten hatten.

Deutsch zusammen

A. *Partnerarbeit.*

1. Sehen Sie sich zusammen die Gruppierungen an und besprechen Sie, was alle Gegenstände (Personen, Tiere, Kleidung) gemeinsam haben. Ihrer Kreativität sind keine Grenzen gesetzt! Wenn Sie ein Wort nicht verstehen, fragen Sie Ihre Lehrerin/Ihren Lehrer.

2. Schreiben Sie das dann als Definition auf, z.B. das sind alles Personen, die . . . ; das sind alles Objekte, mit denen . . ..

A. *Gärtnerin, Bauarbeiter, Landschaftsmalerin, Marathonläufer, Förster*

B. *Bleistift, Kuli, Computer, Kreide, Pinsel, Schreibmaschine*

C. *Jaguar, Tiger, Pferd, Antilope, Löwe*

D. *Anzug, Kostüm, Krawatte, Lederschuhe, Seidenschal, Jacket*

B. *Partnerarbeit.*

Machen Sie eine kleine Tabelle, in der Sie Ihre Erfahrungen mit Fremdsprachen notieren.

Deutsch	seit zwei Semestern; ist schwierig; braucht Zeit
Französisch	in der High School gelernt; viel vergessen
Russisch	. . .
Italienisch	. . .
Japanisch	. . .

Vergleichen Sie das, was Sie geschrieben haben mit den Notizen Ihres Partners/Ihrer Partnerin. Welche Erfahrungen waren positiv und welche negativ?

Genau!

Combine the two sentences with a relative clause that is introduced by a prepostion.

Beispiel.   Das ist der kleine Gegenstand. Sie hat über ihn geschimpft.
         Das ist der kleine Gegenstand, **über den** sie geschimpft hat.

1. Das ist das Gerät. Sich hat sich darüber (*über das Gerät*) geärgert.
2. Das ist der Stift. Sie hat mit ihm etwas notiert.
3. Das ist die E-mail. Ich habe mich daran (*an die E-Mail*) erinnert.
4. Das ist der Schreibtisch. Ich sitze jeden Tag daran (*an dem Schreibtisch*).

Alles zusammen

As a result of what you have learned in **Kapitel Vierzehn** you should be able to:

1. continue to use prepositions to indicate locations and destinations;
2. recognize and name different countries; express associations with them;
3. refer to previously mentioned things with **da-** and **wo-**compounds;
4. indicate possession with **von** or the genitive case;
5. express vague or non-specific time;
6. use a variety of idiomatic expressions to express daily routines and activities, emotions and relationships;
7. use relative clauses to define and to refer to items and people.

A. *Fragen.*
1. Auf wen sind Sie jetzt böse? Erklären Sie warum!
2. Womit sind Sie zufrieden oder unzufrieden?
3. Wie fühlen Sie sich jetzt?
4. Wann haben Sie sich das letzte Mal geirrt? Wie haben Sie sich geirrt?
5. Ärgern Sie sich oft? Warum?
6. Was haben Sie sich neulich gekauft?
7. Was können Sie sich im Moment nicht leisten?
8. Müssen Sie sich etwas überlegen?
9. Worauf freuen Sie sich?
10. Wofür interessieren Sie sich dieses Semester?

B. *Kultur und Geographie.*
1. Nennen Sie verschiedene Länder und Kontinente und was Sie damit assoziieren.
2. Erklären Sie, was die EU ist.
3. Schreiben Sie einen kleinen Aufsatz über die Schweiz.
4. Beschreiben Sie ein Land Ihrer Wahl. Beschreiben Sie z.B. Klima, Kultur, Geschichte, Sprachen, Probleme. Sie können einen Aufsatz schreiben oder in Ihrem Deutschkurs einen kleinen Vortrag halten.

Aktives Vokabular

Länder und Kontinente

Die **Kontinente**:	Afrika, Asien, Australien, Europa, Nordamerika, Südamerika, der Südpol
Die **Länder**:	Afrika: Marokko, Algerien, Tunesien, Libyen, Ägypten, der Sudan, Äthiopien, Kenia, Zimbabwe, Uganda, Südafrika
Der Nahe Osten:	Israel, der Libanon, Saudiarabien, Syrien, der Iran, der Irak
Kleinasien:	die Türkei, Afghanistan
Asien:	Indien, Pakistan, China, Japan, Korea, Vietnam, Thailand, Malaysien, Singapur, Indonesien, Mongolei, Sibirien
Europa:	Deutschland, Österreich, die Schweiz, Liechtenstein, Belgien, Frankreich, die Niederlande (Holland), Luxemberg, Dänemark, Island, Norwegen, Schweden, Finnland, Großbritannien, Irland, Schottland, Spanien, Portugal, Italien, Griechenland, Russland, die Ukraine, Moldavien, Litauen, Kasakstan, Usbekistan, Rumänien, Bulgarien, Polen, Tschechien, die Slowakei, Slowenien, Kroatien, Serbien, Bosnien-Herzegowina, Mazedonien, Albanien
Nordamerika:	die Vereinigten Staaten (Amerika), Kanada, Mexiko, Kuba
Mittelamerika:	Guatemala, Honduras, El Salvador, Nicaragua, Costa Rica, Panama
Südamerika:	Kolumbien, Chile, Brasilien, Venezuela, Peru, Uruguay, Paraguay, Argentinien

Abkürzungen

die BRD	die Bundesrepublik Deutschland
die EU	die Europäische Union
die USA	die Vereinigten Staaten

Emigration und Immigration

die Heimat/das Heimatland	home, home country
der Emigrant/in, -en/nen	emigrant
der Immigrant/in, -en/nen	immigrant
das Ausland/ins Ausland fahren	abroad, to travel abroad
auswandern/einwandern	to emigrate/ to immigrate

Reflexive Verben

Morgens und abends

sich waschen	to wash up
sich duschen	to shower
sich an/ausziehen	to get dressed/undressed
sich setzen	to sit down
sich hinlegen	to lie down

Gesundkeit/Krankheit

sich wohl fühlen	to feel good, to feel comfortable
s. schlecht/krank fühlen	to feel bad/sick
sich erkälten	to catch a cold

Arbeit

sich überarbeiten	to work too much
sich anstrengen	to exert oneself, to make an effort
sich beeilen	to hurry up
sich verspäten	to be late

Keine Arbeit

sich treffen	to meet (each other)
sich unterhalten	to chat, to talk
sich amüsieren	to amuse oneself
sich ausruhen	to rest
sich entspannen	to relax
sich langweilen	to be bored

Ärger

sich aufregen	to get aggravated
sich ärgern	to get angry

sich beschweren	to complain
sich entschuldigen (bei)	to apologize

Irrtum

sich irren	to err, to be wrong
sich verlaufen/verfahren	to get lost (walking/driving)
sich verwählen	to dial the wrong number

Reflexive Verben mit Objekt

s. etwas leisten	to afford something
s. etwas vorstellen	to imagine something
s. etwas anschauen	to look at something closely
s. etwas anhören	to listen to something
s. etwas teilen	to share something
s. Rat holen	to get advice
s. etwas überlegen	to think about something
s. etwas anders überlegen	to change one's mind

Reflexive Verben mit Präpositionen

s. freuen auf	to look forward to
s. freuen über	to be glad about
s. gewöhnen an	to get used to

s. kümmern um	to take care of
s. erinnern an	to remember
s. konzentrieren auf	to concentrate on
s. wundern über	to wonder about
s. informieren über	to inform oneself about
s. erkundigen nach	to inquire about
s. interessieren für	to be interested in

Muttersprache

der Eindruck, ¨-e	impression
sich an etwas gewöhnen	to get used to something
die Beziehung, -en	relationship
der Gegenstand, ¨-e	thing, object
die Schreibmaschine, -n	typewriter
die Wut	rage
schimpfen	to scold, complain
verzweifeln	to despair
der Scherz, -e	joke, fun
spüren	to feel, sense
das Geschlect, -er	gender, sex
geschlechtslos	genderless
der Analfbet, -en	illiterate person
die Bedeutung, -en	meaning
das Zahlwort, -e	numeral

Beschreiben und Vergleichen

Überblick

Themen

Dinge und Personen beschreiben und vergleichen; Literatur lesen

Funktionen

Sprechen

Comparing things and people

Describing things and people in more detail

Using the different past tense forms to narrate events in the past

Schreiben

Describing things in detail

Integrating another person's point of view

Writing brief paragraphs using appropriate verb forms

Lesen

Increasing reading speed

Ordering information chronologically

Looking for cues for point of view, emotion, attitudes

Recognizing different past tense verb forms

Vokabular

Review of adjectives; comparatives and superlatives

Selected items from the readings

Review of verbs and participles

Kulturelles

Post-war experiences

Literary text: *Das Brot*

Grammatik

Adjective endings after nouns (unpreceded) and after **ein**- and **der**-words

Comparatives and superlatives

Review of the past tenses (conversational past; simple past of modals and high frequency verbs)

The written past (preterite verb forms)

TEIL 15,1

Warmes Essen, kühle Getränke

Go first to **Teil 15,1** *in your Tutorial.*

Merke

Combining adjectives and nouns
Heißer Tee ist gesund. **Warme Milch** beruhigt. **Kaltes Wasser** erfrischt.
Combining adjectives with articles and nouns: secondary endings
Der kleine Junge spielt draußen. **Die junge** Mutter ruft. **Das süße** Baby lacht
Die großen Kinder sind im Garten.

	masculine	feminine	neuter	plural
nominative	r / e	e / e	s / e	e / en
accusative	n / en	e / e	s / e	e / en
dative	m / en	r / en	m / en	n / en [+ n]
genitive	s / en [+ s]	r / en	s / en [+s]	r / en

After ein-words without endings

	masculine	neuter
nominative	- r	- s
accusative		- s

Vokabular: Essen und Getränke beschreiben

kalt	frisch	lecker	weiß	grün
warm	knusprig	köstlich	rot	schwarz
kühl	saftig	delikat	hell	weiß
heiß	gesund		dunkel	koffeinfrei
eisgekühlt	fruchtig		trocken	
			lieblich	

Sprechen wir!

Essen und Getränke. Kombinieren Sie die Worte für Essen und Getränke mit einem passenden Adjektiv.

Essen beschreiben		*Getränke beschreiben*	
das Obst	frisch	Kaffee	dunkel
die Müsli	delikat	Saft	hell
das Brot	lecker	Bier	warm
die Pizza	knusprig	Wein	kalt
das Gemüse	fruchtig	Tee	eisgekühlt
der Braten	saftig	Kola	schwarz
der Jogurt	jung	Sekt	trocken
Käse	gesund	Milch	rot
die Soße	warm		

Kleidungsstücke. Kombinieren Sie jetzt zwei Kleidungsstücke, die Sie tragen, mit einem Adjektiv.

Beispiel. Weißes Hemd, roter Pulli, dunkle Jeans.

Und Sie?

Welches Essen schmeckt Ihnen? Deutsches, amerikanisches, italienisches, französisches, griechisches, jugoslawisches, taiwanesisches, chinesisches?

Essen Sie lieber scharfe oder milde Gerichte? Essen Sie gern frisches Obst? Gesunde Müsli? Heiße Würstchen? Kalte oder heiße Pizza? Essen Sie gern knuspriges oder weiches Brot? Essen Sie weichgekochte oder harte Eier?

Schmeckt Ihnen heißer Kaffee? Kalter oder heißer Tee? Warme Milch? Eiskalter Saft?

Trinken Sie Bier? Deutsches, amerikanisches?

Genau!

Insert the correct form of the adjective.

1. Ich trinke _____ Milch. (warm, kalt, frisch)
2. Wir kaufen nur _____ Gemüse. (frisch, billig, grün)
3. Welcher Käse schmeckt Ihnen am besten? _____ (Schweiz, französisch, deutsch, italienisch)
4. Trinken Sie _____ Wein? (teuer, französisch, trocken, lieblich)

TEIL 15,2

Vergleichen

*Go first to Teil **15,2** in your Tutorial.*

Merke

Comparing two things: comparative degree
Das Bild ist **schön**, aber dieses Bild ist **schöner**.

Special constructions
Dein Auto fährt **(genau)so schnell wie** meins. Sein Auto fährt **nicht so schnell wie** meins.
Mein Bruder fährt **langsamer als** ich.
Meine Schwester fährt **schneller als** ich und Rolf fährt noch schneller.

Eliciting comparisons
Vergleichen Sie Ihren Sohn mit Ihrer Tochter. → Mein Sohn ist **optimistischer**.

Vokabular: Vergleichen mit Adjektiven

alt . . . älter	gesund . . . gesünder	kalt . . . kälter	lang . . . länger	schwach . . . schwächer
arm . . . ärmer	groß . . . größer	krank . . . kränker	oft . . . öfter	stark . . . stärker
dumm . . . dümmer	jung . . . jünger	kurz . . . kürzer	scharf . . . schärfer	warm . . . wärmer
froh . . . froher	schlank . . . schlanker			

Regular adjectives and adverbs

aggressiv	einfach	hässlich	langsam	negativ	schlecht	tief
albern	elegant	hell	langweilig	optimistisch	schmutzig	tolerant
billig	feucht	hübsch	laut	ordentlich	schnell	traurig
blau	fleißig	hungrig	leicht	pessimistisch	schön	unfreundlich
braun	freundlich	idealistisch	leise	positiv	schwarz	vernünftig
breit	froh	intelligent	lustig	praktisch	schwer	vorsichtig
brutal	fröhlich	interessant	mild	romantisch	schwierig	weiß
dick	früh	klar	modern	rot	schwül	weit
dünn	gesund	komisch	müde	ruhig	spät	wichtig
durstig	glücklich	kompliziert	neu	sauer	stürmisch	wild
egoistisch	grün	kühl	neugierig	schick	süß	zufrieden
				schlampig	sympathisch	

Sprechen wir!

Sehen Sie sich die Worte in jeder Gruppe an und vergleichen Sie dann zwei miteinander. Benutzen Sie verschiedene Adjektive für die Vergleiche.

1. *Essen.* Vorschläge für Adjektive: *mild, scharf, süß, sauer, gesund, gut (schmecken). . .*

Beispiel. Honig, Marmelade → Honig ist **flüssiger als** Marmelade

Essen		
Fisch	Zitronen	Mangos
Salz	Schokolade	Honig
Austern	Müsli	Pralinen
Bananen	Pfeffer	Brot
Zucker	Jogurt	Eis

2. *Aktivitäten.* Vorschläge für Adjektive: *schwierig, gefährlich, langweilig, schnell, . . .*

Aktivitäten und Fähigkeiten			
Ski fahren	Ballett	tanzen	reiten
joggen	Rad fahren	Eis laufen	Tennis
Ski springen	klettern	wandern	Golf

3. *Eigene Ideen.* Nennen Sie jetzt selbst zwei Dinge, z. B. Städte, Reiseziele, Bücher, Filme, Personen, und vergleichen Sie sie miteinander.

Und Sie?

Vergleichen Sie . . .

Wird das Klima in der ganzen Welt immer milder oder kälter? Werden die Leute immer unzufriedener? Wird es immer leichter einen Job zu finden? Werden die Unis immer besser? Wird die Zahl der Hungernden immer kleiner?

Deutsch zusammen

Partnerarbeit. Vergleiche anstellen.

Wählen Sie zwei Paare und schreiben Sie zuerst einige Charakteristiken auf. Schreiben Sie dann für jedes Paar drei Vergleiche.

Beispiel: deutsche Städte: **klein, alt**   amerikanische Städte: **groß, teuer**
Deutsche Städte sind **kleiner als** amerikanische. Amerikanische Städte sind **größer als** deutsche. Deutsche Städte sind **älter als** amerikanische.

deutsche Städte	—	amerikanische Städte
Generation Ihrer Eltern oder Ihrer Großeltern	—	Ihre Generation
Amerikaner/Innen	—	Deutsche
Männer	—	Frauen

Ordnen/Prioritäten.

1. Wählen Sie zuerst eine Gruppe (A, B, C, oder D) und dann eines der Kriterien (oder Sie können selbst ein Kriterium vorschlagen).

2. Entscheiden Sie dann die Rangordnung (mit dem Kriterium, das Sie gewählt haben) für alle Dinge in der Gruppe. Verwenden Sie Komparative und Superlative.

3. Berichten Sie dann, für welche Rangordnung Sie sich entschieden haben, und warum.

A. Berühmte Personen: *Mahatma Gandhi, Toni Morrison, Martin Luther King, David Letterman, Helmut Kohl, Oprah Winfrey*
Kriterien: einflussreich, interessant, kreativ, bekannt, idealistisch, wichtig

B. Berufe: *Krankenschwester, Flugbegleiterin, Physikerin, Zahnarzt, Mechaniker, Pilotin, Polizist, Manager*
Kriterien: gefährlich, verantwortungsvoll, nützlich, intellektuell

C. Länder: *Indonesien, Österreich, Belgien, Russland, Kroatien, China, Kenya, Großbritannien, Frankreich, Nepal*
Kriterien: exotisch, groß, vertraut, reizvoll, fremd

D. Besitz: *Haus, Auto, Kleidung, Möbel, Bargeld, Sparkonto, Elektrogeräte (Fernseher, Computer, CD-Spieler)*
Kriterien: schnell, bequem, laut, aktiv

Genau!

Walter is in a bad mood today. He whines to his roommate, Roland, that

1. he is getting older, shorter, and weaker, but not any smarter.
2. he is not getting slimmer, he is getting bigger.
3. the apartment is getting dirtier and dirtier, ...
4. and the rent more and more expensive.

TEIL 15,3

Noch mehr Vergleiche

*Go first to **Teil 15,3** in your Tutorial.*

Merke

Comparing three or more things/stating a superlative: superlative degree

regular:	fleißig...fleißiger...**am fleißigsten**
one syllable:	alt...älter...**am ältesten**; oft...öfter...**am öftesten**
irregular:	dunkel...dunkler...**am dunkelsten**; teuer...teurer...**am teuersten**

Adjectives and adverbs ending in d, t or s-sounds:

spät...später...**am spätesten**	kurz...kürzer...**am kürzesten**
gesund...gesünder...**am gesündesten**	heiß...heißer...**am heißesten**

Other ways to express something as superlative: höchst and äußerst
Ihre Theorie ist **höchst interessant**. Ich finde diese Bilder **äußerst schön**.

Vokabular: Irregular adjectives and adverbs

oft, öfter, am öftesten	gut, besser, am besten	hoch, höher, am höchsten
viel, mehr, am meisten	gern, lieber, am liebsten	nah(e), näher, am nächsten

Und Sie?

Welche Schauspielerin oder welchen Schauspieler finden Sie im Moment am interessantesten? Welcher Kurs gefällt Ihnen am besten? Was essen Sie am liebsten? Was trinken Sie am liebsten? Welche Stadt finden Sie am schönsten? Wer in der Klasse ist am jüngsten? Wer am ältesten?

Deutsch zusammen

Interview. Ein Partner/in stellt die Frage, der andere/die andere antwortet und stellt dann dieselbe Frage: *"Und du?" "Und dir?"*

Welcher Schauspieler/in gefällt dir zur Zeit am besten?

Was isst du am liebsten?

Welche Musik findest du im Moment am schönsten?

Was machst du am Wochenende am meisten? (ausgehen, fernsehen, lesen, Freunde treffen, . . .)

Wen rufst du am häufigsten an?

Projekt. Im Reisebüro.

Sie sind drei Angestellte in einem Reisebüro und planen eine Städtetour für eine Reisegruppe. Wählen Sie drei Städte in Deutschland, in der Schweiz und in Österreich. Die Städte sollen ziemlich unterschiedlich sein: Groß- und Kleinstädte, am Wasser, in den Bergen, an einem See, usw.

1. Beschreiben Sie zuerst genau, wo und wie die drei Städte liegen: was ist in der Nähe; woran grenzen die Bundesländer, Kantone oder Regionen, in denen die Städte liegen?
2. Vergleichen Sie die Städte: welche ist am größten; welche bietet am meisten Kultur und Unterhaltung; welche ist am besten für sportliche Aktivitäten? Welche Stadt ist am teuersten?
3. Nennen Sie dann für jede Stadt zwei Attraktionen oder Sehenswürdigkeiten.
4. Stellen Sie eine Präsentation für den Deutschkurs (die Reisegruppe) zusammen. Sie wollen ihre KollegInnen davon überzeugen diese Städtereise zu buchen.

Genau!

Compare, first, two things and then compare all three using the adjective given in parentheses.

1. Zimmer, Apartment, Haus (groß)
2. Curry, roter Pfeffer, Jalapeños (scharf)
3. Texas, Mexiko, Tunesien (warm)
4. Alaska, Sibirien, Nordpol (kalt)
5. Kleinkind, Kind, Teenager (jung)
6. Spinat, Pizza, Eis (gut schmecken)

TEIL 15,4

Er schrieb die Erzählung

Go first to Teil 15,4 in your Tutorial.

Merke

Review: describing events in the past
Ich **war** gestern Abend im Kino und **habe** mit einem Freund den Film "M – I: 2" **gesehen**. Obwohl der Film lange **gedauert hat**, **wollte** Erik noch etwas trinken. Wir **kamen** erst nach Mitternacht zurück.

Review: past time expressions
damals, früher, gestern, vorgestern; vergangene Woche, letztes Jahr, vor zehn Jahren

Recognizing the written or "simple" past (preterite verb forms)
spoken: Brochert **hat** "Das Brot" nach dem Krieg **geschrieben**. (two forms)
written: Brochert **schrieb** "Das Brot" nach dem Krieg. (one form)

The written or "simple" past (Preterite)
Regular verbs

ich **sagte**	wir **sagten**
du **sagtest**	ihr **sagtet**
er/sie/es/**sagte**	sie/Sie **sagten**

d- and t- stem verbs

ich **arbeitete**	wir **arbeiteten**
du **arbeitetest**	ihr **arbeitetet**
er/sie/es/**arbeitete**	sie/Sie **arbeiteten**

Vokabular: Participles of Irregular verbs (Review)

essen, **gegessen**	schlafen, **geschlafen**	sterben, **gestorben**
fahren, **gefahren**	schreien, **geschrien**	streiten, **gestritten**
finden, **gefunden**	sehen, **gesehen**	tragen, **getragen**
fliegen, **geflogen**	schließen, **geschlossen**	treffen, **getroffen**
lassen, **gelassen**	schneiden, **geschnitten**	trinken, **getrunken**
lesen, **gelesen**	schreiben, **geschrieben**	waschen, **gewaschen**
nehmen, **genommen**	singen, **gesungen**	werfen, **geworfen**
reiten, **geritten**	sprechen, **gesprochen**	wiegen, **gewogen**

Mixed verbs

bringen, **gebracht**	denken, **gedacht**	kennen, **gekannt**	wissen, **gewusst**

Modals, *haben, sein, werden* and high frequency verbs

können, **konnte**	wollen, **wollte**	dürfen, **durfte**		
müssen, **musste**	sollen, **sollte**	möchten/mögen, **mochte**		
sein, **war**	haben, **hatte**	werden, **wurde**		
geben, **gab**	kommen, **kam**	gehen, **gingen**	sehen, **sah**	laufen, **leif**

Sprechen wir!

Erzählen Sie, was Sie gestern gemacht haben. Nennen Sie drei oder vier Dinge.

Erzählen Sie, was Sie letztes Wochenende gemacht haben.

Erzählen Sie, wie Sie Ihre letzten Ferien verbracht haben.

Sprachmodell: Das Brot

Informationen zu dem Autor.

Der Schriftsteller und Autor Wolfgang Borchert wurde am 20. Mai 1921 in Hamburg geboren und starb am 20. November 1947. In seinen Werken beschreibt er, teilweise seine eigenen, Erlebnisse im zweiten Weltkrieg und die Jahre nach dem Krieg. So behandelt zum Beispiel sein berühmtestes Werk, das Schauspiel "Draußen vor der Tür," das Schicksal eines Kriegsheimkehrers.

A. *Vor dem Lesen.*

1. Was ist typisch für verschiedene Texttypen?

   Beispiel: *Schauspiel* → gesprochen, auf der Bühne
   Roman → ...

2. *Assoziationen.* Was assoziieren Sie mit dem Wort "Brot?"

3. *Vokabular.*

mit der Hand über das Bett fahren	mit der Hand das Bett berühren
sein Atem fehlte	sein Atem (*breath*) war nicht da
die Brotkrümel	kleine Brotreste
das Tischtuch	die Tischdecke
die Fliesen	der Boden in der Küche oder im Badezimmer
barfuß	ohne Schuhe und Strümpfe
kriechen, kroch, ist gekrochen	sich langsam bewegen (eine Schnecke kriecht)
das liegt an den Haaren	das ist so wegen den Haaren
zu Hilfe kommen	helfen
die Dachrinne	wo das Regenwasser vom Dach herunterläuft
kauen, hat gekaut	man kaut Essen zuerst, dann schluckt man es
etwas nicht vertragen	der Magen mag das nicht

Deutsch zusammen

Partnerarbeit. The two of you are reporters and are assigned to the police beat. You write a report on a missing person.

1. Mrs Sommer talked with the officer on the phone.
2. She was looking for her son.
3. The police reacted immediately.
4. They asked neighbors and friends...
5. and collected information.
6. They showed people a photo.
7. The family waited and waited.
8. They did not work that week.

Genau!

Conversational or written past? Identify the verbs in each sentence to determine which ones are in the conversational past, and which in the written past.

1. Der Brotteller stand auf dem Tisch.
2. Er hat das Brot geschnitten.
3. In der Küche trafen sie sich.
4. Nach einer Weile setzte er sich.
5. Ich hörte etwas hier in der Küche.
6. Habe ich etwas gehört?
7. Langsam schlief sie ein.
8. Auf der Tischdecke lag ein Stück Brot.
9. Sie hat das Licht ausgemacht.
10. Am nächsten Abend kam er nach Hause.

TEIL 15,5

Das Brot

*Go first to **Teil 15,5** in your Tutorial.*

Merke
The written or "simple" past (Preterite)
Irregular verbs
ich **sprach**   wir **sprachen**
du **sprachst**   ihr **spracht**
er/sie/es/**sprach** sie/Sie **sprachen**
Stem vowel changes
e/i/ie → a   liegen → **lag**
a/ei → i/ie   bleiben → **blieb**
other   fliegen → **flog**   laufen → **lief**

Vokabular: preterite ("simple" past) of irregular verbs

bitten, **bat**

bringen, **brachte**

denken, **dachte**

essen (isst), **aß**

finden, **fand**

geben (i), **gab**

helfen (i), **half**

kennen, **kannte**

liegen, **lag**

lesen (ie), **las**

nehmen (nimmt), **nahm**

fliegen, **flog**

ziehen, **zog**

fahren (ä), **fuhr**

tragen (ä), **trug**

waschen (ä), **wusch**

schwimmen, **schwamm**

sehen (ie), **sah**

singen, **sang**

sitzen, **saß**

sprechen (i), **sprach**

stehen, **stand**

sterben (i), **starb**

treffen (i), **traf**

trinken, **trank**

bleiben, **blieb**

gehen, **ging**

fallen (ä), **fiel**

halten (ä), **hielt**

laufen (äu), **lief**

lassen (lässt), **ließ**

schlafen (ä), **schlief**

schneiden, **schnitt**

schreiben, **schrieb**

steigen, **stieg**

reiten, **ritt**

~~Sprechen~~ schreiben wir!

Situation. Sie sind unterwegs im Urlaub und schreiben einen Brief an Ihre Eltern. Ihre Reise begann sehr gut, aber dann hatten sie Probleme.

1. Ordnen Sie die Ereignisse zuerst in chronologischer Reihenfolge.
2. Schreiben Sie dann den Brief.

Lieber Papa, liebe Mutti!   Rostock, den 12. Mai 2000

an der Autobahn gehalten, sehr heiß gewesen, Pannendienst angerufen, endlich nach zwei Stunden gekommen, Auto angeschaut, Auto abgeschleppt, in der Werkstatt wieder gewartet, endlich weiter gefahren, stark geregnet, sehr müde geworden, Hotel gesucht, nichts gefunden, im Wagen übernachtet.

Sprachmodell: Das Brot (Fortsetzung)

A. *Lesen und Aufgaben.*

1. *Texttypen erkennen.* Was für ein Text ist das?

   ein Schauspiel   ein Roman   ein Gedicht
   eine Kurzgeschichte   ein Zeitungsartikel

2. *Selektive Informationen.* Suchen Sie in der Erzählung verschiedene Zahlen: für das Alter der Personen, die Uhrzeit und die Anzahl der Brotscheiben. Ordnen Sie die Zahlen in drei Spalten.

Alter der Personen	Uhrzeit	Brotscheiben

3. Lesen Sie jetzt den Text und füllen Sie dann die Tabelle aus.

Personen	Welche Räume?	Uhrzeiten

DAS BROT
von Wolfgang Borchert

Plötzlich wachte sie auf. Es war halb drei. Sie überlegte, warum sie aufgewacht war. Ach so! In der Küche hatte jemand gegen einen Stuhl gestoßen. Sie horchte nach der Küche. Es war still. Es war zu still, und als sie mit der Hand über das Bett neben sich fuhr, fand sie es leer. Das war es, was es so besonders still gemacht hatte: sein Atem fehlte. Sie stand auf und tappte durch die dunkle Wohnung zur Küche. In der Küche trafen sie sich. Die Uhr war halb drei. Sie sah etwas Weißes am Küchenschrank stehen. Sie machte Licht. Sie standen sich im Hemd gegenüber. Nachts. Um halb drei. In der Küche. 5

Auf dem Küchentisch stand der Brotteller. Sie sah, daß er sich Brot abgeschnitten hatte. Das Messer lag noch neben dem Teller. Und auf der Decke lagen Brotkrümel. Wenn sie abends zu Bett gingen, machte sie immer das Tischtuch sauber. Jeden Abend. Aber nun lagen Krümel auf dem Tuch. Und das Messer lag da. Sie fühlte, wie die Kälte der Fliesen langsam an ihr hoch kroch. Und sie sah von dem Teller weg. 10

„Ich dachte, hier wäre was", sagte er und sah in der Küche umher.

„Ich habe auch was gehört", antwortete sie, und dabei fand sie, daß er nachts im Hemd doch schon recht alt aussah. So alt wie er war. Dreiundsechzig. Tagsüber sah er manchmal jünger aus. Sie sieht doch schon alt aus, dachte er, im Hemd sieht sie doch ziemlich alt aus. Aber das liegt vielleicht an den Haaren. Bei den Frauen liegt das nachts immer an den Haaren. Die machen dann auf einmal so alt. 15

„Du hättest Schuhe anziehen sollen. So barfuß auf den kalten Fliesen. Du erkältest dich noch."

Sie sah ihn nicht an, weil sie nicht ertragen konnte, daß er log. Daß er log, nachdem sie neununddreißig Jahre verheiratet waren. 20

„Ich dachte, hier wäre was", sagte er noch einmal und sah wieder so sinnlos von einer Ecke in die andere, „ich hörte hier was. Da dachte ich, hier wäre was."

„Ich hab auch was gehört. Aber es war wohl nichts." Sie stellte den Teller vom Tisch und schnippte die Krümel von der Decke.

„Nein, es war wohl nichts", echote er unsicher. 25

Sie kam ihm zu Hilfe: „Komm man. Das war wohl draußen. Komm man zu Bett. Du erkältest dich noch. Auf den kalten Fliesen."

Er sah zum Fenster hin. „Ja, das muß wohl draußen gewesen sein. Ich dachte, es wäre hier."

Sie hob die Hand zum Lichtschalter. Ich muß das Licht jetzt ausmachen, sonst muß ich nach dem Teller sehen, dachte sie. Ich darf doch nicht nach dem Teller sehen. „Komm man", sagte sie und machte das Licht aus, „das war wohl draußen. Die Dachrinne schlägt immer bei Wind gegen die Wand. Es war sicher die Dachrinne. Bei Wind klappert sie immer." 30

Sie tappten sich beide über den dunklen Korridor zum Schlafzimmer. Ihre nackten Füße platschten auf den Fußboden.

„Wind ist ja", meinte er. „Wind war schon die ganze Nacht." 35

Als sie im Bett lagen, sagte sie: „Ja, Wind war schon die ganze Nacht. Es war wohl die Dachrinne."

„Ja, ich dachte, es wäre in der Küche. Es war wohl die Dachrinne." Er sagte das, als ob er schon halb im Schlaf wäre.

Aber sie merkte, wie unecht seine Stimme klang, wenn er log.

„Es ist kalt", sagte sie und gähnte leise, „ich krieche unter die Decke. Gute Nacht." 40

„Nacht", antwortete er und noch: „Ja, kalt ist es schon ganz schön."

Dann war es still. Nach vielen Minuten hörte sie, daß er leise und vorsichtig kaute. Sie atmete absichtlich tief und gleichmäßig, damit er nicht merken sollte, daß sie noch wach war. Aber sein Kauen war so regelmäßig, daß sie davon langsam einschlief.

Als er am nächsten Abend nach Hause kam, schob sie ihm vier Scheiben Brot hin. Sonst hatte er immer nur drei essen können. 45

„Du kannst ruhig vier essen", sagte sie und ging von der Lampe weg. „Ich kann dieses Brot nicht so recht vertragen. Iß du man eine mehr. Ich vertrage es nicht so gut."

Sie sah, wie er sich tief über den Teller beugte. Er sah nicht auf. In diesem Augenblick tat er ihr leid.

„Du kannst doch nicht nur zwei Scheiben essen", sagte er auf seinen Teller. 50

„Doch. Abends vertrag ich das Brot nicht gut. Iß man. Iß man."

Erst nach einer Weile setzte sie sich unter die Lampe an den Tisch.

4. *Zum Stil.* Sehen Sie sich *einen* Absatz an. Charakterisieren Sie die Sätze. Wie sind sie? Lang, kurz, kompliziert? Geben Sie Beispiele.

5. *Grammatik anwenden.* Geben Sie den Infinitiv für die folgenden Verben im Präteritum (*simple past*):

fanden, stand auf, trafen, sah, lag, kroch, log, kam zu Hilfe, klang, hob, schob, schlief ein, ging, tat ihr leid

B. *Nach dem Lesen. Inhaltsfragen.*

1. Wie alt ist das Ehepaar?
2. Wie lange sind sie schon verheiratet?
3. Wie viel Uhr ist es in der Kurzgeschichte?
4. In welchen Zimmern spielt sie?
5. Warum geht die Frau in die Küche?
6. Warum ist der Mann in der Küche?
7. Wie weiß die Frau, was ihr Mann in der Küche gemacht hat?
8. Was macht der Mann, als er wieder im Bett liegt?
9. Was macht die Frau am nächsten Tag beim Abendessen?
10. Wie reagiert der Mann?

Interpretationsfragen.

1. Wann, glauben Sie, spielt diese Kurzgeschichte?
2. Welche Probleme hatten viele Menschen in dieser Zeit vielleicht?
3. Beschreiben Sie das Gespräch in der Küche. Wie ist die Kommunikation zwischen den beiden?
4. Warum "schauspielert" die Frau?
5. Warum gibt sie ihrem Mann am nächsten Tag eine Scheibe Brot mehr?

Nach dem Lesen. Partnerarbeit.

Schreiben Sie ein Gespräch zwischen dem Mann und der Frau, in dem sie über das Ereignis in der Küche *ganz offen* sprechen.

Deutsch zusammen

Partnerarbeit. Wählen Sie eine der zwei Situationen und schreiben Sie sie zusammen fertig. Benutzen Sie das Präteritum. Wenn Sie fertig sind, tauschen Sie mit einer anderen Gruppe aus, was Sie geschrieben haben.

A. *Situation.* Sie haben ein Verbrechen beobachtet und schreiben einen Bericht für die Polizei.

Gestern musste ich zur Bank in der Stadt. Als ich an der Ampel stand, sah ich plötzlich zwei Männer aus der Bank rennen. Als sie zu einem Auto direkt vor mir liefen, . . .

Nummernschild gelesen, Auto schnell weggefahren, in die Bank gegangen, mit der Polizei gesprochen, alles erzählt und genau beschrieben, Polizei alles aufgeschrieben, nach Hause gegangen, sich erinnert, vergessen Geld zu holen

B. *Situation.* Sie schreiben einen Brief an Ihren Chef. Darin erklären Sie, warum Sie gestern eine wichtige Besprechung bei der Arbeit verpasst haben.

Sehr geehrter Herr _____!

Hiermit übermittle ich eine offizielle Erklärung für den gestrigen Tag. Eine Reihe unglücklicher Umstände führte dazu, dass ich die Besprechung versäumte.

Schlüssel verloren, dann in einer Hosentasche entdeckt, spät losgefahren, bei Rot über eine Ampel gefahren, Polizist das gesehen und Auto gestoppt, alles kontrolliert, aus Versehen gegen das Motorrad des Polizisten gefahren, ins Gefängnis gekommen und einen Tag dort verbracht

---

Genau!

A. Use simple past tense forms to express in writing that your houseguest

1. stayed with you for a month
2. wrote many letters to friends
3. and talked with some friends on the phone
4. ate everything you served him
5. slept eight hours a day
6. read your books
7. met your friends
8. drank your beer and wine
9. did not help you at all
10. finally flew home yesterday

B. Insert the correct form of the simple past for the verbs indicated in parentheses.

1. Gestern ____ wir beinahe die Einladung bei den Finks. (vergessen)
2. Ich ____ mich erst am Nachmittag daran. (erinnern)
3. Wir ____ uns unheimlich, um rechtzeitig dorthin zu kommen. (beeilen)
4. Wir kamen ein bisschen zu spät und ich ____ mich. (entschuldigen)
5. Die Party ____ um acht Uhr und die Leute ____ uns wirklich gut. (beginnen, gefallen)
6. Herr Fink ____ viel von seinem Türkeiurlaub. (erzählen)

Alles zusammen

As a result of what you have learned in **Kapitel Fünfzehn** you should be able to:

1. compare two things and people using comparative forms;
2. compare three or more things and people using superlative forms;
3. comprehend the simple past and form it to a limited extent;
4. continue to narrate, orally and in writing, past events using a combination of past tense forms for different verbs.
5. talk or write about the story "das Brot:" its historical context; the protagonists, the chronology of events; and what you think the message is (your interpretation)

Vergleiche.

1. Vergleichen Sie zwei Personen miteinander, z.B. zwei FreundInnen, KollegInnen, SchauspielerInnen. Verwenden Sie verschiedene Konstruktionen, z.B. ... ist **so alt wie,** ... ist **größer als...** **nett,** arbeitet **viel,** aber ... arbeitet **mehr.**

2. Vergleichen Sie drei Dinge oder Personen miteinander. Machen Sie zuerst eine Liste mit drei passenden Adjektiven. Benutzen Sie dann die Adjektive für die Vergleiche (comparatives and superlatives).

   a. Sprudel, Milch, Kaffee

   b. Schokolade, Obst, Jogurt

   c. Roman, Gedicht, Kurzgeschichte

   d. Apartment, Wohnung, Haus

   e. drei Musikgruppen, die Sie kennen

   f. drei Filme, die im Moment laufen

   g. drei PolitikerInnen

Schreiben. Wählen Sie ein Thema und schreiben Sie einen Absatz mit ungefähr zehn Sätzen.

1. Schreiben Sie einem Freund/einer Freundin einen Brief, in dem Sie von einem besonderes Ereignis berichten.

Fragen. Das Brot

1. Erklären Sie kurz den historischen Kontext dieser Geschichte.
2. Beschreiben Sie die Situation für die beiden Personen, den Mann und die Frau.
3. Wie würden Sie die Beziehung zwischen den beiden beschreiben?

Aktives Vokabular

Adjektive

agressiv	aggressive	kalt	cold
albern	silly	knusprig	crunchy, crisp
billig	cheap, inexpensive	langsam	slow
blau	blue	langweilig	boring, dull
braun	brown	laut	loud, noisy
breit	wide	leicht	light (weight), easy
brutal	brutal	leise	quiet
dick	heavy-set, fat, thick	lecker	tasty, delicious
dünn	thin, skinny	lustig	funny, entertaining
durstig	thirsty	mild	mild
delikat	delicious, delicate	modern	modern
dunkel	dark	müde	tired, fatigued
egoistisch	egotistical	neu	new
einfach	simple, easy	neugierig	curious, nosy
eisgekühlt	chilled	negativ	negative
elegant	elegant	optimistisch	optimistic
feucht	damp	ordentlich	orderly, organized
fleißig	studious, industrious	pessimistisch	pessimistic
freundlich	friendly	positiv	positive
frisch	fresh	praktisch	practical, pragmatic
froh	happy	romantisch	romantic
fröhlich	jolly	rot	red
fruchtig	fruity	ruhig	quiet
früh	early	saftig	juicy
gesund	healthy	sauer	sour (also: angry)
glücklich	happy	schick	chic, well-dressed
grün	green	schlampig	sloppy, slovenly
hässlich	ugly	schlecht	bad
hell	light, bright	schmutzig	dirty, messy
hübsch	pretty	schnell	quick, fast
hungrig	hungry	schön	beautiful, nice
idealistisch	idealistic	schwarz	black
intelligent	intelligent	schwer	heavy, difficult
interessant	interesting	schwierig	difficult
jung	young	schwül	humid
klar	clear, obvious	spät	late
komisch	comical, funny (also: weird)	stürmisch	stormy
kompliziert	complicated	süß	sweet
kühl	cool, chilly	sympathisch	friendly
		tief	deep
		tolerant	tolerant

traurig	sad, depressed	sehen (ie), **sah**	to see
trocken	dry	schwimmen, **schwamm**	to swim
unfreundlich	unfriendly	singen, **sang**	to sing
vernünftig	rational	sitzen, **saß**	to sit
vorsichtig	careful, cautious	sprechen (i), **sprach**	to speak
warm	warm	stehen, **stand**	to stand
weiß	white	sterben (i), **starb**	to die
weit	far	treffen (i), **traf**	to meet
wichtig	important, significant	trinken, **trank**	to drink
		bleiben, **blieb**	to stay
wild	wild	fallen (ä), **fiel**	to fall
zufrieden	content	gehen, **ging**	to go
		halten (ä), **hielt**	to hold

Irregular verbs

		laufen (äu), **lief**	to walk, to run
bitten, **bat**	to ask	lassen (lässt), **ließ**	to let
bringen, **brachte**	to bring	schlafen (ä), **schlief**	to sleep
denken, **dachte**	to think	schneiden, **schnitt**	to cut
essen (isst), **aß**	to eat	schreiben, **schrieb**	to write
finden, **fand**	to find	steigen, **stieg**	to climb
geben (i), **gab**	to give	reiten, **ritt**	to ride
helfen (i), **half**	to help	fliegen, **flog**	to fly
kennen, **kannte**	to know	ziehen, **zog**	to pull
lesen (ie), **las**	to read	fahren (ä), **fuhr**	to drive, to ride
liegen, **lag**	to lie	tragen (ä), **trug**	to carry
nehmen (nimmt), **nahm**	to take	waschen (ä), **wusch**	to wash

KAPITEL SECHZEHN

Geschichte und Erzählung

Überblick

Themen

Biografien von bekannten Personen;
Politik und Geschichte; DDR und BRD

Funktionen

Sprechen

Sustaining speech in the past (paragraphs)

Connecting and sequencing past events

Schreiben

Writing a cohesive paragraph

Describing past events more formally

Lesen

Distinguishing between personal and
literary texts

Looking for the narrator's voice

Vokabular

Review past time expressions

Terms related to Germany's recent history

Selected vocabulary from readings

Kulturelles

History from 1945 to the present

Postwar experiences

From the founding of the German
Democratic Republic through unification

The Wende (1989 to present)

Grammatik

Preterite (simple past) forms of separable
and inseparable prefix verbs

The historical present

Past perfect forms

Subordinating conjunctions (expansion)

Past subjunctive

TEIL 16,1

Biografien

*Go first to **Teil 16,1** in your Tutorial.*

Merke

Review: complex sentences
Anna Seghers erhielt den Doktortitel, **als sie** nach Heidelberg **kam.**
Sobald sie nach Deutschland **zurückkehrte**, zog sie nach Ost-Berlin.

Review: emphasizing information
Für ihre Werke erhielt sie viele Auszeichnungen.
Im Jahre 1925 heiratete sie.
Sie emigrierte zuerst nach Paris, und **dann** floh sie nach Spanien.

Vokabular: Preterite of verbs with separable prefixes

abtrocknen, **trocknete . . . ab**

anfangen (fängt an), **fing . . . an**

anbieten, **bot . . . an**

ankommen, **kam . . . an**

anmachen, **machte . . . an**

anrufen, **rief . . . an**

ansehen, **sah . . . an**

anziehen, **zog . . . an**

aufstehen, **stand . . . auf**

aufwachen, **wachte . . . auf**

ausfüllen, **füllte . . . aus**

ausgehen, **ging . . . aus**

aussteigen, **stieg . . . aus**

durchstreichen, **strich . . . durch**

einschlafen, **schlief . . . ein**

fernsehen, **sah . . . fern**

frei nehmen, **nahm . . . frei**

kennen lernen, **lernte . . . kennen**

leicht fallen, **feil . . . leicht**

mitbringen, **brachte . . . mit**

mitkommen, **kam . . . mit**

nachdenken, **dachte . . . nach**

schwer fallen, **fiel . . . schwer**

weggehen, **ging . . . weg**

wegnehmen, **nahm . . . weg**

zurückbringen, **brachte . . . zurück**

zurückfahren, **fuhr . . . zurück**

zurückkommen, **kam . . . zurück**

Sprechen/schreiben wir!

Beschreiben, was Sie in der Bildgeschichte sehen und sagen Sie dann, wie die Geschichte vielleicht ausging (endete). Benutzen Sie Verben mit Präteritum.

Roland und Francois: Eine Geschichte

Biografie: Anna Seghers

A. *Vor dem Lesen.* Spezifische Informationen finden.

    1. Welche Länder kommen in diesem Text vor?

    2. Welche Jahreszahlen sehen Sie und was assoziieren Sie damit?

    3. Suchen Sie politische Ausdrücke in diesem Text und schreiben Sie sie auf.

B. *Vokabular.* Sehen Sie sich vor dem ersten Lesen das Vokabular an.

beitreten, beitrat, ist beigetreten *to join*	**im Allgemeinen** *in general*
beinhalten *include*	**unter anderem** *among others*
sterben, starb, ist gestorben *to die*	**der Wiederstand** *resistance*
geborene *maiden name*	**die Unterdrückung** *oppression*
eine Reihe von *a number of*	**die Auszeichnung, -en** *award*

Anna Seghers (der Künstlername von Netty Radvanyi) wurde am 19. November 1900 in Mainz geboren. Anna Seghers studierte zuerst an der Universität in Köln und erhielt im Alter von 24 Jahren den Doktortitel an der Universität in Heidelberg. Ein Jahr später heiratete sie den Soziologen Ladislaus Radvanyi.

Im Jahre 1928 trat sie der kommunistischen Partei Deutschlands bei undverbrachte dann die dreissiger Jahre auf der Flucht vor den Nazis. Sie emigrierte zuerst nach Paris, dann floh sie nach Spanien. Zwischen 1940 und 1947 lebte sie in Mexiko. Danach kehrte sie nach Deutschland zurück, um in Ost-Berlin zu leben.

Eines ihrer berühmtesten Werke ist der Roman *Das siebte Kreuz,* den Anna Seghers während ihres Exils in Mexiko verfasste. Er handelt von der Flucht von sieben Männern aus einem Konzentrationslager. Ein zweiter Exilroman ist *Transit* (1944), aber Anna Seghers' Exilromane sind nur ein kleiner Teil ihres Werkes, das außerdem eine reiche Anzahl von Erzählungen beinhaltet. Ein immer wiederkehrendes Thema in ihren Werken ist der Widerstand gegen die Nazis und gegen Unterdrückung im Allgemeinen.

Anna Seghers starb im Jahre 1983 und bis zu ihrem Tode sah man sie als eine Schriftstellerin des kommunistischen Deutschlands. Anna Seghers erhielt für ihre literarischen Werke eine Reihe von Auszeichnungen und Preisen, unter anderem den Kleist-Preis und den Lenin Friedenspreis.

C. *Nach dem Lesen.* Fragen.

1. Wo und wie verbrachte Anne Seghers die 30er und 40er Jahre? Wo lebte sie die meiste Zeit?

2. Wovon handeln ihre Romane?

3. Was war ihre politische Überzeugung?

4. Welche Preise erhielt sie?

Deutsch zusammen

Partnerarbeit. Wählen Sie eine der Persönlichkeiten und schreiben Sie mit einem Partner eine kurze Biografie. Benutzen Sie das Vokabular aus den beiden Biografien, die Sie gelesen haben, z.B. **wurde geboren, aufwachsen, leben.**

Willy Brandt: Politiker/ Sozialdemokrat

geb. 18. Dez. 1913, Lübeck

1933: Emigration nach Norwegen

1940: deutsche Truppen besetzen Norwegen
     Flucht nach Schweden

1949: in den Bundestag gewählt

1969: zum Bundeskanzler ernannt

1971: Friedensnobelpreis bekommen

Otto von Bismarck: preußisch-deutscher Staatsmann

geb. 1815, Schönhausen, †1898 in Friedrichsruh

1822-32: Gymnasium in Berlin 1832

1836-39: Arbeit für den preußischen Staat

ab 1845: Karriere im Staatsdienst

1862: zum Ministerpräsident gewählt

1871: Deutsches Reich gegründet

Copyright © Corbis-Bettmann

Marion Gräfin Dönhoff: Schriftstellerin/Publizistin

geb: 1909, Schloss Friedrichstein (Ostpreußen)

Studium: Volkswirtschaft

1946: in der Redaktion der Wochenzeitung
        "Die Zeit" eingestellt

1968-72: Chefredakteurin (=editor)

1973: zur Herausgeberin (*publisher*) ernannt

1971: Friedenspreis des deutschen Buchhandels erhalten

Marlene Dietrich: Schauspielerin und Sängerin

geb: 27. Dez 1901, Berlin

mit Max Reinhardt studiert

1921: Beginn der Karriere beim Film

1929: berühmt durch die Rolle der Lola
        in "Der blaue Engel"

1930-35: viele Filme in den USA

1939: amerikanische Staatsbürgerschaft
        nach dem Krieg: als Sängerin bekannt

Copyright © Hulton Getty/
Liaison Ageny, Inc.

Genau!

Change the following sentences from the present perfect to simple past.

1. Wir sind am 3. August in Berlin angekommen.
2. Ein paar Freunde haben sich Freitag frei genommen und sind für zwei Tage mitgefahren.
3. Abends sind wir zusammen ausgegangen und morgens ziemlich spät aufgestanden.
4. Am ersten Tag sind wir den Ku'damm entlanggelaufen und haben Museen besucht.
5. Wir sind nach vier Tagen zurückgefahren und haben viele Erinnerungen mitgebracht.

TEIL 16,2

Warum gab es die DDR?

Go first to Teil 16,2 in your Tutorial.

Merke

Sequencing past events

	preterite or present perfect	past perfect
haben	hatte (or: habe gehabt)	hatte gehabt
sein	war (or: bin gewesen)	war gewesen
werden	wurde (or: ist geworden)	war geworden

Zwischen 1945 und 1961 **waren** ca. 4 Millionen in den Westen **geflohen**.
Im August 1961 **errichtete** die DDR dann die Mauer.

Relating two past events to each other using *nachdem* and *bevor*
Nachdem die Mauer gefallen **war**, sind viele Menschen in den Westen gefahren.
Sie **hat** ein Schläfchen **gemacht**, **bevor** sie zur Arbeit gegangen ist.

Using two different past tenses to sequence events
Sie **hatten** sich das Begrüßungsgeld **geholt**. Dann **gingen** sie einkaufen.

Vokabular: Preterite of verbs with inseparable prefixes

beantworten, **beantwortete**

sich beeilen, **beeilte**

beginnen, **begann**

belegen, **belegte**

benutzen, **benutzte**

berichten, **berichtete**

beschreiben, **beschrieb**

besichtigen, **besichtigte**

bestehen, **bestand**

bestellen, **besellte**

empfehlen, **empfahl**

sich entschuldigen, **entschuldigte**

sich erinnern, **erinnerte**

sich erkälten, **erkältete**

erkennen, **erkannte**

erklären, **erklärte**

erledigen, **erledigte**

erzählen, **erzählte**

gefallen, **gefiel**

gehören, **gehörte**

überlegen, **überlegte**

übernachten, **übernachtete**

verbessern, **verbesserte**

verbringen, **verbrachte**

verdienen, **verdiente**

vergessen, **vergaß**

verkaufen, **verkaufte**

verlassen, **verließ**

verlieren, **verlor**

verstehen, **verstand**

Sprechen wir!

Nennen Sie zwei Dinge, die sie heute gemacht haben. Was war zuerst und was später?

Use **bevor** or **nachdem** to paraphrase these sentences.

1. Zuerst haben wir einen Film gesehen, dann sind wir in ein Restaurant gegangen.
2. Zuerst habe ich meine Hausaufgaben gemacht, danach habe ich ein bisschen ferngesehen.
3. Zuerst sind wir nach Hause gegangen, danach haben wir gegessen.
4. Zuerst hat sie mich angerufen, danach ist sie vorbeigekommen.
5. Zuerst habe ich mein Zimmer aufgeräumt, danach bin ich mit Freunden ausgegangen.

Und Sie?

Ein Student/eine Studentin nennt zwei Dinge, die gestern passiert sind oder die er/sie gemacht hat. Ein anderer Student/eine andere Studentin wiederholt das und verbindet dann die beiden Aktivitäten mit **nachdem** und **bevor**.

Zum Thema: Die Geschichte der DDR

Machen Sie zuerst die Vorbereitung, sehen Sie sich dann das Vokabular an. Lesen Sie dann den Text. Machen Sie dann die Übungen und beantworten Sie die Fragen.

A. *Vor dem Lesen.*

1. Suchen Sie die folgenden Information in dem Text.
   Eigennamen (Länder, Städte,..)   Epoche (Jahreszahlen) Politische Worte

2. Vokabular

   entstehen, entstand, ist entstanden *to emerge*
   übergeben, übergab, übergeben *to hand over*
   verkünden *to announce*
   fliehen, floh, ist gelohen *to flee*
   verhindern *to prevent*
   der Zusammenschluss, -̈sse *merger*
   die Verfassung, -en *constitution*
   der Bezirk, -e *district*
   der Verlust, -e *loss*
   der Stacheldraht *barbed wire*
   der Zugang, -̈e *access*

Im Jahre 1945, als der Krieg zu Ende war, war ein Teil Deutschlands von Russland besetzt. Diese **Ostzone** bestand aus fünf Ländern: Sachsen, Brandenburg, Mecklenburg, Sachsen-Anhalt und Thüringen. Es gab vier politische Parteien: die kommunistische Partei Deutschlands, die Sozialdemokraten, die Christdemokraten und die Liberaldemokraten.

Im Jahre 1946 schlossen sich Kommunisten und Sozialdemokraten zur SED (Sozialistische Einheitspartei Deutschlands) zusammen. Im Jahre 1946 gewann die SED den größten Anteil der Stimmen und 1950 akzeptierte der Volkskongress eine Verfassung. Die Sowjetunion übergab die Macht an die neue Regierung.

Im März 1952 begann die Isolierung der Ostzone von der Bundesrepublik. Bewachte Absperrungen entstanden die Grenze entlang und statt der Länder gab es jetzt 15 Bezirke. Einer dieser Bezirke war zum Beispiel Ost-Berlin. Am 25. März 1955 verkündete die UdSSR die Souveränität der DDR.

Ein schwerwiegendes Problem blieb Berlin, da West-Berlin ein Tor zum Westen bedeutete. Zwischen 1945 und 1961 flohen ca. vier Millionen Menschen von der Ostzone in den Westen. Dieser hohe Verlust an Arbeitskräften brachte die DDR in große wirtschaftliche Schwierigkeiten. Die Volkskammer beschloss einen Stacheldraht zu errichten. In der Nacht vom zwölften auf den dreizehnten August schloss die Regierung den Zugang zum Westen und Berlin wurde eine Stadt, die lange Zeit durch eine Mauer geteilt war. Bis zum Jahre 1989 gab es zwei deutsche Staaten mit zwei verschiedenen politischen Systemen: einer folgte dem russischen Vorbild, der andere war mit den USA alliiert.

Für die Bürger der DDR war das Leben sehr eingeschränkt und der Alltag schwierig: sie durften nicht reisen (außer in einige Ostblockländer), sie konnten ihre Regierung nicht frei wählen und viele alltägliche Dinge waren nicht erhältlich. Für DDR-Bürger war Westdeutschland wie das Ausland, ebenso wie vielen Westdeutschen die DDR völlig fremd war. Die Gegensätze zwischen den Bürgern der beiden Staaten wurden nach der Vereinigung sehr deutlich und sind auch bis heute noch nicht überwunden. Eines der größten Probleme ist die Arbeitslosigkeit in den neuen Bundesländern, besonders unter Jugendlichen.

Genau!

A. Identify the tense in each sentence.

1. Gabriele Eckart hatte vor dem Jahre 1986 noch nie Westdeutschland besucht.

2. Sie reiste am Grenzübergang Friedrichstraße ein.

3. Zuerst war sie von allem positiv beeindruckt.

4. Sie führte Gespräche mit Westdeutschen.

5. Außer ihr waren viele andere Schriftsteller nach Frankfurt gekommen.

6. Als sie wieder in die DDR kam, gab es Probleme.

7. Man hatte sie gefragt, ob sie etwas über ihre Reise schreiben wollte.

8. In dem Text beschreibt sie ihre Eindrücke.

B. Use **bevor** or **nachdem** to combine the sentences in a logical order. You may keep the tense forms or change them appropriately.

Beispiel. Felipe hat zuerst eingekauft. Dann hat er ein warmes Abendessen gekocht. **Nachdem** Felipe eingekauft hatte, hat er etwas zum Abendessen gekocht.

1. Zuerst haben wir einen Film gesehen, dann sind wir in ein Restaurant gegangen.
2. Zuerst habe ich meine Hausaufgaben gemacht, danach habe ich ein bisschen ferngesehen.
3. Zuerst sind wir nach Hause gegangen, danach haben wir gegessen.
4. Zuerst hat sie mich angerufen, danach ist sie vorbeigekommen.
5. Zuerst habe ich mein Zimmer aufgeräumt, danach bin ich mit Freunden ausgegangen.

TEIL 16,3

Politische Parteien

*Go first to **Teil 16,3** in your Tutorial.*

Merke

Expansion: subordinate conjunctions

ehe	da	obwohl	sobald
bis	damit	obgleich	solange
während		falls	seitdem

Sie hatten gewartet, **bis** die Freunde kamen.
Es gab Probleme, **da** das System anders war.
Seitdem ich ihn kenne, geht es besser. (seit)
Du solltst Deutsch sprechen, **solange** du in Potsdam bist.

Discussing unreal conditions
Ich **könnte** Freunde besuchen, wenn ich Zeit **hätte**.
Du **müsstest** zur Arbeit gehen, wenn es Montag **wäre**.

Vokabular: Ost und West

die Wende	die SPD	der Ossi
die Wiedervereinigung	die CDU	der Wessi
die Vereinigung	die CSU (Bayern)	die Stasi
die Währungsunion	die Listenverbindung Bündnis 90/Die Grünen	(Staatssicherheitsdienst)
die BRD	die FDP	
die DDR	die PDS (die SED)	

Sprechen wir!

Vokabular verstehen. Definieren Sie die folgenden Begriffe.

Vokabular besprechen. Nennen Sie die Bundesländer in Deutschland: welche sind die sogenannten "neuen?" Wie nennt man den Zeitpunkt, als die Mauer fiel? Welche Veränderungen gab es in Deutschland danach?

An welchem Tag feiert man den Fall der Mauer? Wie heißt dieser Feiertag? Welche Partei oder Parteien regieren jetzt in Deutschland? Welche regierten früher? Welche Parteien sind politisch rechts (konservativer), welche links (liberaler)?

Vergleichen Sie die Parteien in Deutschland mit denen in den USA? Welche sind liberaler? Welche Partei ist vielleicht die radikalste oder fortschrittlichste?

Zum Thema: Parteien

In Deutschland gibt es sechs Parteien, die an der Regierung teil haben, also im **Deutschen Bundestag** vertreten sind: die Sozialdemokratische Partei Deutschlands (SPD), die Christlich Demokratische Union Deutschlands (CDU), die Christlich Soziale Union (CSU), die Partei des Demokratischen Sozialismus (PDS), die Freie Demokratische Partei (FDP) und die Listenverbindung Bündnis 90/Die Grünen. Die etabliertesten Parteien sind wohl die SPD, die FDP, die CDU und die CSU. Die CSU existiert nur in Bayern, aber bildet mit der CDU eine Koalition im Bundestag. Die PDS ist die Nachfolgerin der Sozialistischen Einheitspartei Deutschlands (SED), die früher in der DDR regierte. Bündnis 90/Die Grünen ist die am weitesten "linke" Partei. Sie entstand aus den **Umwelt-** und **Anti-Atomkraftbewegungen** der 70er und 80er Jahre (Die Grünen) und schloss sich dann mit Gruppen zusammen, die 1990 den Fall der Mauer und die Wende in der DDR mit verursachten. Diese Gruppen waren sogenannte **Bürgerrechtsbewegungen**, an denen Bürger der DDR teilnahmen.

Sehen Sie sich die Zeitungsnotiz an und suchen Sie zuerst Worte, die etwas mit Politik zu tun haben. Welche Orte (Städte und Bundesländer) kommen hier vor, und wo liegen sie?

SPD: Stasi-Überprüfung muß einheitlich erfolgen

Magdeburg/Berlin (dpa). Führende ostdeutsche SPD-Politiker haben sich für eine Vereinheitlichung der Stasi-Überprüfung ausgesprochen. Sachsen-Anhalts Regierungschef Reinhard Höppner wurde beauftragt, mit seinen Amtskollegen über eine einheitliche Regelung zu sprechen. „Die Gauck-Behörde darf auf keinen Fall Herr der Interpretation werden, was eine geringe oder schwere Schuld ist", so Thierse.

„Focus" berichtete indes, Sachsen-Anhalt bereite eine Amnestie für mittelschwere DDR-Straftaten vor. Schon Ende 1995 soll ein Ermittlungsstopp für solche Unrechtstaten eintreten, die Ende 1997 verjährten.

Was war die Stasi und was war ihre Funktion, als es noch die DDR gab? Warum überprüft man die Stasi?

Was bedeutet Amnestie? Warum bekommen Personen Amnestie?

Und Sie?

Was haben Sie vor kurzem über Deutschland in der Zeitung gelesen? Was haben Sie vielleicht im Radio gehört oder im Fernsehen gesehen oder im Internet gefunden? Welche Themen sind im Moment aktuell? Worüber würden Sie gern mehr erfahren? Was interessiert Sie?

Formulieren Sie ein paar Fragen, die Sie vielleicht Deutschen stellen würden?

Sprachmodell Vereinigung?

A. *Vorbereitung.* Brainstorming.

Welche Probleme gab es für Deutsche nach der Vereinigung? Wer hatte vielleicht positive Gefühle und wer hatte vielleicht negativere? Was sagen Deutsche vielleicht heute über die Wende, die ehemalige DDR, die Vereinigung (oder Wiedervereinigung)?

Germany before reunification

Germany after reunification

Reprinted from *The Western Heritage*, Sixth Edition, by Donald Kagan, Steven Ozment, and Frank M. Turner. Copyright © 1998, 1991, 1987, 1983, 1979 by Prentice-Hall, Inc.

B. *Vokabular*. Welche Worte assoziieren Sie mit Deutschland vor der Wende, welche danach?

C. *Erstes Hören*. Hören Sie sich die kurzen Kommentare von verschiedenen Deutschen an. Kreisen Sie die Themen ein, die vorkommen.

die Wende   der 2. Weltkrieg   die Schuldfrage   die Mauer
die Wiedervereinigung   der Bundestag politische Parteien Demonstrationen

Entscheiden Sie dann, ob der Sprecher/die Sprecherin aus dem Osten oder eher aus dem Westen kommt.

D. *Zweites Hören*. Wählen Sie einen Kommentar, hören Sie ihn noch einmal an und formulieren Sie dann eine Frage für den Sprecher/die Sprecherin. Was möchten Sie von ihm oder von ihr wissen?

Genau!

Complete each sentence using the conjunction indicated.

1. Ich habe viele Deutschkurse gemacht, bevor . . .
2. Ich musste mich genau informieren, ehe . . .
3. Ich habe mit dem Austausch gewartet, bis . . .
4. Ich kann dieses Jahr dorthin gehen, falls . . .
5. Man versteht am Anfang nicht alles, denn . . .
6. Ich habe keine Probleme mehr, seitdem . . .
7. Ich konnte keine Wohnung finden, obwohl . . .
8. Ich werde umziehen, sobald . . .
9. Ich werde in Deutschland bleiben, solange . . .
10. Ich möchte arbeiten, während . . .

TEIL 16,4

Berlin

Go first to **Teil 16,4** *in your tutorial.*

> **Merke**
>
> **Expressing regret about something in the past**
> **Wenn** ich **nur** nicht so viel **gegessen hätte**!
> **Wenn** er **nur** nicht so böse **geworden wäre**!

Vokabular: Besuch in Berlin

die Metropole, -n	das Brandenburger Tor	die Alliierten
die Hauptstadt	der Reichstag	der Sektor, -en
die Regierung, -en	Bahnhof Friedrichstraße	die Mauer, -n
der Regierungssitz	der Ku'damm	die Luftbrücke
das Wahrzeichen, -		

Sprechen wir!

Situation: Ulrike hat gerade ihr Semester begonnen und musste eine Menge erledigen. Leider hat nicht alles geklappt. Sagen Sie, was sich Ulrike wünscht.

Ulrike wishes that

1. she had (only) gotten that class
2. she had bought all the books
3. she had talked to Professor Vogel
4. she and Sonja had only found an apartment
5. her parents had only called her
6. she hadn't lost her ID

Und Sie?

Wünschen Sie sich etwas, was Sie nicht haben. Wünschen Sie sich etwas, was passieren soll.

Beschreiben Sie etwas, was sie gemacht haben und was nicht so gut war. Jemand anderes in der Klasse sagt dann, wie es besser gewesen wäre.

Beispiel:
Student/in A: *Ich habe den Geburtstag von meiner Oma vergessen!*
Student/in B: *Wenn du sie nur angerufen hättest!* Oder: *Wenn du das nur nicht vergessen hättest!*

Sprachmodell

A. *Vorbereitung*. Welche deutschen Städte kennen Sie? Nennen Sie eine Stadt und was Sie dort kennen (Gebäude, Industrie, Kultur, Politik, Personen). Welche sind Metropolen oder Großstädte, welcher eher kleine Städte?

B. *Lesen/Partnerarbeit*. Wählen Sie ein Stadtporträt und lesen Sie die Beschreibung der Stadt. Schreiben Sie dann einen Absatz über diese Stadt.

Dresden

Einwohnerzahl: 470,000

vollkommen zerstört im Jahre 1945

Hauptstadt Sachsens, Touristenattraktion

Bekannte Gebäude: die Semperoper, der Zwinger

Lage: an der Elbe

Hamburg

Einwohnerzahl: 1,7 Millionen

Hafenstadt, Hansestadt

größter deutscher Hafen mit langer Tradition

kulturelles Zentrum mit Oper, Staatstheater, Museen und 'Reeperbahn'

München

Hauptstadt Bayerns; Einwohnerzahl: 1,24 Millionen

Beliebteste Stadt in Deutschland; Touristenziel

Alpennähe, FC Bayern München, Olympiade 1972

hohe Lebensqualität; hohe Kosten für Wohnen

Mode und Shopping

Das Deutsche Museum, der Englische Garten

Tübingen

Universitätsstadt seit 1477, ca. 85,000 Einwohner

liegt im Bundesland Baden-Württemberg am Neckar

Geburtsort des Dichters Hölderlin

schön erhaltene und restaurierte Bauten

D. *Schriftliche Arbeit*. Sehen Sie sich den geschichtlichen Abriss Berlins an (Zum Thema). Wie sind die Verbformen? (*present, past?*) Warum?

Beschreiben Sie kurz die Geschichte einer wichtigen Stadt in Ihrem Heimatland. Gibt es Worte oder sprachliche Formen typisch für diese Region?

Zum Thema: Berlin

Die Geschichte Deutschlands spiegelt sich in keiner Stadt so klar wieder wie in Berlin. Einige der wichtigsten polititischen Ereignisse des 20. Jahrhundert fanden in Berlin statt. Hier ein Abriss:

1936: Die Nationalsozialisten organisieren die **Olympiade**, um ihre Macht zu demonstrieren

1945: Berlin liegt **im Sowjetsektor** des besetzten Deutschlands.

1948: Berlin in **zwei Teile** gespalten: ein Sektor von den Russen verwaltet, die anderen Sektoren von den westlichen Alliierten; **Luftbrücke** nach Berlin.

1961: Die Ostregierung baut die **Mauer** mitten durch die Stadt, um den Exodus Richtung Westen zu stoppen.

1963: John F. Kennedy hält Rede in Berlin: "**Ich bin ein Berliner!**"

1989: Die **Mauer fällt** nach einer "friedlichen Revolution" in der DDR.

1991: Der Bundestag wählt **Berlin** und den **Reichstag als Regierungssitz** (ab 1999).

1991–2000: Berlin als "Baustelle: Neubauten, Renovierungen, Sanierungen"

Sprachnotiz

Die Sprache in Berlin heißt "Berliner Schnauze," um die Direktheit der Berliner zu erfassen. Der Berliner Dialekt hat einige spezielle Worte und grammatikalische Formen:
ick (=ich), *dit* (=das), *wat* (=was), *die Molle* (=ein Glas Bier), *die Schrippe* (=das Brötchen)
Akkusativ und Dativ fallen zusammen: "*ick liebe **dir**" "wat lernste in **die** Schule?*"

Genau!

Complete each sentence with the phrase given in parentheses, and by either maintaining the tense or shifting to a different one.

1. Wenn die Regierung 1961 nicht die Mauer gebaut hätte, dann. . .(viele Menschen geflohen)

2. Wenn die Mauer nicht gefallen wäre, dann . . . (es gibt noch die DDR und die BRD)

3. Berlin hätte heute nicht so viele Baustellen, wenn . . . (Bonn die Hauptstadt)

4. Berlin wäre nicht der Regierungssitz geworden, wenn (noch zwei deutsche Staaten haben)

TEIL 16,5

Ich kam mir überflüssig vor

*Go first to **Teil 16,5** in your Tutorial.*

Merke

Establishing unreal conditions and discussing unreal past events
Wenn sie einen Stadtplan **gehabt hätten**, (dann) **hätten** sie die Straße **gefunden**.
   (Sie hatten **keinen** Stadtplan)
Wenn sie mit dem Bus **gefahren wären**, (dann) **hätten** sie sich nicht **verlaufen**.
   (Sie sind **nicht** mit dem Bus gefahren)
Wenn es nach mir gegangen wäre, dann **wären** wir mit dem Bus **gefahren**.
   (Sie sind nicht mit dem Bus gefahren.)
Wir **hätten** das Museum **beinahe nicht gefunden**!
   (Sie haben es gefunden.)
Using different tenses in the wenn- and dann-clauses
Wenn ich mich **beeilt hätte**, **wäre** ich jetzt schon fertig.

Vokabular: Hypothetische Situationen

als ob	es sah so aus, als ob . . .	wenn es nach mir ginge, (dann) . . .
als wenn	es schien, als ob . . .	wenn es nach mir gegangen wäre, (dann) . . .
beinah(e)	es klingt so, als ob . . .	das Malheur, -s/-e
fast	er/sie tut so, als ob . . .	

Sprechen wir!

Malheurs (beinahe)! For each question, respond by stating that a logical mishap almost happened.

Beispiel: Hast du dein Portmonee? → Ja, aber beinahe hätte ich es zu Hause vergessen.
          tanken, in der Schublade liegen lassen, kaufen, anrufen, mitbringen

1. Und hast du die Eintrittskarten?
2. Haben wir genug Benzin, um nach Charlottenburg zu kommen?
3. Hast du die Adresse von Olga und Nadia?
4. Und haben wir die Zeitung von heute?
5. Hast du den Stadtplan von Berlin?

Partnerarbeit.

1. Lesen Sie zuerst jeder für sich die Situationen.
2. Wählen Sie dann eine Situation, lesen Sie sie vor und stellen Sie Ihrem Partner/Ihrer Partnerin dann die hypothetische Frage.
3. Überlegen Sie sich dann selbst eine Situation, etwas was Sie erlebt haben. Beschreiben Sie es kurz und stellen Sie dann eine ähnliche Frage mit **hätte** oder **wäre**.

1. Es ist Mitternacht und Cornelia geht zum Parkplatz, wo ihr Auto steht. Sie kann aber ihren Autoschlüssel nicht finden. Niemand ist auf der Straße außer einem Mann in einem Wagen auf der anderen Seite des Parkplatzes. Er öffnet die Autotür und ruft: Kann ich Ihnen helfen? Cornelia wird nervös und läuft weg. Was hätten Sie gemacht? Warum?

2. Thomas hatte heute einen Test. Thomas hat gesehen, dass der Student neben ihm gemogelt hat. Am Ende der Prüfung hat Thomas aber nichts gesagt. Hätten Sie etwas gesagt? Zu wem? Warum?

3. Fokko Meyer ging gestern am Kanal fischen und hat sieben Aale und drei große Fische gefangen. Seine Frau sagte, dass das Kanalwasser verpestet ist, aber Fokko war alles ganz egal, und er hat sie mit großer Begeisterung im Garten gegrillt und gegessen. Hätten Sie einen Aal oder einen Fisch gegessen, wenn der Fokko Ihnen etwas angeboten hätte? Erklären Sie Ihre Antwort.

4. Sabine und Romy wollten heute Morgen in den Urlaub fahren, aber nichts klappte. Zuerst konnte Sabine Ihren Autoschlüssel nicht finden, dann vergaß Romy ihren Pass und schließlich platzte ein Autoreifen. Sabine und Romy haben ihre Abreise auf morgen verschoben. Was hätten Sie gemacht? Warum?

5. Karl wollte am Sonntag viel unternehmen: Er wollte mit dem Rad ins Schwimmbad fahren und dann mit Freunden ein Picknick machen. Aber leider regnete es den ganzen Tag und Karl blieb zu Hause. Was hätten Sie gemacht? Wären Sie auch zu Hause geblieben?

Sprachmodell

A. *Vorbereitung*. Thema feststellen.

    1. Aus welcher Perspektive kann man ein Erlebnis beschreiben? Welches Pronomen kommt am meisten in dem Text vor?

    2. Suchen Sie jetzt im ersten Absatz die folgenden Informationen:

Datum	Länder	Stadt	Ausweise	Beruf

Datum → Beschreiben Sie den politischen Kontext in diesem Jahr.

    3. *Das Thema antizipieren*. Welcher Satz beschreibt am besten, was in dem Text zu erwarten ist.

       a. Auf der Frankfurter Buchmesse.

       b. Der erste Besuch einer DDR-Schriftstellerin in der BRD.

       c. Eine Reise in den Ostblock.

       d. Probleme von DDR-Bürgern bei der Einreise in den Westen.

B. *Erstes Lesen*. Lesetempo verbessern. Lesen Sie zuerst ziemlich schnell den ganzen Text durch. Versuchen Sie auch dann weiterzulesen, wenn Sie etwas nicht verstehen.

„Ich kam mir überflüssig vor"

DDR-Schriftstellerin Gabriele Eckart über einen Besuch in der Bundesrepublik

Vom 28. September bis zum 1. Dezember 1986 war ich zum ersten Mal in Westdeutschland. Zur Frankfurter Buchmesse, sowie zu einer Lesereise war ich eingeladen, und zu meinem Erstaunen erhielt ich ein Visum. Andere junge DDR- 5 Schriftsteller, die wie ich meist bei der Kirche lesen, bekamen—trotz ähnlicher Einladungen ihrer Verlage—das Visum nicht. Mein Staat verfährt nach der Devise „Teile und herrsche"!

Ich merkte, während ich an der Grenzüber- 10 gangsstelle Friedrichstraße glücklich meinen blauen Paß vorwies, wie leicht durch derlei Privilegien einem, der schreibt, kritisches Engagement abgekauft werden kann. Manche Schriftsteller mit Reisepaß vermögen sich kaum mehr 15 in die seelische Situation eines DDR-Bürgers hineinzuversetzen, der nie aus dem Käfig herausdarf. Dazu der Gedanke: Es könnte das letztemal sein.

Wer an der Welt gerochen hat, möchte den 20 Duft nicht mehr missen. Mithin kalkuliert man, ob bewußt oder unbewußt, sein politisches Wohlverhalten.

Was roch mir so gut? Schon das Straßenbild: Früchte zuhauf und Blumen. Ausländische Sän- 25 ger. Ich drehte mich wie ein Kreisel, aus Furcht, irgend etwas zu übersehen. Die Schaufenster der Reisebüros. Die Buchläden. Gespräche. Die für mich schwierige allmähliche Gewöhnung, in geschlossenen Räumen frei von der Leber weg 30 sprechen zu können.

Gut roch mir die Freizügigkeit, die ich, belesen in kritischer westdeutscher Literatur, nicht Freiheit nennen zu dürfen meinte. Auch war ich nur Gast und entsprechend verwöhnt als solcher. 35 Ich roch an der Oberfläche.

Nach der Euphorie der ersten Tage spürte ich Nervosität: Es schien mir zuviel des Guten. Zu viele Taxis, Bananen und Käsesorten. Im Gegensatz zur DDR stehen hier die Dinge Schlange 40 nach dem Kunden, beiderseits ein Schlangestehen.

Während ich dies verfasse, kommt aus Ostfriesland ein Brief: Schreiben Sie doch etwas über Ihre Reise—ein DDR-Indianer im Wilden 45 Westen. Aber lassen Sie die DDR heraus, die interessiert hier keinen! Leider, denke ich. Und wirklich existiert die DDR für viele Westdeutsche, die ich kennenlernte, auf dem Globus nicht. Was kann ich unter dieser Voraussetzung 50 schon erzählen.

Die Zugbremsen quietschten so fürchterlich, wie sie es, meinem Klischeebild von Westdeutschland entsprechend, nicht hätten tun dürfen. Überhaupt ging es mir zu geräuschvoll 55 zu. Und alles schien mir auch unglaublich geschwind zu gehen, die Züge, das ganze Leben. Sogar die Uhren, meinte ich, gingen hier schneller. Manchmal wähnte ich mich in einem Science-fiction-Film. Auf jeden Fall war ich im 60 Ausland, das, obschon man Deutsch sprach, mir noch ausländischer schien, als ich es für möglich gehalten hätte.

Dies aber ängstigte mich nicht. Im Gegenteil. 65

Und sportlich sind die Westdeutschen! Allenorts rannten Leute in Jogginganzügen an mir vorüber. In Parks und Wäldern hob man Hanteln, machte Klimmzüge und Strecksprünge. Davon angesteckt, fing ich mit Frühsport an, zackig und 70 in westdeutscher Geschwindigkeit. Ich rutschte aus, verrenkte mir das Schulterblatt. Danach versuchte ich nicht mehr, die Westdeutschen nachzuahmen.

Gegen Ende meiner Reise sagten mir Bekann- 75 te, es sei nun mit mir kaum mehr auszuhalten. Jedem Gespräch zwänge ich sofort die DDR mit ihrem Für und Wider auf. Wie jemand, der ein Bein verloren hat und lebenslänglich nur noch über dieses verlorene Bein sprechen kann. Ver- 80 suchte jemand, das Thema zu wechseln, fuhr ich ihm unbeherrscht über den Mund. Ich litt an einem Phantomschmerz.

So fuhr ich zurück, schweren Herzens. Vielleicht ist Haß nur eine Umkehrung von Liebe, 85 redete ich mir gut zu.

Am Bahnhof Friedrichstraße versuchte ich, zu Hause anzurufen, damit ich, wie abgemacht, abgeholt werde. Die beiden öffentlichen Telephonapparate im Bahnhofsgebäude waren ka- 90 putt. Ich bugsierte mein Gepäck mühsam zu zwei anderen Telephonapparaten. Auch sie funktionierten nicht. Am Taxistand reihte ich mich als vierzehnte in die Schlange ein. In der nächsten Viertelstunde kam kein Taxi. Dann erschien ein 95 Wagen. Wer will nach Lichtenberg? fragte der Fahrer, ich habe Feierabend. Niemand wollte nach Lichtenberg. Das Taxi fuhr leer ab.

Ich hatte es satt zu warten und begab mich zur nächstgelegenen Bushaltestelle. Laut Fahrplan 100 sollte in sechzehn Minuten ein Bus kommen. Er fiel aus. Es war kalt. Ich fror. Eine junge Frau, die vor mir Paß- und Zollkontrolle passiert hatte und ebenfalls mit umfangreichem Gepäck zwischen Telephonapparaten, Taxistand und Bushal- 105 testelle herumgeirrt war, brach in einen Weinkrampf aus. Mit der Handfläche schlug sie sich dabei immerzu gegen die Stirn. Fluchend machte ich mir Luft.

Ein Mann, der ebenfalls auf den Bus wartete, 110 versuchte, uns zu beruhigen.

Ich wünsche jedem der uns Regierenden, einem DDR-Bürger nach seiner Rückkehr aus Westdeutschland in der folgenden Stunde einmal ins Herz zu sehen. 115

C. *Zweites Lesen.* Lesen Sie den Text nochmal und geben Sie dann die Bedeutung der folgenden Worte:

Euphorie, Nervosität, Klischeebild, Hass, Liebe, Weinkrampf

Machen Sie das schnell und ohne Wörterbuch. Sie sollen versuchen diese Worte aus dem Kontext zu verstehen. Wie könnte man diese Worte kategorisieren? Was beschreiben sie?

D. *In Etappen lesen.*

Lesen Sie zuerst die drei Fragen und dann die ersten sechs Absätze. Beantworten Sie dann die Fragen.

1. Über welche Grenze kommt Gabriele Eckart? Warum und wie konnte sie kommen?
2. Was beschreibt Gabriele Eckart als positive Eindrücke? Was macht sie dann nervös? Was sind ihre negativen Gefühle? Machen Sie zwei Listen mit Stichpunkten.

Positive Eindrücke/Gefühle/Erlebnisse	*Negative Gefühle*

Lesen Sie wieder zuerst die Fragen und dann die nächsten drei Absätze.

1. Wie sollte sie über die Reise schreiben?
2. Welche Worte verwendet sie, um das Leben in Westdeutschland zu beschreiben?
3. Was sagt sie über die Westdeutschen?

Zuerst die Fragen, dann die letzten vier Absätze.

1. Was funktioniert nicht, als Gabriele Eckart wieder in der DDR ist?
2. Welche Gefühle hat sie nach ihrer Rückkehr?
3. Lesen Sie genau den letzten Satz. Paraphrasieren Sie ihn: Was sollen die Politiker in der DDR machen?

D. *Synthese/Partnerarbeit.* Suchen Sie Sätze in diesem Text, die Gefühle beschreiben. Beschreiben Sie dann mit zwei oder drei Sätzen, was Gabriele Eckart bei ihrem Besuch empfindet.

E. *Grammatikübung.* Suchen Sie 10 Verben im Präteritum. Was bedeuten sie? Was ist der Infinitiv?

Und Sie?

Beschreiben Sie ihren ersten Besuch in einem fremden Land. Was waren Ihre Gefühle? Waren sie positiv? Oder auch negativ?

Welche Malheurs wären Ihnen kürzlich beinahe passiert? Hätten Sie fast einen wichtigen Geburtstag vergessen? Einen Termin verpasst? Ihre Tasche oder Bücher oder Schlüssel irgendwo liegen gelassen?

Was haben Sie und FreundInnen kürzlich zusammen unternommen? Wessen Idee war es? Hätten Sie etwas anderes gemacht, wenn es nach Ihnen gegangen wäre? Was hätten Sie lieber gemacht?

Genau!

A. Express the following sentences using the correct indicative or subjunctive forms.

1. They would have spent the night at the friend's house if he had invited them.
2. They met him at 2:45 because they had agreed on that.
3. He would have picked them up if he had had his car.
4. He would have bought the jacket if it hadn't been so expensive.
5. She would have asked the salesperson if she had seen one.

B. Situation. Say what Jutta says.

Jutta is trying to explain to a professor why she did not do certain things and under what condition she would have done them.

1. She would have done the assignment if she had found the books.
2. She would have come to class yesterday if she hadn't overslept.
3. Her roommate would have helped her if she had not been sick.
4. She would have taken the test if the other students had told her about it.
5. She would not have taken this class if she had known more about it.

Alles zusammen

As a result of what you have learned in **Kapitel Sechzehn** you should be able to:

1. form complex sentences with various subordinating conjunctions;
2. comprehend the main ideas in longer texts and using the context and other cues to guess the meaning of words; comprehend some details;
3. identify some text types (literary, journalistic)
4. discuss hypothetical events that refer to the past.

Fragen und Aufgaben.

1. Schreiben Sie eine Biografie über eine berühmte Person.
2. Fassen Sie kurz die Geschichte der beiden deutschen Staaten zusammen. Besprechen Sie dann, wie Deutsche aus der ehemaligen DDR und BRD ihr Heimatland sehen.
3. Beschreiben Sie ein Ereignis/ein Erlebnis aus Ihrer Vergangenheit und was Sie vielleicht lieber anders gemacht hätten.

Aktives Vokabular

Preterite of verbs with separable prefixes

abtrocknen, **trocknete . . . ab**	to dry off
anfangen (fängt an), **fing . . . an**	to begin, to start
anbieten, **bot . . . an**	to offer
ankommen, **kam . . . an**	to arrive
anmachen, **machte . . .an**	to turn on
anrufen, **rief . . . an**	to call up
ansehen, **sah . . . an**	to look at
anziehen, **zog . . . an**	to dress
aufstehen, **stand . . . auf**	to get up
aufwachen, **wachte . . . auf**	to wake up
ausfüllen, **füllte . . . aus**	to fill out
ausgehen, **ging . . . aus**	to go out
aussteigen, **stieg . . . aus**	to get out, to exit
durchstreichen, **strich . . . durch**	to cross out
einschlafen, **schlief . . . ein**	to fall asleep
fernsehen, **sah . . . fern**	to watch TV
frei nehmen, **nahm . . . frei**	to take off (e.g., from work)
leicht fallen, **fiel . . . leicht**	to be easy
kennenlernen, **lernte . . . kennen**	to get to know
mitbringen, **brachte . . . mit**	to bring along
mitkommen, **kam . . . mit**	to come along
nachdenken, **dachte . . . nach**	to think over
schwer fallen, **fiel . . . schwer**	to be difficult
weggehen, **ging . . . weg**	to go away, to leave
wegnehmen, **nahm . . . weg**	to take away
zurückbringen, **brachte . . . zurück**	to take back
zurückfahren, **fuhr . . . zurück**	to drive back, to ride back
zurückkommen, **kam . . . zurück**	to come back

Inseparable prefixes

beantworten, **beantwortete**	to answer
s. beeilen, **beeilte**	to hurry
beginnen, **begann**	to begin
belegen, **belegte**	to enroll
benutzen, **benutzte**	to use
berichten, **berichtete**	to report
beschreiben, **beschrieb**	to describe
besichtigen, **besichtigte**	to view
bestehen, **bestand**	to pass
bestellen, **bestellte**	to order
empfehlen, **empfahl**	to recommend
s. entschuldigen, **entschuldigte**	to apologize
s. erinnern, **erinnerte**	to remember
s. erkälten, **erkältete**	to catch a cold
erkennen, **erkannte**	to recognize
erklären, **erklärte**	to explain
erledigen, **erledigte**	to take care off
erzählen, **erzählte**	to tell, to narrate
gefallen, **gefiel**	to please, to like
gehören, **gehörte**	to belong
überlegen, **überlegte**	to consider
übernachten, **übernachtete**	to spend the night, to stay over
verbessern, **verbesserte**	to correct
verbringen, **verbrachte**	to spend
verdienen, **verdiente**	to earn
vergessen, **vergaß**	to forget
verkaufen, **verkaufte**	to sell
verlassen, **verließ**	to leave
verlieren, **verlor**	to lose
verstehen, **verstand**	to understand

Die Geschichte der DDR

entstehen, entstand, ist entstanden	to emerge
übergeben, übergab, hat übergeben	to hand over
verkünden	to announce
fliehen, floh, ist geflohen	to flee
verhindern	to prevent
der Zusammenschluss, ¨-sse	merger
die Verfassung, -en	constitution

der Bezirk, -e	district
der Verlust, -e	loss
der Stacheldraht	barbed wire
der Zugang, ¨-e	access

Subordinating conjuctions

ehe/bis	until/before
da	because
damit	so that
falls	if
obwohl/obgleich	in spite of
sobald	as soon as
solange	as long as
seitdem	since
während	during

Ost und West

die Wende	turning point (the changes in Germany after 1989)
die Wiedervereinigung	reunification
die Vereinigung	unification
die Währungsunion	currency union
die BRD = Bundesrepublik Deutschland	Federal Republic of Germany
die DDR = Deutsche Demokratishe Republik	German Democratic Republic
die SPD = Sozialdemokratische Partei Deutschlands	German Social Democratic Party
die CDU = Christlich-Demokratische Union	German Christian Democratic Party
die CSU (Bayern) = Christlich-Soziale Union	German Christian Socialist Party (Baravia)
die Listenverbindung Bündnis 90/Die Grünen	Alliance 90/Green Party
die FDP = Freie Demokratische Partei	Free Democratic Party
die PDS = Partei des Demokratischen Sozialisten	Party of Democratic Socialism

die SED = Sozialistische Einheitspartei Deutschlands	Socialist Unity Party of Germany (former E. German Party)
der Ossi	E. German (slang)
der Wessi	W. German (slang)
die Stasi (Staatssicherheitsdienst)	E. German secret police

Berlin

die Metropole	metropolis
die Hauptstadt	capital
der Regierungssitz	seat of the government
das Wahrzeichen, -	symbol
das Brandenburger Tor	Brandenburg gate
der Reichstag	*Reichstag* building former (Nazi) parliment
Bahnhof Friedrichstraße	former border crossing from East to West Berlin
der Ku'damm = Kurfürstendamm	main avenue in Berlin
die Alliierten	Allies
der Sektor, -en	sector
die Mauer	wall
die Luftbrücke	air lift (supplies transported to Berlin by the Allies in 1948)

Hypothetische Situationen

als ob/als wenn	as if
beinah(e)/fast	almost
es sieht/sah so aus, als ob . . .	it looks/looked as if . . .
es scheint/schien, als ob . . .	it seems/seemed as if . . .
es klingt/klang so, als ob . . .	it sounds/sounded as if . . .
er/sie tut/tat so, als ob . . .	he/she acts/acted as if . . .
wenn es nach mir ginge, . . .	if it were for me . . .
wenn es nach mir gegangen wäre, . . .	if it had been for me . . .

KAPITEL SIEBZEHN

Gespräche zwischen Generationen

<u>Überblick</u>

Themen

Deutschlands Vergangenheit und
Vergangenheitsbewältigung; Gespräche,
Sprache, Sprachstile

Funktionen

Sprechen

Comparing

Engaging in discussions

Relaying what somebody else has said

Hören

Recognizing different types of quotes

Differentiating between different styles
(formal and informal)

Schreiben

Taking notes

Integrating another person's point of view

Lesen

Increasing reading speed

Ordering information chronologially

Looking for cues for point of view,
emotion, attitudes

Vokabular

Selected items from the readings

Items related to the media

Kulturelles

Sprachstil in Nachrichtensendungen

Presse und Medien

Deutsche Vergangenheit und
Generationskonflikte

Grammatik

Passive voice: with **werden** and alternate
forms

Review subjunctive with **würde**

Subjunctive for indirect speech

TEIL 17,1

Schuldig geboren

*Go first to **Teil 17,1** in your Tutorial.*

Merke

Review: werden
Ich **werde** morgen 18. Wie **wird** das Wetter morgen?
Werdet ihr morgen **essen gehen**? Oder **werdet** ihr zu Hause **bleiben**?

Taking a different point of view: the passive voice (no doer/agent)
werden + past participle
present: Die Geschichte **wird** viel gelesen.
past: Die Geschichte **wurde** von allen Studenten gelesen.
              Das Buch **ist/war geschrieben worden**.

Vokabular: Susanne

der Mörder, -	die Beteuerung, -en	verurteilen, hat verurteilt
der Offizier, -e	die Mahnung, -en	entlassen, hat entlassen
das Opfer, -	die Quälerei, -en	auffallen, ist aufgefallen
die Nazizeit		verschwinden, ist verschwunden

Sprachmodell: Susanne, 42: Die Hoffnungsvolle

Einführung: "Schuldig Geboren" von Peter Sichrovsky

Einige Jahre, bevor er "Schuldig geboren" zusammenstellte, hatte Peter Sichrovsky Gespräche mit Kindern von Juden geführt. Der Titel dieses Bandes war: *Wir wissen wohl, was gesten war, wir wissen nicht, was morgen wird.* Für sein zweites Buch führte Peter Sichrovsky Gespräche mit Kindern und Enkeln von Menschen, die im Dritten Reich den Nationalsozialismus unterstützt hatten. "Susanne, 42 — die Hoffnungsvolle" zeigt besonders deutlich, was in vielen der Gespräche hervortrat: Diese Kinder wissen sehr wenig über das Leben ihrer Eltern und Großeltern, da diese wenig über ihre Erlebnisse weitergaben. Die Nachkommen sind daher oft auf andere Informationsquellen angewiesen.

Peter Sichrovsky

SCHULDIG GEBOREN

Kinder aus Nazifamilien

Photo Researchers. Copyright © Monique Mancaeu.

A. *Vorbereitung.*

1. *Thema feststellen.* Sehen Sie sich den Titel des Buches an. Was ist das Thema? Welche Zeit in Deutschland ist das Thema? Welche Jahreszahlen sind wichtig in diesem Kontext? Welche Generation/welche bestimmte Gruppe wird in dem Buch behandelt?

SUSANNE, 42

Die Hoffnungsvolle

Sieh mich an, wie ich hier sitze. Mein Gesicht, Augen, Mund, Nase. Was siehst du? Sag mir doch einmal, was siehst du? Nehmen wir an, du triffst mich im Supermarkt. Wir stehen hintereinander an der Kasse. Ich drehe mich um, du siehst mir ins Gesicht. Du wirst nichts an mir entdecken. Nichts Besonderes. Und wenn wir heute darüber sprechen, ob ich ein
5 Kind von Mördern bin—lächerlich! Wie sieht ein Kind von Mördern aus? Sag mir doch ehrlich, wie hast du dir mich vorgestellt? Hast du überhaupt Vorstellungen, äußerliche Vorstellungen davon, wie jemand wie ich aussieht?

Gezeugt wurde ich 1944. Während vielleicht deine Großmutter in irgendeinem KZ umgebracht wurde. Oder danach, nach der Arbeit, nach Dienstschluß. Der Vater kommt
10 nach Hause und legt sich auf die Mutter. Wahrscheinlich nach dem Abendessen. Ich verstehe nicht, warum ich gerade mit dir über diese Sache sprechen soll. Aber mit irgend jemandem muß ich doch anfangen.

Du bist eigentlich der erste, der die Sache ansprechen möchte. Wahrscheinlich wird das alles eine einzige Quälerei.
15 Früher, als ich klein war, in der Schule, da gab es einige Lehrer, die darüber sprachen. Einer, der war zurückgekommen aus der Emigration. 1938 hat er Deutschland mit seinen Eltern verlassen, und 1945 kam er aus London mit der Absicht, wie er uns immer beteuerte, beim Aufbau eines neuen Deutschlands mitzuhelfen. Wie hat der sich bemüht, die Schrecken der Nazizeit möglichst realistisch darzustellen. Aber ihn machte es fertig, nicht uns. Er
20 zitterte oft am ganzen Leib, drehte sich um und wischte sich heimlich die Tränen aus den Augen. Wir ließen es über uns ergehen, wie die Messe jeden Sonntagmorgen. Die Bilder, die Filme, die Beteuerungen von ihm, die Mahnungen. Alles war eine Unterrichtsstunde wie jede andere. Es läutete, er kam herein, er packte seine Tasche aus, stellte den Filmapparat auf, legte die Rolle ein. Die Bilder liefen vor uns ab. Er las aus einem Buch, zeigte uns

25 Fotografien. Ich war damals 14 Jahre alt. Es läutete am Ende der Stunde, wir tobten herum, aßen unser Brot, und die nächste Stunde kam der Mathelehrer. Ein paar Minuten später sprach er von Geraden und Kurven.

Unser Gehirn versuchte dann mathematische Rätsel zu lösen und keine historischen. Es war alles irgendwo so sinnlos.

30 Mein Vater wurde 1948 zu zehn Jahren verurteilt. 1950 wurde er wieder entlassen. Ich war damals drei Jahre alt, als er auf zwei Jahre verschwand. Es ist mir nie aufgefallen. Ich war fünf, als er wieder zurückkam. Ich kann mich an diesen Tag sehr genau erinnern. Er war einfach plötzlich da. All das war nie ein Thema bei uns zu Hause. Mein Vater lebt heute noch. Er ist fast 90. Ein großer, stolzer Mann mit immer noch dichtem weißem Haar. Am 35 linken Arm fehlt die Hand knapp bis zum Handgelenk. Er trägt eine Prothese mit einem schwarzen Handschuh. Die Hand ist unbeweglich. Die Finger leicht angewinkelt. Er streckt sie immer so nach vorne, als wolle er einem gerade die Fland geben. Eigenartig diese Hand habe ich immer in Erinnerung, wenn ich an ihn denke. Ich verbinde mit ihm nichts Böses. Im Gegenteil. Er schlug mich nie, er schrie mich nie an. Er war ruhig und verständnisvoll. Fast 40 ein wenig zu ruhig.

"Ich erzähl dir alles, was dich interessiert. Frag mich nur", sagte er oft zu mir. Und dann kam immer wieder dieser entscheidende Satz: "Du mußt es an deine Kinder weitergeben. Es darf nie wieder geschehen." Er machte mich verantwortlich für die Zukunft. Meine Kinder sollten seine Fehler nicht wiederholen. Problem für mich war nur: Was waren eigentlich seine 45 Fehler? All diese historischen Darstellungen, diese Erzählungen waren immer so anonym.

2. Was für ein Text ist Susanne, 42: Die Hoffnungsvolle? Wählen Sie die passendsten Worte.

Biographie   *Kurzgeschichte*   *Monolog*
Roman   *Interview*   *Gespräch*   *Gedicht*

3. *Antizipieren.* Lesen Sie die Überschrift der Geschichte und den ersten Absatz. Welche Pronomen (*pronouns*) kommen vor?

B. *Erstes Lesen/Partnerarbeit.* Lesen Sie zuerst die drei Aufgaben.

1. *Die Stimmung feststellen.* Lesen Sie den ersten Absatz und wählen Sie dann Worte, die Susannes Stimmung oder Einstellung beschreiben.

agressiv   *emotional*   *freundlich*   *negativ*   *ruhig*   *positiv*   *kooperativ*

2. *Geschichtlicher Kontext.* Suchen Sie in den ersten vier Absätzen (bis Zeile 27) verschiedene Jahreszahlen. Schreiben Sie sie auf und besprechen Sie die geschichtliche Bedeutung dieser Jahre. Suchen Sie in nach Worten, die verschiedene Generationen nennen, z.B. Vater.

3. *Thema feststellen.* Was ist das Thema in den ersten sechs Absätzen? Wählen Sie die Überschrift, die Sie am besten finden und begründen Sie dann Ihre Wahl. Oder Sie können selbst eine Überschrift formulieren.

a. Ein Kind von Mördern

b. Die Mathematikstunde

c. "die Sache" und "darüber"

d. Susannes Vater

e. ??

Genau!

Indicate whether the sentence is passive or active.

1. Der Autor wird nichts entdecken.
2. Susannes Vater wurde 1948 verurteilt.
3. Der Vater wurde 1950 entlassen.
4. Es ist Susanne nicht aufgefallen, dass ihr Vater einige Jahre weg war.
5. Der Tochter wird alles berichtet.
6. Der Vater war Offizier geworden.
7. Susanne wird die Bilder nie vergessen.
8. Die Gruppe ist durch das Lager geführt worden.
9. Die Berichte waren für Susanne anonym.
10. Susanne ist mit ihrem Vater aufgewachsen.

TEIL 17,2

Susanne

*Go first to **Teil 17,2** in your Tutorial.*

Merke

Alternate passive
Den Kindern (Dat.) **wird** die Geschichte erklärt.
→ **Die Kinder** (Nom.) **bekommen** etwas **erklärt**.

Passive with modals
Den Kindern **muss** es **erklärt weiden**

Naming the doer/agent in a passive sentence
von	Ihm wurde nichts **von seinem Großvater** erzählt. (agent)
durch	Das Haus wurde **durch das Feuer** zerstört. (inanimate)
mit	Das Fenster wurde **mit einem Stein** eingeschlagen. (tool)

Vokabular: Susanne

der Nationalsozialismus

der Bombenangriff, -e

die Schuld/Mitschuld

der Häftling, -e

der/die Verfolgte, -n

das KZ, -s (das Konzentrationslager, -)

die Darstellung, -en

der Erlebnisbericht, -e

das Rätsel, -

Sprechen wir!

Assoziationen. Was assoziieren Sie mit diesen Worten?

der Nationalsozialismus   *das KZ*   *die Schuld*

Sprachmodell: Susanne, 42: Die Hoffnungsvolle (Fortsetzung)

2. Chronologie feststellen.

Suchen Sie im Text die Absätze, die Susannes Alter erwähnen. Sagen Sie zuerst etwas über diese Zeit in Deutschland und beschreiben Sie dann kurz Susannes Erinnerungen.

	ca. das Jahr/ die Zeit in Deutschland	Susannes Erinnerungen
"ich war damals drei Jahre alt" "ich war fünf" "ich war damals 14 Jahre alt" "als ich sechzehn war"		

Stern, so hieß dieser Lehrer, der aus London zurückkam, lud einmal meinen Vater in die Schule vor. Mein Vater ging auch hin. An diesem Morgen war er sehr nervös. Aber das Resultat dieses Besuches war, daß sich die beiden von diesem Tag an regelmäßig trafen. Es ging von meinem Vater aus. Der wollte ihn immer wieder sehen und mit ihm sprechen. Es
50 war immer sein größter Wunsch, daß ihn jemand verstehen könne. Und mir ist es bis heute ein Rätsel, wie er gerade mit Stern, der doch eigentlich eines seiner Opfer war, so lange und so ausführlich reden konnte. Als ich größer war, sagte er oft zu mir: "Diesen einen Krieg wollten wir damals wenigstens gewinnen. Wir wußten schon 1943, daß wir den Krieg gegen die Alliierten verlieren würden. Aber die Juden, die sollten sterben."
55 Er versuchte, es mir zu erklären, immer wieder. Ganz ruhig, ohne Geschrei. Er versuchte, mich zu gewinnen. Er wiederholte sich hunderte Male. Alles klang so einfach und logisch, wenn er es erzählte. Sogar die ärgsten Grausamkeiten hörten sich wie Reise—und Erlebnisberichte. Meist saß ich stumm vor ihm, hörte ihm zu und sagte überhaupt nichts. Oft ertappte ich mich dabei, daß ich mit den Gedanken ganz woanders war. Oder ich blickte
60 an ihm vorbei, sah aus dem Fenster, fixierte einen Punkt an der gegenüberliegenden Wand und dachte an etwas ganz anderes. Er redete in einer schläfrigen, eintönigen Stimme. Sah mich dabei, und ich hatte oft das Gefühl, als müßte ich, als würde ich gezwungen dazu, ihm ständig, auf ewig zuzuhören.

Als ich sechzehn war, fuhr er mit mir nach Auschwitz. Er kannte das Lager und hatte
65 eine Zeitlang dort gearbeitet. Wir schlossen uns einer Gruppe an, die deutsch sprach, bekamen einen deutschen Führer, einen ehemaligen Häftling. Nie werde ich diese Bilder vergessen. In der Gruppe, die durch das Lager geführt wurde, waren viele in meinem Alter. Der einzige Unterschied: Es waren Kinder von Verfolgten.

Mein Vater sprach während dieser Führung kein Wort. Später im Auto, auf dem Weg
70 zurück in die Stadt, begann er, mir zu erklären, was seiner Meinung nach der Reiseführer falsch erklärt hatte. Er sprach über die Selektionen bei der Ankunft der Häftlinge und den Berechnungen, daß es immer zwischen 60 und 70 Prozent der Ankommenden waren, die sofort ins Gas mußten. Der Rest wurde zum Arbeiten abgeführt. Der Mann, der uns durch das Lager geführt hatte, sprach angeblich nur von wenigen, die nicht sofort vernichtet worden waren.
75 Und mein Vater blieb ganz ruhig dabei. Sprach und beendete seine Rede mit der Frage: "Kannst du dir überhaupt vorstellen, wie furchtbar das alles damals war?"

Es war das Sachliche an ihm, wenn ich heute zurückdenke, was so erschreckend war. Dieses Berichten, Beschreiben, dieses sorgfältige Aneinanderreihen von Erlebnissen. Nie hatte ich ihn z.B. in Tränen gesehen. Nie hatte ich erlebt, daß er aufhörte zu reden, stockte,
80 daß er nicht imstande war, zu erzählen. Immer diese eintönigen Berichte, fast wie heruntergelesen.

Ich bin nur mit meinem Vater aufgewachsen. Meine Mutter hab ich nie gekannt. Sie starb bei einem Bombenangriff. Ich war erst ein paar Monate alt. Wir hatten dann später eine Kinderfrau zu Hause, die sich um den Haushalt und um mich kümmerte. Er behandelte

85 diese Kinderfrau immer sehr gut. Er war, wie ich schon sagte, ein ruhiger, freundlicher Mensch. Alles war seiner Meinung nach erklärbar und hatte seine eigene Logik. Begreift man erst, warum etwas geschehen ist, löst sich das Unverständnis und die grausame Phantasie in Nichts auf.

Alles, was damals geschah, war für meinen Vater ein System von Ursache und Wirkung. Sein Vater war Offizier, also wurde auch er Offizier. Seine Eltern waren begeisterte

90 Anhänger der Nazis, so wurde auch er einer. Die ganze Familie, aus der er stammt, war von Anfang an dabei. Sein Vater, den ich übrigens nie kennenlernte, da er im Krieg fiel, war sogar mit Hitler bekannt. Mein Vater erzählte manchmal, daß er Hitler in den Anfangsjahren, so zwischen 1930 und 1933, auch persönlich öfters gesehen hatte. Seine Worte dazu: "Man konnte sich seiner Anziehungskraft nicht widersetzen."

95 So war das Schreckliche, was während des Krieges geschah, für ihn auch eine Folge von Bedingungen und Umständen. Aber, wenn ich ehrlich bin: Mein Vater beschönigte nichts. Er sprach von Mördern und Verbrechen. Nie entschuldigte er oder versuchte zu erklären, daß vieles nicht stimmen würde, was heute durch die Presse geht oder in unseren Lehrbüchern stand. Aber schuldig, schuldig fühlte er sich selbst nie. Kein einziges Mal auch

100 nur, daß er einen Fehler begangen hätte oder an einem Verbrechen beteiligt gewesen wäre. Er war ein Opfer der Umstände. Und ich, ich glaubte ihm immer alles. Glaubte seinen Beteuerungen und hielt alles, was geschehen war, für einen furchtbaren Unglücksfall. Ohne ihm jemals der Mitschuld zu verdächtigen. Doch alles hat sich geändert, als mein Sohn kam und er mein Weltbild zerstörte. Aber dazu komm' ich später.

Das Gelesene zusammenfassen. Erklären Sie jetzt noch einmal, was das Thema ist, aber mit mehr Details: Was wissen wir bisher über Susannes Vater und was nicht? Stellen Sie einen kurzen "Steckbrief" zusammen.

Susannes Vater
Name:
Beruf:
Aussehen:
Charakteristiken:

Was beschäftigt Susanne besonders? Was sind ihre Gefühle und Emotionen?

Genau!

State a logical doer using **von** or **durch**.

1. Das Haus wurde _____ gekauft.
2. Dieses Gebäude ist letztes Jahr _____ zerstört worden.
3. Das Gedicht wurde _____ vorgelesen.
4. Der Schriftsteller wurde den Zuhörern _____ vorgestellt.
5. Die Tür ist _____ geöffnet worden.

TEIL 17,3

Gespräche zwischen Generationen

Go first to Teil 17,3 in your Tutorial.

Merke

The passive as a command
Hier **wird** nicht **geraucht**!
Das Zimmer **wird** jetzt **aufgeräumt**!

Subjunctive: review and expansion
Wenn der Vater mehr **spräche**, **würde** sie mehr **verstehen**.

Vokabular: Susanne

das Archiv, -e   der Verdacht   die Kollektivschuld
die Unterlagen(pl.)   die Verschleppung, -en   die Vergangenheitsbewältigung
die Quelle, -n

Sprechen wir!

Lesen Sie die Schilder und sagen Sie dann im Aktiv, was man hier nicht machen darf.

In Den Abteilen
wird nicht geraucht!

Die Gänge werden
freigehalten!

Die Fenster werden
während der Fahrt nicht geöffnet!

Hier wird nicht Ball gespielt!

Deutsch zusammen

Partnerarbeit. Formulieren Sie jetzt mit Ihrem Partner selbst ein paar Schilder.
Denken Sie an Dinge, die man im Park, im Studentenwohnheim, im Klassenzimmer,
usw. nicht machen soll oder darf.

Sprachmodell: Susanne, 42: Die Hoffnungsvolle (Fortsetzung)

A. *Zweites Lesen.* Suchen Sie die folgenden Informationen über Susanne und ihre Familie. Behandeln Sie die Fragen nicht getrennt, sondern zusammenhängend.

B. Faktische Informationen

Susanne
Wann Schule fertig?
Was studiert?
Welcher Beruf?
Namen von Ehemann und Sohn?
Beruf ihres Mannes?

Die Familie Kolleg
Was erfahren wir über die Familie Kolleg?
Was ist die Verbindung zwischen Susannes Eltern und dieser Familie?

105 Ich machte 1962 das Abitur und begann, Psychologie zu studieren. Später wechselte ich das Fach und machte meine Ausbildung als Sudienrätin fertig. Schon zu Beginn des Studiums lernte ich Horst kennen. 1965 heirateten wir und 1966 kam mein Sohn Dieter zur Welt. Mein Mann, der Horst, ist auch Lehrer. Sein Fächer sind Deutsch und Geschichte.

Dieter kam vor drei oder vier Jahren nach Hause und erzählte, er habe sich einer
110 Arbeitsgruppe angeschlossen, die sich mit der Geschichte und dem Schicksal der Juden in unserer Stadt beschäftigte. Großartig, sagte ich und war stolz auf ihn. Und Horst, der ja Geschichte unterrichtet, sagte ihm, er wolle ihm helfen, wo er könne, ob mit Hinweisen oder Büchern oder sonstwie. Horst und ich waren ganz unbefangen in dieser Sache. Sogar ein wenig stolz, daß sich unser Sohn mit solch wichtigen Dingen beschäftigte.

115 Dieter traf sich regelmäßig mit seinen Freunden. Einmal bei den Eltern des einen, einmal bei anderen und oft bei uns zu Hause. Sie wühlten in Unterlagen des Stadtarchivs, schrieben Briefe an jüdische Gemeinden und versuchten, Überlebende aus der Stadt zu finden.

Doch nach ein paar Wochen änderte sich plötzlich alles. Ich bekam ein Gefühl des Unbehagens. Dieter war kaum mehr zu Hause, jede freie Minute mit seinen Freunden
120 zusammen. Und ich spürte irgendwie, daß, je länger er sich mit der Sache beschäftige, er sich mehr und mehr uns entzog. Er sprach kaum noch über seine Arbeit mit uns, erzählte nichts mehr und wurde immer verschlossener.

Eines Tages während des Abendessens—Horst und ich versuchten, auf ihn einzureden, wir fragten ihn, wie es denn mit der Arbeit der Gruppe stünde—sah er plötzlich vom Teller
125 auf, sah mir in die Augen und sagte in einem ziemlich aggressiven Ton: "Was hat eigentlich Großvater während des Krieges gemacht?"

Ich dachte mir, gut, er interessiert sich und hat ein Recht zu wissen, was Großvater damals getan hat. Und ich sollte ihm erzählen, was ich wußte. Mein Vater war damals im Altersheim, etwa 80 km von uns entfernt, und wir besuchten ihn etwa ein–oder zweimal im
130 Monat, nahmen jedoch sehr selten Dieter mit. So erzählte ich Dieter, was ich wußte von damals, diesem Damals, das ich nur aus Berichten meines Vaters kannte. Ich versuchte zu erklären, darzustellen, zu beschreiben, erläuterte und berichtete von einer Phantasiewelt, wie ich heute weiß, die nichts mit der Realität zu tun hatte. Dieter hörte eine Weile zu, ohne mich anzusehen. Sprang dann plötzlich auf, knallte Gabel und Messer auf den Tisch, mit
135 deren Griffen er, während ich redete, auf den Tisch geklopft hatte, sah mich mit großen

verschreckten Augen an und schrie: "Du lügst, er ist ein Mörder! Du lügst, du lügst! Großvater war ein Mörder und ist ein Mörder." Immer wieder schrie er es, bis Horst aufstand und ihm eine Ohrfeige gab. Dann schrie ich die beiden an, es war schrecklich. Dieter rannte in sein Zimmer, warf die Tür zu und kam für den Rest des Abends nicht mehr zu
140 uns heraus.

Irgend etwas zerbrach in dem Jungen. Wie oft habe ich versucht, mit ihm zu reden, ihm zu erklären, was damals—dieses verdammte Damals!—geschehen ist. Ich sprach wie gegen eine Wand. Er saß vor mir, starrte auf seine Knie, krampfte die Finger ineinander und antwortete nie. Es war zwecklos. Er wollte von mir nichts hören, ebensowenig von Horst.

145 Ein paar Wochen später kam er nach Hause, holte aus seiner Schulmappe ein paar Papiere und legte sie vor mir auf den Küchentisch. Es waren alte Dokumente.

"Kennst du eine Familie Kolleg?" fragte er mich. "Nein, nie gehört", antwortete ich ihm. "Hier", er wies auf die Papiere auf die Tisch, "sie wohnten einmal in diesem Haus hier." "Du meinst, in unserem Haus?" fragte ich. Und versuchte, eines der Dokumente zu entziffern. "Ja,
150 wo wir jetzt wohnen", sagte er. Ich wußte nicht, worauf er hinauswollte. "Ja, und, was willst du damit sagen?" fragte ich ihn. "Nichts Wichtiges", antwortete er und sprach ganz ruhig. "Die Kollegs wurden 1941 abgeholt, aus diesem Haus hier, starben 1944 in Auschwitz. Dein lieber Vater ist mit deiner lieben Mutter einen Tag nach der Verschleppung hier eingezogen."

Dann riß er mir das Blatt aus der Hand und schrie mich an: "Soll ich dir vorlesen? Soll
155 ich dir vorlesen? Hier, hier steht es. 'Hier wohnten Martha Kolleg, 2 Jahre alt, Anna Kolleg, 6 Jahre alt, Fredi Kolleg, 12 Jahre alt, Harry Kolleg, 42 Jahre alt, und Susanne Kolleg, 38 Jahre alt. Abgeholt am 10. November 1941. Deportiert am 12. November 1941. Offizielles Todesdatum der Kinder und der Mutter am 14.1.1944. Vater gilt als verschollen. Ort des Todes: Auschwitz. Todesart:—' Willst du noch Genaueres wissen? Mutter? Und von
160 alldem hast du angeblich nie etwas gewußt? Von alldem hat dein Vater nie etwas erzählt?"

Ich sagte damals gar nichts. Fing nervös an, in der Küche herumzuhantieren. Wußte auch gar nicht, was ich darauf hätte sagen sollen. Vater hatte mir nie davon erzählt, daß wir in einem beschlagnahmten Haus wohnten. Ich ging immer davon aus, es sei ein alter Familienbesitz. Aber, was zum Teufel, hätte ich wirklich meinem Sohn sagen sollen? Mich
165 verbünden mit ihm und den eigenen Vater verurteilen?

Ich versuchte, mit meinem Mann darüber zu sprechen, und Horst versprach mir, mit Dieter einmal in Ruhe zu reden. Aber dieses Gespräch half uns auch nicht weiter. Im Gegenteil, mein Sohn wandte sich nun auch noch gegen meinen Mann.

Horst war auch nicht sehr geschickt mit seinem Ratschlägen. Er ist ein überzeugter
170 Anhänger der Grünen und bezeichnet sich selbst als Linken. Seiner Meinung nach sind unsere heutigen Probleme andere, z.B. ökologische und die der Atomkraft. Und in dieser Richtung versuchte er, Dieter zu beeinflussen. Sprach immer wieder davon, daß Faschismus kein Thema für jungen Deutschen heute sei und daß die Vergangenheit Vergangenheit sei und endlich vergessen werden sollte. Faschismuskritik sei eine Sache von Philosophen, nicht
175 jungen Pubertierenden. Junge Leute sollten heute demonstrieren gegen Atomkraftwerke, gegen die Verschmutzung der Umwelt. Alles andere sei gesellschaftlich bedingt und müsse im Zuge einer gesellschaftlichen Veränderung verändert werden, und dann würde es auch keinen Faschismus mehr geben, blah, blah, blah; alles ein theoretisches Gefasel, und Dieter saß vor ihm, schüttelte immer wieder den Kopf und versuchte, ihm zu widersprechen, aber
180 Horst ließ es nicht zu.

Als dann Dieter gar nichts mehr sagte und Horst weiter und weiter redete, versuchte ich, die beiden zu unterbrechen, und fragte Dieter, was er denn dazu nun sage. Dieter sah mich an, sah Horst an und sagte einen einzigen Satz: "Und was hat das alles damit zu tun, daß mein eigener Großvater ein Mörder ist?" Stand auf und ging in sein Zimmer.

185 Die nächsten Wochen waren ein Greuel. Jeden Abend Diskussionen, Schreiereien, Tränen und Beschuldigungen. Dieter und ich prallten aufeinander, wie zwei aus verschiedenen Religionen, mit verschiedenen Wahrheiten. Horst flüchtete sich vor den Fernsehapparat und mischte sich überhaupt nicht mehr ein. Hie und da kam er mit sinnlosen Ratschlägen, wir sollten doch lieber aufhören und alles nicht so ernst nehmen. Aber das half
190 uns nicht weiter; im Gegenteil. Dieter nahm alles ernst.

Langsam entwickelte sich in mir ein Gefühl der Angst, den eigenen Sohn zu verlieren. Der Bruch mit meinem eigenen Vater hatte nie stattgefunden, trotz der vielen Berichte und

Beschreibungen, die ich von ihm erfuhr. Nun mußte ich fürchten, daß sich dieser Bruch zwischen meinem Sohn und mir ereignen könnte. Ich kam in die verzweifelte Situation,
195   zwischen meinem Sohn und meinem Vater entscheiden zu müssen.

     Ich wollte es natürlich zuerst mit dem Sohn versuchen. Nachdem wir vielleicht zwei Wochen überhaupt nicht miteinander gesprochen hatten, bat ich eines Abends Dieter, mir noch einmal zuzuhören. Ich versuchte, ihm zu erklären, wie Opa mir seine Erlebnisse weitergegeben hatte, erzählte ihm von dem Besuch in Auschwitz und anderen Erlebnissen aus
200   meiner Jugend. Ich hatte die ehrliche Absicht, ihm zu zeigen, wie die Geschichte meines Vaters und die Geschichte meines Vaters und die des Nationalsozialismus an mich weitergegeben worden waren, wie ich darauf reagierte und inwieweit es mich überhaupt beschäftigte. Auch den Unterschied der beiden Generationen versuchte ich ihm klarzumachen. Wir wären doch in seinem Alter nie auf die Idee gekommen, in Arbeitsgruppen die Geschichte der Stadt
205   während der Nazizeit zu erforschen. Wie blöd und naiv und auch uninteressiert waren wir damals gegenüber der Jugend heute. Oder was auch möglich war: Wie sehr belastet dieses Thema damals noch war.

     Es war ein sehr wichtiges Gespräch damals. Dieter hörte ganz ruhig zu, stellte mir eine Menge Fragen und war nicht mehr so abwehrend. Aber ich glaube, das wichtigste für Dieter
210   war, daß ich ihm versicherte, daß ich Opa nicht um jeden Preis verteidigen würde. Daß der Großvater nicht zwischen ihm und mir stehen dürfe und er in mir nicht eine ehemalige Nationalsozialistin sehen könne, die heute immer noch an vergangenen Idealen hängt. Auch verstand er, daß es nicht so einfach ist, den eigenen Vater als Mörder zu verurteilen, wenn man ihn von dieser Seite nie erlebt oder gesehen hat und er auch nie diese Seite von
215   sich ehrlich und offen dargestellt hätte.

     Nun gut, ich bat im Grunde genommen meinen Sohn um Verzeihung und außerdem noch um mehr Verständnis für meine Situation. Außer Zweifel ließ ich meine eigene Abwehr gegen die Zeit damals und die Taten von Opa. Das war wahrscheinlich entscheidend dafür, daß Dieter und ich wieder zueinanderfanden.
220   In den Tagen nach diesem wichtigen Gespräch geschah etwas Wunderschönes für mich. Ich solidarisierte mich mit meinem Sohn—gegen den eigenen Vater. Ich interessierte mich mehr und mehr für seine Arbeit in der Gruppe, und er zeigte mir auch alles, was er mit seinen Freunden sammelte und erforschte. Seine Arbeitsgruppe kam nun immer öfter zu uns, und ich saß meist ganz still in der Ecke und hörte ihnen zu. Es war faszinierend für
225   mich, mitzuerleben, wie junge Menschen heute mit Geschichte umgingen. Diese Generation war einfach unbefangener und hatte weniger Ängste und Hemmungen.

     Aber in Ordnung war längst noch nicht alles. Immer noch besuchte ich meinen Vater jeden Sonntag, und jedes Mal, wenn ich ihn sah, nahm ich mir vor, mit ihm zu reden. Aber ich schaffte es nicht. Er konnte kaum noch gehen, hörte schlecht, und ich fuhr ihn meistens
230   im Rollstuhl durch den Park des Altheims. Ich brachte es nicht fertig, ihn auf die Umstände anzusprechen, wie er zu dem Haus gekommen war, in dem ich jetzt wohnte.

     Ich versuchte, Dieter dazu zu überzeugen, daß er mitkommen sollte, um mit Opa zu sprechen. Er wollte nicht. "Er ist dein Vater", meinte er dazu. Ich glaubte allerdings damals, daß auch ihm ein Gespräch mit Opa unangenehm sei.
235   Doch noch ein paar Wochen hatte ich Dieter so weit, daß er mitkam. Opa freute sich, als er meinen Sohn sah, er hatte ihn fast ein Jahr nicht mehr gesehen. Er fragte ihn nach der Schule, und die beiden unterhielten sich, als wären sie gute Freunde. Ich dachte damals schon, daß Dieter seine Absichten aufgegeben hätte. Aber ich täuschte mich. Nach einem anfänglichen Herumgrunde über alles mögliche kam Dieter zur Sache.
240   Er stellte meinem Vater dieselbe Frage wir mir: Ob er die Familie Kolleg kenne? Nein, antwortete dieser, er hätte nie von ihr gehört. Dieter fragte weiter, wie denn Opa zu dem Haus gekommen sei, in dem wir jetzt wohnten. Er hätte es gekauft, antwortete ihm mein Vater. Von wem denn, fuhr Dieter fort. Von einem Hausverwalter, sagte wieder Vater. Ob er denn wisse, wer vorher in dem Haus gewohnt habe, fragte ihn Dieter. Nein, wisse er nicht, sagte Vater.
245   Und so ging das Gespräch hin und her, ohne daß Dieter wirklich meinen Vater angriff. Er stellte ihm einfache Fragen, und mein Vater antwortete, ohne herumzureden, so wie er immer sprach. In mir kam langsam der Verdacht auf, daß Vater wirklich nichts wußte. Aber Dieter mit seiner fast schon penetranten Art, Fragen zu stellen, ließ nicht locker. Bis Großvater die Geduld verlor. "Was versuchst du herauszubekommen", fragte er Dieter. Und

250 Dieter erzählte ihm von der Arbeitsgruppe und den Unterlagen, die sie über das Haus gefunden hatten, von dem Nachweis der Verschleppung der Familie Kolleg, die in unserem Haus wohnte.

Aber mein Vater wehrte alles ab. Das habe er nicht gewußt, er habe das Haus ganz normal gekauft, und er würde heute zum ersten Mal davon hören, daß in dem Haus vorher 255 Juden gewohnt hätten. Dieter glaubte ihm nicht, verzichtete aber darauf, mit Opa einen Streit zu beginnen. Er flüsterte mir zu, daß es keinen Sinn habe, mit Opa darüber zu reden. Und so ließen wir es.

An diesem Tag starb mein Vater für mich. Den Menschen, den ich in die folgenden Monaten besuchte, kannte ich nicht mehr, und er interessierte mich auch nicht mehr. 260 Belangloses sprach ich vor mich hin, während ich ihn durch den Park schob, keine wirklichen persönlichen Gespräche gab es mehr. Vater war für mich seit dem Besuch mit Dieter ein Lügner. Und ich wollte gar nicht daran denken, was er mir im Laufe meine Lebens alles für Lügen erzählt hatte. Nichts war mehr sicher, alles konnte vielleicht nur teilweise oder verdreht berichtet worden sein.

265 Heute besuche ich Vater nur noch einmal pro Monat. Dieter kam seit damals nicht mehr mit. Ich fragte ihn auch gar nicht. Ich bin heute auf seiner Seite, und all meine Hoffnungen liegen bei ihm. Er ist unbeeinflußt von der Generation meines Vaters, und das ist gut so. Er wächst wesentlich freier auf als ich und ist auch lange nicht so autoritätsgläubig. Aber das entscheidende Erlebnis mit meinem Sohn ist sicherlich das Loslösen mit und durch ihn von 270 meinem Vater. Dieser alte Mann im Heim dort ist mir völlig fremd. Würde ein anderer im Rollstuhl sitzen, den durch den Garten fahre, es würde mir nicht auffallen.

Reprinted from *Schuldig Geboren: Kinder Aus Nazifamilien.* Copyright © by Kiepenheuer & Witsch.

C. Susannes Verhältnis zu ihrem Sohn. Lesen Sie, was Susanne über Dieter erzählt. Wofür interessiert sich Dieter? Beschreiben Sie, was Dieters Arbeitsgruppe macht. Was will Dieter von seinen Eltern wissen? Was ist sein Verdacht? Wie entwickelt sich das Verhältnis zwischen den Eltern und dem Sohn? Wovor hat Susanne Angst? Wie löst sie den Konflikt?

D. *Drittes Lesen.*

1. Nennen Sie zuerst nochmal die drei Generationen, die im Text vorkommen: Namen, Alter (ungefähr), Familienbeziehungen (Vater, Tocher, usw.)

2. Lesen Sie jetzt, was passiert, wenn Susanne und Dieter den Großvater besuchen. Was bedeutet der Besuch für das Verhältnis zwischen den Generationen?

E. *Interpretationsfragen.*

1. Erklären Sie, wie sich Susannes Vater zur Vergangenheit verhält? Was bedeutete das für Susanne und ihr Verständnis der Nazizeit?

2. Wie steht Dieter zur Vergangenheit? Wie beschäftigt er sich damit? Welche Probleme gibt es deshalb zwischen ihm und seinen Eltern?

3. Wie entwickelt sich die Einstellung der Hauptpersonen zur Nazizeit?

4. Wie eintwickelt sich das Verhältnis zwischen Mutter und Sohn?

5. Haben Sie Verständnis für Dieters Reaktion? Würden Sie die Wahrheit ergünden wollen oder lieber Konfrontationen vermeiden?

6. Welche Bedeutung hat der Titel "Susanne, die Hoffnungsvolle?"

F. *Übung zum Passiv.*

Sehen Sie sich die Passivsätze an. Nennen Sie das Subjekt in jedem Satz. Sind das "echte Subjekte?" Warum sind diese Sätze im Passiv (also eigentlich ohne Subjekt)?

1. Mein Vater wurde 1948 zu zehn Jahren verurteilt.
2. 1950 wurde er wieder entlassen.
3. Er sprach davon, dass die Vergangenheit vergessen werden sollte.
4. Ich wollte ihm zu zeigen, wie die Geschichte meines Vaters und die des Nationalsozialismus an mich weitergegeben worden waren.
5. Alles konnte teilweise oder verdreht berichtet worden sein.

TEIL 17,4

Sprachstile

Go first to **Teil 17,4** in your Tutorial.

Merke

Quoting others: direct and indirect speech

direct quote:	Er hat gesagt: "**Ich komme** am Wochenende."
indirect quote:	Er hat gesagt, dass **er kommt/kommen würde**.
special subjunctive:	Er hat gesagt, **er komme** morgen.
direct quote:	Er hat gesagt: "**Ich habe geschrieben**."
indirect quote:	Er hat gesagt, dass **er geschrieben hat/geschrieben hätte**.
special subjunctive:	Er hat gesagt, er **habe geschrieben**.

Recognizing the special subjunctive: media language
In der Zeitung steht, . . .
    der Bundeskanzler **sei weggefahren** und **habe** Urlaub **gemacht**.
    Ab nächster Woche **sei** er wieder in der Hauptstadt und **werde** voll seinem
        Amt **nachgehen**.

Vokabular: Zeitungen

die Presse	die Tageszeitung, -en	die Nachrichten (pl.)
das Medium, Medien	die Wochenzeitung	Politik/Wirtschaft/Sport
die Massenmedien	die Ausgabe, -n	die Reportage, -n
der Verlag, -e	der Teil, -e	der Kommentar, -e
der Herausgeber/in, -/nen	der Kiosk, -s	der Leitartikel, -
die Auflage, -n		der Stellenmarkt, ¨-e

Sprechen wir!

Zeitungen und Zeitschriften. Nennen Sie Zeitungen und Zeitschriften (aus verschiedenen Ländern) und ordnen Sie sie verschiedenen Kagegorien zu.

Tageszeitung, Wochenzeitung, Politik, Wirtschaft, Sport, Zeitschrift/Illustrierte

Was ist das? Definitionen erkennen.

Eine Zeitung, die man jeden Tag liest. →

Eine Zeitung, die man wöchentlich bekommt. →

Das Geschäft, wo man Zeitungen und Zeitschriften kauft. →

Der Teil, in dem man Ergebnisse von Fußballspielen erfahren kann. →

Der Teil, in dem man einen Job finden kann. →

Ein Artikel oder Aufsatz, mit dem jemand seine/ihre Meinung äußert. →

Zum Thema: Tageszeitungen

In Deutschland ist eine große Anzahl nationaler Tages- und Wochenzeitungen erhältlich. Viele der Zeitungen kann man nur abonnieren, also nicht kaufen, und bekommt sie dann ins Haus zugestellt. Wenn man eine Zeitung kaufen will, geht man zu einem Kiosk oder in ein Schreibwarengeschäft.

Nationale Zeitungen, z. B. die *Süddeutsche Zeitung*, die *Frankfurter Allgemeine* und *Die Welt* sind in ganz Deutschland erhältlich und haben mehr Einfluss als regionale Zeitungen. Das heißt aber nicht unbedingt, dass sie eine größere Auflage haben. Die am meisten (im In- und im Ausland) gelesene Tageszeitung ist *Bild* oder die *Bildzeitung*, die hauptsächlich über sensationelle Ereignisse und Skandale berichtet.

Lokale und regionale Zeitungen, z.B. der *Kölner Stadtanzeiger*, die *Ruhr-Nachrichten* (Dortmund), und die *Ostsee-Zeitung* (Rostock) bringen Lokalnachrichten, aber informieren Leser ebenso über nationale und internationale Ereignisse. Die wohl bekannteste Wochenzeitung ist *Die Zeit*. Sie ist politisch ziemlich einflussreich und für sie schreiben auch bekannte Leute (Politiker, Intellektuelle, Schriftsteller) Artikel und Kommentare.

Und Sie?

Welche Zeitungen lesen Sie? Amerikanische? Internationale? In verschiedenen Sprachen? Wie oft und wann lesen Sie die Zeitung? Wann und wo lesen Sie am liebsten Zeitung? Lesen Sie Zeitungen auf dem Internet? Finden Sie es besser, eine "elektronische Zeitung" zu lesen? Oder lesen Sie lieber eine "richtige" Zeitung? Warum?

Welche internationalen Zeitungen kann man an Ihrer Uni bekommen? Welche lesen Sie?

Welchen Teil lesen Sie am liebsten? Den Sportteil? Politik? Wirtschaft? Den Stellenmarkt oder Anzeigen?

Sprachmodell: Politische Äußerungen

A. *Vorbereitung*

   1. Sehen Sie sich die folgenden drei Äußerungen und entscheiden Sie dann, welche mehr formell und welche informell sind.

      Erklären Sie Ihre Entscheidung: Satzlänge, Pronomen, Vokabular, Tempusformen (*verb tenses*), Aktiv/Passiv

      a. Das Wetter is' ech super.

      b. Für morgen sind vereinzelte Schauer und Gewitter vorhergesagt.

      c. Würden Sie uns bei einem Abendessen zu Ehren von Dr. Zahns 50. Geburtstag Gesellschaft leisten?

      d. Wie wär's mit Abendessen bei uns?

      e. Allen Anwesenden sei herzlichst gedankt.

      f. Wir danken euch allen von ganzem Herzen.

      g. Die Zuschauer sahen eine einmalige Aufführung und klatschten heftig Beifall.

      h. Die Leute haben eine tolle Aufführung gesehen und heftig geklatscht.

   2. Nennen Sie verschiedene Kategorien von Fernsehsendungen. Sagen Sie dann für jede Kategorie, ob die Sprache hier eher formell oder informell ist.

B. *Erstes Hören.* Hören Sie jetzt die drei Äußerungen und ordnen Sie jede als formell oder infomell ein.

C. *Zweites Hören.* Nennen Sie das Thema in jeder Äußerung. Sie brauchen nur ein oder zwei Stichworte zu geben.

	formell	informell	Thema
Äußerung Nr. 1:			
Äußerung Nr. 2:			
Äußerung Nr. 3:			

B. *Drittes Hören.* Lesen Sie zuerst die drei möglichen Antworten.

    a. ein Gespräch unter Freunden   *b. eine Vorlesung*   *c. die Nachrichten*

Hören Sie sich noch einmal die Äußerungen an. Was ist wohl der Kontext?

Deutsch zusammen

Partnerarbei/Umfrage. 1. Füllen Sie zuerst jede/r für sich die Tabelle aus.

	regelmäßig (Std/Woche)	manchmal	salten	fast nie
Zeitung lesen				
Zeitschriften lesen				
Bücher lesen				
fernsehen				
Videos ausleihen				
ins Kino gehen				
Radio hören				

2. Vergleichen Sie, was Sie notiert haben. Wer macht was öfter, regelmäßiger, seltener, am meisten, lieber, am wenigsten?

3. Schreiben Sie fünf Vergleiche auf und teilen Sie sie der Klasse mit.

Beispiel. Erich liest öfter als ich Zeitschriften. Ich gehe regelmäßiger ins Kino.

Partnerarbeit.

1. Schauen Sie zusammen eine deutsche Zeitung an. Wählen Sie einen Artikel.

2. Suchen Sie Sätze mit Zitaten und wählen Sie die, die Sie ganz gut verstehen (nicht jedes Wort, aber ungefähr die Bedeutung).

3. Machen Sie dann zwei Listen, eine mit direkten Zitaten ("..."), die andere mit indirekten (**sei, habe, gehe...**).

TEIL 17,5

Deutsch zusammen

Go *first* to **Teil 17,5** *in your Tutorial.*

Merke

**Review: subordinate conjunctions and complex sentences
dass, weil, da, damit**
Ich denke, finde, meine, dass...
Ich stimme zu/nicht zu, dass...

Vokabular: Diskutieren und Argumentieren

die Meinung, -en
eine Meinung äußern
das Argument, -e
argumentieren
die Begründung, -en
etwas begründen

Was meinst du/meinen Sie dazu?(ihre, seine, unsere)
Darf ich etwas dazu sagen?
Moment mal! Einen Moment, bitte!
Kannst du das begründen?
Wie erklärst du das?

Zustimmen

Du hast recht./Sie haben recht.
Da stimme ich zu! Das stimmt!
Da bin ich derselben Meinung.

Nicht zustimmen

Da bin ich anderer Meinung.
Du hast unrecht.
Das stimmt nicht!

Sprechen wir!

Lesen Sie die folgenden Aussagen. Sagen Sie dann Ihre Meinung dazu. Erklären Sie, warum Sie zustimmen oder anderer Meinung sind.

"StudentInnen brauchen viel zu lange fürs Studium."

"Es ist die Pflicht aller Bürger zu wählen und an der Demokratie mitzuarbeiten."

"Kinder sollten bestraft werden, wenn sie gegen Regeln verstoßen."

"StudentInnen sollten keinen Job haben, sondern sich voll auf das Studium konzentrieren."

Und Sie?

Was sind im Moment aktuelle Themen? Worüber sprechen StudentInnen oft? Was beschäftigt sie?

Haben Sie und Ihre FreudInnen ähnliche Meinungen zu verschiedenen aktuellen Themen? Oder verschiedene?

Deutsch zusammen: Abschlussprojekte

Gruppenarbeit/Projekte. Formen Sie Gruppen mit vier Personen.

Wählen Sie ein Projekt oder Rollenspiel und lesen Sie genau die Beschreibung. Folgen Sie für die Projekte den folgenden Anleitungen:

1. Machen Sie eine Liste mit den Informationen und dem Vokabular, das Sie brauchen. Sie können Informationen in verschiedenen Kapiteln in *Deutsch zusammen* finden und sie mit anderen kombinieren.
2. Überlegen Sie dann, welche Grammatikmittel für Ihr Projekt relevant sind, z.B. Adjektive (Komparativ/Superlativ), Tempusformen (*present/past tenses*), Indikativ/Konjunktiv (*subjunctive*).

A. *Projekt. Reiseplanung.*

Sie planen zusammen eine Reise nach Europa und wollen verschiedene deutschsprachige Länder und Städte besuchen. Sie stellen die Reiseroute zusammen und eine genaue Beschreibung für FreundInnen und Familie. Für jedes Reiseziel geben Sie eine kurze Erklärung, warum es für Sie interessant ist.

1. Mit den Informationen und Materialien, die Sie gesammelt haben, wählen Sie jetzt zwei Länder und in jedem Land zwei Städte als Ihre Reiseziele.

2. Geben Sie für jedes Reiseziel geographische Informationen: die genaue Lage; Größe; Gewässer/Berge.

3. Nennen Sie jetzt historische Fakten und/oder Sehenswürdigkeiten, die dieses Ziel für Sie attraktiv machen.

4. Verteilen Sie die Beschreibung Ihrer Reiseroute und erklären Sie sie Ihren KollegInnen im Deutschkurs.

** (Vergessen Sie nicht die Anleitungen oben mit einzubauen.)

B. *Rollenspiel. Diskussion zwischen Teenagern und Eltern.*

Elke und ihre Freundin Svenja (beide 18 Jahre alt) wollen ein Wochenende in Berlin verbringen und dafür das Auto von Elkes Eltern ausleihen. Elkes Eltern sind aus verschiedenen Gründen gegen diese Reise. Verteilen Sie die Rollen: zwei Personen sind die Eltern und zwei sind Elke und Svenja.

1. Die Zweiergruppen arbeiten zuerst getrennt.

   Die Eltern: Formulieren Sie fünf Argumente gegen diese Reise.

   Elke und Svenja: Formulieren Sie drei Argumente für die Reise: warum ist sie wichtig für Sie? Was ist in Berlin interessant? Was ist das Ziel der Reise? Überlegen Sie auch, warum Eltern gegen eine solche Reise sein könnten und überlegen Sie sich dann Gegenargumente.

2. Die zwei Gruppen kommen zusammen und führen ihre Diskussion der ganzen Klasse vor. Die Zuhörer entscheiden, welche Argumente überzeugender sind.

** (Vergessen Sie nicht die Anleitungen oben mit einzubauen.)

C. *Projekt.* Gemeinschaftsraum (*commons*) im Studentenwohnheim einrichten.

Als die vier RepräsentantInnen von 80 StudentInnen in einem Studentenwohnheim haben Sie den Auftrag erhalten einen Vorschlag für einen neuen Gemeinschaftsraum zu machen. Sie werden Ihren Vorschlag schriftlich der Verwaltung vorlegen.

1. Machen Sie zuerst eine Liste mit allen Gegenständen, die der Raum haben soll (Möbel, Geschirr, Elektrogeräte, usw.) Ordnen Sie die Liste nach Priorität. Welche sind am wichtigsten? Welche weniger wichtig?

2. Machen Sie dann eine Skizze des Raumes: was soll wo stehen und warum?

3. Stellen Sie eine Präsentation zusammen, in der Sie Ihren Vorschlag vorstellen und Ihre Prioritäten erklären.

Oder:

4. Verfassen Sie dann Ihren Vorschlag als formellen Brief an die Verwaltung.

** (Vergessen Sie nicht die Anleitungen oben mit einzubauen.)

A l l e s   z u s a m m e n

As as result of what you have learned in **Kapitel Siebzehn,** you should be able to:

1. recognize the function and form of a passive construction, including the alternate passive;
2. recognize the function and form of the special subjunctive in the media;
3. relay what somebody else has said;
4. agree or disagree with somebody using appropriate expressions.

Fragen. Beantworten Sie die Fragen, oder machen Sie die Aufgabe, die beschrieben ist.

1. Wiederholen Sie fünf interessante Dinge, die Sie gehört oder gelesen haben.
2. Formulieren Sie die folgenden Sätze im Passiv:

1. Hier wird nicht geraucht.
2. Nachs wird hier kein Lärm gemacht.
3. Die Zimmer müssen geschlossen werden.
4. Tagsüber werden die Fenster geöffnet.
5. Im Park wird nicht Rad gefahren.
6. Es wird keine laute Musik gehört.

B. *Kulturelles.* Beantworten Sie die Fragen zu den Texten.

1. Was wissen Sie über Berlin? Nennen Sie drei wichtige Fakten.
2. Beschreiben Sie die politische Organisation der DDR.
3. Schreiben Sie eine kurze Biographie einer berühmten Person. (Kann aus irgendeinem Land kommen.)
4. Welche Themen, die heute wichtig für Deutsche sind, behandeln die Texte, die Sie gelesen haben?

Aktives Vokabular

auffallen, ist aufgefallen	to stand out, to attract attention
die Beteuerung, -en	
der Bombenangriff, -e	bombing raid
die Darstellung, -en	presentation
das Archiv, -e	archive
der Verdacht	suspicion
die Kollektivschuld	collective guilt
die Quelle, -n	source
die Unterlagen (pl.)	documents, papers
die Vergangenheitsbewältigung	coping, dealing with the past
die Verschleppung, -en	taking away (of a person)
entlassen, hat entlassen	to release
der Erlebnisbericht, -e	report of an event
der Häftling, -e	inmate, prisoner
das KZ, -s (das Konzentrationslager, -)	concentration camp
die Mahnung, en	reprimand
der Mörder, -/in, -nen	murderer, killer
der Nationalsozialismus	national socialism
die Nazizeit	Nazi era
der Offizier, -e	officer
das Opfer, -	victim
die Quälerei, -en	torture
das Rätsel, -	mystery, puzzle
die Schuld	guilt
die Mitschuld	shared guilt
der/die Verfolgte, -n	persecuted
verschwinden, ist verschwunden	to disappear
verurteilen, hat verurteilt	to convict

Zeitungen

die Presse	printed media, press
das Medium, Medien	media
die Massenmedien	mass
der Verlag, -e	publishing house
der Herausgeber/in, -/nen	publisher
die Auflage, -n	circulation

die Tageszeitung, -en	daily newspaper
die Wochenzeitung	weekly paper
die Ausgabe, -n	printing, edition
der Teil, -e	section, part
der Kiosk, -s	newsstand
die Nachrichten (pl.)	news
Politik	politics
Wirtschaft	economics
Sport	sports
die Reportage, -n	report
der Kommentar, -e	commentary
der Leitartikel, -	editorial
der Stellenmarkt, ¨-e	employment ads

Diskutieren und Argumentieren

die Meinung, -en	opinion
(ihre, seine, unsere) Meinung äußern	to state one's opinion
das Argument, -e	argument, statement
argumentieren,	to argue, to make a case
die Begründung, -en	reason
etwas begründen	to substantiate, to give a reason
Kannst du das begründen?	Can you/would you substantiate that?
Was meinst du/meinen Sie dazu?	What do you think about that?
Darf ich etwas dazu sagen?	May I add s.th.? May I say s.th. about that?
Moment mal! Einen Moment, bitte!	Just a minute!
Wie erklärst du das?	How do you explain that?

Zustimmen

Du hast recht/Sie haben recht.	You are right!
Da stimme ich zu! Das stimmt!	I agree! That's right!
Da bin ich derselben Meinung.	I think so, too; that's what I think, too; I agree.

Nicht zustimmen

Da bin ich anderer Meinung.	I don't agree; I don't think so.
Du hast unrecht.	You are wrong; you are not right.
Das stimmt nicht!	That's not right!

N A C H S C H L A G E - G R A M M A T I K

DEFINITE ARTICLE AND DER-WORDS

	MASC	FEM	NEUT	PL
NOM	der	die	das	die
ACC	den	die	das	die
DAT	dem	der	dem	den
GEN	des	der	des	der

The **der-** words **dieser, jeder,** and **welcher** take the same "endings" as the definite articles.

PERSONAL PRONOUNS NOMINATIVE, ACCUSATVE, AND DATIVE

	SINGULAR			FORMAL				PLURAL		
NOM	ich	du	er	sie	es	Sie	wir	ihr	sie
ACC	mich	dich	Sie	ihn	sie	Sie	wir	ihr	sie
DAT	mir	dir	ihm	ihr	ihm	Ihnen	uns	euch	ihnen

REFLEXIVE PRONOUNS

	SINGULAR			FORMAL			PLURAL		
ACC	mich	dich	sich	sich	sich	uns	euch	sich
DAT	mir	dir	sich	sich	sich	uns	euch	sich

KEY SOUNDS FOR DER- AND EIN-WORDS

	MASC	FEM	NEUT	PL
NOM	r / -	e	s / -	e
ACC	n	e	s / -	e
DAT	m	r	m	n + n
GEN	s + s	r	s + s	r

The ein-words are **ein, kein,** and the possessive adjectves **mein, dein, sein, ihr, unser, euer,** and **ihr.** They take the same "endings" as the **der**-words, except for nominative masculine and neuter, and accusative neuter, where the "ending" is missing.

Note: The dashes (-) indicate the "missing" ending on *ein*-words; the plus-signs (+) indicate additional endings on nouns.

KEY SOUNDS OF ADJECTIVES PRECEDED BY DER-WORDS

	MASC	FEM	NEUT	PL
NOM	r^e	e^e	s^e	e^{en}
ACC	n^{en}	e^e	s^e	e^e
DAT	m^{en}	r^{en}	m^{en}	n^e
GEN	s^{en}	r^{en}	s^{en}	r^{en}

KEY SOUNDS OF ADJECTIVES PRECEDED BY EIN-WORDS

	MASC	NEUT		
NOM	_ r	_ s	MASC/NOM:	Ein netter Herr
ACC		_ s	NEUT/NOM:	Ein kleines Kind
			NEUT/ACC:	Ich sehe ein schönes Haus

These are the only three instances where the adjective-ending following an **ein**-word is different than when it follows a **der**-word. The adjective compensates for the missing ending on the **ein**-word and takes a strong ending.

PREPOSITIONS AND POSTPOSITIONS

ACC	durch, für, gegen, ohne, um, bis, entlang
DAT	aus, außer, bei, mit, nach, seit, von, zu, gegenüber (von)
GEN or DAT	während, wegen, (an)statt, trotz
ACC or DAT	an, auf, in, vor, hinter, über, unter, neben, zwischen

SEIN

ich **bin**	wir **sind**
du **bist**	ihr **seid**
	Sie **sind**
er/sie/es **ist**	sie **sind**

HABEN

ich **habe**	wir **haben**
du **hast**	ihr **habt**
	Sie **haben**
er/sie/es **hat**	sie **haben**

WERDEN

ich **werde**	wir **werden**
du **wirst**	ihr **werdet**
	Sie **werden**
er/sie/es **wird**	sie **werden**

MODAL VERBS: PRESENT

	können	**wollen**	**dürfen**	**müssen**	**sollen**	**mögen**	**möchten**
ich	kann	will	darf	muss	soll	mag	möchte
du	kannst	willst	darfst	musst	sollst	magst	möchtest
er/sie/es	kann	will	darf	muss	soll	mag	möchte
Sie	können	wollen	dürfen	müssen	sollen	mögen	möchten
wir	können	wollen	dürfen	müssen	sollen	mögen	möchten
ihr	könnt	wollt	dürft	müsst	sollt	mögt	möchtet
Sie	können	wollen	dürfen	müssen	sollen	mögen	möchten
sie	können	wollen	dürfen	müssen	sollen	mögen	möchten

MODAL VERBS: SIMPLE PAST

	können	wollen	dürfen	müssen	sollen	mögen
ich	konnte	wollte	durfte	musste	sollte	mochte
du	konntest		wolltest	durftest	musstest	solltest mochtest
er/sie/es	konnte	wollte	durfte	musste	sollte	mochte
Sie	konnten		wollten	durften	mussten	sollten mochten
wir	konnten		wollten	durften	mussten	sollten mochten
ihr	konntet	wolltet	durftet	musstet	solltet	mochtet
sie	konnten		wollten	durften	musstet	sollten mochten

REGULAR AND IRREGULAR VERBS

PRESENT TENSE

sagen

ich	sage
du	sagst
er/sie/es	sagt
Sie	sagen
wir	sagen
ihr	sagt
sie	machen

SIMPLE PAST

sagen

ich	sagte
du	sagtest
er/sie/es	sagte
Sie	sagten
wir	sagten
ihr	sagtet
sie	sagten

PRESENT TENSE

fahren

ich	fahre
du	fährst
er/sie/es	fährt
Sie	fahren
wir	fahren
ihr	fahrt
sie	fahren

SIMPLE PAST

fahren

ich	fuhr
du	fuhrst
er/sie/es	fuhr
Sie	fuhren
wir	fuhren
ihr	fuhrt
sie	fuhren

PRESENT PERFECT

sagen (AUX: **haben**)
ich habe
du hast
er/sie/es hat

Sie haben   **ge**sagt

wir haben
ihr habt
sie haben

fahren (AUX: **sein**)
ich bin
du bist
er/sie/es ist

Sie sind   **ge**fahren

wir sind
ihr seid
sie sind

PAST PERFECT

sagen (AUX: **haben**)
ich hatte
du hattest
er/sie/es hatte

Sie hatten   **ge**sagt

wir hatten
ihr hattet
sie hatten

fahren (AUX: **sein**)
ich war
du warst
er/sie/es war

Sie waren   **ge**fahren

wir waren
ihr wart
sie waren

FUTURE

AUX: **werden**
ich werde
du wirst
er/sie/es wird

Sie werden   **fahren**

wir werden
ihr werdet
sie werden

IMPERATIVE

sagen
Sag das!   (informal, sg.)
Sagt das!   (informal, pl.)
Sagen Sie das!   (formal, sg. and pl.)

fahren
Fahr!   (informal, sg.)
Fahrt!   (informal, pl.)
Fahren Sie!   (formal, sg. and pl.)

GENERAL SUBJUNCTIVE

PRESENT: REGULAR VERBS

sagen (AUX: **würden**)
ich würde
du würdest
er/sie/es würde

Sie würden   sagen

wir würden
ihr würdet
sie würden

PAST SUBJUNCTIVE

sagen (AUX: **haben** → **hätt-**)
ich hätte
du hättest
er/sie/es hätte

Sie hätten   gesagt

wir hätten
ihr hättet
sie hätten

fahren (AUX: **sein** → **wär-**)
ich wäre
du wärest
er/sie/es wäre

Sie wären   gefahren

wir wären
ihr wäret
sie wären

SPECIAL SUBJUNCTIVE

PRESENT

haben (stem: **hab-**)

ich	habe
du	habest
er/sie/es	habe
Sie	haben
wir	haben
ihr	habet
sie	haben

sein (stem: **sei-**)

ich	sei
du	seiest
er	sei
Sie	seien
wir	seien
ihr	seiet
sie	seien

sagen/fahren (stems: **sag-/fahr-**)

ich	sage / fahre
du	sagest / fahrest
er/sie/es	sage / fahre
Sie	sagen / fahren
wir	sagen / fahren
ihr	saget / fahret
sie	sagen / fahren

PAST

ich **habe**	
du **habest**	
er/sie/es **habe**	
Sie **haben**	gesagt
wir **haben**	
ihr **habet**	
sie **haben**	

PAST

ich **sei**	
du **seiest**	
er/sie/es **sei**	
Sie **seien**	gefahren
wir **seien**	
ihr **seiet**	
sie **seien**	

PASSIVE VOICE

PRESENT TENSE/SIMPLE PAST TENSE

ich **werde/wurde**
du **wirst/wurdest**
er/sie/es **wird/wurde**

Sie **werden/wurden**   gefahren

wir **werden/wurden**
ihr **werdet/wurdet**
sie **werden/wurden**

PRESENT PERFECT/PAST PERFECT

ich **bin/war**
du **bist/warst**
er/sie/es **ist/war**

Sie **sind/waren**   gefahren **worden**

wir **sind/waren**
ihr **seid/wart**
sie **sind/waren**

REFLEXIVE VERBS

sich amüsieren	to have a good time, amuse oneself
sich anstrengen	to exert oneself, to make an effort
sich an/ausziehen	to get dressed/undressed
sich ärgern	to get angry
sich aufregen	to get aggravated
sich ausruhen	to rest
sich beeilen	to hurry up
sich beschweren	to complain
sich duschen	to shower
sich entschuldigen	to apologize
sich entspannen	to relax
sich erkälten	to catch a cold
sich hinlegen	to lie down
sich irren	to err, to be wrong
sich langweilen	to be bored
sich setzen	to sit down
sich schlecht/krank fülen	to feel bad/sick
sich treffen	to meet (each other)
sich überarbeiten	to work too much
sich unterhalten	to chat, to talk
sich verlaufen/verfahren	to get lost (walking/driving)
sich verspäten	to be late
sich verwählen	to dial the wrong number
sich waschen	to wash up
sich wohl fühlen (krank/schlecht)	to feel good, to feel comfortable (sick/bad)

REFLEXIVE VERB-OBJECT EXPRESSIONS

sich etwas anhören	*to listen to something*
sich etwas anschauen	*to look at something closely*
sich etwas leisten	*to afford something*
sich Rat holen	*to get advice*
sich etwas teilen	*to share something*
sich etwas überlegen	*to think about something*
sich etwas anders überlegen	*to change one's mind*
sich etwas vorstellen	*to imagine something*

IDIOMATIC VERB-PREPOSITION EXPRESSIONS

bitten um (+ acc)	*to ask for*
denken an (+ acc)	*to remember*
sich erinnern an (+ acc)	*to remember*
sich erkundigen nach (+ dat)	*to inquire about*
fragen nach (+ dat)	*to ask about*
sich freuen auf (+ acc)	*to look forward to*
sich freuen über (+ acc)	*to be glad about*
sich gewöhnen an (+ acc)	*to get used to*
handeln von (+ dat)	*to be about, to deal with*
sich informieren über (+ acc)	*to inform oneself about*
sich interessieren für (+ acc)	*to be interested in*
konzentrieren auf (+ acc)	*to concentrate on*
sich kümmern um (+ acc)	*to take care of*
lachen über (+ acc)	*to laugh about*
nachdenken über (+ acc)	*to think about, to ponder*
reagieren auf (+ acc)	*to react to*
schreiben an (+ acc)	*to write about*
sprechen mit (+ dat)	*to talk to/with*
sprechen über (+ acc)	*to talk about*
telefonieren mit (+ dat)	*to phone with*
warten auf (+ acc)	*to wait for*
sich wundern über (+ acc)	*to wonder about*

P R I N C I P A L P A R T S O F S T R O N G V E R B S

For compound verbs such as **mit•gehen**, **weg•fahren**, or **fern•sehen**, refer to the conjugation of the basic forms of **gehen** or **fahren**, and **sehen**.

INIFINITIVE	PRESENT STEM CHANGE	SIMPLE PAST	PARTICIPLE	MEANING
ab•biegen		bog...ab	ist abgebogen	*to turn*
an•fangen	(fängt...an)	fing...an	angefangen	*to begin, start*
an•rufen		rief...an	angerufen	*to call up by phone*
an•ziehen		zog...an	angezogen	*to get dressed*
auf•stehen		stand...auf	ist aufgestanden	*to get up, to rise*
auf•wachsen	(wächst...auf)	wuchs...auf	ist aufgewachsen	*to grow up*
aus•steigen		stieg...aus	ist ausgestiegen	*to get out*
beginnen		begann	begonnen	*to begin*
beschreiben		beschrieb	beschrieben	*to describe*
beitreten	(tritt...bei)	trat...bei	ist beigetreten	*to join*
bestehen		bestand	bestanden	*to pass (a test)*
bitten		bat	gebeten	*to ask, to request*
bleiben		(blieb)	ist geblieben	*to stay, to remain*
braten	(brät)	briet	gebraten	*to fry, to grill*
bringen		brachte	gebracht	*to bring*
durch•streichen		strich...durch	durchgestrichen	*to cross out*
ein•laden	(lädt...ein)	lud...ein	eingeladen	*to invite*
empfehlen	(empfiehlt)	empfahl	empfohlen	*to recommend*
entstehen		entstand	ist entstanden	*to emerge*
erhalten	(erhält)	erhielt	erhalten	*to receive*
erkennen		erkannte	erkannt	*to recognize*
essen	(isst)	aß	gegessen	*to eat*
s. ein•schreiben		schrieb...ein	eingeschrieben	*to enroll*
fahren	(fährt)	fuhr	ist/hat gefahren	*to travel, ride; drive*
finden		fand	gefunden	*to find, to think*
fliegen		flog	ist/hat geflogen	*to fly*
fliehen		floh	ist geflohen	*to flee*
frei nehmen		nahm...frei	frei genommen	*to take off*

frieren		fror	ist/hat gefroren	*to freeze*
gefallen	(gefällt)	gefiel	gefallen	*to please, to enjoy*
gehen		ging	ist gegangen	*to go*
geschehen	(geschieht)	geschah	ist geschehen	*to happen*
haben	(hat)	hatte	gehabt	*to have*
halten	(hält)	hielt	gehalten	*to keep*
hängen		hing	ist/hat gehangen	*to hang*
heben		hob	gehoben	*to lift*
heißen		hieß	geheißen	*to be called*
helfen	(hilft)	half	geholfen	*to help, to assist*
kennen		kannte	gekannt	*to know well*
kriechen		kroch	ist gekrochen	*to crawl*
lassen	(lässt)	ließ	gelassen	*to leave, to let*
laufen	(läuft)	lief	ist gelaufen	*to walk, to jog*
leicht fallen		fiel...leicht	ist leicht gefallen	*to be easy*
leihen		lieh	geliehen	*to lend*
lesen	(liest)	las	gelesen	*to read*
liegen		lag	gelegen	*to lie*
messen	(misst)	maß	gemessen	*to measure*
mit•bekommen		bekam...mit	mitbekommen	*to pick up, to hear*
nehmen	(nimmt)	nahm	genommen	*to take*
riechen		roch	gerochen	*to smell*
schießen		schoss	geschossen	*to shoot, target-shoot*
schlafen	(schläft)	schlief	geschlafen	*to sleep*
schließen		schloss	geschlossen	*to close*
schneiden		schnitt	geschnitten	*to cut*
schreiben		schrieb	geschrieben	*to write*
schreien		schrie	geschrieen	*to cry, to scream*
schwerfallen	(fällt...schwer)	fiel...schwer	ist schwer gefallen	*to be difficult for*
schwimmen		schwamm	ist geschwommen	*to swim*
sehen	(sieht)	sah	gesehen	*to see*
singen		sang	gesungen	*to sing*
sitzen		saß	gesessen	*to sit*
sprechen		sprach	gesprochen	*to speak*
streiten		stritt	gestritten	*to fight, to quarrel*
stehen		stand	gestanden	*to stand*
sterben	(stirbt)	starb	ist gestorben	*to die*
tragen	(trägt)	trug	getragen	*to carry, to wear*
(s.) treffen	(trifft)	traf	getroffen	*to meet*
trinken		trank	getrunken	*to drink*
tun	(tut)	tat	getan	*to do*
verbieten		verbot	verboten	*to forbid*
verbinden		verband	verbunden	*to connect, to bind*
s. verfahren	(verfährt)	verfuhr	verfahren	*to get lost driving*
vergessen	(vergisst)	vergaß	vergessen	*to forget*
s. verlaufen	(verläuft)	verlief	verlaufen	*to get lost walking*
verlassen	(verlässt)	verließ	verlassen	*to leave*
verlieren		verlor	verloren	*to lose*
verschieben		verschob	verschoben	*to postpone, to put off*
verschreiben		verschrieb	verschrieben	*to prescribe (medication)*
verstehen		verstand	verstanden	*to understand*
waschen	(wäscht)	wusch	gewaschen	*to wash*
werfen	(wirft)	warf	geworfen	*to throw*
wiegen		wog	gewogen	*to weigh*

GERMAN-ENGLISH VOCABULARY

A

abbiegen, bog...ab, ist abgebogen 11 *to turn*
abonnieren 4 *to subscribe*
der Abend 6 *evening;* heute Abend 6 *tonight*
das Abendessen, - 5 *dinner;* zum Abendessen essen 5 *to eat for dinner*
aber 3 *but (coordinating conjunction)*
abnehmen, nahm...ab, abgenommen 8 *to lose weight*
der Absatz, ¨-e 4 *paragraph*
abschieben, schob...ab, abgeschoben 11 *to deport*
die Abschiebung, -en 11 *deportation*
der Abschluss, ¨-e 5 *degree*
abschreiben, schrieb...ab, abgeschrieben 4 *to copy*
sich Abtrocknen, abgetrocknet 12 *to dry off*
die Adresse, -n *address*
der Advent 11 *Advent*
der Adventskalender, -11 *Christmas calendar*
die Aerobic 8 *aerobics;* Aerobic machen 8 *to do aerobics*
aggressiv 2 *aggressive*
die Aktentasche, -n 4 *briefcase*
aktiv 1 *active/energetic*
albern 15 *silly*
das Alfabet 3 *alphabet*
aktuell 3 *current*
allein 2 *alone*
allein stehend 3 *single, unmarried*
die Allergie, -n 12 *allergy;* gegen etwas allergisch sein 12 *to be allergic to something*
alles 3 *everything*
die Alliierten (pl.) 16 *Allies*
alt 1 *old*
die Altstadt, ¨-e 12; *old town;* in die Altstadt gehen 12 *to go into the old town, or city center*
als 9 *when*

der **Akademiker,** - 9 *academic (m.)*
die **Akademikerin, -nen,** - 9 *academic (f.)*
der **Amerikaner,** - 1 *American (m.)*
die **Amerikanerin, -nen** 1 *American (f.)*
sich **amüsieren** 14 *to have a good time, amuse oneself*
    an 1 *on;* **an** *(+ acc. or dat.)* 13 *at (vertical surface)*
der **Analfabet, -en** 14 *illiterate person*
    anbieten, bot...an, angeboten 16 *to offer*
(der, die, das) **ander-** 5 *other*
    anfangen (fängt an), fing...an, angefangen 16 *to begin, to start*
    angeln 8 *to fish*
der **Angestellte, -n** 5 *salaried employee (f.)*
die **Angestellte, -n** 5 *salaried employee (m.)*
die **Anglistik** 2 *English*
die **Arbeit, -en** 2 *work;* **zur Arbeit/bei der Arbeit** 2 *to work/at work*
die **Angst, ¨-e** 9 *fear;* **vor etwas Angst haben** 9 *to be afraid (of something)*
    ängstlich 9 *fearful*
    anhaben, hatte...an, angehabt 5 *to wear*
    sich etwas **anhören** 14 *to listen to something*
    ankommen, kam...an, ist angekommen 2 *to arrive*
    anmachen 2 *to turn on(e.g. an appliance)*
der **Anorak, -s** 3 *parka, windbreaker*
die **Anrichte, -n** 13 *buffet*
    anrufen, rief...an, angerufen 4 *to call on the phone*
    anschauen 4 *to watch;* sich etwas **anschauen** 14 *to look at something closely*
    sich etwas **ansehen, sah...an, angesehen** 14 *to watch something*
die **Ansichtskarte, -n** 11 *postcard*
    anstatt 14 *instead (genetive preposition)*
    ansteckend 12 *contagious*
    anstelle 14 *instead (genetive preposition)*
    sich **anstrengen** 14 *to exert oneself, to make an effort*
    anstrengend 8 *exhausting*
die **Antwort, -en** 4 *answer*
    antworten *(+dat)* 2 *to answer*
der **Anwalt, ¨-e** 1 *lawyer (m.)*
die **Anwältin, -nen** 1 *lawyer (f.)*
    anziehen, zog...an, angezogen 5 *to pull on, to put on;* sich **anziehen** *to dress*
        oneself
der **Anzug, ¨-e** 3 *men's suit*
der **Apfelsaft, ¨-e** 5 *apple juice*
die **Apotheke, -n** 12 *pharmacy*
der **Apotheker,** - 5 *pharmacist (m.)*
die **Apothekerin, -nen** 5 *pharmacist (f.)*
der **April** 6 *April*
die **Arbeit, -en** 4 *report, term paper*
    arbeiten 2 *to work*
der **Arbeitnehmer,** - 11 *employee (m.)*
die **Arbeitnehmerin, -nen** 11 *employee (f.)*
der **Arbeitskollege, -n** 4 *colleague (m.)*
die **Arbeitskollegin, -nen** 4 *colleague (f.)*
der **Architekt, -en** 5 *architect (m.)*
die **Architektin, -nen** 5 *architect (f.)*

die **Architektur** 2 *Architecture*
das **Archiv, -e** 17 *archive*
der **Ärger** 12 *anger*
sich **ärgern (über)** 14 *to get angry (about)*
das **Argument, -e** 17 *argument*
    argumentieren 17 *to present arguments*
    arm 1 *poor*
der **Arm, -e** 12 *arm*
das **Armband, ¨-er** 3 *bracelet*
die **Armbanduhr, -en** 3 *wrist watch*
der **Arzt, ¨-e** 5 *doctor (m.)*
die **Ärztin, -nen** 1 *doctor (f.)*
der **Assistent, -en** 1 *assistant (m.)*
die **Assistentin, -nen** 1 *assistant (f.)*
    auch 3 *also*
das **Asyl** 11 *(political) asylum*
    auf 1 *open;* **auf** *(+ acc. or dat.-)* 13 *on top of (horizontal surface)*
die **Aufenthaltserlaubnis, -se** 11 *permanent residence permission*
die **Aufgabe, -en** 4 *assignment, task*
die **Auflage** 17 *circulation*
    aufmachen 2 *to open*
    aufräumen, aufgeräumt 13 *to clean up, tidy up*
    sich **aufregen** 14 *to get aggravated*
der **Aufschnitt** *(sing. only)* 5 *cold cuts*
    aufstehen, stand...auf, ist aufgestanden 2 *to stand up, to get up*
    aufwachsen, wuchs...auf, aufgewachsen 9 *to grow up*
das **Auge, -n** 12 *eye*
die **Augenbraue, -n** 12 *eyebrow*
der **August** 6 *August*
    aus 1 *off,* 2 *from*
die **Ausdauer** 8 *endurance*
    außer 12 *besides, but, except for;* **auberdem** 12 *additionally;* **auber sich sein** 12 *to be beside oneself*
    außerhalb 14 *outside of (genetive preposition)*
    ausfüllen 4 *to fill out*
die **Ausgabe, -n** 17 *edition*
    ausgehen, ging...aus, ist ausgegangen 6 *to go out for entertainment*
das **Ausgehverbot** 9 *prohibition to go out*
das **Ausland** 14 *abroad;* **ins Ausland fahren** 14 *to travel abroad, to go abroad*
der **Ausländer, -** 11 *foreigner (m.)*
die **Ausländerin, -nen** 11 *foreigner (f.)*
die **Ausländerfeindlichkeit** 11 *hostility toward foreigners*
    sich etwas **ausleihen, lieh...aus, ausgeliehen** 11 *to borrow*
    ausmachen 2 *to turn off*
    auspacken 11 *to unwrap*
    ausradieren 4 *to erase*
sich **ausruhen** 14 *to rest*
    aussteigen, stieg...aus, ausgestiegen 16 *to get out, to exit*
    auswandern 14 *to emigrate*
der **Ausweis, -e** 4 *ID card*
    auswendig 4 *by heart;* **auswendig lernen** 4 *to memorize*
    ausziehen, zog...aus, ausgezogen 5 *to pull off, to take off;*

sich **ausziehen** *to undress oneself*

der **Auszubildende**, -n (**Azubi**, -s) 5 *job trainee (f.)*

die **Auszubildende**, -n (**Azubi**, -s) 5 *job trainee (m.)*

das **Auto**, -s 4 *automobile, car*

der **Autohändler**, - 5 *car dealer (m.)*

die **Autohändlerin**, -nen 5 *car dealer (f.)*

der **Autoschlüssel**, - 4 *car key*

B

das **Baby**, -s 3 *baby*

der **Bach**, ¨-e *stream, brook*

der **Backofen**, ¨- 13 *oven*

backen, buk, gebacken 7 *to bake*

der **Bäcker**, - 5 *baker (m.)*

die **Bäckerei**, - en 12 *bakery*

die **Bäckerin**, -nen 5 *baker (f.)*

der **Fleischer**, - 5 *butcher (m.), butcher shop*

das **Bad**, ¨-er 12 *bathroom, bath*

der **Badeanzug**, ¨-e 3 *swimming suit*

die **Badehose**, -n 3 *swimming trunks*

baden 8 *to swim, to bathe*

die **Badewanne**, -n 13 *bath tub*

das **Badezimmer**, - 12 *bathroom*

der **Bahnhof Friedrichstraße** 16 *Friedrichstraße station (former bordercrossing from East to West Berlin)*

der **Bahnhof**, ¨-e 12 *train station*

bald 2 *soon*

der **Balkon**, ¨-e 12 *balcony*

der **Ball**, ¨-e 6 *ball*

die **Bank**, -en 12 *bank*

die **Bankfrau**, -en 5 *banker (f.)*

der **Bankier**, -s 5 *banker (m.)*

der **Bart** 12 *beard, mustache*

der **Basketball**, ¨-e 8 *basketball;* **Basketball spielen** 8 *to play basketball*

basteln 7 *to make*

der **Bauarbeiter**, - 5 *construction worker*

der **Bauch**, ¨-e 12 *tummy*

bauen 7 *to build*

der **Bauer**, - 5 *farmer (m.)*

die **Bäuerin**, -nen 5 *farmer (f.)*

die **Baumwolle** 3 *cotton*

der **Beamte**, -n 5 *civil servant (m.)*

die **Beamtin**, -nen 5 *civil servant (f.)*

etwas **beantworten** (+ acc.) 13 *to answer something*

der **Becher**, - 13 *mug, cup*

bedeuten 4 *to mean*

die **Bedeutung**, -en 14 *meaning*

sich **beeilen** 14 *to hurry up*

befreundet mit (+ dat) 13 *to be friends with*

begeistert von (+dat) 13 *to be enthusiastic about*

beginnen, begann, begonnen 10 *to begin*

begründen 17 *to give a reason*

die Begründung, -en 17 *reason, reasoning*

das Bein, -e 12 *leg*

bekommen, bekam, bekommen 10 *to get, to receive*

belegen 2 *to enroll (in)*

benutzen 10 *to use*

der Berg, -e 6 *mountain*

berichten 11 *report, tell*

der Beruf, -e 5 *occupation, profession, vocation;* **von Beruf** 5 *by trade/occupation*

berühren 10 *to touch*

die Bescherung, -en 11 *gift opening*

beschreiben, beschrieb, beschrieben 10 *to describe*

sich beschweren 14 *to complain*

besorgen 11 *to buy*

besprechen (i), besprach, besprochen 4 *to discuss*

besser 2 *better*

das Besteck, -e 13 *cutlery, silverware*

bestehen, bestand, bestanden 4 *to pass*

bestellen 3 *to order*

bestimmt 3 *definitely*

besuchen 4 *to visit*

die Beteuerung 17 *assertion*

der Beton 1 *concrete;* **aus Beton** 1 *made of concrete*

die Betriebswirtschaft 2 *Business*

das Bett, -en 13 *bed*

sich bewerben um, bewarb, beworben 4 *to apply for*

die Bewerbung, -en 5 *application*

bewirken 10 *to cause, to bring about*

bewölkt 3 *cloudy*

bevor 9 *before*

die Bezahlung 5 *pay*

die Beziehung, -en 14 *relationship*

der Bezirk, -e 16 *district*

die Bibliothek, -en 2 *library*

das Bier, -e 5 *beer*

der Bikini, -s 3 *two-piece swimming suit*

das Bild, -er 1 *drawing, picture photo*

billig 1 *cheap*

die Biologie 2 *Biology*

bis 16 *until, before (subordinating conj.)*

bisschen 3 *little;* **ein bisschen** 3 *a little, a little bit*

bitten, bat, gebeten 13 *to ask;* **bitten um** (+acc.) 13 *to ask for*

das Blatt, ¨-er 4 *piece of paper*

blau 1; *blue;* **hellblau** 3 *light blue*

der Blazer, - 3 *blazer (women)*

bleiben, blieb, ist geblieben 2 *to stay*

der Bleistift, -e 1 *pencil*

blitzen 3 *to flash (lightning)*

die Blume, -n 7 *flower*

der Blumenstrauß, ¨-e 11 *flower arrangement, flower bouquet*

die Bluse, -n 3 *blouse, woman's shirt*

der Bombenangriff, -e 17 *bombing*

das **Boot, -e** 8 *boat;* **Boot fahren, fuhr, ist/hat gefahren** 8 *to ride a boat*
    ein Boot mieten 8 *to rent a boat*
    sich etwas burgen 11 *to borrow*
    böse 1 *angry;* **böse auf** *(+acc.)* 13 *to be angry with*
das **Bowling** 8 *bowling;* **Bowling spielen gehen, ging, ist gegangen** 8 *to go bowling*
das **Brandenburger Tor** 16 *Brandenburg gate*
die **Bratpfanne, -n** 13 *frying pan, skillet*
der **Brauch, ¨-e** 11 *custom*
    brauchen 5 *to need*
    braun 1 *brown*
die **BRD** 14 *Bundesrepublik Deutschland*
sich **etwas brechen** 12 *to break something (e.g. arm, leg)*
    breit 1 *wide*
der **Brief, -e** 4 *letter*
die **Briefmarke, -n** 7 *stamp*
die **Brieftasche, -n** 4 *wallet*
die **Brille, -n (sing)** 3 *glasses*
    bringen, brachte, gebracht 2 *to bring*
die **Bronzemedaille, -n/Bronze** 8 *bronze medal*
das **Brot, -e** 5 *bread*
das **Brötchen, -** 5 *roll*
der **Brotkorb, ¨-e** 13 *bread basket*
der **Bruder, ¨-** 4 *brother*
die **Brust, ¨-e** 12 *chest*
das **Buch, ¨-er** 1 *book*
das **Bücherregal, -e** 13 *book shelf*
die **Buchhandlung, -en** 12 *book shop*
    buchstabieren 4 *to spell*
der **Bummel** 6 *stroll,* **einen Bummel machen** 6 *to go window shopping*
    bummeln 6 *to stroll in the city, to window shop*
das **Bundesland, ¨-er** 12 *federal state*
    Bungee springen, sprang, ist gesprungen 8 *to bungee jump*
    bunt 1 *colorful, multi-colored*
die **Burg, -en** 12 *fortress*
das **Bürogebäude, -** 12 *office building*
    bürsten 12 *to brush;* **sich die Haare bürsten** 12 *to brush one's hair*
der **Bus, -se** 4 *bus*
der **Busen, -** 12 *bosom*
der **Büstenhalter (der BH)** 3 *bra*
die **Butter** 5 *butter*
die **BWL (Betriebwirtschaftslehre)** 2 *Business*

C

das **Café, -s** 12 *café*
die **CD, -s** 11 *CD*
der **CD-Spieler, -** 4 *CD player*
die **CDU (Christlich-Demokratische Union)** 16 *German Christian Democratic Party*
der **Chanukka** 11 *Hanukkah*
der **Chef, -s** 1 *boss, superior (m.)*
die **Chefin, -nen** 1 *boss, superior (f.)*

die Chemie 2 *Chemistry*
das Cholesterin 8 *cholesterol*
der Christbaum, ¨-e 11 *Christmas tree*
der Christbaumschmuck 11 *Christmas tree decoration*
der Computer, - 1 *computer*
das computertoto, -s 11 *computer photo*
der Computerprogrammierer, - 5 *computer programmer (m.)*
die Computerprogrammiererin, -nen 5 *computer programmer (f.)*
das Computerspiel, -e 7 *computer game*
die Cornflakes *(pl.)* 5 *cereal*
die Couch, -es 13 *sofa, couch*
der Couchtisch, -e 13 *coffee table*
der Cousin, -s 4 *cousin (m.)*
die Cousine, -n 4 *cousin (f.)*
die CSU (Christlich-Soziale Union) 16 *German Christian Socialist Party (Bavaria)*

D

da 2 *there*; da 16 *because, since (subordinating conj.)*
da drüben 2 *over there*
der Dachboden, ¨-n 12 *attic*
der Dackel, - 4 *dachshund*
dahin 2 *[to] there*
die Dame, -n 3 *lady*
die Damenkleidung 3 *women's clothing*
damit 16 *so that (subordinating conj.)*
danach 9 *after, afterwards*
danken 12 *to thank*
dann 9 *then*
die Darstellung 17 *representation, description*
das Datum, Daten 5 *date*
dauern 6 *to last*
die Decke, -n 1 *ceiling*
delikat 15 *delicious, subtle*
denken, dachte, gedacht 13 *to think*; denken an *(+acc.)* 13 *to think about, to remember*
deprimiert 1 *depressed*
das Deutsch 2 *German language*
deutsch 1 *German (adj)*
der Deutsche, -n 1 *German (f.)*
die Deutsche, -n 1 *German (m.)*
der Dezember 6 *December*
das Dia, -s 11 *slide*
dick 1 *thick, fat*
die Diele, -n 12 *entrance hall*
der Dienstag, -e 6 *Tuesday*
dies- 2 *this*
das Digitalvideo, -s 7 *digital video, DVD*
das Ding, -e 1 *thing*
die Disco, -s 7 *discotheque*; in die Disco gehen, ging, ist gegangen 7 *to go to a disco*
der Dom, -e 12 *cathedral*

donnern 3 *to thunder*

der Donnerstag, -e 6 *Thursday*

das Dorf, ¨-er 6 *village*

dort 2 *there*

dort drüben 2 *over there*

dorthin 2 *to there*

draußen 3 *outside, outdoors*

das Drehbuch, ¨-er 7 *screenplay*

der Drehort, -e 7 *location of filming*

dreieckig 1 *triangular*

drinnen 8 *inside, indoors*

die Drogerie, -n 12 *drugstore*

dumm 1 *dumb*

dunkel 1 *dark*

dünn 1 *thin, skinny*

durch 6 *through*

durchstreichen, strich...durch, durchgestrichen 4 *to cross out*

dürfen 5 *to be permitted to, allowed to*

durstig 1 *thirsty*

die Dusche, -n 13 *shower*

E

die/das E-Mail 11 *e-mail*

die Ecke, -n 1 *corner*

eckig 1 *cornered/angular*

ehe 16 *until, before (subordinating conj.)*

die Ehefrau, -en 3 *wife*

der Ehemann, ¨-er 3 *husband*

das Ei, -er 5 *egg*

ein 4 *a/an, one;* ein paar 5 *a few*

einmal(zweimal, dreimal) 6 *once, twice, three times*

der Eindruck, ¨-e 14 *impression*

einfach 1 *easy*

das Einfamilienhaus, ¨-er 12 *single-family home*

einfarbig 1 *one colored*

einige 5 *some (pl)*

das Einkaufszentrum, -zentren 12 *shopping center*

das Einkommen, - 5 *income*

einladen, lud...ein, eingeladen 7 *to invite*

einpacken 11 *to wrap*

einschlafen, schlief... ein, ist eingeschlafen 10 *to fall asleep*

einrichen, eingerichtet 13 *to furnish (an apartment)*

einwandern 14 *to immigrate*

das Eis 3 *ice; also: ice cream*

Eis laufen 8 *to ice-skate*

eisgekühlt 15 *chilled*

das Eishockey 8 *hockey*

der Elektriker, - 5 *electrician (m.)*

die Elektrikerin, -nen 5 *electrician (f.)*

der Ellbogen, - 12 *elbow*

die Eltern 4 *parents*

der **Emigrant,** -en 14 *emigrant (m.)*
die **Emigrantin,** -nen 14 *emigrant (f.)*
die **Emotion,** -en 9 *emotion*
    empfehlen, empfahl, empfohlen 10 *to recommend*
das **Empfehlungsschreiben,** - 5 *letter of recommendation*
    eng 1 *narrow*
der **Engländer,** -1 *British (m.)*
die **Engländerin,** -nen 1 *British (f.)*
das **Englisch** 2 *Englisch language*
    englisch 1 *Englisch (adj)*
der **Enkel,** - 4 *grandson*
die **Enkelin,** -nen 4 *granddaughter*
das **Enkelkind,** -er 4 *grandchild*
    entdecken 11 *to discover*
    entfernt 6 *distant, remote*
    entlang 6 *along (postposition)*
    entlassen, entlies, hat entlassen 17 *to release*
sich **entschuldigen** 14 *to apologize*
sich **entspannen** 14 *to relax*
    entstehen, entstand, ist entstanden 16 *to emerge, to come into being*
    entzündet 12 *infected*
die **Entzündung,** -en 12 *infection, inflammation*
das **Ereignis,** -se 11 *event*
    erinnern 10 *to remind;* sich **erinnern** *(an)* 14 *to remember*
die **Erinnerung,** -en 10 *memory*
sich **erkälten** 13 *to catch a cold*
die **Erkältung,** -en 12 *cold;* **eine leichte/schwere Erkältung haben** 12 *to have a light/bad cold*
    erkennen, erkannte, erkannt 11 *to recognize*
    erklären 4 *to explain*
sich **erkundigen nach** *(+dat.)* 14 *to inquire about*
    erlauben 9 *to allow*
das **Erlebnis,** -se 9 *experience*
der **Erlebnisbericht,** -e 17 *account of an event*
    erledigen 10 *to take care off*
die **Ernährung** 8 *nutrition*
das **Erntedankfest (Thanksgiving)** 11 *Thanksgiving*
    erschöpft 8 *exhausted;* **erschöpft sein, war, ist gewesen** 8 *to be exhausted*
    erst 9 *only*
    erzählen 9 *to tell, to narrate*
    essen (isst), aß, gegessen 2 *to eat;* **essen gehen, ging, ist gegangen** 7 *to go out to eat;* **zum Essen ausgehen, ging...aus, ist ausgegangen** 7 *to go out to eat*
der **Esstisch,** -e 13 *dining table*
das **Esszimmer,** - 12 *dining room*
    etwas 3 *some, something, a little;* **etwas von zu Hause bekommen** 4 *to get something from home*
die **EU (Europäische Union)** 14 *European Union*
die **Europameisterschaft,** -en 8 *European Championship*
das **Examen,** - 4 *comprehensive exam*

F

das **Fachgeschäft, -e** 12 *store, specialized store*

fahren (ä), fuhr, ist/hat gefahren 2 *to drive, to ride*

die **Fahrenheit** 6 *fahrenheit (32 F = 0 Celsius)*

das **Fahrrad, ¨-er** 4 *bicycle, bike*

fallen (ä), fiel, gefallen 16 *to fall*

falls 16 *if (subordinating conj.)*

falsch 1 *wrong*

die **Familie** 4 *family*

das **Familienmitglied, -er** 4 *family member*

die **Fantasie** 5 *imagination*

die **Farbe** 1 *color*

der **Fasching** 11 *carnival*

die **Fasnacht** 11 *carnival*

der **Fastenmonat** 11 *Ramadan; lit.: month of fasting*

die **Fastnacht** 11 *carnival*

faul 1 *lazy*

faulenzen gefaulenzt 7 *to be lazy, to "hang out"*

hören 7 *to hear, to listen;* **Radio hören** *to listen to the radio*

die **FDP (Freie Demokratische Partei)** 16 *German Free Democratic Party*

der **Februar** 6 *February*

der **Federball, ¨-e** 8 *badminton ball*

Federball spielen 8 *to play badminton*

fehlen 12 *to be lacking;* **was fehlt dir?** 12 *what's wrong with you?*

der **Fehler, -** 4 *mistake*

die **Feier, -n** 11 *celebration*

feiern 11 *to celebrate*

der **Feiertag, -e** 11 *holiday*

feindselig 11 *hostile*

das **Fenster, -** 1 *window*

die **Ferien (pl.)** 6 *vacation, holiday;* **Ferien haben** 6 *to be on vacation*

der **Fernseher, -** 1 *TV set;* **im Fernsehen** *on TV*

das **Fernsehprogramm, -e** *TV guide*

die **Fernsehsendung, -en** *TV show*

die **Fernsehzeitung, -en** 7 *TV guide*

fernsehen, sah...fern, ferngesehen 4 *to watch TV*

das **Fest, -e** 7 *fest, party, celebration;* **ein Fest feiern** *to celebrate, to have a party*

feucht 3 *damp*

die **Feuerwehrfrau, -en** 5 *fireman (f.)*

der **Feuerwehrmann, ¨-er** 5 *fireman*

das **Fieber** 12 *fever;* **Fieber haben** 12 *to have a fever*

die **Figur, -en** 7 *figure*

der **Film, -e** 7 *film, movie*

filmen 7 *to film*

finden, fand, gefunden 2 *to find*

der **Finger, -** 12 *finger*

der **Fingernagel, ¨-** 12 *finger nail*

der **Fisch, -e** 4 *fish*

fischen 8 *to fish*

fit 8 *fit;* **fit sein** 8 *to be fit;* **fit werden** 8 *to get fit, in good shape*

das **Fitnesscenter,** - 8 *fitness center;* **ins Fitnesscenter gehen** 8 *to go to the fitness center*
der **Flaschenöffner,** - 13 *bottle opener*
das **Fleisch** 5 *meat*
der **Fleischer** 5 *butcher (m.)*
die **Fleischerin, -nen** 5 *butcher (f.)*
fleißig 1 *hard-working*
fliegen, flog, ist/hat geflogen 8 *to fly;* **Drachen fliegen, flog, ist/hat geflogen** 8 *to hangglide*
fliehen, floh, ist geflohen 16 *to flee*
der **Flohmarkt, ¨-e** 12 *flea market*
der **Flughafen, ¨-** 12 *airport*
das **Flugzeug,-e** 12 *airplane*
der **Flur, -e** 12 *hallway*
der **Fluss, ¨-e** 6 *river*
die **Form, -en** 1 *shape*
das **Formular, -e** 4 *(official) form*
der **Forscher,** - 5 *researcher*
die **Forscherin, -nen** 5 *researcher*
das **Foto, -s** 7 *photo*
der **Fotoapparat, -e** 7 *camera*
das **Fotogeschäft , -e** 12 *photo store*
der **Fotograf, -en** 5 *photographer (m.)*
die **Fotografin, -nen** 5 *photographer (f.)*
fotografieren 7 *to take pictures*
die **Frage, -n** 4 *question*
der **Fragebogen, ¨-** 4 *questionnaire*
fragen 2 *to ask;* **fragen nach** 13 *to ask about*
die **Frau, -en** 3 *woman; also: wife*
das **Fräulein, -s** 3 *young lady (traditional address)*
das **Freibad, ¨-er** 12 *outdoor pool*
(sich) frei nehmen, nahm...frei, frei genommen 16 *to take off (e.g. from work)*
der **Freitag, -e** 6 *Friday*
fremd 11 *foreign, strange;* **jmd (dat.) fremd sein** *to be foreign to somebody*
die **Fremdsprache, -n** 4 *foreign language*
sich freuen 14 *to be happy;* **sich freuen auf (+acc)** 14 *to look forward (to something);* **sich freuen über (+acc)** 14 *to be happy about something*
der **Freund, -e** 3 *friend (m.)*
die **Freundin, -nen** 3 *friend (f.)*
freundlich 1 *friendly;* **freundlich zu** 13 *to be friendly to*
der **Friedhof, ¨-e** 12 *cemetery*
frieren, fror, ist/hat gefroren 3 *to freeze*
frisch 15 *fresh*
der **Frisör, -e** 12 *hairdresser (m.), hair salon*
die **Frisöse, -n** 12 *hairdresser (f.), hair salon*
froh 1 *glad;* **froh über (+acc.)** 13 *to be glad about, to be pleased*
fruchtig 15 *fruity*
früh 2 *early;* **früher** 9 *formerly, earlier*
frühestens 6 *at the earliest*
das **Frühjahr** 3 *spring*
das **Frühjahrssemester** 9 *spring semester*
der **Frühling** 3 *spring*
fühlen 10 *to feel*

der Führerschein, -e 4 *driver's license*
für 6 *for, in favor of*
furchtbar 3 *terrible, terribly*
der Fuß, ¨-e 12 *foot;* zu Fuß 4 *by foot;* der Fuß 6 *foot (0,3 Meter)*
der Fußball, ¨-e 8 *soccer; also: soccer ball;* Fußball spielen 8 *to play soccer*
die Fußgängerzone, -n 12 *pedestrian zone*

G

die Gabel, -n 13 *fork*
die Gameshow, -s 7 *game show*
ganz 1 *functioning, working; also: quite + adjective, adverb*
die Garage, -n *garage*
der Garten, ¨- 12 *porch, yard*
der Gärtner, - 5 *gardener (m.)*
die Gärtnerin, -nen 5 *gardener (f.)*
das Gasthaus, ¨-er (ins) 12 *restaurant; lit: guest house*
das Gebäck 7 *pastry*
das Gebäude, - 12 *building, structure*
geben, gab, gegeben 10 *to give*
der Geburtstag, -e 11 *birthday*
gegen 6 *against, not in favor of, opposed to*
der Gegenstand, ¨-e 14 *thing, object*
das Gegenteil, -e 1 *opposite*
das Gehalt, ¨-er 5 *salary*
gehen, ging, ist gegangen 2 *to go;* zu Fuß gehen 4 *to walk, to go by foot*
das Gehirn 12 *brain*
gehören (+dat.) 12 *to belong*
gelb 1 *yellow*
das Geld, -er 4 *money*
die Geldbörse, -n 4 *wallet, purse*
die Gemeinde, -n 12 *municipality*
das Gemüse *(sing. only)* 5 *vegetables*
gerade 1 *straight*
geradeaus 12 *straight, straight ahead*
das Gerät, -e 4 *appliance;* 8 *machine, weights*
  an die Geräte gehen, ging, ist gegangen 8 *to work on machines, to lift weights*
die Germanistik 2 *German, German Studies*
gern 2 *like to*
das Geschäft, -e 12 *store*
die Geschäftsfrau, -en 5 *businessman/businesswoman*
die Geschäftsleute 5 *business people*
der Geschäftsmann, ¨-er 5 *businessman/businesswoman*
das Geschenk, -e *present, gift*
das Geschenkpapier 11 *gift wrap*
die Geschichte, -n 2 *story; History*
geschieden (von) (+dat.) 13 *to be divorced (from)*
das Geschirr 13 *dishes*
das Geschlecht, -er 14 *gender, sex*
geschlechtslos 14 *genderless*
das Geschoss, ¨-e 12 *floor, storey*

die **Geschwister** (pl.) 4 *siblings*
gesellig 1 *outgoing, sociable*
das **Gesicht**, -er 12 *face*
gestern 9 *yesterday*
gestreift 3 *striped*
gesund 1 *healthy*
geschehen, geschah, ist geschehen 10 *to happen, to occur*
das **Getränk**, -e 5 *drink*
getrennt (von) 13 *separated (from)*
das **Gewicht**, -e 8 *weight;* **Gewichte heben, hob, gehoben** 8 *to lift weights*
gewinnen, gewann, gewonnen 8 *to win*
das **Gewitter** 3 *thunderstorm*
sich **gewöhnen an** 14 *to get used to something*
der **Gips** 12 *cast;* **einen Gips haben** 12 *to be in a cast*
die **Gitarre**, -n 7 *guitar*
das **Glas** 1 *glass (material)*
glauben 12 *to believe*
das **Glatteis** 3 *ice*
gleich 9 *in a minute*
gleichmütig 1 *stable/steady*
glücklich 1 *happy;* **glücklich über** *(+acc.)* 13 *to be happy about*
das **Gold** 1 *gold*
golden 1 *gold*
die **Goldmedaille**, -n/**Gold** 8 *gold medal*
Golf 8 *golf*
das **Grad** (Celsius) 6 *degree*
das **Gramm** 6 *gram*
die **Grammatik**, -en 4 *grammar*
grau 1 *grey*
die **Grenze**, -n 12 *border*
grenzen an *(+ acc)* 12 *to border on*
grillen 7 *to barbecue*
die **Grippe** 12 *flu*
groß 1 *tall, large*
die **Großeltern** 4 *grandparents*
der **Großvater**, ¨- (der **Opa**) 4 *grandfather (granddad)*
die **Großmutter**, ¨-(die **Oma**) 4 *grandmother (grandma)*
die **Großstadt**, ¨-e 6 *major city (above 100,000 population)*
grün 1 *green*
der **Grund**, ¨-e 11 *reason*
das **Grundstudium** 9 *basic studies*
die **Grünen** 16 *the Green Party*
die **Grünpflanze**, -n 7 *plant*
der **Gummi** 1 *rubber*
der **Gummistiefel**, - 3 *rubber boots*
der **Gürtel**, - 3 *belt*
gut 1 *good*
das **Gymnasium, Gymnasien** 12 *secondary school*

H

das **Haar**, -e 12 *hair*

haben, hatte gehabt 3 *to have*

der Hafen, ¨- 12 *harbor, port*

der Häftling, -e 17 *convict*

hageln 3 *to hail*

das Hallenbad, ¨-er 12 *indoor pool*

der Hals 12 *neck*

die Halsentzündung, ¨-en 12 *sore throat*

halten (ä), hielt, gehalten 16 *to hold;* halten von (+dat.) 13 *to think of*

der Hamster, - 4 *hamster*

die Hand, ¨-e *hand*

der Handys, -s 4 *cell phone*

der Handball, ¨-e 8 *team handball;* Handball spielen 8 *to play team handball*

handeln von (+dat.) 13 *to be about, to deal with*

das Handgelenk, -e *wrist*

der Handschuh, -e 3 *glove*

die Handtasche, -n 4 *handbag, woman's purse*

der Handwerker, - 5 *handyman, tradesperson (m.)*

die Handwerkerin, -nen 5 *handywoman, tradesperson (f.)*

hängen 13 *to hang something;* hängen hing gehangen 13 *to hang*

hässlich 1 *ugly*

die Hauptstadt, ¨-e 12 *capital*

das Hauptstudium 9 *advanced studies*

das Haus, ¨-er 12 *house*

die Hausapotheke, -n 13 *medicine cabinet*

der Hausarrest 9 *grounded*

die Hausaufgabe, -n 4 *homework assignment*

die Hausfrau, -en 5 *housewife*

der Hausmann, ¨-er 5 *homemaker*

der Hausschlüssel, - 4 *house key*

das Haustier, -e 4 *pet, domestic animal*

heben, hob, gehoben 12 *lift*

das Heft, -e 1 *notebook*

heftig 3 *violent(ly)*

der Heiligabend 11 *Christmas Eve*

die Heimat 14 *home, home country, country of origin*

das Heimatland, ¨-er 14 *homeland*

die Heimatstadt, ¨-e 14 *hometown*

heiß 3 *hot*

die Heizung, -en 4 *heating system*

helfen (i), half, geholfen 12 *to help*

hell 1 *light*

das Hemd, -en 3 *shirt*

her 2 *here (as in: come here)*

der Herausgeber, - 17 *publisher (m.)*

die Herausgeberin, -nen 14 *publisher (f.)*

der Herbst 3 *fall*

das Herbstsemester, - 9 *fall semester*

der Herd, -e 13 *stove*

der Herr, -en 3 *gentleman*

die Herrenkleidung *men's clothing*

das Herz, -en 8 *heart*

heute 2 *today*

heutzutage 9 *nowadays*
hier 2 *here*
hierher 2 *here (to)*
der Himmel 3 *sky*
die Himmelsrichtung, -en 3 *direction*
sich hinlegen 14 *to lie down*
hinter *(+ ac. or dat.)* 13 *behind*
die Hitzewelle,-n 3 *heat wave, hot spell*
das Hobby, -s 7 *hobby*
hoch 6 *high*
das Hochhaus, ¨-er 12 *highrise*
der Hochleistungssport 8 *competitive sports*
die Hochschule, -n 9 *college, university*
der Hochsprung 8 *high jump*
die Hochzeit, -en 11 *wedding*
der Hochzeitstag, -e 11 *wedding day, wedding anniversary*
holen 11 *get, fetch*
das Holz, ¨-er 1 *wood*
der Honig 5 *honey*
hören 2 *to hear*
der Hörsaal, ¨-e 9 *lecture hall, auditorium;* **im Hörsaal** 9 *in the lecture hall*
die Hose, -n 3; *pants;* **kurze Hose** 3 *shorts*
der Hosenanzug, ¨-e 3 *pants suit (women)*
das Hotel, -s 12 *hotel*
hübsch 1 *pretty, cute*
das Huhn, -er 5 *chicken*
humorvoll 1 *humorous*
der Hund, -e 4 *dog (generic or m.)*
die Hündin, -nen 4 *dog (f.)*
hungrig 1 *hungry*
husten 12 *to cough*
der Husten 12 *cough;* **einen Husten haben** 12 *to have a cough*
der Hut, ¨-e 3 *hat*

I

die Idee, -n 6 *idea*
die Illustrierte, -en 4 *illustrated magazine*
immer 2 *always*
der Immigrant, -en 14 *immigrant (m.)*
die Immigrantin, -nen 14 *immigrant (f.)*
der Immobilienmakler, - 5 *realtor (m.)*
die Immobilienmaklerin, -nen 5 *realtor (f.)*
in *(+ acc. or dat.)* 13 *in, inside of*
in 2 *in, inside of;* **im Freien** 8 *outside, outdoors*
die informatik 2 *Computer Science*
sich informieren über *(+acc)* 14 *to inform oneself about*
der Ingenieur, -e 5 *engineer (m.)*
die Ingenieurin, -nen 5 *engineer (f.)*
die Innenstadt 6 *center of the city*
innerhalb 14 *inside of (genetive preposition)*
das Instrument, -e 7 *instrument*

die **Integration** *integration*
    intelligent 1 *intelligent*
    interessant 1 *interesting*
sich **interessieren für** *(+acc)* 14 *to be interested in*
das **Internet** 7 *internet;* **im Internet surfen** 7 *to surf the internet*
sich **irren** 14 *to err, to be wrong*
der **Irrtum, ¨-er** 14 *error*

J

die **Jacke, -n** 3 *jacket*
das **Jacket, -s** 3 *sport coat (men)*
die **Jagd** 8 *hunting;* **auf die Jagd gehen, ging, ist gegangen** 8 *to go hunting*
das **Jahr, -e** 6 *year*
die **Jahreszeit, -en** 6 *season*
der **Januar** 6 *January*
die **Jeans** *(sing. or pl.)* 3 *jeans*
    jed- 3 *everybody, everyone*
    jemand 3 *somebody, someone*
    jetzt 2 *now*
    joggen *to jog*
der/das **Jogurt** 5 *yogurt*
der **Journalist, -en** 5 *journalist (m.)*
die **Journalistin, -nen** 5 *journalist (f.)*
das **Jubiläum, Jubileen** 11 *anniversary*
die **Jugend** 9 *youth*
der **Jugendliche, -n** 9 *youth (m.)* **als Jugendlicher** 9 *as a youth*
die **Jugendliche, -n** 9 *youth (f.)* **als Jugendliche** 9 *as a youth*
der **Juli** 6 *July*
    jung 1 *young*
der **Junge, -n** 3 *boy*
der **Juni** 6 *June*
das **Jura** 2 *Law*

K

    k.o. 8 *exhausted*
der **Kachelofen, ¨-** 13 *tiled stove*
der **Kaffee** 5 *coffee*
der **Kaffeelöffel, -** 13 *coffee spoon*
    kalt 3 *cold*
die **Kältewelle** 3 *cold wave, cold period*
die **Kaltfront** 3 *cold front*
die **Kamera, -s** 7 *camera*
    kämmen 12 *to comb;* **sich die Haare kämmen** 12 *to comb one's hair*
der **Kamin, -e** 13 *fireplace*
der **Kanadier, -** 1 *Canadian (m.)*
die **Kanadierin, -nen** 1 *Canadian (f.)*
das **Kaninchen, -** 4 *rabbit*
die **Kanne, -n** 13 *pitcher*
    kaputt 1 *broken*
    kariert 3 *plaid, checked*

der **Karneval** 11 *carnival*

die **Karriere, -n** *career*

die **Karte, -n** *card, playing card*

die **Kartoffel, -n** 5 *potato*

der **Käse** 5 *cheese*

der **Katalog, -e** 11 *catalogue*

der **Kater, -** 4 *tomcat*

die **Katze, -n** 4 *cat (generic or f.)*

kaufen 2 *to buy*

das **Kaufhaus, -̈er** *store department store*

kein 1 *no, no one, not any, not a*

der/das **Keks, -e** 7 *cookie*

der **Keller, -** 12 *basement*

der **Kellner, -** 1 *waitperson (m.)*

die **Kellnerin, -nen** 1 *waitperson (f.)*

kennen, kannte, gekannt 3 *to know well, to be familiar with*

(sich) **kennen lernen, lernte...kennen, kennen gelernt** 10 *to meet, to get to know (each other)*

die **Kerze, -n** 13 *candle*

die **Kette, -n** 3 *necklace*

das **Kilogramm/**das **Kilo, -s** 6 *kilogram (=1000 grams)*

der **Kilometer, -** 6 *kilometer (0.6 mi.)*

das **Kind, -er** 3 *child;* **als Kind** 9 *as a child*

das **Kinderbett, -en** 13 *child's bed*

das **Kinderzimmer, -** 12 *children's room* das **Kinderschlafzimmer,-** 12 *children's bedroom*

die **Kindheit** 9 *childhood*

das **Kinn** 12 *chin*

das **Kino, -s** 7 *movie theatre;* **im Kino laufen (äu), lief, ist gelaufen** 7 *to show (at the movies);* **ins Kino gehen, ging, ist gegangen** 7 *to go to the movies*

der **Kinofilm, -e** 7 *film, movie (in the theatre)*

die **Kinovorstellung, -en** 7 *showing*

die **Erstaufführung, -en** 7 *first showing*

der **Kiosk, -s** 12 *newsstand*

die **Kirche, -n** 12 *church;* **in die Kirche gehen** 12 *to go to church*

klar 3 *clear*

das **Klassenzimmer, -** 1; *classroom;* **im Klassenzimmer** 2 *in the classroom;* **aus dem Klassenzimmer** 2 *out of the classroom*

die **Klausur, -en** 4 *test, exam*

das **Klavier, -e** 7 *piano*

das **Kleid, -er** 3 *dress*

der **Kleiderschrank,̈-e** 13 *closet*

die **Kleidung** 3 *clothing*

klein 1 *small, short*

die **Kleinigkeit, -en** 11 *small gift*

die **Kleinstadt, ̈-e** 6 *small city (below 100,000 population)*

der **Klempner, -** 5 *plumber (m.)*

die **Klempnerin, -nen** 5 *plumber (f.)*

die **Klimaanlage, -n** 4 *air conditioner*

das **Kloster, ̈-** 12 *monastery*

der **Knabe, -n** 11 *boy (literary form)*

die **Kneipe, -n** 12 *bar, pub*

das **Knie,** - 12 *knee*
der **Knöchel,** - 12 *ankle*
    knusprig 15 *crunchy, crisp*
der **Koch,** ¨-e 5 *cook (m.)*
    kochen 7 *to cook*
die **Köchin,** -nen 5 *cook (f.)*
    koffeinfrei 15 *caffeine free*
die **Kola,** -s 5 *coke, cola*
die **Kollektivschuld** 17 *collective guilt*
    komisch 15 *comical, funny; also: weird*
    kommen, kam, ist gekommen 2 *to come*
der **Kommentar,** -e 17 *commentary*
die **Kommode,** -n 13 *chest of drawers*
    kommunizieren 11 *to communicate*
die **Kondition** 8 *condition*
die **Konditorei,** -en 12 *pastry shop*
die **Konfitüre,** -n 5 *jam*
    können 5 *to be able to, can*
der **Kontinent,** -e 6 *continent*
sich **konzentrieren auf** 14 *to concentrate on*
das **Konzert,** -e 7 *concert;* **ins Konzert gehen, ging, ist gegangen** 7 *to go to a concert*
die **Konzerthalle,** -n 12 *concert hall*
die **Kooperation** 11 *cooperation*
der **Kopf,** ¨-e 12 *head*
der **Körper,** - 12 *body*
der **Körperteil,** -e 12 *body part*
der **Korridor,** -e 12 *hallway*
    korrigieren 4 *to check, to correct*
    kosten 2 *to cost*
    köstlich 15 *delicious, fine*
das **Kostüm,** -e 3 *women's suit*
    krank 1 *sick*
das **Krankenhaus,** ¨-er 12 *hospital*
der **Krankenpfleger,** - 5 *nurse (m.)*
die **Krankenschwester,** -n 5 *nurse (f.)*
die **Krawatte,** -n 3 *tie*
die **Kreditkarte,**-n 4 *credit card*
die **Kreide** 1 *chalk*
der **Kreislauf** 8 *circulation, heart rate*
der **Krimi,** -s *detective story*
    kriechen, kroch, ist gekrochen 10 *to crawl*
    krumm 1 *crooked*
der **Ku'damm** 16 *main shopping avenue in Berlin*
die **Küche,** -n 12 *kitchen*
der **Kuchen,** - 7 *cake*
der **Küchenschrank,** ¨-e 13 *cabinet*
der **Küchentisch,** -e 13 *kitchen table*
der **Kugelschreiber,** - 1 *ballpoint pen*
die **Kuh,** ¨-e 4 *cow*
    kühl 3 *cool*
der **Kühlschrank,** ¨-e 13 *refrigerator*

der **Kuli, -s** 1 *ballpoint pen*
sich **kümmern um** *(+acc)* 14 *to take care of somebody*
die **Kunst** 2 *Art*
der **Kunsthändler, -** 5 *art dealer (m.)*
die **Kunsthändlerin, -nen** 5 *art dealer (f.)*
das **Kupfer** 1 *copper*
die **Kur, -en** 12 *treatment, cure;* **eine Kur machen** 12 *to undergo treatment*
der **Kurs, -e** 2 *class, course*
    kurz 1 *short, brief*
    vor kurzem 9 *a short time ago, recently*
    kurzärmelig 3 *short sleeved*
    kürzlich 9 *a short time ago, recently*
das **KZ, -s (Konzentrationslager)** 17 *concentration camp*

L

    lachen 9 *to laugh;* **lachen über** *(+acc.)* 13 *to laugh about*
der **Laden, ¨-** 12 *store, shop*
die **Lampe, -n** 13 *lamp*
das **Land, ¨-er** 6 *country (nation), countryside;* **auf dem Land** 6 *in the country*
der **Landkreis, -e** 12 *county*
    lang 1 *long, enduring*
    langärmelig 3 *long sleeved*
    lange 2 *for a long time* der **Langlauf** 8 *cross country;* **Langlauf machen** 8 *to cross country ski*
    langsam 2 *slow, slowly* sich **langweilen** 14 *to be bored*
    langweilig 1 *boring*
    lassen (lässt), ließ, gelassen 4 *to leave*
der **Lastwagen, -** 12 *truck*
der **Lastwagenfahrer, -5** *truck driver (m.)*
die **Lastwagenfahrerin, -nen** 5 *truck driver (f.)*
das **Laufband** 8 *running track*
    laufen (äu), lief, ist gelaufen 2 *to walk, to run, to jog* **launisch** 1 *moody*
    laut 2 *loud(ly)*
der **Lautsprecher, -** 1 *speaker*
    lebendig 1 *alive*
der **Lebenslauf, ¨-e** 5 *curriculum vitae, CV*
das **Lebensmittelgeschäft, -e** 12 *food store*
    lecker 15 *tasty, delicious*
das **Leder** 1 *leather*
der **Lederschuh, -e** 3 *leather shoes*
der **Lederstiefel, -** 3 *leather boot*
    ledig 1 *single*
    legen 13 *to lay something down*
der **Lehrer, -** 1 *teacher (m.)*
die **Lehrerin, -nen** 1 *teacher (f.)*
der **Lehrassistent, -en** 1 *teaching assistant (m.)*
die **Lehrassistentin, -nen** 1 *teaching assistant (f.)*
    leicht 1 *easy, light;* **leicht fallen, fiel, gefallen** 12 *to be easy (for someone)*
die **Leichtathletik** 8 *track and field;* **Leichtathletik machen** 8 *to do track and field*
    Leid tun, tat, getan 12 *to be sorry*
    leider 12 *unfortunately*

leihen, lieh, geliehen 2 *to borrow something, to loan something to s.b.*

die Leinwand, ¨- 1 *projection screen*

leise 2 *quiet, quietly*

sich etwas leisten 14 *to afford (oneself) something*

der Leitartikel, - 17 *editorial*

lernen 2 *to study, to learn*

lesen (ie), las, gelesen 2 *to read*

die Leute (pl) 1 *people*

das Licht *(sing. only)* 1 *light source;* 1das Licht, -er 1 *light*

lieblich 15 *mild (wine)*

das Lied, -er 7 *song*

liegen, lag, gelegen 13 *to lie down*

der Liegestuhl , ¨-e 13 *lawn chair*

lila 1 *purple*

die Limo,-s 5 *soft drink, pop, carbonated drink*

die Limonade, -n 5 *soft drink, pop, carbonated drink*

links 2 *left;* nach links 2 *to the left;* sich links halten 12 *to keep left/right*

die Lippe, -n 12 *lip*

die Liste, -n *list*

die Listenverbindung Bündnis 90/Die Grünen 11 *coaltion 90/green party*

der Liter,- 6 *liter (2.1 U.S. pints);* ein halber Liter 6 *half liter;*
　　ein Viertel Liter 6 *quarter (viertel = fourth) liter, i.e., slightly more than a half*
　　　　pint

der Löffel, - 13 *spoon*

der Lohn, ¨-e 5 *wage*

des Lokal, -e 12 *local restaurant*

löschen 4 *to erase (computer)*

die Lösung, -en 11 *solution*

die Luft 3 *air*

die Luftbrücke 16 *air lift*

die Lüge, -n 11 *lie*

lügen, log, gelogen 11 *to lie, to tell a lie*

die Lunge, -n 12 *lung*

die Lungenentzündung, -en 12 *pneumonia*

lustig 1 *jolly*

M

machen 2 *to do, to take (an exam, a test)*

das Mädchen, - 3 *girl*

der Magen,- 12 *stomach*

die Mahlzeit, -en 5 *meal*

die Mahnung, -en *reprimand*

der Mai 6 *May*

das erste/letzte Mal 9 *the first/last time;* dieses/nächstes Mal 6 *this/next time*

malen 7 *to paint*

der Manager, - 5 *manager (m.)*

die Managerin, -nen 5 *manager (f.)*

manchmal 2 *sometimes*

der Mann, ¨-er 3 *man; also: husband*

die Mannschaft, -en 8 *team*

der Mannschaftssport, -sportarten 8 *team sport*

der **Einzelsport, -sportarten** 8 *individual sport*
der **Mantel, ¨- 3** *coat*
die **Margarine** 5 *margarine*
der **Markt, ¨-e** 12 *market*
der **Marktplatz, ¨-e** 12 *market square*
die **Marmelade, -n** 5 *marmelade, jam*
der **März** 6 *March*
die **Massenmedien** *(pl.)* 17 *mass media*
das **Material, -ien** 1 *material*
die **Mathematik** 2 *Mathematics*
die **Mauer, -n** 16 *wall (also: the Berlin wall)*
der **Maurer, -** 5 *mason, bricklayer*
der **Mechaniker, -** 5 *mechanic (m.)*
die **Mechanikerin, -nen** 5 *mechanic (f.)*
die **Medaille, -n** 8 *medal*
die **Medium, Medien** 17 *media*
das **Medikament, -e** 12 *medication;* **ein Medikament einnehmen** 12 *to take medication*
die **Medizin** 2 *Medical Science* **mehrere** 5 *several*
die **Meile, -n** 6 *mile*
die **Meinung, -en** 17 *opinion;* **seine/ihre Meineeinung äußern** *to express one's opinion;* **der Meinungsein, dass...** *to be one's opinion that..., to think that*
   derselben/anderer Meinung sein *to agree/disagree (lit.: I am of the same/a different opinion)*
die **Meisterschaft, -en** 8 *competition, championship*
der **Mensch, -en** 3 *human being*
   messen (i), maß, gemessen 6 *to measure*
das **Messer, -** 13 *knife*
das **Metall** 1 *metal*
der **Meter, -** 6 *meter (39.5 in.)*
die **Metropole, -n** 16 *metropolis, metropolitan area, large city*
der **Metzger, -** 5 *butcher (m.)*
die **Metzgerin, -nen** 5 *butcher (m.)*
der **Mexikaner,-** 1 *Mexican (m.)*
die **Mexikanerin, -nen** 1 *Mexican (f.)*
die **Mietwohnung, -en** 12 *rented apartment, flat*
die **Mikrowelle, -n** 13 *microwave*
die **Milch** 5 *milk*
der **Millimeter, -** 6 *millimeter (0.04 in.)*
die **Minderheit, -en** 11 *minority*
das **Mineralwasser** 5 *sparkling water*
das **Minigolf** 8 *miniature golf;* **Minigolf spielen** 8 *to play minigolf*
die **Minorität, -en** 11 *minority*
die **Minute, -n** 6 *minute*
   mitbringen, brachte...mit, mitgebracht 2 *to bring along*
das **Mitbringsel, -** 11 *present (less formal)*
der **Mitbürger, -** 11 *citizen (m.); lit: co-citizen*
die **Mitbürgerin, -nen** 11 *citizen (f.); lit: co-citizen*
   miteinander 11 *together, with one another*
   miteinander auskommen 11 *to get along*
   mitgehen, ging...mit, ist mitgegangen 2 *to go along*

        mitkommen, kam...mit, ist mitgekommen 2 *to come along*

        mitlesen, las...mit, mitgelesen 2 *to read along*

        mitmachen 2 *to participate*

        mitnehmen, nahm...mit, mitgenommen 2 *to take along*

die **Mitschuld** 17 *shared guilt*

        mitsprechen, sprach...mit, mitgesprochen 2 *to talk along*

der **Mittag** 6 *noon*

das **Mittagessen**, - 5 *lunch;* zu Mittag essen, aß, gegessen 5 *to eat lunch;*
        zum Mittagessen essen 5 *to eat for lunch*

der **Mittelfinger**, - 12 *middle finger*

die **Mitternacht** 6 *midnight*

        mittlerweile 9 *meanwhile*

der **Mittwoch**, -s 6 *Wednesday*

die **Modelleisenbahn**, -en 7 *model train*

das **Modellflugzeug**, -e 7 *model plane*

das **Modellschiff**, -e 7 *model ship*

        modisch 3 *fashionable, stylish*

das **Mofa**, -s 4 *moped*

        mogeln 4 *to cheat*

der **Monat**, -e 6 *month*

der **Montag**, -e 6 *Monday*

der **Mörder**, - 17 *murderer, killer*

der **Morgen**, - 6 *morning;* heute Morgen 6 *today in the morning;* morgen 2
                tomorrow

die **Moschee**, -n 11 *mosque*

das **Motorrad**, ¨-er 4 *motorcycle*

der **Mund**, ¨-er 12 *mouth*

die **Münze**, -n 7 *coin*

das **Museum**, Museen 12 *museum*

die **Musik** 7 *music;* klassische Musik 7 *classical music;* Musik machen 7 *to play*
                music

der **Musikladen**, ¨- 12 *music shop*

der **Muskel**, -n 8 *muscle*

der **Muskelkater**, - 8; einen Muskelkater haben 8 *to be sour*

die/das **Müsli** 5 *muesli, granola*

der **Müsliriegel**, - 5 *granola bar*

        müssen 5 *to have to, need to*

die **Mutter**, ¨- (Mama, Mami, Mutti) 4 *mother (mama, mommy, mom)*

        mütterlicherseits 4 *maternal, on the mother's side*

die **Muttersprache**, -en 4 *mother tongue*

der **Muttertag**, -e 11 *Mother's Day*

die **Mütze**, -n 3 *cap, wool hat*

N

        nach 2 *to;* nach 12 *after;* nach Hause 2 *home*

        nach gehen, ging...nach, ist nachgegangen 6 *to be slow (clock)*

der **Nachbar**, -n 4 *neighbor (m.)*

die **Nachbarin**, -nen 4 *neighbor (f.)*

        nachdenken, dachte...nach, nachgedacht 13 *to think over, to consider;*
        nachdenken über (+acc.) 13 *to think about, to ponder*

        nachher 9 *afterwards, after that*

der Nachmittag,-e 6 *afternoon*
die Nachricht, -en 11 *message*
die Nachrichten (pl.) 7 *news*
das Nachrichtenmagazin, -e 7 *news magazine*
   nächst- 2 *next*
die Nacht, ¨-e 6 *night*
die Nase, -n 12 *nose*
   nass 3 *wet*
der Nationalsozialismus 17 *national socialism*
die Nazizeit 17 *Nazi era*
   neb(e)lig 3 *foggy*
der Nebel 3 *fog*
   neben (+ acc. or dat.) 13 *besides, next to*
der Neffe, -n 4 *nephew*
   negativ 1 *negative*
   nehmen (nimmt), nahm, genommen 2 *to take; also: to take [a bus, taxi, etc]*
der Neonazi, -s 11 *neonazi*
   neu 1 *new*
   neulich 9 *recently*
das Neujahr 11 *New Year's Day*
   nicht 1 *not*
die Nichte, -n 4 *niece*
der Nichtraucher, - 5 *non-smoker (m.)*
die Nichtraucherin, -nen 5 *non-smoker (f.)*
   nichts 3 *nothing*
   nie 2 *never*
   niedrig 6 *low*
   niemals 2 *never*
   niesen 12 *to sneeze*
   niemand 3 *nobody, no one*
   nieseln 3 *to drizzle*
   noch 2 *still;* noch einmal 4 *one more time, again;* noch nicht 2 *not yet*
der Norden 3 *the North;* aus dem/im Norden 3 *from/in the North*
der Nordosten 6 *the Northeast*
der November, - 6 *November*
der Numerus clausus 9 *GPA (university entry requirement)*
   nur 3 *only*
das Nylon 1 *nylon*
der Nylonstrumpf, ¨-e 3 *nylon stockings*

O

das Oberhemd, -en 3 *shirt; dress shirt*
der Oberkörper 12 *upper body, torso*
   obgleich 16 *in spite of (subordinating conj.)*
   obwohl 16 *in spite of (subordinating conj.)*
   oder 3 *or*
der Ofen, ¨- 13 *oven*
   öffnen 2 *to open*
   oft 2 *often*
   ohne 6 *without*
der OHP, -s 1 *overhead projector*

das **Ohr**, -en 14 *ear*
der **Ohrring**, -e 3 *earring*
die **Ökonomie** 2 *Economics*
der **Oktober**,- 6 *October*
das **Oktoberfest**, -e 11 *Octoberfest*
die **Olympiade**, -n 8 *Olympics*
der **Onkel**, - 4 *uncle*
die **Oper**, -n 7 *opera;* in die **Oper** gehen, ging, ist gegangen 7 *to go the opera*
der **Optiker**, - 5 *optician (m.)*
die **Optikerin**, -nen 5 *optician (f.)*
    orange 1 *orange*
der **Orangensaft**, ¨-e 5 *orange juice*
der **Ort**, -e 6 *town, village (also: location)*
der **Ossi**, -s *(coll.)* 16 *citizen of former East Germany*
der **Osten** 3 *East;* aus dem/im **Osten** 3 *from/in the East*
die **Ostern** 11 *Easter*
der **Österreicher**, - 1 *Austrian (m.)*
die **Österreicherin**, -nen 1 *Austrian (f.)*

P

das **Päckchen**, - 4 *small package*
die **Pädagogik** 2 *pedagogy*
das **Paket**, -e 4 *package*
das **Papier**, -e 1 *paper*
der **Papierkorb**, ¨-e 1 *waste basket*
die **Pappe** 1 *cardboard*
der **Park**, -s 6 *park*
der **Partner**,- 4 *partner (m.)*
die **Partnerin**, -nen 4 *partner (f.)*
die **Party**, -s 7 *party;* eine **Party** haben, hatte, gehabt 7 *to have a party*
der **Pass**, ¨-e 11 *passport*
    passieren 3 *to happen*
der **Patenonkel**, - 4 *godfather*
die **Patentante**, -n 4 *godmother*
die **PDS** *(Partei Deutscher Sozialisten)* 16 *German Socialist Party*
der **Pensionär**, -e 5 *retiree (m.)*
die **Pensionärin**, -nen 5 *retiree (f.)*
die **Person**, -en 3 *person*
die **Pfanne**, -n 13 *frying pan, skillet*
der **Pfannkuchen**, - 5 *pancake*
die **Pfeife**, -n 5 *pipe*
das **Pferd**, -e 4 *horse*
die **Pfingsten** 11 *Pentecost (Whit Sunday)*
    pflanzen 7 *to plant*
das **Pfund** 6 *pound (= 500 Gramm);* ein halbes **Pfund** 6 *half pound (=250 Gramm)*
die **Philosophie** 2 *Philosophy*
die **Physik** 2 *Physics*
der **Pilot**, - 5 *pilot (m.)*
die **Pilotin**, -nen 5 *pilot (f.)*
der **Plan**, ¨-e 5 *plan*

planen 4 *to plan*
das Plastik 1 *plastic*
die Platte, -n 11 *platter (also: record)*
der Platz, ¨-e 12 *space (also: square);* viel/wenig Platz haben *to have a lot of*
die Politik 2 *politics*
der Politiker, - 5 *politician (m.)*
die Politikerin, -nen 5 *politician (f.)*
der Polizist, -en 5 *policeman*
die Polizistin, -nen 5 *policewoman*
der Popo, -s 12 *bottom, behind*
das Portmonee, -s 4 *wallet*
positiv 1 *positive*
die Post *(sing.)* 4 *mail; also: post office*
das Postamt, ¨-er 12 *post office*
das Poster, - 1 *poster*
die Postkarte, -en 4 *postcard*
die Presse 17 *press, printed media*
probieren 10 *to try; also to taste*
das Problem, -e 4 *problem*
der Professor, -en 1 *professor (m.)*
die Professorin, -nen 1 *professor (f.)*
programmieren 7 *to program*
der Projektor, -en 1 *projector*
die Prüfung, -en 4 *qualifying exam, comprehensive test*
der Pulli, -s 3 *pullover, sweater*
der Pullover, - 3 *pullover, sweater*
der Puls 8 *pulse, heartbeat*
punktiert 3 *polka dotted*
die Puppe, -n 7 *doll*

Q

der Quadratmeter, - 6 *square meter*
die +Quelle, -n 17 *source (also: spring)*

R

das Rad, ¨-er 4 *bike*
das Radio, -s 4 *radio;* im Radio 7 *on the radio*
die Radiosendung, -en 7 *radio show*
der Ramadan 11 *Ramadan*
der Raquetball, ¨-e 8 *raquetball;* Raquetball spielen 8 *to play raquetball*
sich Rat holen 14 *to get advice*
sich raiseren 12 *to share*
das Rathaus, ¨-er 12 *city hall*
das Rätsel, - 17 *riddle, mystery*
rauchen 5 *to smoke*
der Raucher, - 5 *smoker (m.)*
die Raucherin, -nen 5 *smoker (f.)*
der Raum, ¨- 12 *space, room*
reagieren 14 *to react;* reagieren auf (+acc) 14 *to react to*
recht 17 *right;* du hast recht/Sie haben recht! 17 *you are right!*

rechteckig 1 *rectangular*

rechts 2 *right;* nach rechts *to the right;* sich rechts halten 12 *to keep right*

der Rechtsanwalt, ¨-e 5 *lawyer (m.)*

die Rechtsanwältin, -nen 5 *lawyer (f.)*

der/die Rechtsradikale, -n 11 *right-wing radical*

reden 4 *to talk, converse, chat*

die Referenz, -en 5 *reference*

das Reformhaus, ¨-er 12 *health food store*

die Regel, -n 9 *rule, regulation*

der Regen 3 *rain*

der Regenmantel, ¨- 3 *rain coat*

der Regenschirm, -e 3 *umbrella*

die Regie 7 *directed by*

die Regierung, -en 16 *government*

der Regierungssitz, -e 16 *seat of the government*

der Regisseur, -e *movie/film director (m.)*

die Regisseurin, -nen 7 *movie/film director (f.)*

regnen 3 *to rain*

regnerisch 3 *rainy*

reich 1 *rich*

der Reichstag 16 *Reichstag building (from Nazi era)*

das Reihenhaus, ¨-er 12 *condominium, lit.: row home*

reisen 6 *to travel, to go on a trip*

reißen, riss, ist gerissen 10 *to rip, to tear*

der Reisepass, -e 11 *passport*

reiten, ritt, ist/hat geritten 8 *to ride*

rennen, rannte, ist gerannt 10 *to run, to jog*

der Rentner, - 5 *retiree*

die Rentnerin, -nen 5 *retiree*

die Reportage, -n 17 *report*

das Restaurant, -s 7 *restaurant;* im Restaurant essen, aß, gegessen 7 *to eat in a restaurant*

ins Restaurant gehen, ging, ist gegangen 7 *to go to a restaurant*

das Rezept, -e 12 *prescription (for medication); also: recipe*

richtig 1 *right, correct(ly)*

richtig gehen, ging...richtig, ist richtig gegangen 6 *to work right, on time (clock)*

riechen, roch, gerochen 5 *to smell*

der Ring, -e 3 *ring*

der Ringfinger, - 12 *ring finger*

der Rock, ¨-e 3 *skirt*

die Rockmusik 7 *rock music*

der Roller, - 4 *scooter*

Rollerblading gehen, ging, ist gegangen 8 *to rollerblade*

der Rollschuh, -e 8 *rollerskate;* Rollschuh laufen, lief, ist gelaufen 8 *to rollerskate*

der Roman, -e *novel*

die Romanistik 2 *Romance Languages*

rosa 1 *pink*

rot 1 *red;* hellrot 3 *light red*

der Rücken, - 12 *back*

der Rucksack, ¨-e 3 *backpack*

das Ruderboot, -e 8 *rowboat*

rudern 8 *to row*
der Ruhestand 5 *retirement;* im Ruhestand 5 *to be retired*
das Rührei, -er 5 *scrambled egg*
rund 1 *round*
der Rundfunk 7 *radio*

S

der Saft, ¨-e 5 *juice*
saftig 15 *juicy*
sagen 2 *to say*
der Salat, -e 5 *lettuce, salad*
sammeln 7 *to collect*
die Sammlung, -en 7 *collection*
der Samstag, -e 6 *Saturday*
die Sandale, -n 3 *sandal*
das Sandwich 5 *sandwich*
der Satz, ¨-e 4 *sentence*
sauber 1 *clean*
der Säugling, -e 3 *infant*
die S-Bahn 12 *light rail*
das Schach 7 *chess*
der Schäferhund, -e 4 *German shepherd*
der Schal, -s 3 *scarf*
die Schale, -n 13 *small bowl, cereal bowl*
die Scham 9 *shame*
sich schämen 9 *to be ashamed*
das Schauspiel, -e 7 *play*
der Schauspieler, - 7 *actor*
die Schauspielerin, -nen 7 *actress*
der Scheck, -s 11 *check*
die Scheibe, -n 5 *slice;* eine scheibe Brot 5 *a slice of bread*
schenken 11 *to give (as a gift)*
der Scherz, -e 14 *joke, fun*
schick 3 *stylish, chic*
schicken 4 *to send;* etwas nach Hause schicken 4 *to send something home*
schießen, schoss, geschossen 8 *to shoot, to target-shoot*
das Schiff, -e 12 *ship*
schimpfen 14 *to complain, to scold*
der Schinken 5 *ham*
der Schirm, -e 3 *umbrella*
schlafen (ä), schlief, geschlafen 2 *to sleep*
das Schlafzimmer, - 12 *bedroom*
schlampig 3 *sloppy*
schlank 1 *slim*
schlecht 1 *bad, poor; badly*
schließen, schloss, geschlossen 2 *to close, to shut*
der Schlips, -e 3 *tie*
der Schlitten, - 8 *sled;* Schlitten fahren, fuhr, ist gefahren 8 *to ride a sled*
der Schlittschuh, -e 8 *iceskate*
Schlittschuh laufen, lief, ist gelaufen 8 *to iceskate*
das Schloss, ¨-er 12 *castle*

der Schlüssel, - 4 *key*
schmal 1 *narrow*
schmecken 5 *to taste*
schmelzen, schmolz, ist geschmolzen 10 *to melt*
sich schminken 12 *to put on make-up*
der Schmuck 3 *jewelry*
schmücken 11 *to decorate*
schmutzig 1 *dirty*
der Schnee 3 *snow*
schneiden, schnitt, geschnitten 5 *to cut;* sich schneiden 5 *to cut oneself*
schneien 3 *to snow*
schnell 2 *fast*
der Schnupfen 12 *runny nose;* einen Schnupfen haben 12 *to have a runny nose*
der Schnurrbart 12 *beard/mustache*
die Schokolade 11 *chocolate*
schon 9 *already*
schön 1 *beautiful, handsome; nice (modifier) + adverb/adjective*
schrecklich 3 *terrible, awful*
schreiben, schrieb, geschrieben 2 *to write;* schreiben über (+acc.) 13 *to write about*
die Schreibmaschine, -n 14 *typewriter*
der Schreibtisch, -e 1 *desk*
der Schreibwarenladen, ¨- 12 *office supply shop*
schreien, schrie, geschrien 10 *to scream*
der Schreiner, - 5 *carpenter (m.)*
die Schreinerin, -nen 5 *carpenter (f.)*
der Schriftsteller, - 5 *writer (m.)*
die Schriftstellerin, -nen 5 *writer (f.)*
schüchtern 1 *shy*
der Schuh, -e 3 *shoe*
der Schuhmacher, - 5 *shoemaker (m.)*
die Schuhmacherin, -nen 5 *shoemaker (f.)*
die Schuld 9 *guilt*
die Schule, -n 1 *school*
der Schüler, - 1 *student, pupil (m.) (elementary and secondary school)*
die Schülerin, -nen 1 *student, pupil (f.)*
die Schulter, -n 12 *shoulder*
der Schuster, - 5 *shoemaker, shoerepair*
die Schüssel, -n 13 *bowl*
schütteln 12 *to shake*
schwach 1 *weak*
der Schwager, - 4 *brother-in-law*
die Schwägerin, -nen 4 *sister-in-law*
schwarz 1 *black*
schweigen, schwieg, geschwiegen 10 *to be silent*
der Schweizer, -1 *Swiss (m.)*
die Schweizerin, -nen 1 *Swiss (f.)*
schwer 1 *heavy, difficult*
schwer fallen, fiel...schwer, schwer gefallen 13 *to be easy*
die Schwester, -n 4 *sister*
die Schwiegereltern 4 *parents-in-law*
die Schwiegermutter 4 *mother-in-law*

der Schwiegervater 4 *father-in-law*
schwierig 1 *difficult*
das Schwimmbad, ¨-er 12 *swimming pool*
schwimmen, schwomm, ist geschwommen 8 *to swim*
schwül 3 *humid, muggy*
die SED (Sozialistische Einheitspartei Deutschlands) 16 *Socialist Unity Party*
(former East German political party)
der See, -n 6 *lake*
das Segelboot, -e 8 *sailboat*
segeln 8 *to sail*
sehen (ie), sah, gesehen 2 *to see*
sehr 3 *very*
sein 1 *to be*
sein- 3 *his, its*
seitdem 16 *since (subordinating conj.)*
der Sekretär, -e 5 *secretary (m.)*
die Sekretärin, -nen 5 *secretary (f.)*
der Sekt 5 *sparkling wine*
der Sektor, -en 16 *sector*
die Sekunde, -n 6 *second*
selbständig 5 *self-employed*
selten 2 *rarely, seldom*
das Semester, - 2 *semester*
das Seminar 9 *seminar;* im Seminar 9 *in the seminar*
der Sender, - 7 *TV channel*
die Sendung, -en *show*
der September 6 *September*
die Serie, -en *series*
das Service 13 *china*
die Serviette, -n 13 *napkin*
der Sessel, - 13 *arm chair*
Setzen 13 *to set something down*
die Shorts (pl.) 3 *shorts*
die Siegerehrung 8 *award/medal ceremony*
das Silber 1 *silver*
die Silbermedaille, -n/Silber 8 *silver medal*
silbern 1 *silver*
das Silvester 11 *New Year's Eve*
singen, sang, gesungen 7 *to sing*
sinken, sank, ist gesunken 10 *to sink*
sitzen, saß, gesessen 2 *to sit*
der Ski, -s *ski* 8; Ski fahren, fuhr, ist gefahren *to ski*
Ski laufen, lief, ist gelaufen 8 *to ski*
der Skinhead, -s 11 *skinhead*
das Snowboard 8 *snowboard;* Snowboard fahren, fuhr, ist gefahren 8 *to*
snowboard
sobald 16 *as soon as (subordinating conj.)*
die Socke, -n 3 *socks*
das Sofa, -s 13 *sofa, couch*
der Sohn, ¨-e 4 *son*
solange 16 *as long as (subordinating conj.)*
der Soldat, - 5 *soldier (m.)*

die **Soldatin, -nen** 5 *soldier (f.)*
sollen 5 *to be supposed to, obliged to*
der **Sommer, -** 3 *summer*
das **Sommersemester** 9 *summer semester*
der **Sonnabend, -e** 6 *Saturday*
die **Sonnenbrille, -n** 3 *sun glasses*
sonnig 3 *sunny*
der **Sonntag, -e** 6 *Sunday*
die **Sozialwissenschaften** 2 *Political Science*
das **Spanisch** 2 *Spanish language*
spanisch 1 *Spanish (adj)*
die **Sparkasse, -n** 12 *savings and loan, bank*
der **Spaß** 8 *fun;* **Spaß haben, hatte, gehabt** 8 *to have fun;* **es macht Spaß** 8 *it's fun*
spät 2 *late;* **später** 2 *later*
spätestens 6 *at the latest*
spazieren gehen, ging...spazieren, ist spazieren gegangen 6 *to go for a walk, to take a walk*
der **Spaziergang, ¨-e** 6 *stroll, walk;* **einen Spaziergang machen** 6 *to take a walk or stroll*
die **SPD** *(Sozialdemokratische Partei Deutschlands)* 16 *German Social Democratic Party*
speichern 4 *to save*
der **Spiegel, -** 13 *mirror*
das **Spiel, -e** 8 *match, game*
spielen 7 *to play*
der **Spieler, -** 8 *player, team member (m.)*
die **Spielerin, -nen** *player, team member (f.)*
der **Spielfilm, -e** *feature film*
der **Spielkamerad, -en** 9 *playmate (m.)*
die **Spielkameradin, -nen** 9 *playmate (f.)*
die **Spielsachen (pl.)** 13 *toys*
das **Speilzeug, -e** 13 *toys*
der **Spitzensportler, -** 8 *super athlete (m.)*
die **Spitzensportlerin, -nen** 8 *super athlete*
der **Sport** 8 *Sport;* **Sport machen/treiben, trieb, getrieben** 8 *to play sports*
die **Sportarten (pl)** 8 *sports disciplines*
die **Sporthalle, -n** 12 *sports arena*
der **Sportler, -** 8 *athlete (m.)*
die **Sportlerin, -nen** *athlete (f.)*
die **Sportmütze, -n** 2 *sports cap*
der **Sportplatz, ¨-e** 12 *sports field*
die **Sportsendung, -en** *sports program*
die **Sprache, -n** 4 *language*
die **Sprachwissenschaft, -en** 2 *Linguistics*
sprechen (i), sprach, gesprochen 2 *to speak;* **sprechen mit** *(+ dat.)* 13 *to talk to/with*
sprechen über *(+acc.)* 13 *to talk about*
der **Sprudel** 5 *sparkling water, club soda*
das **Spülbecken, -** 13 *kitchen sink*
die **Spülmaschine, -n** 13 *dishwasher*
spüren -14 *to feel*
das **Squash** 8 *squash;* **Squash spielen** 8 *to play squash*

der **St. Patrick's Day** 11 *St. Patrick's Day*
der **Stacheldraht** 16 *barbed wire*
die **Stadt,** ¨-e 6 *city;* in der **Stadt** 6 *in town, in the city center, downtown*
die **Stadtbücherei,** -en 12 *public library*
die **Stadtmitte** 6 *center of the city, downtown*
der **Stadtpark,** -s 6 *city park*
    stark 1 *strong*
die **Stasi (Staatssicherheitsdienst)** 16 *state security in the former DDR*
    stehen, stand, gestanden 2 *to stand*
    stellen 13 *to put, place*
der **Stehimbiss,** -e 12 *fast food stand*
    steigen, stieg, ist gestiegen 10 *to climb*
der **Stein,** -e 1 *stone, rock*
der **Stellenmarkt** 17 *classified ads (jobs)*
die **Stepmaschine,** -n 8 *step machine*
    sterben, starb, ist gestorben 10 *to die*
die **Stereoanlage,** -n 4 *stereo*
der **Stiefbruder,** ¨- 4 *stepbrother*
der **Stiefel,** - 3 *boot*
die **Stiefeltern** 4 *stepparents*
die **Stiefmutter,** ¨- 4 *stepmother*
die **Stiefschwester,** -n 4 *stepsister*
der **Stiefvater,** ¨- 4 *stepfather*
das **stimmt!** 17 *that's right!*
die **Stirn** 12 *forehead*
der **Stock,** ¨-e 12 *storey, floor*
das **Stofftier,** -e 7 *stuffed animal*
    stolz sein auf *(+acc.)* 13 *to be proud of*
das **Stövchen,** - 13 *table stove*
die **Strafe,** -n 9 *punishment*
die **Straße,** -n 6 *street*
die **Straßenbahn,** -en 4 *street car, trolley*
der **Streit** 9 *argument, fight*
sich **streiten, stritt, gestritten** 9 *to fight, to quarrel*
die **Strickjacke,** ¨-n 3 *cardigan*
    Strumpf, ¨-e 3 *sock, stocking*
der **Student,** -en 1 *student (m.)*
die **Studentin,** -nen 1 *student (f.)*
das **Studienfach,** ¨-er 2 *subject*
der **Studiengang,** ¨-e 9 *degree plan, program of studies*
    studieren 2 *to study (at a university)*
das **Studium, Studien** 2 *studies*
der **Stuhl,** ¨-e 1 *chair*
die **Stunde,** -n 6 *hour, period of instruction, class*
der **Stundenkilometer,** - 6 *kilometers per hour*
    stürmisch 3 *stormy*
    suchen 2 *to look for (something), to search*
der **Süden** 3 *the South;* aus dem/im **Süden** 3 *from/in the South*
der **Südwesten** 3 *the Southwest*
der **Supermarkt,** ¨-e 12 *supermarket*
die **Suppe,** -n 5 *soup*
der **Suppenlöffel,** - 13 *soup spoon*

das **Sweatshirt, -s** 3 *sweatshirt*
die **Synagoge, -n** 12 *synagogue*
synchronisiert 7 *dubbed*

T

das **T-Shirt, -s** 3 *t-shirt*
die **Tafel, -n** 1 *blackboard*
der **Tag, -e** 6 *day*
der **Tag** der **Arbeit** 11 *International Worker's Day*
die **Tageszeit, -en** 6 *time of the day*
die **Tageszeitung** 17 *daily, daily newspaper*
täglich 6 *daily*
tagsüber 2 *during the day*
die **Taille, -n** 12 *waist*
die **Talkshow, -s** *talk show*
die **Tankstelle, -n** 12 *gas station*
die **Tante, -n** 4 *aunt*
tanzen 7 *to dance*
die **Tasche, -n** 3 *bag, pocket*
das **Taschenbuch, ¨-er** 4 *paperback*
das **Taschengeld** 9 *allowance*
die **Tasse, -n** 13 *cup*
das **Taxi, -s** 12 *taxi, cab*
das **Team, -s** 8 *team*
der **Tee** 5 *tea*
der **Teil, -e** 17 *part, section*
sich **etwas teilen** 14 *to share something*
telefonieren mit (+*dat.*) 13 *to phone, to talk to on the phone*
die **Telefonnummer, -n** *phone number*
der **Teller, -** 13 *plate*
der **Tempel, -** 11 *temple*
das **Tennis** 8 *tennis;* **Tennis spielen** 8 *to play tennis*
der **Teppich, -e** 13 *carpet*
die **Terrasse, -n** 13 *veranda, terrace, (back) porch*
der **Test, -s** 4 *test, exam, quiz*
teuer 1 *expensive*
das **Theater** 7 *theatre, play house;* **ins Theater gehen, ging, ist gegangen** *to go to the theater*
tief 6 *deep*
das **Tier, -e** 4 *animal*
tippen 4 *to type*
der **Tisch, -e** 1 *table*
die **Tischdecke, -n** 13 *table cloth*
der **Tischfußball** 8 *Fußball*
der **Tischler, -** 5 *carpenter (m.)*
die **Tischlerin, -nen** 5 *carpenter (f.)*
das **Tischtennis** 8 *table tennis, ping pong;* **Tischtennis spielen** 8 *to play table tennis*
der **Toaster, -** 13 *toaster*
die **Tochter, ¨-** 4 *daughter*
die **Toilette, -n** 13 *W.C., bathroom, half-bath*

der **Topf,** ¨-e 13 *cooking pot*
tot 1 *dead*
die **Tradition,** -en 11 *tradition, custom*
träge 1 *slow*
tragen (ä), trug, getragen 2 *to carry*
trainieren 8 *to train, practice*
das **Training** 8 *training*
der **Trainingsanzug,** ¨-e 3 *warm-up suit*
traurig 1 *sad*
treffen (i), traf, getroffen 4 *to meet (by arrangement or by accident);*
sich **treffen** 14 *to get together, to meet one another*
trinken, trank, getrunken 5 *to drink (something);* **etwas trinken gehen, ging,**
     ist gegangen 7 *to go out for a drink*
trocken 3 *dry*
trocknen, getrocknet 12 *to dry*
der **Trockner,** - 13 *dryer*
trotz 14 *in spite of (genetive preposition)*
tun, tat, getan 12 *to do*
die **Tür,** -en 1 *door*
der **Turnschuh,** -e 3 *tennis shoe*

U

die **U-Bahn** 4 *subway*
über *(+ acc. or dat.)* 13 *over*
sich **überarbeiten** 14 *to get overworked, to work too much*
übergeben, übergab, übergeben 16 *to hand over*
sich etwas **überlegen** 14 *to think about something;*
sich etwas anders **überlegen** 14 *to change one's mind*
übermorgen 6 *the day after tomorrow*
übernachten 16 *to spend the night, to stay over*
die **Überraschung,** -en 11 *surprise*
die **Übung,** -n 4 *exercise*
die **Uhr,** -en 1 *clock, wrist watch*
um 6 *around*
umziehen, zog...um, ist umgezogen 9 *to move; also:* sich **umziehen zog sich**
     um, hat sich umgezogen *to change clothes*
der **Umzug,** ¨-e 9 *move*
und 3 *and*
das **Unentschieden** 8 *tie (in a competition);* **unentschieden** 8 *tied*
unfreundlich 1 *unfriendly;* **unfreundlich zu** *(+dat.)* 13 *to be unfriendly to*
die **Uni,** -s 2 *university;* **an der Uni** 2 *at the university;* **zur Uni** 2 *to the university*
die **Universität,** -en 2 *university*
unrecht 17 *wrong;* **unrecht haben** 17 *to be wrong*
unter *(+ acc. or dat.)* 13 *under*
sich **unterhalten, unterhielt, unterhalten** 7 *to talk with each other, to have
a conversation*
das **Unterhemd,** -er 3 *undershirt*
die **Unterhose,** -n 3 *underpants*
der **Unterkörper,** ¨- 12 *lower body*
die **Unterlagen** *(pl. only)* 17 *documents, materials*
etwas unternehmen 7 *to undertake some activity*

unterrichten 2 *to teach, to instruct*

die Undertasse, -n 13 *saucer*

der Untertitel, - 7 *subtitle;* mit Untertiteln 7 *subtitled, with subtitles*

unzufrieden 1 *discontent*

der Urlaub, -e 6 *vacation, leave;* Urlaub machen 6 *to take a vacation*

die USA 14 *the USA*

V

der Valentinstag 11 *Valentine's day*

der Vater, ¨- (Papa, Papi, Vati) 4 *father (pop, daddy, dad)*

väterlicherseits 4 *paternal, on the father's side*

die Veranda, -s 12 *veranda, (front) porch*

die Veränderung, -en 9 *change*

die Veranstaltung, -en 7 *event*

verbessern 4 *to improve, to correct*

verbieten, verbot, verboten 9 *to prohibit*

das Verbot, -e 9 *prohibition*

das Verbrechen, - 17 *crime*

verbringen, verbrachte, verbracht 16 *to spend*

der Verdacht 17 *suspicion*

verdienen 5 *to earn*

die Vereinigten Staaten 14 *the United States*

die Vereingung 16 *unifaction*

sich verfahren, verfuhr sich, hat sich verfahren 14 *to get lost driving*

die Verfassung, -en 16 *constitution*

verfolgt 17 *persecuted;* der/die Verfolgte, -n 17 *persecuted person*

die Vergangenheit 9 *past*

die Vergangenheitsbewältigung 17 *coping/dealing with the past*

vergessen (vergisst), vergaß, vergessen 4 *to forget*

verheiratet 1 *married;* verheiratet mit (+dat.) 13 *to be married to*

verhindern 16 *to prevent*

verkaufen 2 *to sell*

der Verkäufer, - 1 *salesperson (m.)*

die Verkäuferin, -nen 1 *salesperson (m.)*

das Verkehrsmittel , - 4 *transportation;* öffentliche Verkehrsmittel, - 12 *Public transportation;* private Verkehrsmittel, - *private transportation*

verkünden 16 *to announce*

der Verlag, -e 17 *publishing house*

verlassen, verließ, verlassen 16 *to leave*

sich verlaufen, verlief sich, hat sich verlaufen 14 *to get lost walking*

etwas verleihen *to loan something*

die Verletzung, -en 12 *injury*

sich verletzen 12 *to injure oneself, to get injured*

verlieren, verlor, verloren 8 *to lose*

verliebt in (+acc.) 13 *to be in love with*

verlieren, verlor, verloren 4 *to lose*

verlobt mit (+dat.) 13 *to be engaged to*

der Verlust, -e 16 *loss*

vermissen 10 *to miss (somebody)*

etwas verordnen 12 *to write a prescription*

verpacken *to wrap*

verpassen 10 *to miss (something, e.g. bus or train, or somebody)*

Verschleppung, -en 17 *abduction*

verschwinden, verschwand, ist verschwunden 10 *to disappear*

die Versicherung, -en 12 *insurance*

der Versicherungsagent, - 5 *insurance agent (m.)*

die Versicherungsagentin, -nen 5 *insurance agent (f.)*

sich verspäten 14 *to be late*

sich etwas verstauchen 12 *to twist something (e.g. ankle)*

verstecken 1 *to hide*

verstehen, verstand, verstanden 2 *to understand;*
    sich verstehen, verstand,
        verstanden 11 *to understand (each other)*

versuchen 4 *to try*

sich vertragen, vertrug, vertragen 9 *to get along*

verurteilen 17 *to convict*

sich verwählen 14 *to dial the wrong number*

verwandt mit *(+dat.)* 13 *to be related to*

die Verwandten 4 *relatives*

verzweifeln 17 *to despair*

der Vetter, -n 4 *cousin (m.)*

das Video, -s 7 *video*

die Videokamera, -s 7 *video camera*

der Videorecorder, - 4 *VCR*

das Videospiel, -e 7 *video game*

viel 2 *much*

viele 5 *many*

vielfarbig 3 *multicolored*

vielleicht 3 *perhaps, maybe*

viereckig 1 *square*

das Viertel, - 6 *quarter*

violett 1 *violet*

das Visum, Visa 11 *visa*

der Vogel, ¨- 4 *bird*

das Vokabular 4 *vocabulary*

das Volkslied, -er 7 *folk song*

die Volkswirtschaft (VWL) 2 *Economics*

der Volleyball, ¨-e 8 *volleyball*

Volleyball spielen 8 *to play volleyball*

vollschlank 1 *plump*

vor *(+ acc. or dat.)* 13 *in front of;* vor einem Monat/Jehr/einer Woche 9
    a month/year/week ago

vor gehen, ging... vor, ist vorgegangen 6 *to be fast (clock)*

vorbeikommen, kam...vorbei, ist vorbeigekommen 2 *to come by*

vorgestern 9 *the day before yesterday*

vorher 9 *before*

vorlesen, las...vor, vorgelesen 2 *to read aloud*

die Vorlesung, -en 2 *lecture*

vormachen 2 *to demonstrate, to show*

der Vormittag 6 *mid morning, morning (when you are up)*

der Vorort, -e 12 *suburb*

die Vorratskammer, -n 13 *pantry*

sich **vorstellen** 5 *to introduce oneself;* sich **etwas vorstellen** 14 *to imagine
 something*

das **Vorstellungsgespräch, -e** 5 *interview*
 vorziehen, zog...vor, vorgezogen 5 *to prefer*

W

das **W.C, -s** 12 *water closet, half bath*
 wachsen, wuchs, ist gewachsen 10 *to grow*
der **Wagen, -** 4 *car*
 während 9 *during (subordinating conj.);* 14 *during (genetive preposition)*
die **Wahrheit, -en** 11 *truth*
 wahrscheinlich 3 *probably*
die **Währung, -en** 1 *currency*
die **Währungsunion** 16 *currency union*
das **Wahrzeichen, -** 16 *symbol*
der **Wald, ¨-er** 6 *forest*
die **Wand, ¨-e** 1 *wall*
 wandern, wanderte, ist gewandert 6 *to hike*
die **Wange, -n** 12 *cheek*
 wann 2 *when*
 warm 3 *warm*
die **Warmfront** 3 *warm front*
 warten 2 *to wait;* **warten auf (jmd/etwas) (+acc.)** 14 *to wait for
 (somebody/something)*
 warum *why*
 was 1 *what*
das **Waschbecken, -** 13 *sink*
die **Wäsche** *(sing. only)* 3 *laundry*
 waschen (ä), wusch, gewaschen 2 *to wash;* **sich waschen** 2 *to wash oneself*
die **Waschmaschine, -n** 13 *washing machine*
das **Wasser** 5 *water*
der **Wasserski, -s** 8 *water ski;* **Wasserski fahren** 8 *to water ski*
 wechseln 9 *change*
der **Weg, -e** 6 *path, trail*
 wegen 14 *because of (genetive preposition)*
 wegfahren, fuhr...weg, ist weggefahren 6 *to take off,
 to leave (by some means of transportation), to travel*
 weggehen, ging...weg, ist weggegangen 2 *to go away, to leave (by foot)*
 wegnehmen, nahm...weg, weggenommen 2 *to take away*
die **Weihnachten** 11 *Christmas*
der **Weihnachtsbaum, ¨-e** 11 *Christmas tree*
der **Weihnachtsfeiertag, -e (der erste, der zweite)** 11 *26th and 27th of December*
das **Weihnachtsgebäck** 11 *Christmas cookies*
 weil 8 *because*
der **Wein, -e** 5 *wine*
 weinen 9 *to cry*
 weiß 1 *white*
 weit 6 *far;* **weit von** 6 *far from*
der **Weitsprung** 8 *long jump*
die **Welt, -en** 6 *world*
die **Weltmeisterschaft, -en** 8 *World Championship*

die **Wende** 16 *turning point (refers to the political change in Germany after 1989)*
wenig 2 *little*
wer 1 *who*
werden, wurde, ist geworden 3 *to become, get*
werfen, warf, geworfen (i) 6 *to throw*
die **Werkstatt, -̈en** 12 *repair shop, garage*
der **Wessi, -s** 16 *person from W. Germany (slang)*
die **Weste, -n** 3 *vest*
der **Westen** 3 *the West;* **aus dem/im Westen** 3 *from/in the West*
das **Wetter** 3 *weather*
der **Wettkampf, -̈e** 8 *competition*
wichtig 15 *important*
der **Wickeltisch, -e** 13 *changing table*
wie 1 *how;* **wie lange** 2 *how long;* **wie oft** 2 *how often;* **wie viel** 1 *how much;* **wie viele** 1 *how many*
wiederholen 2 *to repeat*
die **Wiedervereinigung** 16 *reunification*
wiegen, wog, gewogen 6 *to weigh;* **sich wiegen** 6 *to weigh oneself*
wieso (coll.) 2 *why*
windig 3 *windy*
windsurfen 8 *to windsurf;* **Windsurfing gehen, ging, ist gegangen** 8 *to go wind surfing*
der **Winter, -** 3 *winter*
der **Wintermantel, -̈** 3 *winter coat*
das **Wintersemester, -** 9 *winter semester*
wirklich 3 *really* 7
die **Wirtschaft** 17 *economics*
wischen 4 *to wipe*
der **Wischer, -** 1 *board eraser*
der **Wissenschaftler-** 5 *scientist (m.)*
die **Wissenschaftlerin, -nen** 5 *scientist (f.)*
der **Witz, -e** 11 *joke*
wo 2 *where*
die **Woche, -n** 6 *week*
das **Wochenende, -n** 6 *weekend*
die **Wochenzeitung, -en** 17 *weekly, weekly newspaper*
woher 2 *where (from)*
wohin 2 *where (to)*
wohnen 2 *to live, to reside*
das **Wohnhaus, -̈er** 12 *dwelling, house*
die **Wohnung, -en** 12 *apartment, flat*
das **Wohnzimmer, -** 12 *living room*
wolkig 3 *partly cloudy*
die **Wolle** 3 *wool*
wollen 5 *to want to, have the desire to*
das **Wort, -e/ -̈er** 4 *word*
sich **wundern über** 14 *to wonder about*
der **Wunschzettel, -** 11 *wish list*
die **Wurst** *(sing.)* 5 *cold cuts* die **Wurst, -̈e** 5 *sausage*
die **Wut** 17 *rage, anger*

Z

zählen 2 *to count*

die Zahl 1 *number*

das Zahlwort, -e 14 *numeral*

der Zahn, ¨-e 12 *tooth*

der Zahnarzt, ¨-e 5 *dentist (m.)*

die Zahnärztin, -nen 5 *dentist (f.)*

der Zeh, -en 12 *toe*

zeichnen 7 *to draw*

der Zeigefinger, - 12 *index finger*

zeigen 11 *to show;* zeigen...auf 2 *to point to*

die Zeit, -en 6 *time*

die Zeitschrift, -en 4 *magazine*

die Zeitung, -en 4 *newspaper, daily, weekly*

der Zentimeter, - 6 *centimeter (0.4 in.)*

das Zentrum, Zentren 12 *center, downtown;* ins Zentrum fahren 12 *to go, ride downtown*

zerstören 10 *to destroy*

das Zertifikat, -e 5 *certificate*

der Zettel, - 11 *note, piece of paper*

das Ziel, -e 8 *target;* das Ziel treffen, traf, getroffen 8 *to hit the target*

ziemlich 3 *rather, pretty*

die Zigarette, -n 5 *cigarette*

die Zigarre, -en 5 *cigar*

das Zimmer, - 1 *room*

der Zimmerkollege, -n 4 *roommate (m.)*

die Zimmerkollegin, -nen 4 *roomate (f.)*

der Zoll 6 *inch (2, 5 Centimeter)*

zu 1 *closed, shut;* 2 *too + adjective, adverb;* 10 *to, toward;* zu Hause 2 *at home*

zuerst 9 *first*

zufrieden 1 *content;* zufrieden mit *(+dat.)* 13 *to be content with*

der Zug, ¨-e 12 *train*

der Zugang, -¨e 16 *access*

zuhören 7 *to listen to*

die Zukunft 5 *future;* in der Zunkunft 9 *in the future*

der Zukunftsplan, ¨-e 5 *future plan*

zuletzt 9 *last*

zumachen 2 *to close*

zunehmen, nahm...zu, zugenommen 8 *to gain weight*

die Zunge, -n 12 *tongue*

zurück 12 *back*

zurückbringen, brachte...zurück, zurückgebracht 2 *to bring back*

zurückkommen, kam...zurück, ist zurückgekommen 2 *to come back, to return*

zurücknehmen, nahm...zurück, hat zurückgenommen 2 *to take back*

zusammen 2 *together*

die Zusammenarbeit 11 *cooperation*

der Zusammenschluss, -¨e 16 *merger*

zustimmen 17 *to agree*

die Zweitsprache, -n 4 *second language*

zwischen *(+ acc. or dat.)* 12 *between;* in der Zwischenzeit 9 *in the meantime*

zynisch 1 *cynical*

INDEX

· · · · · · · · · · · · · · · ·

This index includes grammar topics, common communicative functions, and vocabulary words.